教育部经济管理类主干课程教材

管理科学与工程系列

Quality Management

质量管理学

（第3版）

主　编　梁工谦

副主编　刘德智　陈洪根

中国人民大学出版社

· 北京 ·

图书在版编目（CIP）数据

质量管理学/梁工谦主编. —3 版. —北京：中国人民大学出版社，2018.7
教育部经济管理类主干课程教材．管理科学与工程系列
ISBN 978-7-300-25895-9

Ⅰ.①质… Ⅱ.①梁… Ⅲ.①质量管理学-高等学校-教材 Ⅳ.①F273.2

中国版本图书馆 CIP 数据核字（2018）第 127930 号

教育部经济管理类主干课程教材·管理科学与工程系列
质量管理学（第 3 版）
主　编　梁工谦
副主编　刘德智　陈洪根
Zhiliang Guanlixue

出版发行 中国人民大学出版社			
社　　址 北京中关村大街 31 号		**邮政编码** 100080	
电　　话 010－62511242（总编室）		010－62511770（质管部）	
010－82501766（邮购部）		010－62514148（门市部）	
010－62515195（发行公司）		010－62515275（盗版举报）	
网　　址 http://www.crup.com.cn			
经　　销 新华书店			
印　　刷 北京市鑫霸印务有限公司		**版　　次** 2004 年 2 月第 1 版	
规　　格 185 mm×260 mm　16 开本		2018 年 7 月第 3 版	
印　　张 23 插页 1		**印　　次** 2022 年 10 月第 7 次印刷	
字　　数 500 000		**定　　价** 45.00 元	

前　言

随着消费者需求层次的不断提升，人们对质量的要求更加严格。虽然产品和服务质量的整体水平显著提升，各行各业也涌现出一批达到卓越质量水平的企业，但也要清楚地认识到，质量的提升是持续不断改进的结果，一旦企业停滞不前，就会造成很严重的质量问题，影响到企业的形象和声誉。近年来，各类质量问题层出不穷，很多国内外知名企业也都出现了质量问题，如三聚氰胺、锦湖轮胎、丰田召回、尼康黑点等事件揭示出产品质量不容忽视；电视购物、医疗、网上购物、公共服务等领域经常爆出纠纷和服务投诉问题，服务质量现状也不容乐观。要减少质量问题，就需要企业重视质量管理人才的教育和培训工作，提高全体员工的质量意识，推行合适的质量管理模式，并持续不断地改进质量。

本书在第 2 版的基础上，结合作者多年的教学和科研经验，对质量管理领域的知识体系进行了更新和完善，并针对质量领域的实际问题，理论联系实际，提升教材内容的可操作性。与第 2 版编排体系类似，本书主体框架按照“基础理论—质量管理模式—质量控制（设计质量、事先检验、过程控制、事后检验）—质量经济性分析—可靠性检验”这一主线展开，详细介绍了质量管理领域的基础理论、方法和相关技术。本书共 10 章，主要内容包括导论、统计过程控制理论、统计质量控制方法、全面质量管理与六西格玛管理、设计质量管理、质量检验及抽样技术、ISO 9000 质量体系与卓越绩效模式、质量经济性分析、可靠性工程基础和服务质量管理。

与第 2 版相比，本版做了如下调整：一是对基础知识和理论进行了补充和更新，主要章节结合最新的学科发展修改了部分内容，使理论体系更加完整；二是增加了部分最新内容，尤其是增加了部分行业内质量管理的新方法；三是采用国际流行的教材编写体例，结构新颖，每章均以引例启发学习内容，章末选取了有针对性的案例，使学习者易于理解相关理论；四是更新了部分概念、例题和案例，便于读者自测对教材重点内容的掌握程度。

本书由西北工业大学管理学院梁工谦教授主编，其主讲的“质量管理学”课程获得省级精品课程。本书的具体分工为：长安大学刘德智编写第 1 章、第 5 章和第 10 章，并做了相关协调工作；西安科技大学李娟编写第 2 章和第 3 章；西安邮电大学赵永强编写第 4 章和第 8 章；郑州航空工业管理学院陈洪根编写第 6 章、第 7 章和第 9 章。梁工谦对本书进行总体设计，对全书统稿并修改定稿。

本书在编写过程中，参考了大量国内外学者的著作和文章，总结提炼了近年来影响比较大的质量领域的案例，并吸收了其他教材中比较典型的案例作为参考，除了部分在正文中加以标注外，其余以参考文献形式列在书后，在此谨向有关专家学者表示诚挚的谢意。如有遗漏，敬请告知。

由于编者水平有限，对质量管理领域所涉及知识和内容的把握可能存在不足，欢迎广大读者批评指正，并及时反馈，以便逐步完善本书。

梁工谦

目　录

第1章 导 论

Chapter 1

学习目标

◎ 掌握质量和质量管理的相关术语
◎ 熟悉质量管理发展史
◎ 理解著名质量管理专家的质量理念
◎ 了解国际三大质量奖的评价标准

引例

质量问题无处不在

近年来，苏丹红、三聚氰胺、地沟油、汽车召回、锦湖轮胎等事件暴露出无论是食品行业还是制造行业，产品质量问题都触目惊心；而电视购物、医疗、网上购物、公共服务等领域也经常曝出纠纷和服务投诉问题，服务质量也不容乐观，可见质量问题无处不在，需要解决的问题很多。因此，组织需要根据顾客需求，发现质量管理领域存在的主要问题，设立质量目标，通过策划质量活动，持续改进质量，最终使改进结果标准化，这是质量提升的普遍选择，也是本书的主要目的。

第1节 质量及相关术语

美国著名的质量管理大师朱兰（J. M. Juran）曾预言：21世纪将是质量的世纪，质量将成为占领市场的有效武器，成为社会发展的强大动力。随着“质量世纪”的到来，国际质量竞争日趋激烈，企业越来越清楚地认识到：采取价廉质次的倾销策略已难以取胜，能够制胜的最重要法宝就是产品与服务的优良质量。正如美国质量管理专家哈林顿（H. J. Harrington）所说，这不是一场使用枪炮的战争，而是一场商业战争，战争中的主要武器就是产品质量。可以想象，21 世纪的质量战争会更加严酷。

一、质量

质量概念的产生是一个不断变化的过程，包含了很多著名质量学者和组织的相关理念。

1. 克劳斯比

美国质量管理学者克劳斯比（P. B. Crosby）将质量定义为：质量就是合乎标准。对生产者来说，质量意味着同技术要求的一致性。他们通过技术标准来体现其质量状况，在制造业，通常表现为公差、寿命、可靠性等；在服务业，则通过其服务标准来表现，如服务承诺、服务守则、制度等。对于生产者来说，质量与其现有生产技术能力和欲达到的目的相关。质量标准可以将质量量化为便于衡量的特性值。质量必须符合要求，意味着组织的运作不再只是依靠意见或经验，而是将所有的脑力、精力、知识集中于制定质量标准。达到标准的质量是企业质量管理所追求的目标。

2. 朱兰

朱兰认为，产品质量就是产品的适用性，即产品在使用时能成功地满足用户需要的程度。

此定义有两方面含义，即使用要求和满足程度。人们使用产品，总是对产品质量提出一定的要求，而这些要求往往受到使用时间、使用地点、适用对象、社会环境和市场竞争的影响，这些因素的变化会使人们对产品提出不同的质量要求。

用户对产品的使用要求的满足程度，必然反映在对产品的性能、经济特性、服务特性、环境特性和心理特性等方面的态度上。因此，质量是一个综合的概念。但是，质量并不意味着要求技术特性越高越好，而是追求诸如外观、性能、安全、成本、数量、期限及服务等因素的最佳组合，即所谓的最适当。

朱兰认为，用户对产品的基本要求就是适用，适用性恰如其分地表达了质量的内涵。

3. 田口玄一

田口玄一（Genichi Taguchi）提出的质量概念是以否定的方式来定义质量的。田口玄一对质量下的定义是：产品从装运之日起，直到使用寿命完结止，给社会带来的损失的程度。换句话说，质量是用产品出厂后，带给社会的损失大小来衡量。其中损失可以分为有形损失和无形损失。有形损失包括三部分：一是由于产品性能波动所造成的损失；二是由于产品缺陷项目所造成的损失；三是产品的额外使用费用。无形损失包括导致企业信誉损失的顾客满意成本。

4. ISO 9000：2000 标准

国际标准化组织（ISO）在 ISO 9000：2000 标准中，把质量定义为一组固有特性满足要求的程度。这一定义可从以下几个方面来理解：

（1）质量是以产品、体系或过程作为载体的。定义中“固有”是指在某事或某物中本来就有的，尤其是那种永久的特性。“特性”是指可区分的特征，它可以是固有的或赋予的、定性的或定量的。特性有多种类型，如物理的、感官的、行为的、时间的、人体功效的、功能的等等。

（2）定义中的“要求”是指明示的、通常隐含的或必须履行的需求或期望。“通常隐含的”是指组织、顾客和其他相关方的惯例或一般做法，所考虑的需求或期望是不言而喻的。特定要求可使用修饰词表示，如产品要求、质量管理要求、顾客要求；规定要求是经明示的要求，需在文件中予以阐明。要求可由不同的相关方提出。

（3）质量是名词。质量本身并不反映一组固有特性满足顾客和其他相关方要求的能力的程度。所以，产品、体系或过程质量的差异要用形容词加以修饰，如质量好或质量差等。

（4）顾客和其他相关方对产品、体系或过程的质量要求是动态的、发展的和相对的。它随着时间、地点、环境的变化而变化。所以，应定期对质量进行评审，按照变化的需要和期望，相应地改进产品、体系或过程的质量，这样才能确保持续地满足顾客和其他相关方的要求。

二、产品

ISO 9000：2000 标准中的产品是依据质量管理对象的特性和质量管理特点来定义和分类的，它将产品定义为：过程的结果。

ISO 9000：2000 标准还把产品分成以下四类。

1. 硬件

硬件是具有特定形状的、可分离的产品，它一般由制造的、构造的或装配的零件、部件、构件或组合件所组成，如车床、装载机、房屋、桥梁、电视机、卫星等都是硬件产品。

2. 流程性材料

流程性材料是将原材料转化成某种预定状态而形成的有形产品。它的状态可以是液体、气体，也可以是固体，如粉末状、颗粒状、块状、线状或片状的水泥、化肥、固态化工材料、板材和线材等。流程性材料产品的另一个显著特点是通常以桶、袋、罐、瓶、盒、管道或卷成筒状的形式交付。

3. 软件

软件是由通过载体表达的信息所组成的知识产品，如各种信息、数据、记录、标准、程序和计算机软件等。

4. 服务

服务是为满足顾客的需要，供方和顾客之间的接触活动以及供方内部活动所产生的结果。服务是无形产品，供方和顾客均可设人员或设备来提供与接受，并可与有形产品的制造和提供相联系。例如，各工业企业、商贸企业的产品销售服务，饭店的餐饮服务。这时，有形产品的制造、提供或使用是服务产品中的一个组成部分。

通常，硬件和流程性材料是有形产品，而软件与服务是无形产品。很多产品往往是其中若干类的组合，如是有形产品与无形产品的组合、硬件与软件的组合，单纯一类产品是较少的。例如，汽车是由硬件（发动机等）、流程性材料（汽油、冷却液等）、软件（驾驶软件、手册等）和服务（如付款方式或担保等）组成的。但由于硬件是其主导成分，人们还是把汽车产品归入硬件类。

三、过程

ISO 9000：2000 标准对过程的定义是：一组将输入转化为输出的相互关联或相互作用的活动。其中，一个过程的输入通常是其他过程的输出；组织为了增值通常对过程进行策划并使其在受控条件下运行；对形成的产品是否合格，不易或不能经济地进行验证的过程，通常称为特殊过程。

该定义可从以下几个方面来理解：

（1）从过程的定义看，过程应包含三个要素：输入、输出和活动。资源是过程的必要条件。组织为了增值，通常对过程进行策划，并使其在受控条件下运行。组织在对每一个过程进行策划时，要确定过程的输入、预期的输出和为了达到预期的输出所需开展的活动和相关的资源，也要明确为了确定预期输出达到的程度所需的测量方法和验收准则；同时，要根据计划—执行—检查—处理（plan-do-check-action，PDCA）循环，对过程实行控制和改进。

（2）过程与过程之间存在一定的关系。一个过程的输出通常是其他过程的输入，这种关系往往不是一个简单的按顺序排列的结构，而是一个比较复杂的网络结构。一个过程的输出可能成为多个过程的输入，而几个过程的输出也可能成为一个过程的输入；或者说，一个过程与多个部门的职能有关，一个部门的职能与多个过程有关。

（3）组织在建立质量管理体系时，必须确定增值所需的直接过程和支持过程，以及相互之间的关联关系（包括接口、职责和权限），这种关系通常可用流程图来表示。对所确定的过程进行策划和管理，通过对过程的控制和改进，确保质量管理体系的有效性。

过程本身是一种增值转换，完成过程必须投入适当的资源，通过过程的功能转换，转化成增值的输出，如图1-1所示。

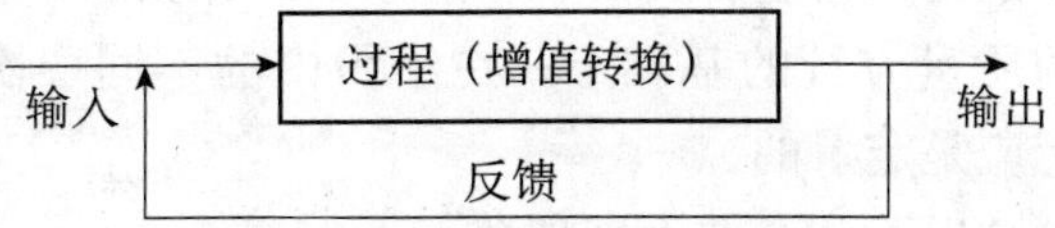

图1-1 过程的一般结构模型

第2节 质量管理及相关术语

一、质量方针

质量方针是指由最高管理者正式发布的与质量有关的组织总的意图和方向。ISO 9000：2000标准对质量方针的定义是：由组织的最高管理者正式颁布的该组织总的质量宗旨和质量方向。其中，质量方针应与组织的总方针相一致，并提供制定质量目标的框架；本标准的质量管理原则可以作为制定质量方针的基础。

该定义可从以下几个方面来理解：

（1）质量方针是组织的最高管理者正式发布的与质量有关的组织总的意图和方向。最高管理者是指组织的最高领导层中具有指导和控制组织的权限的一个人或一组人。正式发布的质量方针是本组织全体成员开展各项质量活动的准则。

（2）由于质量方针是组织的总方针的一个重要组成部分，因此质量方针必须与本组织的宗旨相适应，并与组织的总方针相一致。组织在制定质量方针时应以质量管理原则为基础，结合组织的质量方向，特别是针对如何全面满足顾客和其他相关方的需要与期望以及努力开展持续改进做出承诺。这种承诺表明组织正在努力实施质量方针所规定的事情。因此，质量方针的内容不能用几句空洞的口号或豪言壮语来表述。它必须为组织全体员工指明质量方向并具有实质性的内容，还应为制定质量目标提供框架，以确保围绕质量方针的要求确定组织的质量目标，通过全体成员努力实施质量目标，保证质量方针的实现。

（3）组织的质量方针一般是中长期方针，应保持其内容的相对稳定性，但必须注意随着组织产品结构、市场环境和组织结构的变化，考虑适应外部和内部环境变化的需要而进行不定期的调整和修订。

（4）为了确保组织的质量方针得到切实贯彻实施，高层领导者务必采取各种必要的措施，加强同组织各层次的沟通；保证组织的全体员工都能理解和实施。

（5）质量方针是组织质量活动的纲领，经过最高管理者签署批准并正式发布后应公开告示全体成员、顾客和其他相关方，以便取得各个方面对质量方针的理解和信任。质量方针应形成文件，并按规定要求得到有效的控制。

二、质量目标

质量目标是指与质量有关的、所追求的或作为目的的事物。其中，质量目标应建立在组织的质量方针的基础上；在组织内的不同层次规定质量目标，在作业层次，质量目标应是定量的。

该定义可从以下几个方面来理解：

（1）质量目标是组织为了实现质量方针所规定追求的事物，组织在建立质量方针的基础上应针对质量方针规定的方向和做出的承诺，确立组织的质量目标，提出组织全体员工共同努力应达到的具体要求。所以，组织的质量目标必须以质量方针为依据和基础，并且始终与质量方针保持一致。

（2）组织的质量目标应是可以测量的，以在实现质量目标和检查、评价是否达到目标时便于对比。组织在建立质量目标时应注意，既要具有现实性，又必须富有挑战性，以激发全体员工的积极性，在全体员工的共同努力下能予以实现为宜，应防止质量目标过于保守或脱离现实、盲目追求先进的倾向。

（3）质量目标的内容应符合质量方针所规定的框架，应包括组织对待开展质量改进的承诺所提出的质量目标，以及满足产品质量要求的内容，例如产品、项目或各部门的质量目标，配置实现目标的资源和设施等。

（4）有效地实现组织的质量方针和质量目标。在组织内部相关的职能部门和各个层次上建立质量目标也是最高管理者的重要职责之一。所以，应在建立组织质量目标的基础上，将组织质量目标分解并展开到组织各个相关职能部门和层次，按照组织结构建立各部门的质量目标，对各层次的质量目标予以量化，制定具体的目标值。只有运用系统的管理方法将组织质量目标自上而下分解并落实到各个部门和层次，才能有效地自下而上保证组织质量目标的如期实现。

三、质量管理

质量管理就是为了实现组织的质量目标而进行的计划、组织、领导和控制的活动。ISO 9000：2000标准对质量管理的定义是：在质量方面指挥和控制组织的协调的活动。其中，指导和控制组织的与质量有关的活动，通常包括质量方针和质量目标的建立、质量策划、质量控制、质量保证和质量改进；全面质量管理（total quality management，TQM）是基于组织全员参与的一种质量管理形式。

该定义可从以下几个方面来理解：

（1）从定义可知，组织的质量管理是指导和控制组织的与质量有关的相互协调的活动。它是以质量管理体系为载体，通过建立质量方针和质量目标，并为实施规定的质量目标进行质量策划，实施质量控制和质量保证，开展质量改进等活动予以实现的。

（2）组织在整个生产和经营过程中，需要对诸如质量、计划、劳动、人事、设备、财务和环境等各个方面进行有序的管理。由于组织的基本任务是向市场提供能符合顾客和其他相关方要求的产品，围绕产品质量形成的全过程实施质量管理是组织各项管理的主线，因此质量管理是组织各项管理的重要内容，深入开展质量管理能推动组织其他的专业管理。

(3) 质量管理涉及组织的各个方面，能否有效地实施质量管理关系到组织的兴衰。组织的最高管理者正式发布组织的总的质量宗旨和质量方向，在确立组织质量目标的基础上，运用管理的系统方法来建立质量管理体系，为实现质量方针和质量目标配备必要的人力和物力资源，开展相关的质量活动。所以，组织应采取激励措施激发全体员工积极参与，提高他们充分发挥才干的工作热情，营造人人做出应有贡献的工作环境，确保质量策划、质量控制、质量保证和质量改进活动顺利地进行。

四、质量管理体系

ISO 9000：2000 标准将质量管理体系定义为在质量方面指挥和控制组织的体系。

该定义可从以下几个方面来理解：

(1) 体系是指相互关联或相互作用的一组要素。根据定义替代的原则，质量管理体系可定义为“建立质量方针和质量目标并实现这些目标的一组相互关联或相互作用的要素”。在这一组要素中，每个要素都是组成质量管理体系的基本单元，既有相对的独立性，又有各个要素之间的相关性，相互之间存在影响、联系和作用的关系。用过程方法模式表示质量管理体系的组成，质量管理体系包含四大过程，即管理职责、资源管理、产品实现，以及测量、分析与改进，而每一大过程又都包含许多子过程。

(2) 建立质量管理体系是为了有效地实现组织规定的质量方针和质量目标。所以，组织应根据生产和提供产品的特点，识别构成质量管理体系的各个过程，识别和及时提供实现质量目标所需的资源，对质量管理体系运行的过程和结果进行测量、分析与改进，确保顾客和其他相关方满意。

(3) 组织建立质量管理体系不仅要满足在经营中顾客对组织质量管理体系的要求，预防不合格品的产生和提供使顾客及其他相关方满意的产品，还应该站在更高层次上追求组织优秀的业绩来保持与完善质量管理体系。所以，组织除了定期评价质量管理体系，开展内部质量管理体系审核和管理评审之外，还应按照质量管理体系或者优秀的管理模式的要求进行自我评定，以评价组织的业绩，识别需要改进的领域，努力实施持续改进，提高质量管理体系的水平。

五、质量控制

ISO 9000：2000 标准对质量控制的定义是：质量控制是质量管理的一部分，是致力于满足质量要求的活动。

该定义可从以下几个方面来理解：

（1）质量控制是质量管理的一个组成部分，目的是使产品、体系或过程的固有特性达到规定的要求。这些特性是在一系列相互关联和相互作用的过程中形成的。所以，质量控制是通过采取一系列作业技术和活动对各个过程实施控制的。例如，质量方针控制、文件和质量记录控制、设计和（或）开发控制、采购控制、生产和服务运作控制、测量和监视装置控制、不合格控制等。

（2）质量控制是为了达到规定的质量要求，预防不合格品产生的重要手段和措施。组织应识别影响产品、体系或过程质量的因素，影响质量的因素通常包括人员、技术和管理三个方面，在实施质量控制时，首先应进行过程因素分析，找出起主导作用的因素，实施因素控制，才能取得预期效果。

（3）质量控制应贯穿产品形成和体系运行的全过程。每一过程都有输入、转换和输出三个环节。只有对每一过程的三个环节都实施有效控制，对产品质量有影响的各个过程才能处于受控状态，才能使持续提供符合规定要求的产品得到保障。

必须指出，对质量起重要作用的关键过程或环节，应根据过程的特征采取适宜的控制方法。当生产和服务过程较为特殊，其输出不能由后续的测量或监控加以验证时，只有切实做好过程、设备能力、人员资格和胜任能力等方面的鉴定工作，实施过程参数控制，才能有效地保证过程的输出质量。

六、质量改进

ISO 9000：2000 标准对质量改进的定义是：质量改进是质量管理的一部分，致力于增强质量要求的能力。

该定义可从以下几个方面来理解：

（1）质量改进是质量管理的一个组成部分，目的是提高组织的有效性和效率。组织应建立质量管理体系，开展质量改进，这是组织各级管理者的重要职责。由有效性和效率的定义可知，有效性是指完成策划活动并达到策划结果的程度度量；效率是指得到的结果与使用资源的关系。

（2）为了使产品质量在竞争中具有优势，组织必须在满足顾客对产品和质量管理体系的要求的基础上持续改进产品质量和完善质量管理体系，这对组织降低质量波动，预防不合格和缺陷现象的发生，减少质量损失，提高生产率，持续提供使顾客及其他相关方满意的产品，取得良好的技术经济效果起着重要的作用。

（3）质量改进是组织长期的任务，应对质量改进过程进行策划，识别和确立需要改进的项目，有计划有步骤地一个项目接着一个项目着手改进。切实做到急缓有序，循序渐进。同时应注意，质量改进不能局限于纠正措施和预防措施，还必须发动全体员工分析现状，如通过自我评价和追求优秀的业绩去识别存在的薄弱环节，在稳定质量、降低成本和提高生产率等方面实施改进，必要时改进和开发新产品以满足顾客的需要。

第3节 质量管理的发展

质量管理是伴随着产业革命发展起来的。从历史的观点来看，差不多每隔20年质量管理工作就会发生重大的变革。从20世纪初的质量检验到20世纪40年代的统计质量控制，再到50年代以后的全面质量管理，质量管理的观念和方法一直在更新。质量管理可分为以下四个发展阶段。

一、质量检验阶段

20世纪初，美国工程师泰罗（F. W. Taylor）根据18世纪产业革命以来工业生产管理的实践和经验，提出了科学管理理论，主张企业内部实行专业分工，计划职能和执行职能相分离，一部分人专门负责设计、计划，一部分人负责执行。为协调计划职能和执行职能的工作及检查计划的执行情况，在执行职能中增加检查环节，并设专职检验人员，使产品的检验从制造过程中分离出来，成为一道独立的工序。这种由专职检验人员进行的质量管理在20世纪30年代风行一时，达到顶峰，对于避免因不合格品出厂而给用户造成损失起到了很好的质量把关作用。但这个时期的质量管理主要是进行质量的检验工作，尤其是局限于事后检验，不能预防废品的产生，因此不能减少废品造成的损失。随着生产效率的不断提高，对变消极把关为积极预防的要求越来越迫切。1924年，休哈特（W. A. Shewhart）首先把数理统计概念和方法应用到管理中，提出了控制生产过程进行产品缺陷预防的做法，即三西格玛图法，也就是现在广泛应用的质量控制图。但到了30年代初，受资本主义世界经济危机的冲击，商品滞销、产品大量积压、生产力下降，这种方法未能得到广泛的应用。因此，直到30年代末40年代初，绝大多数企业仍采用事后检验的质量管理方法。在质量检验（quality inspect）阶段，有如下几种情况：

（1）操作者质量管理。工人自己制造产品，又自己检验产品质量；制造和检验的质量职能统一集中在操作者身上，因此称为操作者质量管理。

（2）工长质量管理。由工长行使产品质量检验职能；操作与检验职能分化（质量检验职能强化）。

（3）检验员质量管理。实行管理分工，设专门的质量检验岗位、专门的质量检验员、专门的质量检验部门。

质量管理从操作者发展到检验员，对提高产品质量有很大的促进作用。但随着社会科技、文化和生产力的发展，质量检验阶段存在很多不足，如事后检验、全数检验和破坏性检验（判断质量与保留产品之间发生矛盾）等。

事后检验、全数检验存在的不足引起了人们的关注，一些质量管理专家、数学家开始注意质量检验中的弱点，并设法运用数理统计的原理来解决这些问题。

二、统计质量控制阶段

第二次世界大战期间，由于战时的需要，美国大批生产民用品的公司改为生产军需品，当时面临的严重问题是：由于事先无法预防废品产生，武器质量难以保证。在欧洲战场上，美军炮弹炸膛事件时有发生，造成大量伤亡。同时由于质量差，不能按期交货，严重影响了战争所需军用物资的供应。为了在军工产品生产中克服产品质量不稳定的问题以及增加产量、降低成本并保证及时交货，美国政府开始大力提倡和推广用统计质量控制方法进行质量管理。美国国防部于1942年召集休哈特等一批专家，用数理统计方法制定了战时质量管理标准，半年后成功地解决了武器等军用物资的质量问题，使美国的军工生产在数量、质量和经济效益上都处于世界领先地位。

在统计质量控制（statistical quality control，SQC）阶段，采用数理统计方法对过程的质量进行控制，改变了以往陈旧的检验方式，同时突破了单纯事后检验的局限，逐渐实现了预防控制的要求，因此质量管理工作建立在科学的基础上。统计质量管理由于着重应用统计学的方法进行质量控制和质量检验，强调对生产制造过程的预防性控制，使质量管理由单纯依靠质量检验事后把关，发展到突出质量的预防性控制与事后检验相结合的工序管理，成为进行生产过程控制的强有力的工具。这种方法的应用使制造企业降低了产生不合格品的概率，降低了生产费用。

从质量检验阶段到统计质量控制阶段，质量管理的理论和实践都发生了飞跃，从事后把关变为预先控制，并很好地解决了全数检验和破坏性检验的问题。但由于统计质量管理过分强调统计方法，忽视组织管理和生产者能动性，致使人们误认为质量管理好像就是数理统计方法，质量管理是少数数学家和学者的事情，影响了质量管理方法的普及，限制了它的发展。

三、全面质量管理阶段

1. 全面质量管理产生的背景

进入20世纪50年代，工业生产技术手段逐渐现代化，工业产品更新换代也愈加频繁。特别是为满足航天技术、军事工业以及大型系统工程的需要，开始引进可靠性概念，对产品质量要求更高、更严格。例如，美国的阿波罗号飞船有560万个零件，如果零件的可靠性只有99.9%，则飞行中就可能有5 600个零件要发生故障，后果不堪设想。为此，全套装置的可靠性要求达到99.999 9%，即在100万次动作中，只允许失灵一次，连续安全工作时间要在1亿～10亿小时。要达到这样高的要求，单纯依靠统计方法控制生产过程是不够的，还需要一系列的组织管理工作，要对设计、准备、制造、销售和使用等环节都进行质量管理，而统计方法只是其中的一种工具。于是，新的历史条件和经济形势对质量管理提出了新的要求，促使质量管理从统计质量控制向更高级的全面质量管理发展。促使全面质量管理出现的直接原因主要有以下三个方面：

（1）随着产品性能的高级化、结构的复杂化和品种规格的多样化，对产品质量，尤其是可靠性和安全性提出了越来越高的要求。

（2）管理科学中的各种学派，如梅奥的行为科学和西蒙的决策理论，对现代企业管理影响较大。它们都强调企业管理中人的主观能动性，主张实现工业民主。受其影响，质量管理出现了依靠工人、自主控制的零缺陷（zero defects，ZD）运动和质量管理小组活动（QC小组活动）等，促使质量管理逐渐成为一项大家共同参与的管理活动。

（3）由于保护消费者利益运动的发展，制造企业不但要提供性能符合质量标准规定的产品，而且要保证售后正常使用过程中的安全性和可靠性等。质量保证成了质量管理中一个十分突出的问题。这就要求企业必须建立贯穿产品质量形成全过程的质量保证体系，把质量管理工作转向质量保证的目标。

2. 全面质量管理的概念

基于上述原因，质量管理专家费根堡姆（A. V. Feigenbaum）和朱兰等先后提出了全面质量的思想。主张应改变单纯强调数理统计方法的偏见，把统计方法的应用与改善组织管理密切结合起来，建立一套完整的质量管理体系，以保证经济地生产出满足用户要求的产品。这一思想经过进一步的完善和发展，形成了一门完整的学科，即全面质量控制（total quality control，TQC）。费根堡姆对全面质量控制的定义是："能够在最经济的水平和充分考虑到满足顾客要求的条件下，进行市场研究、制造、销售和服务，使企业各部门的研制质量、维持质量和提高质量的活动成为一种有效的体系。"

此后，全面质量控制理论得到了进一步的扩展和深化，逐渐由早期的全面质量控制演化为全面质量管理，其含义远远超出了一般意义上的质量管理的领域，成为一种综合、全面的经营管理方式和理念。

全面质量管理是指企业为了保证和提高产品质量，组织企业全体员工和各有关部门参加，综合运用现代科学和管理技术成果，对影响产品质量的全过程和各种因素实行控制、限制，生产和提供用户满意的产品的系统管理活动。全面质量管理的目的在于通过使顾客满意和本组织所有成员及社会受益而达到长期成功。

全面质量管理强调：质量管理仅靠检验和统计控制方法是不够的，解决质量问题的方法和手段是多种多样的，而且还必须有一整套组织管理工作；质量职能是企业全体人员的责任，企业全体人员都应具有质量意识和承担质量责任；质量问题不限于产品的制造过程，解决质量问题也是如此，应该在整个产品质量产生、形成、实现的全过程中都实施质量管理；质量管理必须综合考虑质量、价格（经济性）、交货期和服务，而不能只考虑狭义的产品质量。

从统计过程控制发展到全面质量管理，这是质量管理工作质的飞跃。全面质量管理活动的兴起标志着质量管理进入了一个新的阶段，它使质量管理更加完善，使质量管理的概念更全面、更人性化。

四、后全面质量管理阶段

随着全面质量管理的不断发展，20 世纪 80 年代国际标准化组织发布了第一个质量管理的国际标准——ISO 9000 标准；20 世纪 90 年代国际上又掀起了推行六西格玛管理的高潮。到了 21 世纪，ISO 9000 族标准已成为全球企业普遍推行的质量体系标准，而六西格玛管理则是企业追求卓越质量的有效管理手段。

1. ISO 9000 族标准

（1）ISO 9000 族标准产生的背景。

在世界范围内，质量管理先后经历了质量检验、统计质量控制和全面质量管理三个阶段。尤其是 20 世纪 60 年代初费根堡姆博士提出的全面质量管理概念逐步被世界接受，并不断完善、提高，为各国质量管理和质量保证标准的相继产生提供了坚实的理论依据和实践基础，因此，ISO 9000 族标准是世界质量管理发展最新阶段的必然产物。

1959 年美国国防部发布 MIL-Q-9858A《质量大纲要求》，这是世界上最早的质量保证标准，极大地保证了美国军工产品的质量以及发展。在军工生产中的成功经验被迅速应用到各工业发达国家以及后来的普通民用工业，首先是锅炉、压力容器、核电站等安全要求较高的行业，之后迅速推行到各行各业。由于每个国家制定的质量检验标准不一样，带来了重复检验、贸易技术壁垒等的问题，阻碍了国际贸易的发展，并且对于一个企业而言，申请权威机构对其质量管理体系进行认证，使用国际公认的合格标志，其产品就可以得到世界各国的认可，并在国际市场上获得顾客的信任，有利于扩大市场占有率，减少产品的重复检验，消除贸易技术壁垒，从而更好地参与国际竞争。ISO 9000 族标准就这样应运而生。

（2）ISO 9000 族标准的发展演变。

国际标准化组织（ISO）于 1979 年建立了质量管理和质量保证技术委员会（TC176），负责制定质量管理的国际标准。1987 年正式发布 ISO 9000～9004 质量管理和质量保证系列标准。之后经过 1994 年、2000 年、2008 年以及 2015 年的四次大幅度的改版，目前，ISO 9000 族标准更加完善，为世界绝大多数国家所采用，在世界范围内对经济和贸易活动产生了深刻的影响。

ISO 9000 族标准虽然经过了几次大幅度的修订，但 PDCA 循环和八项管理原则一直都是其最核心的内容，并延续到 2015 版标准，该版本结合企业管理的最新业务和流程，在以下几个方面的优势更为明显：

- 更加强调领导参与；
- 有助于以结构化方式处理组织风险和机遇；
- 使用简化的语言和通用的结构和术语，对使用多个管理系统的组织特别有帮助；
- 更有效地解决供应链管理问题；

- 更适合服务和知识型组织。

2. 六西格玛（6σ）管理

（1）六西格玛管理的背景。

1987年，摩托罗拉公司为了应付来自国外，尤其是日本的强力竞争，创建了六西格玛的概念和相应的管理体系，并通过找问题、研究现时生产方法、找出各种原因、计划及制定解决方法、检查效果、把有效方法制度化、检讨成效并发展新目标七个步骤将其全力应用到公司的各个方面，取得了立竿见影的效果。1989年，摩托罗拉就成功获得美国马尔科姆·鲍德里奇国家质量奖。从开始实施六西格玛的1987年到1999年，公司平均每年提高生产率12.3%，由于质量缺陷造成的费用消耗减少84%，制作流程失误降低99.7%，节约制造费用总计超过110亿美元。公司业务、利润和股票价值的综合收益率平均每年增长17%。

摩托罗拉是第一家实施六西格玛管理的公司，但是真正将六西格玛推向世界的则是杰克·韦尔奇领导的通用电气公司，该公司在1996年年初开始把质量作为一种管理战略列在公司三大战略举措之首（另外两个分别是全球化和服务），在公司全面推行六西格玛的流程变革方法。通用电气从1996年开始在全公司全面实施六西格玛管理，1996年所花费的资金是2亿美元，而1997年由于生产率提高和利润的增加得到的收益是3.2亿美元，1998年的收益是7.5亿美元，1999年的收益是13.5亿美元。六西格玛管理给通用电气带来的巨大变化引起了华尔街的注意，这使得六西格玛管理的理念与方法迅速传遍全球。欧美和亚洲的数百家跨国公司都积极聘请相关咨询公司帮它们设计方案、培训员工、辅导项目，以期提高客户的满意度、增加收入、降低成本、推动公司不断向前发展。

（2）六西格玛管理的内涵及特征。

将产品100%的合格品率或顾客的最大满意度作为统计学上的期望，企业产品的不合格品率和顾客不满意度偏离期望的程度可以用西格玛来度量。1σ表示不合格品率为69%或有69%的顾客不满意；2σ表示不合格品率为31%或有31%的顾客不满意；3σ表示不合格品率为6.68%或有6.68%的顾客不满意；4σ表示不合格品率为0.621%或有0.621%的顾客不满意；5σ表示不合格品率为0.023 3%或有0.023 3%的顾客不满意；6σ表示不合格品率仅为百万分之3.4或100万顾客中只有3.4个顾客不满意；7σ的百万次错误率为0.019，即不合格品率仅为百万分之0.019或100万顾客中只有0.019个顾客不满意。六西格玛管理就是在寻求顾客满意的同时追求企业经济增长的一种战略途径。

六西格玛管理作为一种新的质量管理方法，有以下特征：六西格玛管理强调将所有的运作都置于同一个过程中，改进整个运作流程，将每个流程环节、运作方式看作一个系统，共同致力于总目标；六西格玛管理决定了企业的经营者和决策者必须以数字为依据，用事实说话，要求用统计数据和分析方法来构筑对影响企业绩效的关键变量和最优目标的理解；六西格玛管理重视改善业务流程，将重点放在产生缺陷的根本原因上，认为质量是靠流程的优化来实现的；六西格玛管理要求企业管理者和员工主动改进管理，多了解公司的西格玛水平、公司的问题，以及是否能提高、怎么提高，不断进行改进；六西格玛管理对顾客高度关注，强调除了保证进厂原材料的质量以及增强原材料生产企业的产品在其市场上的竞争力外，还要向客户延伸，提高服务质量，降低成本，帮助客户增强其在市场上的竞争力，所有改进都关注顾客的满意度，把顾客关注作为目标，不断超越，从 3σ、4σ、5σ 直到 6σ。

第4节　产品质量的形成与过程改进

一、产品质量的形成过程——质量螺旋

产品质量有一个产生、形成、实现、使用和衰亡的过程。质量专家朱兰称质量形成过程为“质量螺旋”（见图 1-2），意思是指产品质量从市场调查研究开始到形成、实现后交付使用，到在使用中又产生新的想法，再到构成动力再开始新的质量过程，产品质量水平呈螺旋式上升。

朱兰质量螺旋曲线所描述的产品质量形成过程，包括市场研究、开发研制、设计、制定产品规格、制定工艺、采购、仪器仪表及设备装置、生产、工序控制、检验、测试、销售、服务。

朱兰质量螺旋理论的特点是：质量螺旋由一系列环节组成，这些环节一环扣一环，且环节的排序是有逻辑顺序的，各环节相互依存、相互促进、不断循环、周而复始。每经过一次循环，就意味着产品质量水平的一次提升，循环不间断，产品质量就不断提高。

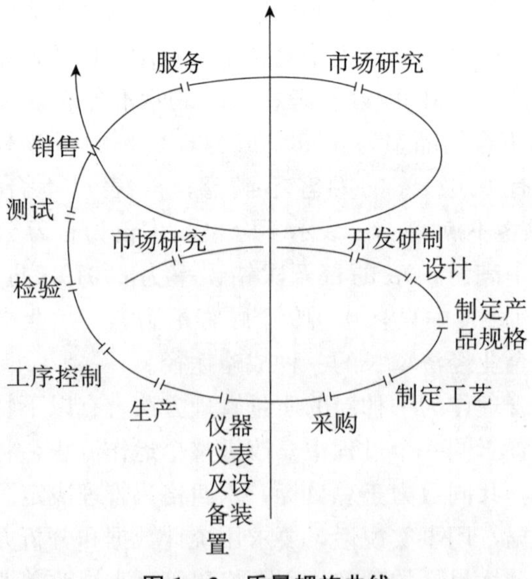

图 1-2　质量螺旋曲线

二、产品质量的形成过程——质量环

质量形成过程的另一种表达方式是“质量环”。它是由瑞典质量专家桑德霍姆（L. Sandholm）首先提出的。这个循环从市场调研开始，随后是产品开发、采购、工艺、生产、检验，最后到销售和服务共八项职能。此外，企业外部还有两个环节，即供应单位和用户。

质量环和质量螺旋都已被引用到 ISO 9004－1《质量管理和质量体系要素——第一部分：指南》中。质量环如图 1－3 所示，它也可以看成是朱兰质量螺旋曲线的俯视投影图。

质量环共包括 11 个阶段或活动。必须指出，由于各企业特点、生产性质和产品类型的不同，质量环包括的阶段或活动是有差异的。同时质量环各个阶段的活动并不是孤立的，而是相互联系、相互依存和相互促进的。因此，应当重视质量环各个阶段质量活动的组织与协调，这样才能达到质量管理全过程的有效性。

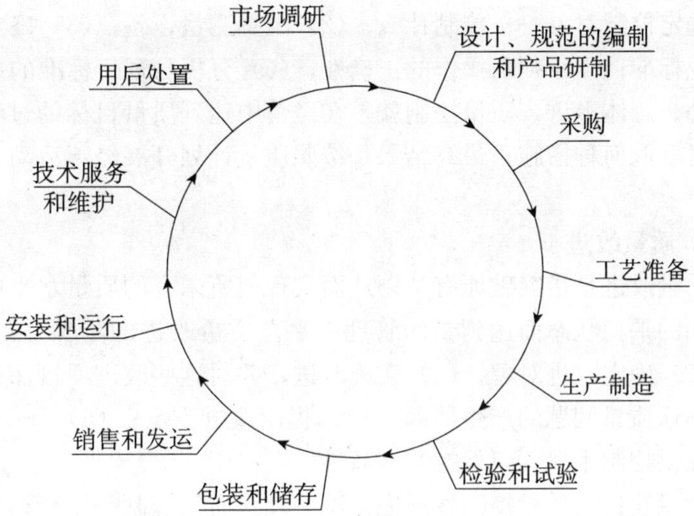

图 1－3 质量环

三、产品质量的过程改进方法——朱兰三部曲

产品质量的改进活动是一个过程，必须按照一定的步骤进行。朱兰认为，要想解决质量危机就需要突破传统，制定新的行动路线。制定新的行动路线首先必须确定一种普遍适用的质量方法，也就是一种适用于公司集团中各个层次（从行政领导者、办公室人员到普通工人）和各种职能的方法。于是，1987 年，朱兰提出了质量管理三部曲，即质量计划、质量控制和质量改进三个过程，每个过程都由一套固定的执行程序来实现。

1. 质量计划

质量计划是为实现质量目标做准备的过程，朱兰认为必须从认知质量差距开始。看不到差距，就无法确定目标。为了消除各种类型的质量差距，并确保最终的总质量差距最小，质量计划包括六个步骤：（1）必须从外部和内部认识顾客；（2）确定顾客的需要；（3）开发能满足顾客需要的产品；（4）制定质量目标，并以最低综合成本来实现；（5）开发出能生产所需要产品的生产程序；（6）验证上述程序的能力，证明其在实施中能达到质量目标。

2. 质量控制

朱兰将质量控制定义为：制定和运用一定的操作方法，以确保各项工作过程按原设计方案进行并最终达到目标。朱兰强调，质量控制并不是优化一个过程（优化表现在质量计划和质量改进之中，如果控制中需要优化，就必须回过头去调整计划，或者转入质量改进），而是对计划的执行。他列出了质量控制的七个步骤：（1）选定控制对象——控制什么；（2）配置测量设备；（3）确定测量方法；（4）建立作业标准；（5）判断操作的正确性；（6）分析与现行标准的差距；（7）对差距采取行动。总体上讲，质量控制就是在经营中达到质量目标的过程控制，关键在于把握何时采取何种措施，最终结果是按照质量计划开展经营活动。

3. 质量改进

质量改进是指突破原有计划从而实现前所未有的质量水平的过程，管理者通过打破旧的平稳状态而达到新的管理水平。质量改进的步骤是：（1）证明改进的需要；（2）确定改进对象；（3）实施改进，并对这些改进项目加以指导；（4）组织诊断，确认质量问题的产生原因；（5）提出改进方案；（6）证明这些改进方法有效；（7）提供控制手段，以保持其有效性。

质量改进与质量控制性质完全不一样。质量控制是要严格实施计划，而质量改进是要突破计划。通过质量改进，达到前所未有的质量性能水平，最终结果是以明显优于计划的质量水平进行经营活动。质量改进有助于发现更好的管理工作方式。

四、产品质量的过程改进方法——PDCA循环

1. PDCA循环的工作程序

PDCA循环是产品质量改进的基本过程，任何一个活动都要遵循PDCA循环规则，它是全面质量管理的基本工作方法。PDCA循环是由美国质量管理统计学专家戴明（W. E. Deming）于20世纪60年代初创立的，故也称戴明环活动。它反映了质量改进和完成各项工作必须经过的四个阶段，即计划（plan）、执行（do）、检查（check）、处理（action）。这四个阶段不断循环，周而复始，使质量不断改进。图1-4为PDCA循环示意图。

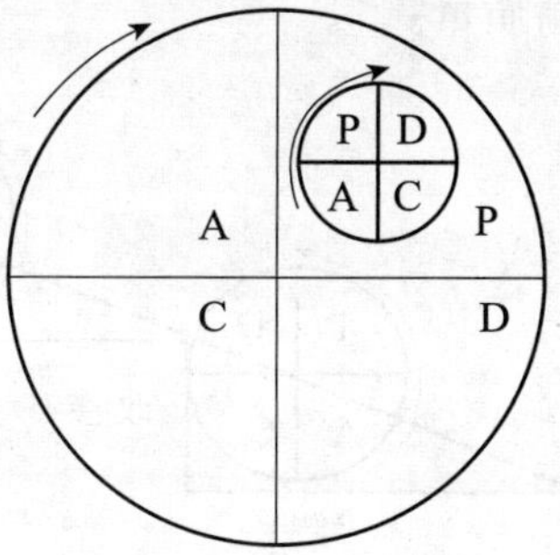

图1-4 PDCA循环

（1）计划制定阶段——P阶段。

这一阶段的总体任务是确定质量目标，制定质量计划，拟定实施措施。具体分为四个步骤。

第1步，对质量现状进行分析，找出存在的质量问题。

第2步，分析造成产品质量问题的各种原因和影响因素。

第3步，从各种原因中找出影响质量的主要原因。

第4步，针对影响质量问题的主要原因制定对策，拟定相应的管理和技术组织措施，提出执行计划。

（2）计划执行阶段——D阶段。

第5步，按照预定的质量计划、目标和措施及其分工去实际执行。

（3）执行结果检查阶段——C阶段。

第6步，根据计划的要求，对实际执行情况进行检查，寻找和发现计划执行过程中的问题。

（4）处理阶段——A阶段。

第7步，根据检查的结果，对存在的问题进行剖析，确定原因，采取措施。总结经验教训，巩固成绩，防止问题再次发生。

第8步，提出本次循环尚未解决的问题，并将其转到下一循环中去，使其得以进一步解决。

2. PDCA循环的特点

（1）PDCA中一个阶段也不能少。

（2）大环套小环，互相衔接，互相促进。

如图1-4所示，可以把质量保证体系视作一个大的管理循环，在此体系中各个子系统的管理循环被看作小的管理循环，小循环保证大循环，使之形成一个有机整体。同时，在管理循环的四个阶段中，也必须按PDCA循环办事，从而推动与确保活动目标的实现。

（3）转到一周，提高一步，如同爬楼梯，螺旋式上升。

如图1-5所示，PDCA循环每执行一次，就应解决好原有问题，实现预定目标。遗留或新提出的问题可作为下一个循环新目标的部分内容，转入新的管理循环，从而一步步地提高质量。

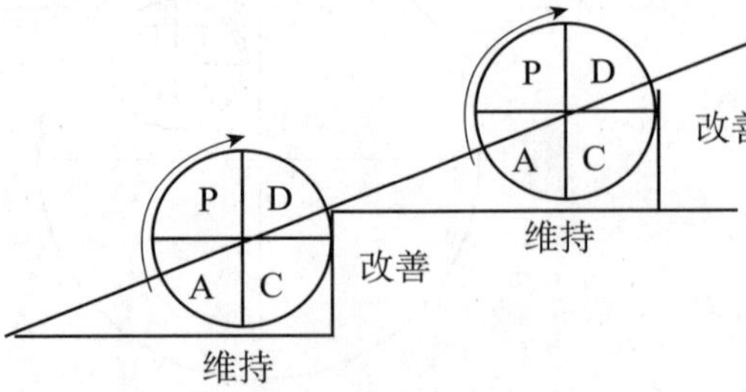

图1-5　不断上升的循环

五、产品质量的过程改进方法——DMAIC质量改进

1. DMAIC质量改进步骤

DMAIC是六西格玛管理中最重要、最经典的管理模型，主要侧重在已有流程的质量改善方面。但通常可以作为独立的质量改进程序实施，或作为其他流程改进措施（如精益）的一部分。DMAIC方法包括五个步骤（定义、测量、分析、改善及控制），是一个资料驱动的改善循环。DMAIC的五个步骤如下：

（1）D（define）——定义：定义问题、客户和目标。这个过程需要公司明确：要解决什么问题；公司的客户是谁，需求是什么；之前的这项工作是如何进行的；现在改进工作又将获得怎样的收获；等等。在这个阶段经常使用SIPOC图、处理流程图、CTQ定义、DMAIC工作分解结构等工具。

（2）M（measure）——测量：测量当前流程的关键方面。这个过程需要制定流程的数据收集计划、开始开发$Y=f(x)$关系、确定流程能力和西格玛基准等。在这个阶段经常使用标杆、过程西格玛计算、测量系统分析、数据收集计划等工具。

（3）A（analyze）——分析：分析收集的数据并处理，以确定缺陷的根本原因和改进机会。这个阶段需要确定当前绩效和目标绩效之间的差距，确定优先改善机会，确定变异来源，确定根本原因。在这个阶段经常使用直方图、帕累托图、鱼骨图、散点图、统计分析、非正常数据分析等工具。

（4）I（improve）——改进：通过消除缺陷、设计创造性方案来改进流程。这个过程需要开发潜在的解决方案、评估潜在解决方案的失败模式、通过试点研究验证潜在的改进、重新评估潜在的解决方案、部署实施方案。在这个阶段经常使用头脑风暴、试验设计、错误证明、Pugh矩阵、QFD、仿真软件等工具。

（5）C（control）——控制：控制改进的流程和未来的流程性能，将主要变量的偏差控制在许可范围。这阶段主要防止恢复到之前的模式，记录和实施正在进行的监测计划，通过修改系统和结构来制度化改进。在这个阶段经常使用过程西格玛计算、控制图、成本节约计算、控制方案等工具。

2. DMAIC 质量改进优点

（1）形成全新的开始。

如果企业现存的模式令人失望或者与企业的实际不符，那么通过 DMAIC 可以找到一种更好的、全新的、更适合的方法，从而避免重复出现原有模式的错误或问题。

（2）为原有的改进模式注入新的内涵。

DMAIC 模式是一种新的流程改进模式，它可以给员工一个机会去重新学习已经熟悉的工具，并不断改善这些工具的使用。

（3）创造一种持久有效的改进方法。

20 世纪 70 年代开始的全面质量管理运动产生的最持久的影响之一，就是在同一公司内可以存在许多不同的改进模式。但是如果要保证各种业务流程的持久改进和发展，那么运用一种长期坚持的通用办法是非常重要的。DMAIC 模式就是一种适用于企业各种流程并可以长期坚持使用的改进方法，也是企业在业务改进和管理中能充分发挥六西格玛管理作用的有效途径。

（4）突出"顾客"与"评估"。

在 DMAIC 模式中，重点强调了顾客需求和精确评估的重要性。例如，认为"顾客需求总是合理的"是定义阶段的一个关键步骤，而在大多数已有的改进模式中没有这一步。在其他改进活动中，虽然也会特别提到评估活动，但在 DMAIC 模式中，评估活动已经不仅仅是一项简单的任务，还是一项基础性的、长期进行的活动。

（5）同时引入"流程改进"与"流程设计"。

六西格玛管理通过领导带头，设立明确的目标和优先考虑跨部门跨流程管理等方法避免了全面质量管理在实施过程中的失误和不足。在许多情况下，六西格玛管理团队有权选择是"修改"还是"再设计"一个有缺陷的流程，DMAIC 模式可以帮助团队成员选择需要改进或重新设计的项目，并把该模式运用于其他方法。

第 5 节 现代质量管理的主要代表人物及其管理理念

正是质量管理专家中大师级人物的工作决定了现代质量管理的发展，所以我们必须深入了解戴明、朱兰、费根堡姆等人的质量管理理论及思想。这些质量管理界的泰斗对现代企业质量管理产生了巨大的影响。

一、戴明的质量管理理念

戴明是美国著名的质量管理专家，以推动日本的质量改善闻名全球。戴明总结了 14 条质量管理原则，他认为一家公司要想使其产品达到规定的质量水平，必须遵循这些原则。他的主要观点是：引起效率低下和不良质量的原因，在于公司的管理系统而不在于员工。部门经理的责任就是要不断地调整管理系统以取得预期的结果。戴明的14条质量管理原则如下：

（1）确定一个倾向于改善产品和服务的持久不变的目标，制定一个使公司具有竞争实力、永久生存的计划，决定高层管理的负责对象。

（2）采纳新的原理。我们处于一个新的经济时代，如果像通常那样，延迟、错误、材料不合格和工艺水平欠佳，并且得不到改善，我们便不能继续生存。

（3）不依靠大量检验，而是提供质量得以确认的统计数据，即防止不合格而不是检查不合格。

（4）停止依据价格差异奖励公司的行为，转而依靠有实际意义的质量测定并参考价格水平来实施奖励，淘汰不能提供有关质量统计数据的公司。

（5）发现问题。管理工作就是持续地对公司施加影响，包括设计、采购、维护和更新设备、培训、监督、再培训等管理活动。

（6）采取现代方法培训员工。

（7）班组长的责任必须得到增强。不能回避质量问题，好的质量可提高生产率。班组长对诸如经常出现不合格品、设备没有得到维修、工具不适用和操作步骤不清楚等情况应及时反映，公司必须立即采取行动。

（8）力避恐吓，以便每个人都能为公司有效工作。

（9）扫除部门间的障碍。调研、设计、营销和运营等部门的人员必须协同作战，以便预见可能与材料和技术要求有关的生产问题。

（10）去掉针对工人的数字目标、标语、口号，即使在没有提供新方法的情况下，也要不断追求新的生产率目标。

（11）去掉规定数量定额的工作标准。

（12）消除临时工的自卑感，增强他们工作的自豪感。

（13）实施强有力的教育和培训工程。

（14）在高层管理中采取措施，以使每天的工作都符合上面13条原则。

二、朱兰的质量管理理念

朱兰被认为是日本质量管理取得成功的另一个主要贡献者，他像戴明一样，指导日本厂商提高产品质量。

朱兰视质量为适用性。他坚持认为通过管理可以控制大约80%的质量缺陷的发生。因而，管理的职责之一就是纠正质量缺陷。他用包含质量计划、质量控制和质量改进的质量三元论来描述质量管理。为建立有能力满足质量标准的工作程序，质量计划是必要的。为了掌握何时采取必要措施纠正质量问题就必须实施质量控制。质量改进有助于发现更好的管理工作方式。管理就是不断改进工作，这是朱兰理论的一个核心。朱兰被公认为第一个提出计算质量成本的质量管理专家，他解释了不良质量的成本如果降低，就有可能增加公司的利润的原因。

三、费根堡姆的质量管理理念

费根堡姆在推行缺陷成本方法方面产生了重要影响。根据缺陷成本方法，管理应服从于质量。费根堡姆在担任通用电气公司的质量经理时，认识到质量不仅是工具和技术的集合，而且是公司各方面、各环节的集成。同时他还注意到，当某一过程的质量提高时，公司的其他方面的质量也相应提高。费根堡姆的领导地位和开放的工作态度促成了公司内部各职能部门相互配合、相互协作的团队精神。他于1961年出版了《全面质量控制》一书，在书中他将质量控制的基本原理总结为下列几个要点：

（1）全面质量控制是一个在公司内部使质量标准制定、维持和改进集成于一体的系统。公司应该能够使工程部门、生产部门和服务部门共同发挥作用，在使用户满意的同时实现最佳经济目标。

（2）质量控制的控制方面应该包括制定质量标准、评价与这些标准有关的行为，当没有达到预定标准时采取纠正措施及制订改进质量标准计划。

（3）影响质量的因素可分为两大类：技术的和人为的，人为的因素更为重要。

（4）质量成本可分为四类：预防成本、鉴定成本、外部故障成本和内部故障成本。

（5）重要的是控制源头质量。

四、克劳斯比的质量管理理念

美国质量管理专家克劳斯比提出了四条质量管理定理，也是他改进质量管理的四个基本概念，旨在回答这样四个问题：什么是质量？需要什么样的系统才能产生高质量？应该用什么样的执行标准？需要什么样的评估系统？

20世纪60年代，克劳斯比任职于马丁公司，他发展了零缺陷概念，并相信任何程度的瑕疵率都太高，强调第一次就要做好，反对一定会有某种程度瑕疵的观念。

1970年，他担任ITT公司的副总裁，当时美国国内的家电产品市场被高质量的进口日货打得阵脚大乱，一方面有提高质量的呼声，另一方面却又有提高质量必将增加成本，进而使竞争力更加脆弱的顾虑。克劳斯比力排众议，针对这些顾虑提出质量免费的卓见。质量免费的观念指出，不良质量的成本远比传统所定义的高得多，由于其成本相当高昂，故企业不应将质量努力视为成本，而应视为降低成本的方法，因为质量努力所产生的改进效益大于所支付的成本。从1979年起，《质量免费》一书的出版及畅销，加速了美国工业界对质量的觉醒与认同。1984年，他在另一本书《不流泪的品管》中提出企业常见的五个质量问题（质量不一致，修补的坏习惯，容许错误存在，不知质量不合需求的代价，不肯正视问题的根源），说明如果开始就做好，企业将能避免许多日后的困扰并降低成本。

克劳斯比认为质量应符合下列四大定理：质量就是合乎标准；质量来自预

防，而不是检验；工作的唯一标准就是零缺陷；以产品不符合标准的代价衡量质量。

（1）质量合乎标准即质量符合要求的标准，这是克劳斯比对质量的解读。他认为，符合要求的标准在各个领域都有清楚明确的定义，不会被人误解，“我们依据这个标准去评估表现，不符合就是没有质量，所以质量问题就是合不合标准的问题”。

（2）以防患于未然为质量管理制度。预防是质量管理中最需要的，是指事先了解行事程序而且知道如何去做，它来自对整个工作过程的深切了解，知道哪些是必须事先防范的，并应尽可能找出每个可能发生错误的机会。这一定理认为检查、分类、评估都是事后弥补，因而提升质量的良方是预防，而不是检验。

（3）工作标准必须是零缺陷，强调第一次就把事做对。克劳斯比对零缺陷观念的理解是：人们从小接受的便是“人非圣贤，孰能无过”的观念，当他们进入企业工作时，这样的观念已经根深蒂固。简言之，人们有双重标准：在某些事情上，人们视缺陷为理所当然，而在另一些事情上，人们却要求绝对的完美无瑕。克劳斯比进而认为：“酿成错误的因素有两种：缺乏知识和漫不经心。知识是能估量的，也能经由经验和学习得到充实改进；但是，漫不经心却是一个态度问题，唯有经由个人彻底地反省觉悟，才有可能改进。任何一个人只要决意小心谨慎、避免错误，便已向零缺陷的目标迈进了一大步。”

（4）以产品不符合标准的代价衡量质量。这里主要是认识到质量成本，尤其是不合要求的花费成本。所谓不合要求的花费成本是指所有做错事情的花费，这一花费累计起来是十分惊人的：在制造业公司占总营业额的20%以上，而在服务业更是高达35%。而符合要求的花费，包括大部分专门性的质量管理、防范措施和质量管理教育等费用，即为了把事情做对而花费的成本。为了追求零缺陷，改善与预防最为重要，而要建立这样的观念，应先了解提高预防成本是可以降低总质量成本的。克劳斯比将预防成本与鉴定成本合称为符合成本，而提高预防成本可以降低鉴定成本，故提高质量，并不一定会增加符合成本。

五、四位质量管理专家思想的比较

对比费根堡姆、戴明、朱兰和克劳斯比的质量管理理念（见表1-1）可以看出，尽管在很多领域几位质量管理专家的观点都有所不同，但我们仍可以从中看出存在的共性，那就是都强调管理高层在质量提高中的重要性，强调空谈不如实践，强调从整个产品生命周期的各个阶段出发对质量进行控制。因此，不管是日本的戴明奖（Deming Prize）获得者还是美国的马尔科姆·鲍德里奇国家质量奖（Malcolm Baldrige National Quality Award）获得者，他们的思想都从不同角度符合这几位质量管理专家的理念。

表1-1 四位质量管理专家的思想比较

领域	费根堡姆	克劳斯比	戴明	朱兰
质量定义	费用处于最经济的水平，并考虑充分满足用户要求	符合需要	低成本下可预测的符合性和耐久性	适用性（满足顾客需要）
高层责任程度	高层领导整个质量管理活动，是质量责任的主要负责者	对质量负责	对94%的质量问题负责	高层对质量问题负80%以上的责任
行为标准/动机	全面质量管理	零缺陷	质量有许多等级，零缺陷是关键	不搞工作尽善尽美的运动
基本方法	PDCA循环，持续改进，建立标准	预防而不是检验	通过连续改进减少变异，停止大批量检验	实施全面质量管理的方法；注重人的因素
结构	全面的、全过程的、全员参与的质量管理	强调质量改进的14个步骤	强调质量管理的14条原则	强调质量改进的10个步骤
统计过程控制	多种统计方法的有效结合	拒绝统计可接受质量水平（要求100%完美的质量）	必须运用质量控制的统计方法	建议使用统计过程控制
改进基础	从源头出发，改进质量	一个过程而不是一个计划；改进目标	不断减少变异	项目组方法，设立目标
团队	质量控制小组	质量改进团队；质量理事会	员工参与，打破部门之间的界限	团队和质量环方法
质量成本	质量成本分为四类	质量是免费的	不存在最优，不断改进	质量不是免费的，不存在最优
采购和货物接收	过程监控为主，检验为辅	供应商是业务的扩展，大多数错误是由采购人员自己造成的	抽样允许次品进入系统，要求有统计证据和控制图	问题比较复杂，要进行一些正式调查
供应商评价	进行评价，建立长期合作伙伴关系	评价供应商，评价采购员	不评价供应商，但对其许多体系严格要求	进行评价，但帮助供应商改进其质量

第6节 国际三大质量奖与中国质量奖

近年来，通过设立国家质量奖来提升企业的管理水平已成为许多国家强化和提高产业竞争力的重要途径。除美国、日本、欧盟、加拿大等发达国家和地区，许多新兴的工业化国家和发展中国家也设立了质量奖。在所有的质量奖中，最著名、影响力最大的三个质量奖分别为日本戴明质量奖、美国马尔科姆·鲍德里奇国家质量奖和欧洲质量奖（European Quality Award），这三大质量奖被称为卓越绩效模式的创造者和经济奇迹的助推器。而随着中国制造不断走向全球，近年来中国质量奖也备受各界关注。

一、日本的戴明质量奖

戴明质量奖创立后，许多企业都将获取戴明质量奖作为提高本企业质量管理水平的手段，促进了日本质量管理广泛而深入的开展。

1. 戴明质量奖产生的背景

日本的戴明质量奖是日本科学技术联盟（JUSE）于1951年设立的奖项。1950年，戴明应日本科学技术联盟之邀向日本企业界作了为期8天的演讲，使日本企业界对于开展统计质量控制的意义有了深刻认识。此后，日本科学技术联盟以戴明捐赠的讲义稿酬作为基金，创设了这一奖项。

2. 戴明质量奖的评价标准

戴明质量奖分为戴明奖、戴明应用奖和戴明控制奖。

戴明奖授予在质量管理方法研究、统计质量控制方法以及传播全面质量控制的实践方面做出突出贡献的个人；戴明应用奖授予质量管理活动突出，在规定的年限内通过运用全面质量控制方法，获得与众不同的改进效果和卓越业绩的企业，戴明应用奖还授予日本国外的企业；戴明控制奖授予企业中的一个部门，这个部门通过使用全面质量控制方法，在规定的年限内获得与众不同的卓越改进效果。

获得戴明质量奖的企业，都积极按照质量奖的评价标准和要求，根据自己企业的特点和环境，不断完善其质量控制方法，其产品质量和服务质量均得到大幅度提高。获得戴明质量奖的企业，激发了其他企业开展全面质量控制活动。但持续改进并非易事，没有哪一个企业仅靠解决别人提出的问题就能获得卓越的业绩。它们需要自己思考、创新和变革，制定自己的质量战略目标和经营战略目标，并为此而努力。在这样的企业中，戴明质量奖被作为一种持续改进和进行企业创新和变革的工具。

日本戴明质量奖评奖标准涉及所有业务方面。企业的成效按四项标准予以评定：一是计划（包括方针、组织和管理）；二是执行（包括利润管理、成本控制、过程标准化和控制、质量保证等）；三是效果；四是对以后的策划。

3. 戴明质量奖的作用

日本的松下、丰田、美国的佛罗里达电力等公司都曾获得戴明应用奖。现在，戴明质量奖已成为享誉世界的奖项。

企业通过申请戴明质量奖，建立和完善了企业综合管理体系，推进了企业的标准化活动，提高了企业的管理和质量改进意识，提高了全员积极参与全面质量控制活动和质量改进的积极性，提高了产品质量、劳动生产率和企业的凝聚力，使质量改进和标准化活动成为企业的自觉行动。获得戴明质量奖成为一种挑战，获奖意味着在采用有价值的质量控制方法上获得成功。

戴明质量奖给日本企业的全面质量控制带来了极大的直接或间接影响。日本企业以申请戴明质量奖作为动力和桥梁，积极推动全面质量控制活动，经过几十年的努力，逐渐形成了日本企业的竞争力，取得了令世人瞩目的经济奇迹。获得戴明质量奖是一种荣誉，更代表一流的竞争力，它已成为日本企业追求卓越愿景的一个目标。

日本企业通过申请戴明质量奖，把全面质量控制作为企业参与市场竞争的武器，纳入企业经营战略，使经营战略得到贯彻实施。戴明质量奖提高了企业的凝聚力，纠正了企业过去不重视经营战略的做法，引导和促进了企业的可持续发展。

二、美国国家质量奖

目前除美国联邦政府设立的马尔科姆·鲍德里奇国家质量奖外，美国州级政府和地方政府也设立州政府管理奖和地方管理奖，评奖条件基本上参照国家质量奖的要求。

1. 马尔科姆·鲍德里奇国家质量奖产生的背景

由于日本企业及其产品在全球大获成功，全面质量管理迅速在世界各国普及推广，并且在实践中产生了新的质量管理理论和方法。美国摩托罗拉公司在总结日本全面质量管理工作的基础上，提出了六西格玛管理方法和顾客全面满意（TCS）概念，获得了巨大成功。

在这一背景下，美国政府部门和企业界对于全面质量管理活动表现出与日俱增的兴趣。许多政府和企业界人士建议，设立一个类似日本戴明质量奖那样的美国国家质量奖，帮助美国企业开展全面质量管理活动，提高美国的产品质量、劳动生产率和市场竞争力。美国商务部部长马尔科姆·鲍德里奇坚持认为，全面质量管理是美国经济繁荣和国家强大的关键，美国众议院科学技术委员会召开一系列听证会，马尔科姆·鲍德里奇对后来以他名字命名的国家质量改进法案产生了浓厚的兴趣，并帮助起草了该法案的初稿。

为表彰鲍德里奇的贡献，1987年8月20日，时任美国总统里根签署了国会通过的以鲍德里奇名字命名的法案——《马尔科姆·鲍德里奇国家质量奖国家质量改进法案》。依据该法案，创立马尔科姆·鲍德里奇国家质量奖，用以表彰美国企业在全面质量管理和提高竞争力方面做出的杰出贡献。该奖从1988年开始正式评选，参评对象包括制造业企业、服务业企业和小企业三种类型。自1999年开始，教育质量奖和医疗卫生质量奖也正式纳入美国国家质量奖的评奖范围。每类企业每年最多只能有两家企业获奖，每年获奖的企业总数不超过6家。每年的质量月期间美国总统亲自为获奖企业颁奖。

2. 马尔科姆·鲍德里奇国家质量奖的评价标准和核心价值观

马尔科姆·鲍德里奇国家质量奖由美国商务部国家标准与技术研究院（NIST）负责管理。根据来自美国企业、大学、政府部门、咨询机构和其他组织的反馈信息，每年马尔科姆·鲍德里奇国家质量奖的评价标准、申请指南和评审过程都会有所调整。这种持续的改进是马尔科姆·鲍德里奇国家质量奖的最大优点。

评奖的依据是美国国家质量奖评奖标准，分别从领导，战略，顾客与市场，资源，过程管理，测量、分析与改进，以及经营结果七个方面对企业进行考核评价，总分1 000分。参评企业通过接受评审，及时发现自身的优劣势，从而改进自身的经营管理，提升企业的竞争实力。正因为如此，美国国家质量奖受到美国企业的广泛欢迎和支持，每年申请参评的企业多达几十万家。马尔科姆·鲍德里奇国家质量奖评价标准有助于提高美国产品和服务质量的绩效标准和期望水平。在对企业关键的质量要求和运作业绩有着共同了解的基础上，马尔科姆·鲍德里奇国家质量奖的评价标准能够促进企业之间以及企业内部的交流与共享，还可作为企业计划、评估、培训及其他用途的工具。

马尔科姆·鲍德里奇国家质量奖评价的核心价值观包括：有远见的、着眼于未来的领导人，顾客驱动的卓越绩效模式，全面的视野与管理创新，企业和员工的学习，注重雇员和合作伙伴，注重成果和创造价值，对市场的敏捷反应和社会责任。马尔科姆·鲍德里奇国家质量奖各评价要素及其所占比例分别为：领导作用占12.5%，战略计划占8.5%，以顾客和市场为中心占8.5%，信息、分析与知识占8.5%，人力资源开发占8.5%，过程管理占8.5%，经营结果占45%。

3. 马尔科姆·鲍德里奇国家质量奖的作用

马尔科姆·鲍德里奇国家质量奖是一个杠杆，沙里淘金，每年只有3～6家企业获奖。马尔科姆·鲍德里奇国家质量奖引导企业通过连续的质量改进和设定业绩的卓越标准而获得顾客满意。质量在马尔科姆·鲍德里奇国家质量奖中有了更广的含义，由于马尔科姆·鲍德里奇国家质量奖是针对管理质量和经营质量的，因而被称为卓越绩效模式。

马尔科姆·鲍德里奇国家质量奖卓越绩效模式有着坚实的客观基础，它是全面质量管理的一种实施细则，是以往美国企业全面质量管理多年实践的具体化和标准化。它为企业或其他组织提供了一个沟通、诊断和评价的平台，使得企业或其他组织能够用同一种语言来讨论和沟通企业的经营管理。它能够帮助企业驾驭复杂的系统，为企业管理提供一个系统工程管理的思路。

马尔科姆·鲍德里奇国家质量奖卓越绩效模式标准有助于企业管理实现重点突出与全面兼容的结合，有利于企业正确评价、引导和规范所属各部门和员工的行为，使得企业管理层的努力能够保持在企业成功和实现企业愿景的正确方向上，从而帮助企业达到世界一流的质量。它主要通过把企业的改进传递给顾客和进行全面的企业变革，来提升企业的竞争力。

马尔科姆·鲍德里奇国家质量奖评价标准在美国形成了全国性的质量管理活动，一项名为“建设鲍德里奇：21世纪的美国质量和私人企业的竞争力”的调查报告指出，与其他奖项相比，马尔科姆·鲍德里奇国家质量奖对于提升全美质量意识、改进产品质量实践都有更重要的作用。

三、欧洲质量奖

1. 欧洲质量奖产生的背景

欧洲质量奖的目的与美国马尔科姆·鲍德里奇国家质量奖以及日本戴明质量奖基本一样，是为了推动质量改进运动，提高对质量改进重要性和质量管理技术方法的意识，对展示出卓越质量承诺的企业进行认可，以提高欧洲企业在世界一体化市场上的竞争力。

欧洲质量奖是由欧洲质量管理基金会（EFQM）于1992年设立的一项质量奖励制度，其宗旨在于认可那些特别重视全面质量管理的组织并鼓励其他组织以这些组织为榜样。欧洲质量管理基金会于1988年由西欧14家主要跨国公司共同发起。

2. 欧洲质量奖的评价标准

欧洲质量奖的评奖内容涉及九个方面，即领导、方针和策略、人事管理、资源（财务、信息、材料、技术应用）、过程（鉴定、管理、参数分析、以革新和创造性为基础的改进、受益估测）、顾客满意、员工满意、社会影响和业务效果等。欧洲质量奖扩展了质量概念，把社会责任等项目列入了卓越质量管理的标准之内。

在申请欧洲质量奖时，申请者必须提交一份详细的书面报告，依照评奖标准详细说明本组织的状况。报告提交给审核员进行评分。获得最高分的公司将按规定接受现场审核，以验证和确认申请人所提出的报告。审核员将详细地评估现场实际情况与报告相符的程度。审核组长向评审委员会提交现场审核报告，由评审委员会做出最终决定。所有申请者都将从欧洲质量管理基金会收到一份书面的反馈意见。

3. 欧洲质量奖的作用

欧洲质量奖激励和帮助欧洲的企业改进经营活动，并最终实现顾客满意、雇员满意，达到社会效益和企业效益的卓越化；它也支持欧洲企业的管理人员加速实施全面质量管理这一在全球市场竞争中获得优势的决定性因素的进程。

在欧洲质量奖卓越化模式的九个要素中，每个要素在评奖过程中所占的百分比如下：领导作用占10%、战略与策划占8%、员工投入占9%、战略与合作关系占9%、过程管理占14%、顾客对产品评价占20%、人力资源效果评价占9%、社会效益评价占6%、经营结果占15%。

欧洲质量奖对欧洲每一个表现卓越的企业开放，它着重评价企业的卓越性。欧洲质量奖的奖项分为质量奖、单项奖、入围奖和提名奖。欧洲质量奖的奖励范围，1996年扩大到公共领域的组织，1997年又扩大到250个雇员以下的中小企业以及销售、市场部门和研究机构等。

（1）质量奖。质量奖授予被认定是最好的企业。获奖企业的质量管理方法和经营结果是欧洲或世界的楷模。获奖企业可以在信笺、名片、广告中使用欧洲质量奖获奖者标识。

（2）单项奖。单项奖授予在卓越化模式的一些基本要素中表现优秀的企业。2003年，欧洲质量奖在领导作用、顾客对产品评价、社会效益评价、人力资源效果评价和员工投入、经营结果领域内颁发了这一奖项。单项奖确认并表彰企业在某一方面的模范表现，也使得管理者和媒体更容易理解。

（3）入围奖。入围奖意味着企业在持续改进其质量管理的基本原则方面获得了较高的水准。获入围奖的企业将在每年一度的欧洲质量奖论坛上得到认可。该论坛每年在欧洲的不同城市举行，来自欧洲不同国家和地区的700多名企业管理者会出席这一论坛。

（4）提名奖。获得提名奖的企业意味着它们已经达到欧洲质量奖卓越化模式的中等水平。获得这一奖项有助于鼓励企业更好地进行质量管理，并激励它们继续努力。

四、中国质量奖

1. 中国质量奖产生的背景

中国质量奖是对实施卓越的质量管理，并在质量、经济、社会效益等方面取得显著成绩的组织授予的在质量方面的最高荣誉。中国质量奖设立于2001年，目的是贯彻落实《中华人民共和国产品质量法》，激励和引导我国企业追求卓越的质量经营，增强组织综合竞争能力，更好地适应经济全球化的发展趋势，使组织更好地服务用户、服务社会，为提升我国组织整体管理水平、提高经济社会发展质量做贡献。

为进一步完善中国质量奖架构，提升中国质量奖影响力，自2012年起，中国质量奖中设置"卓越项目奖"，由国家质检总局负责组织实施，是国内质量领域的最高政府性荣誉，每两年评选一次，由组织奖（全国质量奖）、项目奖（全国质量奖卓越项目奖）、个人奖（中国杰出质量人）和单项奖（全国质量奖管理特色奖）四部分组成，以表彰运用卓越绩效模式在质量管理、技术创新等方面取得突出成效的重点工程和项目。截至2017年，已有30个省、自治区、直辖市和特别行政区的企业参与中国质量奖申报，覆盖国民经济13个行业门类、54个行业大类。其中，2016年，4家制造业组织（华为投资控股有限公司、株洲中车时代电气股份有限公司、中国北京同仁堂有限责任公司、上海振华重工股份有限公司）、2家服务业组织（厦门航空有限公司、国网上海市电力公司浦东供电公司）和1家工程建设组织（中国建筑一局有限公司）获得第二届中国质量组织奖。如今，中国质量奖已经成为与日本戴明奖、美国国家质量奖、欧洲质量奖齐名的国家级质量奖励。

2. 中国质量奖的评价标准

中国质量奖坚持三大评审原则：一是坚持科学、规范、公开、公正、公认的基本要求，体现评审指标的科学性、评选方法的规范性、评审过程的公开性、评审结果的公正公认；二是突出导向性、优选性和社会性原则，强调评审工作的社会参与、评审内容的创新先进和评审对象的导向引领作用；三是实施“一票否决”机制。从2013年起，全国质量奖评审采用GB/T 19580—2012《卓越绩效评价准则》国家标准。该标准借鉴国内外卓越绩效管理的经验和做法，结合我国企业经营管理的实践，从领导，战略，顾客与市场，资源，过程管理，测量、分析与改进，以及结果等七个方面规定了组织卓越绩效的评价要求，为组织追求卓越提供了自我评价的准则，也可作为质量奖的评价依据。

在评选程序上，中国质量奖评选表彰工作包括申报推荐、评审论证、审核表彰三大阶段，共十个步骤。其中评审论证阶段包括形式审查、材料评审、陈述答辩、现场评审、审议票决五个环节，由浅入深、逐步递进，既充分发挥专业评审优势，也注重发挥委员的民主评议作用。

在评选规则上，针对各类组织和个人的特点，分别研究制定评审细则。对组织，重点审查质量、创新、品牌、效益四个方面的内容，下设若干二级评审项目和三级评审项目，形成依次展开的关系；对个人，重点评审基本素质、能力水平、成果影响三个方面的内容。针对专家学者、组织管理者、质量技术人员和一线工作人员等不同类别的个人，细化评审项目内容。而且，建立公开透明的监督机制，建立覆盖申报推荐、评审论证、审核批准全过程的监督机制，对每个关键阶段的相关结果进行社会公示，加强获奖后续监督，完善退出机制。

3. 中国质量奖的作用

中国质量奖的评选表彰工作由国家质检总局负责组织实施，中国质量奖是中国质量领域的最高荣誉。项目周期为两年，下设质量奖和提名奖。质量奖名额每次不超过10个组织和个人，提名奖每次不超过90个。中国质量奖的评选表彰工作面向基层和工作一线。

中国质量奖通过表彰质量先进，树立质量标杆，引领质量风范，极大地调动了广大组织和个人追求质量进步的热情，成为我国提升国家竞争力的重要手段。通过中国质量奖的标杆引领作用，能够极大地增强全社会特别是企业的质量意识，激励更多的企业组织和个人在质量上追求卓越，促进国家质量水平的整体提高，推动供给侧结构性改革，推动建设质量强国。

□ 基本概念

PDCA 循环　plan-do-check-action cycle
质量　quality
产品　product
过程　process
质量控制　quality control
质量改进　quality improvement
质量管理　quality management

□ 思考题

1. 简述质量的概念及内涵。
2. 什么是质量方针和质量目标？两者有哪些主要区别？
3. 质量管理发展经历了哪几个阶段？每个阶段的特点是什么？
4. 简述产品质量的形成过程。
5. 试比较产品质量的过程改进方法 PDCA 和 DMAIC 之间的异同。
6. 试对比分析戴明、朱兰、克劳斯比和费根堡姆的质量管理理念的异同点。
7. 试比较国际三大质量奖和中国质量奖之间的评价标准差别，并分组收集相关获奖企业案例进行对比分析。

案例分析

“将质量进行到底”的华为公司

华为是提倡以工匠精神来衡量产品，真正追求零缺陷的公司，多年来构建了一套坚实的大质量体系，用制度支撑“质量优先”战略在各个环节的落地。在成为业界标杆之后，每年依然要以20%的改进率去改进质量，培养员工追求极致体验的精神，致力于在企业上下形成共同的价值观，在制度和文化两方面“将质量进行到底”。

“华为公司最宝贵的是‘无生命的管理体系’，以规则、制度的确定性来应对不确定性。”在2015年举办的华为质量工作汇报会上，创始人任正非指出，华为最重要的基础是质量，要从以产品、工程为中心的质量管理，扩展到涵盖公司各个方面的大质量管理体系。

1. 质量管理极致追求零缺陷

“什么叫零缺陷？其实就是一个人的工作态度，要做到每个人都不给下游倒脏水，从上游过来的脏水净化好。”华为内部流行着自1987年成立就坚持的精神——“质量好、服务好、运作成本低、优先满足客户”，但做好质量是一种能力，建立坚实的质量体系也需要时间和积累。从一场标志性的“呆死料大会”开始，华为开始全面加强整个质量体系的建设。

“华为把在欧洲、美国、日本、韩国拓展市场过程中学的东西综合起来，尝试完善自身的质量管理体系。质量意识这时才成为整个华为血液里流淌的核心理念。”1997 年加入华为的马斯（Mars）告诉记者，零缺陷就是华为质量管理体系的核心。每年年初，华为所有部门、所有产品、每一个模块都会建立一个“零缺陷”目标，确定上一年达成了多少，今年要达成多少。随后，每半年评选“零缺陷”模块，让每个人把这几个模块的工作做到极致。到了 2008 年前后，华为对质量的理解又进一步，认为质量不再是速度快、待机长、更耐用这样的产品客观指标，上升到“用户满意”这样的用户主观感受，这是对落脚点在产品本身的质量管理理论的新超越。

2. 像对待产品一样对待用户体验

随着市场的扩展、产品线的增加，华为人对质量的认识也在逐渐加深：不仅要把产品做到耐用、不坏，还要持续不断地提升消费者的购买、使用和售后服务等体验。因此，华为在质量管理过程中，提出要构建包括基础质量和用户体验在内的大质量体系。华为建立了一套完整的流程管理体系，涵盖了消费者洞察、技术洞察、技术规划、产品规划、技术与产品开发、验证测试、制造交付、上市销售、服务维护等各个领域，有专门的队伍做持续优化和改进。这一切都是为了用极致的产品去打动消费者。马斯举例说，为了让用户的声音无损地传递给每一个相关的员工，华为甚至自己研发了一个舆情分析系统，搜索整理网络、热线等各个渠道关于华为的信息，将问题分类归纳，推送给工程师。相关部门也会分析用户的关注点，查出短板，确定产品改进计划。“这个系统主要是利用大数据挖掘用户的关注点，过去只用在国内，今年计划将搜集对象扩展至全球用户。”

3. 每年保持 20%改进率的业界标杆

短短 20 年，华为从 2.1 万元起家到成为世界通信行业的领导者，面对快速变化、暗流涌动的国内外市场，大质量体系成为保障华为以规则、制度的确定性来应对不确定性，夺取大数据流量时代胜利的关键。持之以恒的“大质量观”逐渐形成了华为的质量文化，尤其是在日新月异的科技领域，这种使命催生了华为很强的危机意识。面对质量问题，华为内部有一票否决制，无论是多么高层的高管，一律都要尊重这条铁律。

华为有一个明确的规定，即要做业界标杆、质量标杆。如果华为产品的质量和业界标杆有差距，那么就要快速赶超，每年必须以不低于 30%的速度去改进；即使成为业界标杆之后，每年依然要以 20%的改进率去改进质量。值得关注的是，从 2011 年开始，华为手机转战消费者市场，大力推进自有品牌建设。短短 5 年时间，华为在三个方面全面超越三星和苹果，位居中国的行业第一：市场份额第一，品牌知名度第一，净推荐值第一。华为内部更看重净推荐值，因为这个指标完全取决于用户的真实口碑。

4. 为构建竞争力十年磨一“芯”

质量是一种能力的体现，芯片则是华为最核心的竞争力。如果不能自己控制芯片，改进产品只能依靠别人。华为内部提倡的理念之一是“板凳要坐十年冷”，强调“工匠精神”中的“专注”。早在 10 年前，iPhone 和安卓系统还没有诞生，华为基于对智能手机的发展判断，开始着手研发移动手机芯片，希望做出有更好体验的智能终端，并通过掌握核心技术，构建移动时代持久的竞争优势。10年来，华为对手机芯片研发进行了全球布局。如今，遍布亚洲、欧洲和美洲等的11个国家和地区，在无线算法、射频技术、图像处理、设计工艺等各个核心技术领域，聚集了全球最优秀的人才进行协同创新。

华为每年将10%以上的销售收入投入研究与开发。2015年，华为研发投入596亿元人民币，占销售收入的15%，同比增加45.9%。这个金额超过很多城市甚至一些省份的全年研发投入。目前，华为从事研究与开发的人员约7.9万人，约占公司总人数的45%。在国产手机品牌中，华为的中国专利持有量高达49 822件，占据国产手机专利的半壁江山。高强度的研发投入保障了华为产品的质量，也给华为在全球范围内带来了商业成功。在通信设备市场，华为已经成为全球持续领先的信息与通信解决方案供应商；在智能手机市场，华为在全球智能手机市场的份额稳居前三，在中国市场份额持续领先，并在西欧的多个发达国家的市场份额中跻身前三。

2015年，华为智能手机发货量1.08亿部，华为成为中国第一家年发货量过亿的智能手机厂商。2016年第一季度，华为消费者业务销售收入同比增长61%，智能手机销售收入同比增长62%；所有产品发货量同比增长44%，智能手机发货量同比增长62%。

华为公司凭借其在质量领域的卓越追求，于2016年获得第二届中国质量奖。

讨论：

（1）什么是零缺陷和标杆管理？在追求零缺陷过程中如何兼顾质量成本？

（2）结合中国质量奖的评价标准，分析华为公司获得该奖的主要原因。

第 2 章 Chapter 2 统计过程控制理论

学习目标

◎ 熟悉质量控制的数理统计学基础知识
◎ 理解质量波动理论及质量波动产生原因
◎ 熟练掌握控制图的原理、种类、设计及判断准则
◎ 掌握过程能力和过程能力指数的概念
◎ 掌握过程能力指数的计算、分析和评价

引例

控制图在过程监控中的应用

产品和服务都是过程的产物，生产过程是影响产品或服务质量的关键，所以生产过程的控制至关重要。统计过程控制（statistical process control，SPC）是应用数理统计技术及理论对生产各个阶段进行监控和评估，根据反馈信息分析生产过程中的偶然波动与异常波动，对异常波动提出预警，并采取措施消除其影响，使生产过程处于可接受的稳定状态，即受控状态，从而达到质量控制的目的。

例如，A 公司主要进行半导体的封装与测试，半导体的加工过程分为两个主要部分：晶圆的制造和芯片的封装及测试。该公司非常重视生产过程的质量控制，经过长期观察与分析，确定了晶片切割、芯片粘贴、引线键合、模塑和电镀等为质量关键过程。

其中，在晶片切割时，一片载有上千集成电路芯片的硅片被高速转动的石英刀轮切割成具有独立功能的芯片。这道工序是非常关键的工序，如果工序的控制出现问题，就可能出现大批量的不良品。要对这道工序进行质量控制，该公司面临以下几个问题：

（1）这道工序的主要控制点是什么？

（2）如何对该工序的主要控制点进行质量控制？

（3）如何判断该工序的工艺稳定性？

第1节 质量控制的数理统计学基础

一、数据的种类

在科学研究和生产实践中，经常遇到各种各样的数据，按照性质和使用目的的不同，可以分为计量值数据（或称连续型数据）和计数值数据（或称离散型数据）。两者所遵循的统计分布规律不同，在进行数据统计分析时所采用的抽样方法或控制图也不同，因此，必须会正确区分这两类数据。

1. 计量值数据

计量值数据是指可以连续取值的数据，又称连续型数据。一般是用量具、仪器进行测量取得，其特点是可以在某一范围内连续取值。在质量管理中会遇到大量的计量值数据，如长度、体积、重量、温度、强度、时间、化学成分等质量特性的数据，都是计量值数据。以长度为例，在1mm～2mm之间，可连续测出1.1mm，1.2mm，1.3mm等数值，在1.1mm～1.2mm之间，可测出1.11mm，1.12mm，1.13mm等数值，以此类推，可连续取值的长度数据为计量值数据。它大多服从或近似服从正态分布。

2. 计数值数据

计数值数据是指不能连续取值的只能以个数计算的数据。计数的方法又分为计点和计件两种。当单位产品的质量特征用缺陷品（不合格品）个数这种离散尺度衡量时，叫作计点方法。例如，$1m^2$布上的疵点数，一个玻璃瓶上的气泡个数，一个铸件的气孔数，等等。计点值数据一般服从泊松分布。当把单位产品划分为合格品与不合格品，或者区分为一等品、二等品、三等品等时，这种方法称为计件方法。例如，某产品的不合格品数、缺陷数等。计件值数据一般服从超几何分布或二项分布。

二、总体和样本

在一个统计问题中，所研究的对象的全体称为总体。从总体中，按随机原则抽取的一部分单位所组成的产品集合，称为样本。因此，样本是由一个或多个单位产品构成的。单位产品是要实行检查的基本产品单位，或称个体。例如，要从全部零件中抽取100个做调查，这100个零件构成样本，每一个被抽中的零件称为单位产品或个体。

通常总体的单位数用N来表示，样本单位数称为样本容量，用n来表示。相

对于 N 来说，n 可以是总体的几分之一乃至几万分之一。至于样本容量的大小，必须根据统计研究的目的、任务和研究对象的性质等确定。一般来说，当样本容量大于 30 个时称为大样本。

链接小知识

在质量控制中，对批产品进行质量控制时，批产品构成的总体一般属于有限总体；对某道工序或某个过程进行质量控制时，研究对象一般属于无限总体。

三、数据特征值

数据特征值是数据分布趋势的一种度量。数据特征值可以分为两类：一类是数据集中趋势的度量，如平均值、中位数、众数等；另一类是数据离散程度的度量，如极差、平均差、方差、标准差等。

1. 表示数据集中趋势的特征值

（1）频数。把杂乱的数据按照一定的方式整理出各个不同值出现的次数，称为该值出现的频数。

（2）算术平均值。如果产品质量有 n 个测量数据 x_i（$i=1, 2, \cdots, n$），那么它们的平均值由式（2.1）求得。

$$\bar{x} = \frac{1}{n}\sum_{i=1}^{n} x_i \tag{2.1}$$

（3）中位数。将一组数据按大小顺序排列，排在中间的那个数称为中位数。用 $\tilde{x}$ 表示。当一组数据总数为偶数时，中位数为中间两个数据的平均值。

（4）众数。众数是一组测量数据中出现次数（频数）最多的那个数值。

链接小知识

算数平均值是使用最为广泛的反映数据集中位置的统计量，计算简单，但受极端值的影响较大，某个极端大值或极端小值都会影响均值的代表性；中位数不受极端值的影响，在某些场合，中位数比算数平均值更能代表一组数据的中心位置；当数据个数较多而且有明显的集中趋势时，才有众数可言，众数不宜用于推断总体参数。

2. 表示数据离散程度的特征值

（1）极差。极差是一组测量数据中的最大值和最小值之差，通常用于表示不分组数据的离散度。用符号 R 表示。

$$R = x_{\max} - x_{\min} \tag{2.2}$$

式中，x_{max}为数据的最大值；x_{min}为数据的最小值。

（2）方差。对于总体来说，理论上，可以求出描述全部产品测量数据的离散程度值，称为总体方差σ^2，可以通过式（2.3）求得。

$$\sigma^2 = \frac{1}{n}\sum_{i=1}^{n}(x_i - \overline{x})^2 \tag{2.3}$$

但在质量管理中，对于大量生产的产品来说，不可能对全部产品进行检验，通常只对其中一部分产品（样本）进行检验，样本方差S^2为：

$$S^2 = \frac{1}{n-1}\sum_{i=1}^{n}(x_i - \overline{x})^2 \tag{2.4}$$

（3）标准差。把样本方差开平方后，可得样本标准差S，为：

$$S = \sqrt{\frac{1}{n-1}\sum_{i=1}^{n}(x_i - \overline{x})^2} \tag{2.5}$$

四、质量数据的概率分布

上面讨论了测量数据的频数分布及其特征值。在质量管理中，这些测量数据往往是从一批产品中抽取若干个进行质量检验的结果。当然，我们还希望了解一批产品总体的质量特征值，但是由于条件限制，不能对一批产品总体中的每一个单位产品都进行检验，实际上是从这一批产品的总体中抽取样本进行检验，然后根据检验结果求出样本统计量作为总体特征的估计值，这种估计的精确度将随着样本容量的增长而提高。对于有限总体来说，用分析样本统计量方法去描述总体的特征值并不存在本质上的差异。

链接小知识☞

产品的质量特征值是表征产品性能的指标，产品性能一般具有随机性，所以每个性能特性都是一个随机变量。随机变量的取值都是服从一定规律的，这个规律性可以用分布函数来描述，分布包括以下两方面内容：

（1）随机变量X的取值或取值范围；

（2）随机变量X取这些值的概率或在任一区间上的取值概率。

1. 二项分布与泊松分布

（1）二项分布。当一个随机事件的发生只有两种可能的状态和结果时，例如当一个元件和系统满足或不满足要求、可以正常工作或失效时，可以用二项概率分布来描述。

如果某一随机事件在n次独立试验的每一次试验中出现的概率p都是固定的，它不出现的概率为$1-p$，那么该事件在n次试验中出现x次的概率为：

$$P(x/n) = C_n^x p^x (1-p)^{n-x}, \quad x = 0,1,2,\cdots,n \tag{2.6}$$

如果一批产品总体的不合格品率为p，那么$P(x/n)$为从这个总体中任意抽取

一个样本容量为 n 的产品中出现不合格品数正好为 x 的概率。

以 x 为随机变量，可以得到二项分布的平均值为：

$$E(x)=np \tag{2.7}$$

并且其总体标准差为：

$$\sigma_x=\sqrt{np(1-p)} \tag{2.8}$$

以上这些公式很重要，在产品抽样检验和控制图分析中经常用到。

(2) 泊松分布。在二项分布中，以 p 代表随机事件 x 出现的概率，$1-p$ 表示其对立事件的概率，n 为事件的总数。当 n 很大而 p 很小时（$n\geqslant20$，$p\leqslant0.25$），二项分布可用参数 $\lambda=np$ 的泊松分布来近似：

$$P(x)=\frac{\lambda^x e^{-\lambda}}{x!} \tag{2.9}$$

式中，e 为自然对数的底（e=2.718 28）；x 为随机变量，它可取值为 0，1，2，…，n；λ 为随机变量出现的平均数。若以 x 为随机变量，泊松分布的数学期望为 $E(x)=\lambda$，方差为 $\sigma_x^2=\lambda$，标准差为 $\sigma_x=\sqrt{\lambda}$。

2. 超几何分布

假设一批产品的总数为 N，其中 m 件为不合格品，$N-m$ 件为合格品。当检验这批产品质量时，从这批产品中随机每次抽取一件共抽 n 次，而抽出每一件后均不放回到这批产品中去。那么共抽取 n 件产品时恰好有 x 件不合格品的概率是：

$$P(x/n)=\frac{C_{N-m}^{n-x}C_m^x}{C_N^n}=\frac{\dfrac{(N-m)!}{(n-x)!(N-m-n+x)!}\cdot\dfrac{m!}{x!(m-x)!}}{\dfrac{N!}{n!(N-n)!}}$$

$$x=0,1,2,\cdots,\min(n,m) \tag{2.10}$$

式中，C_N^n 为 N 件产品每次取 n 件的组合数；C_m^x 为 m 件不合格品中每次抽取 x 件的组合数。如果 $m\leqslant n$，那么随机变量 x 的值可能为 0，1，…，m。实际上，m 和 $N-m$ 往往是未知的，通常要通过检验一定数量的产品来估计。

假设 $p=m/N$，表示第一次抽取一个不合格品的概率。如果取 x/n 为随机变量，那么可求得超几何分布的数学期望值：

$$E(x/n)=p \tag{2.11}$$

而它的总体标准差为：

$$\sigma_{x/n}=\sqrt{\frac{p(1-p)}{n}\cdot\frac{N-n}{N-1}} \tag{2.12}$$

3. 正态分布

连续型随机变量中最重要的分布是正态分布（或称高斯分布），工程上有许多变量分布都可以用正态分布近似表示。这种分布最普通的表达形式为：

$$f(x)=\frac{1}{\sigma\sqrt{2\pi}}e^{-(x-\mu)^2/2\sigma^2},\quad -\infty<x<+\infty \tag{2.13}$$

称 x 服从正态分布。式中，μ 为总体的算术平均值；σ 为总体的标准差。不同的 μ，不同的 σ 对应不同的正态分布。正态曲线呈钟形，左右对称，曲线与横轴间的面积总和等于1，如图2-1所示。

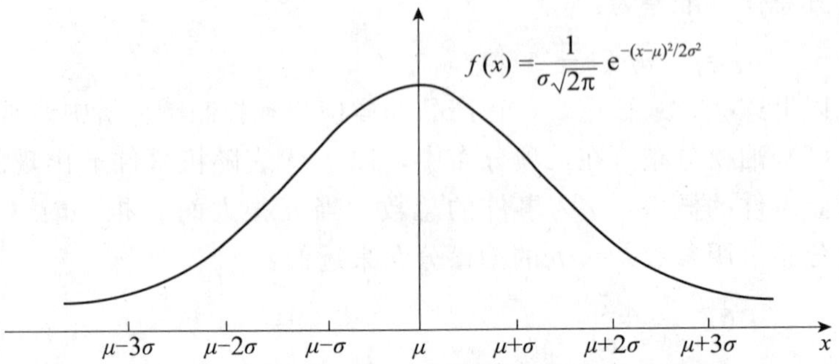

图2-1 正态分布图

服从正态分布的变量的频数分布完全由 μ 和 σ 决定，其特征是：

（1）μ 是正态分布的位置参数，描述正态分布的集中趋势位置。正态分布以 $x=\mu$ 为对称轴，左右完全对称。正态分布的平均数、中位数、众数相同，均等于 μ。

（2）σ 用于描述正态分布资料数据分布的离散程度。σ 越大，数据分布越分散；σ 越小，数据分布越集中。σ 也称为正态分布的形状参数，σ 越大，曲线越扁平；反之，σ 越小，曲线越瘦高。

（3）正态曲线下面的几个具有代表性的面积说明：全体变量中大约68.26%的变量落在 $\mu\pm\sigma$ 的范围之内；95.46%的变量落在 $\mu\pm2\sigma$ 范围之内；99.73%的变量落在 $\mu\pm3\sigma$ 范围之内。但是，必须特别注意，在同样的两个已知范围内，在样本范围内所占的百分比与总体范围内所占的百分比可能不一致。

从正态分布公式可以看出，如果要对正态分布总体的情况进行预测，则需要知道分布的平均值 μ 和标准差 σ。然而，在实际中得到的常常只是样本，而不是总体，样本往往是很小的。由于种种原因，有的总体可能得不到，有的总体还未全部产生出来，至于是否要产生总体还得看样本能否满足要求进而对总体进行推断后决定。实际上，如果对总体全部进行检验和分析，所需费用太高，时间太长。有些带有破坏性的检验工作，使得不可能对总体进行全部检验。因此，在质量管理中抽检的样本和被抽检的总体之间的关系是非常重要的，换句话说，样本的频数分布及其直方图与正态分布曲线有密切的关系。

第2节 质量波动理论

在生产制造过程中，无论把环境和条件控制得多么严格，任何一个过程所生产出来的两件产品都是绝对不可能完全相同的。也就是说，任何一个过程所生产出来的产品，其质量特性值总是存在一定的差异，这种客观差异称为产品质量波动性。

一、质量因素的分类

影响质量的因素称为质量因素。根据不同的划分方法，质量因素可以做如下分类。

1. 按不同来源分类

可分为：操作人员（man）、设备（machine）、原材料（material）、操作方法（method）、环境（environment），简称 4M1E。有的还把测量（measurement）加上，简称 5M1E（人、机、料、法、测、环）。国际质量标准 ISO 9000 系列则分得更细，除了上述因素，还有计算机软件、辅助材料与水电公用设施等，这也反映了时代的进步。

2. 按影响大小与作用性质分类

（1）偶然因素，又称随机因素。偶然因素具有四个特点：1）影响微小。即对产品质量的影响微小。2）始终存在。即只要一生产，这些因素就始终在起作用。3）逐件不同。由于偶然因素是随机变化的，因此每件产品受到偶然因素的影响是不同的。4）难以除去。指在技术上有困难或在经济上不允许。偶然因素的例子很多，例如，机床开动时的轻微振动，原材料的微小差异，操作的微小差异，等等。

（2）异常因素，又称系统因素。与上述偶然因素相对应，异常因素也有四个特点：1）影响较大，即对产品质量的影响大。2）有时存在。就是说，它是某种原因所导致的，不是在生产过程中始终存在的。3）一系列产品受到同一方向的影响。指加工件质量指标受到的影响都是变大或变小。4）不难除去。指这类因素在技术上不难识别和消除，在经济上也往往是允许的。异常因素的例子也很多，例如，由于固定螺母松动造成机床的较大振动，刀具的严重磨损，违反规程的错误操作，等等。

二、质量波动性的分类

1. 偶然波动

偶然因素引起产品质量的偶然波动，又称随机波动。一个只表现出偶然波动的过程所产生的值一般都处于中心值两侧（见图 2-2 中的 A）。这样的过程称为处于统计控制状态的过程。偶然波动是由许多原因引起的，而每一个原因只起很小的作用。由于排除一个单一的原因只会对最终结果起到很小的影响，因此从经济角度考虑，减少偶然波动是非常困难的。

2. 异常波动

异常因素引起产品质量的异常波动，又称系统波动。异常波动能引起系统性的失效或缺陷。异常波动可能会引起一种趋势（见图 2-2 中的 B），如持续地沿着一个方向变化。这是由于某种因素逐渐加深对过程的影响，像磨损和撕裂，或者是温度的变化等。另一种异常波动的例子是水平的突变（见图 2-2 中的C），这种类型的变化可能是由于操作人员的变化、使用了新的材料、改变了设备调试等因素导致的。异常波动一般由单一的不明原因造成，而这个原因能引起明显的后果。因此，及时确定异常波动，检验并采取措施消除异常波动的后果是非常重要的。这种措施从经济角度考虑是值得的。

实际意义	波动的形式
A. 制造过程处于统计控制状态 引起波动的只有偶然因素	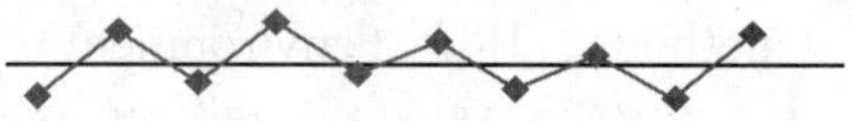
B. 制造过程具有某种趋势 引起波动的既有偶然因素也有异常因素	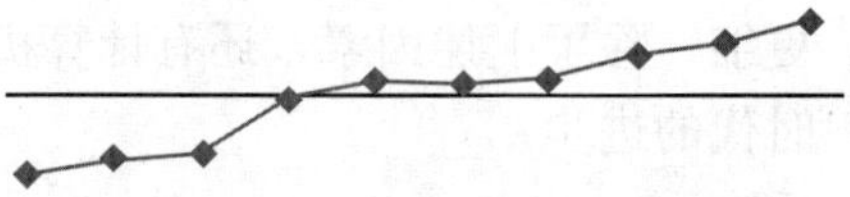
C. 制造过程的水平发生突变 引起波动的既有偶然因素也有异常因素	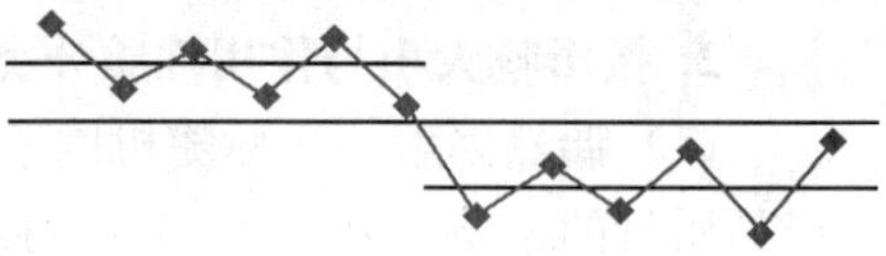

图 2-2　波动的形式

3. 偶然波动与异常波动的比较分析

当一个过程只有偶然波动时会产生最好的结果。在有异常波动发生的情况下，想要减少过程的波动，第一步就是要消除异常波动。偶然波动与异常波动的比较见表 2-1。

表 2-1　偶然波动与异常波动

偶然波动	异常波动
含有许多独立的原因	含有一个或少数几个独立的原因
任何一个原因都只能引起很小的波动	任何一个原因都会引起大的波动
偶然波动不能经济地从过程中消除	异常波动通常能够经济地从过程中消除
当只有偶然波动时，过程以最好的方式在运行	如果有异常波动存在，过程的允许状态不是最佳的

随着科技的进步，有些偶然因素的影响可以设法减少，甚至基本消除。但从偶然因素的整体来看是不可能完全消除的，因此，偶然因素引起产品质量的偶然波动也是不可避免的。必须承认这一客观事实，产品质量的偶然波动是影响微小的，同时又是不可避免的。一般情况下不必特别处理。

异常因素则不然，它对于产品质量影响较大，可造成产品质量过大的异常波动，以致产品质量不合格，同时它也不难消除。因此，在生产过程中异常因素是注意的对象。只要发现产品质量有异常波动，就应尽快找出，采取措施加以消除，并纳入标准，保证不再出现。

链接小知识

在实际生产中，产品质量的偶然波动与异常波动总是交织在一起的，很难加以区分。经验与理论分析表明，当生产过程中只存在偶然波动时，产品质量将形成典型分布；如果除了偶然波动还有异常波动，产品质量的分布必将偏离原来的典型分布。因此，根据典型分布是否偏离就能判断异常波动是否发生，而典型分布的偏离可由控制图检出，控制图上的控制界限就是区分偶然波动与异常波动的科学界限。控制图就是区分这两类产品质量波动，亦即区分偶然因素与异常因素这两类质量因素的重要科学方法。

第 3 节　控制图原理

影响产品质量的因素很多，有静态因素也有动态因素，有没有一种方法能够实时监控产品的生产过程、及时发现质量隐患，以便改善生产过程，减少废品和次品的产出？控制图法就是这样一种以预防为主的质量控制方法。

控制图是判断和预报生产过程中质量状况是否发生波动的一种有效方法。世界上第一张控制图是美国的休哈特（W. A. Shewhart）在 1924 年 5 月 16 日提出的不合格品率控制图。第二次世界大战后期，美国开始在军工部门推行休哈特的统计过程控制方法（SPC）。经济遭受战争重创的日本 1950 年通过戴明博士将 SPC 的概念引入日本。目前，控制图作为质量控制的主要方法广泛应用于各个国家的各行各业。

一、控制图的基本格式

控制图的基本格式如图 2－3 所示。它一般有三条线：中心线（central line，CL），用细实线表示；控制上限（upper control limit，UCL），用虚线表示；控制下限（lower control limit，LCL），用虚线表示。

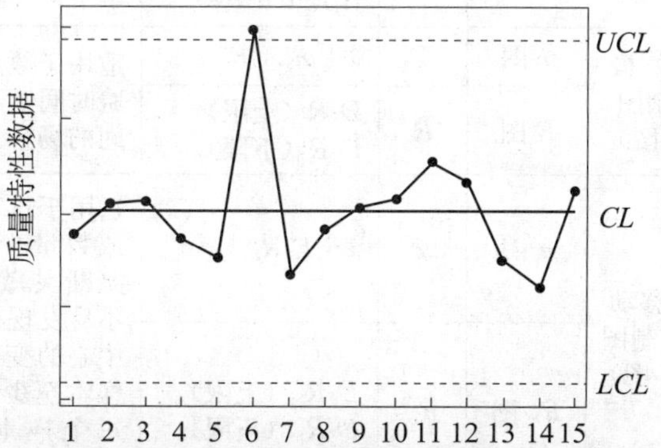

图 2－3　控制图的基本格式

所谓控制图的基本思想就是把要控制的质量特性值用点描在图上，若点全部落在控制上限与控制下限内，且排列没有异常时，就可判断生产过程是处于控制状态。否则，就应根据异常情况查明原因并设法排除异常。通常，点越过控制线就是预警的一种方式，如图 2－3 中的第 6 个点。

二、常用控制图的种类

常用的质量控制图可分为两大类：

（1）计量值控制图：主要用来监控产品的质量特性值为连续型随机变量的情况，是以正态分布为理论基础建立的，常见的有均值-极差控制图、均值-标准差控制图、中位数-极差控制图、单值-移动极差控制图。

（2）计数值控制图：主要用来监控产品的质量特性值为离散型随机变量的生产过程，常见的有不合格品数控制图、不合格品率控制图、缺陷数控制图、单位缺陷数控制图。

控制图作为一种管理图，在工业生产中，可根据所要控制的质量指标的情况和数据性质选择，如表 2－2 所示。

表 2－2　　各种控制图计算公式一览表

数据种类	控制图的名称及简记		计算公式：中心线	计算公式：上、下控制界限值	计算公式：应用范围	备注
计量值	均值-极差控制图（$\bar{x}$-R 图）	$\bar{x}$ 图	$\bar{\bar{x}}$	$\bar{\bar{x}}\pm A_2\bar{R}$	计量值数据控制，应用范围广、效果好，但计算量大。通常样本至少取 25 个，每个样本点含量为 2～10，通常为 4，5，6。适用于产品批量较大的工序。	$\bar{\bar{x}}=\frac{\sum\bar{x}}{K}$ $\bar{R}=\frac{\sum R}{K}$ $\bar{S}=\frac{\sum S}{K}$ $\bar{\tilde{x}}=\frac{\sum\tilde{x}}{K}$ $\bar{R}_S=\frac{\sum R_S}{K-1}$ 式中，K 为测验样本的组数；系数 A_2，D_4，D_3，B_4，B_3，m_3，E_2 与 n 有关，可查表 2－3 得到。
		R 图	$\bar{R}$	D_4R（上限） D_3R（下限）		
	均值-标准差控制图（$\bar{x}$-S 图）	$\bar{x}$ 图	$\bar{\bar{x}}$	$\bar{\bar{x}}\pm A_3\bar{S}$	适用范围同上，适用于每个样本点含量大于 10 的情况。	
		S 图	$\bar{S}$	B_4R（上限） B_3R（下限）		
	中位数-极差控制图（$\tilde{x}$-R 图）	$\tilde{x}$ 图	$\bar{\tilde{x}}$	$\bar{\tilde{x}}\pm m_3A_2\bar{R}$	适用于数量大、检验时间短于加工时间的场合。	
		R 图	$\bar{R}$	D_4R（上限） D_3R（下限）		
	单值-移动极差控制图（x-R_S 图）	x 图	$\bar{x}$	$\bar{x}\pm E_2\bar{R}_S$	适用于自动化全检或数量少的场合，判断灵敏度略低，不易发现工序分布中心的变化。通常样本至少取 25 个，每个样本点含量为 1。	
		R_S 图	$\bar{R}_S$	$D_4\bar{R}_S$（上限） $D_3\bar{R}_S$（下限）		

续前表

数据种类		控制图的名称及简记	计算公式			备注
			中心线	上、下控制界限值	应用范围	
计数值	计件	不合格品数控制图（Pn 图）	$n\overline{P}$	$n\overline{P}\pm 3\sqrt{n\overline{P}(1-\overline{P})}$	适用于一定样本量 n 的场合。	$n\overline{P}=\frac{\sum nP}{K}$ $\overline{P}=\frac{\sum nP}{\sum n}$ $\overline{C}=\frac{\sum C}{K}$ $\overline{u}=\frac{\sum C}{\sum n}$ 式中，n 为测验样本的容量。
计数值	计件	不合格品率控制图（P 图）	$\overline{P}$	$\overline{P}\pm 3\sqrt{\frac{\overline{P}(1-\overline{P})}{n}}$	适用于关键件全检场合。	
计数值	计点	缺陷数控制图（C 图）	$\overline{C}$	$\overline{C}\pm 3\sqrt{\overline{C}}$	适用于全数检验。	
计数值	计点	单位缺陷数控制图（u 图）	$\overline{u}$	$\overline{u}\pm 3\sqrt{\frac{\overline{u}}{n}}$	适用于每次测验样本容量为 n 的场合。	

三、控制界限的原理

实践结果表明，当加工工序处于稳定状态时，大多数计量数据都服从正态分布，或近似服从正态分布。假设产品的某一质量特性服从均值为 μ、方差为 σ^2 的正态分布，即 $X\sim N(\mu,\ \sigma^2)$，那么由正态分布理论可知，产品质量计量值在 $\mu\pm 3\sigma$ 上下界限之间出现的可能性（即概率）为 99.73%，如图 2－4 所示。因此，一般将产品质量特性值的均值作为控制图的中心线，均值加（减）3 倍标准差作为控制图的上（下）控制界限。另外，在制作各种控制图时，3 倍标准差并不容易求得，故可按统计理论计算出一些近似系数，用于各种控制图的计算信息输入表，如表 2－3 所示。例如，要求平均值控制图，则平均值 $\overline{x}$ 的中心线值为 $\overline{\overline{x}}$，控制界限值为：

$$UCL=\mu+3\sigma=\overline{\overline{x}}+A_2\overline{R}$$
$$LCL=\mu-3\sigma=\overline{\overline{x}}-A_2\overline{R} \tag{2.14}$$

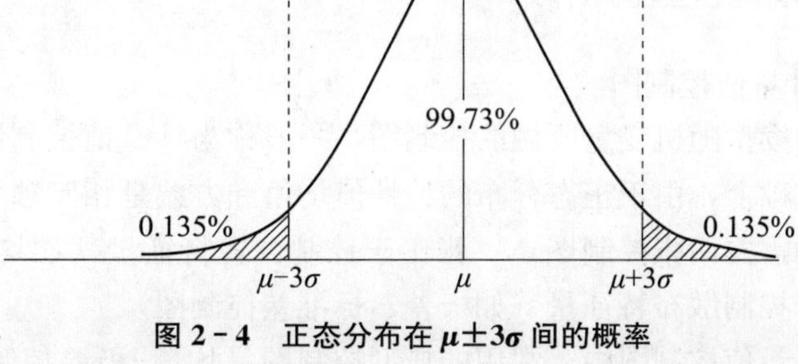

图 2－4　正态分布在 $\mu\pm 3\sigma$ 间的概率

表 2-3　　计量值控制图计算公式中的系数值表

小组观察数目（n）	A_2	A_3	D_3	D_4	m_3A_2	E_2	d_2	d_3	B_3	B_4
2	1.880	2.658	—	3.267	1.880	2.660	1.13	0.85	—	3.287
3	1.023	1.955	—	2.575	1.187	1.772	1.69	0.89	—	2.568
4	0.729	1.629	—	2.232	0.796	1.457	2.06	0.88	—	2.266
5	0.577	1.427	—	2.115	0.691	1.290	2.33	0.86	—	2.089
6	0.483	1.286	—	2.004	0.549	1.184	2.53	0.85	0.030	1.970
7	0.419	1.182	0.076	1.924	0.509	1.109	2.70	0.83	0.118	1.882
8	0.373	1.099	0.136	1.864	0.432	1.054	2.85	0.82	0.185	1.815
9	0.337	1.032	0.184	1.816	0.412	1.010	2.97	0.81	0.239	1.761
10	0.308	0.975	0.223	1.777	0.363	0.945	3.08	0.80	0.284	1.752

这样，根据正态分布的特点，在只有偶然性因素的生产过程中，1 000 个数据中最多有 3 个数据（点）可能超出控制界限。一旦发现某点在界外，就可判断生产过程发生了异常，需立即查明原因。这种判断的错判率只有 3‰。因此，控制界限的这种原理也叫“千分之三原理”。

链接小知识

描述一个正态分布的两个重要参数分别是均值 μ、标准差 σ。若均值 μ 增大为 μ_1，则曲线向右移动，分布中心发生变化。若标准差 σ 增大为 σ_1，分布中心不变，曲线向下移动，加工质量更加分散。因此，标准差 σ 与质量有着密切的关系，反映了过程质量的变动情况。

第 4 节　控制图的设计及判断准则

一、控制图的设计

1. 计量值控制图

对连续型随机变量所做的控制图，一般称为计量值控制图。它建立在正态分布的理论基础上，由于正态分布的特性值均值和方差是相互独立的，所以要控制计量值的波动需要两张控制图：一张用于控制位置特征量（如均值、单值控制图）；另一张用于控制散布特征量（如极差、标准差控制图）。

在计量值控制图中，常用的典型控制图是均值-极差控制图，即 $\bar{x}$-R 图，下面

以 $\bar{x}$-R 图为例来说明计量值控制图的设计。

(1) 控制界限的确定。$\bar{x}$-R 控制图是一类联合使用的计量值控制图，包括平均值 $\bar{x}$ 控制图和极差 R 控制图。

1) $\bar{x}$ 控制图的界限。$\bar{x}$ 控制图主要用来控制平均值的变化。

若总体分布中心为 μ，标准差为 σ，则 $\bar{x} \sim N(\mu, \sigma^2/n)$，$n$ 为子组大小。由控制界限的原理可知，$\bar{x}$ 控制图的控制界限为 $UCL=\mu+3\sigma$，$LCL=\mu-3\sigma$，根据参数估计原理，$\hat{\mu}=\bar{\bar{x}}$，$\bar{R}=d_2\sigma$，$\hat{\sigma}=\sigma/\sqrt{n}=\bar{R}/(d_2\sqrt{n})$，所以 $\bar{x}$ 控制图的控制界限为：

$$UCL=\bar{\bar{x}}+\frac{3}{d_2\sqrt{n}}\bar{R}=\bar{\bar{x}}+A_2\bar{R}$$

$$LCL=\bar{\bar{x}}-\frac{3}{d_2\sqrt{n}}\bar{R}=\bar{\bar{x}}-A_2\bar{R} \tag{2.15}$$

式中，$A_2=\dfrac{3}{d_2\sqrt{n}}$，$A_2$ 的值可以根据样本容量 n 查表 2－3 得到。

2) R 控制图的界限。R 控制图主要用来控制标准差的变化。

根据参数估计原理，$\bar{R}=d_2\sigma$，$\hat{\sigma}_R=d_3\sigma$，所以 R 控制图的控制界限为：

$$\begin{aligned}UCL&=\bar{R}+3\hat{\sigma}_R=d_2\sigma+3d_3\sigma=(d_2+3d_3)\sigma\\&=(d_2+3d_3)\frac{\bar{R}}{d_2}=\left(1+3\frac{d_3}{d_2}\right)\bar{R}=D_4\bar{R}\\LCL&=\bar{R}-3\hat{\sigma}_R=d_2\sigma-3d_3\sigma=(d_2-3d_3)\sigma\\&=(d_2-3d_3)\frac{\bar{R}}{d_2}=\left(1-3\frac{d_3}{d_2}\right)\bar{R}=D_3\bar{R}\end{aligned}$$

式中，$D_4=1+3\dfrac{d_3}{d_2}$；$D_3=1-3\dfrac{d_3}{d_2}$。同理，它们的值可以根据样本容量 n 查表 2－3 得到。

(2) $\bar{x}$-R 控制图的作图步骤。

【例 2－1】 某厂生产直径为 10±0.20mm 的圆柱销，每隔一定时间随机抽取 5 个样品为一组，共取 20 组，所得数据如表 2－4 所示。试画出 $\bar{x}$-R 控制图。

表 2－4　$\bar{x}$-R 控制图数据表

序号	x_1	x_2	x_3	x_4	x_5	$\sum x$	$\bar{x}$	R
1	10.009	9.978	10.010	9.937	10.010	49.945	9.989	0.073
2	9.947	10.088	10.016	10.013	9.962	50.026	10.005	0.141
3	10.031	9.981	10.021	9.950	10.051	50.034	10.007	0.101
4	10.010	9.915	10.009	10.020	9.982	49.936	9.987	0.105
5	9.982	10.026	9.948	10.012	9.912	49.880	9.976	0.114
6	10.035	9.995	10.038	9.965	10.010	50.043	10.009	0.073
7	9.920	10.070	9.884	10.015	10.000	49.889	9.978	0.186
8	10.006	9.981	10.009	10.026	9.939	49.961	9.992	0.087
9	10.000	9.996	10.057	9.940	10.019	50.012	10.002	0.117

续前表

序号	x_1	x_2	x_3	x_4	x_5	$\sum x$	$\bar{x}$	R
10	9.970	10.095	9.975	10.059	9.942	50.041	10.008	0.153
11	10.140	10.007	9.998	10.051	9.934	50.130	10.026	0.206
12	9.950	10.047	10.009	10.010	10.068	50.084	10.017	0.118
13	10.030	9.990	9.968	9.911	9.972	49.871	9.974	0.119
14	9.930	9.960	10.109	9.973	10.005	49.977	9.995	0.179
15	10.070	10.025	9.988	10.029	9.950	50.062	10.012	0.120
16	9.960	10.052	9.925	10.009	10.008	49.954	9.991	0.127
17	10.010	9.958	10.150	10.090	9.969	50.177	10.035	0.192
18	9.990	10.028	9.978	9.919	10.081	49.996	9.999	0.162
19	10.120	9.940	10.010	10.089	9.942	50.101	10.020	0.180
20	9.948	10.093	9.971	10.012	9.986	50.010	10.002	0.145

<table>
<tr><td rowspan="4">$\bar{x}$ 控制图
$UCL=\bar{\bar{x}}+A_2\bar{R}$
$LCL=\bar{\bar{x}}-A_2\bar{R}$</td><td rowspan="4">$R$ 控制图
$UCL=D_4\bar{R}$</td><td colspan="4">$\bar{\bar{x}}=10.001$ $\bar{R}=0.135$</td></tr>
<tr><td rowspan="3">系数表</td><td>n</td><td>A_2</td><td>D_4</td></tr>
<tr><td>4</td><td>0.729</td><td>2.232</td></tr>
<tr><td>5</td><td>0.577</td><td>2.115</td></tr>
</table>

解 第1步，从过程中随机抽取20组共获得100个数据，列入表2-4，其中$n=5$。

第2步，计算各组平均值，将计算结果填入表2-4。

第3步，计算各组的极差值，将计算结果填入表2-4。

第4步，计算$\bar{\bar{x}}$，$\bar{R}$，其中

$$\bar{\bar{x}}=\frac{\bar{x}_1+\bar{x}_2+\cdots+\bar{x}_k}{k}=\frac{9.989+10.005+\cdots+10.002}{20}=10.001$$

$$\bar{R}=\frac{R_1+R_2+\cdots+R_k}{k}=\frac{0.073+0.141+\cdots+0.145}{20}=0.135$$

第5步，计算$\bar{x}$-R控制图的控制界限。查表2-3得$A_2=0.577$，$D_4=2.115$，D_3（不考虑），所以$\bar{x}$控制图的界限为：

$UCL=\bar{\bar{x}}+A_2\bar{R}=10.001+(0.577\times0.135)=10.079$

$LCL=\bar{\bar{x}}-A_2\bar{R}=10.001-(0.577\times0.135)=9.923$

R控制图的界限为：

$UCL=D_4\bar{R}=2.11\times0.135=0.285$

$LCL=D_3\bar{R}$（不考虑，取0）

第6步，根据以上数据作图并打点（见图2-5）。

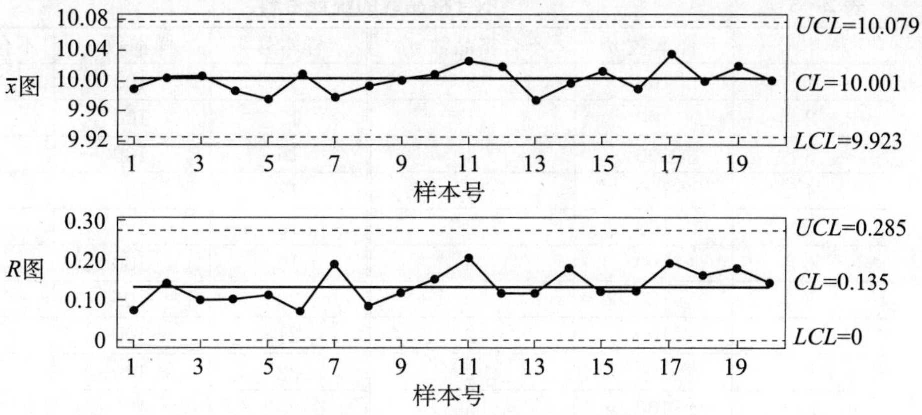

图 2-5　某圆柱销的 $\bar{x}$-R 图

2. 计数值控制图

对离散型随机变量所做的控制图，一般称为计数值控制图。计数值控制图建立在二项分布或泊松分布的理论基础上，由于二项分布和泊松分布各自的特征值和方差彼此相关、不独立，所以控制计数值的波动只需要一张控制图。与计量值控制图不同的是，计数值控制图仅需要一张。

计数值控制图包括计件值和计点值两大类。

（1）计件值控制图。如果产品的检验结果只有两类，即合格或不合格，这属于计件型。在计件值控制图中，常用的典型控制图是不合格品数控制图（Pn 图）和不合格品率控制图（P 图）。通常计件值服从二项分布，故在计算计件值控制图的控制界限时要用到二项分布的性质。下面以 Pn 图为例来说明计件值控制图的设计。

1）控制界限的确定。Pn 图用于不合格品数的控制，通过观察产品不合格品数 Pn 的变化来控制产品质量。要求每个样本（组）的容量 n 相等。当 $np \geqslant 5$，二项分布近似正态分布，因此使用这种控制图时，往往 n 都比较大，根据经验，一般取 $n \geqslant 50$。

根据二项分布参数估计原理，$\hat{\mu}=np=n\bar{p}$，$\hat{\sigma}=\sqrt{np(1-p)}=\sqrt{\bar{p}(1-\bar{p})}$，所以 Pn 图的控制界限为：

$$CL=n\bar{p}$$

$$UCL=\mu+3\sigma=n\bar{p}+3\sqrt{n(1-\bar{p})}$$

$$LCL=\mu-3\sigma=n\bar{p}-3\sqrt{n(1-\bar{p})}$$

式中，p 为总体不合格品率；$\bar{p}$ 为样本平均不合格品率，$\bar{p}=\dfrac{1}{kn}\sum_{i=1}^{k}p_i n_i$，$p_i n_i$ 为第 i 组样本中的不合格品数。

2）控制图的作图步骤。

【例 2-2】 某厂生产的某零件不合格品数的统计资料如表 2-5 所示，试画出 Pn 控制图。

表2-5 不合格品数的统计资料

样本号	样本数 n	不合格品数 np	样本号	样本数 n	不合格品数 np
1	100	3	14	100	3
2	100	1	15	100	3
3	100	4	16	100	4
4	100	4	17	100	6
5	100	2	18	100	1
6	100	6	19	100	0
7	100	0	20	100	3
8	100	2	21	100	4
9	100	2	22	100	6
10	100	5	23	100	0
11	100	0	24	100	4
12	100	1	25	100	2
13	100	4	合计	2 500	70

解 第1步，收集数据，从过程中随机抽样25组，每组100个，共2 500个数据，记录其中的不合格品数，填入表2-5。

第2步，计算样本平均不合格品率：

$$\bar{p}=\frac{1}{kn}\sum_{i=1}^{k}p_i n_i=\frac{70}{2\ 500}=0.028$$

样本平均不合格品数：

$$n\bar{p}=100\times0.028=2.8$$

第3步，计算控制界限：

$$CL=n\bar{p}=2.8$$

$$UCL=n\bar{p}+3\sqrt{n\,\bar{p}(1-\bar{p})}=2.8+3\sqrt{2.8\times(1-0.028)}=7.75$$

$$LCL=n\bar{p}-3\sqrt{n\,\bar{p}(1-\bar{p})}=2.8-3\sqrt{2.8\times(1-0.028)}=-2.15$$

（这种情况通常取0）

第4步，根据以上数据作图并打点（见图2-6）。

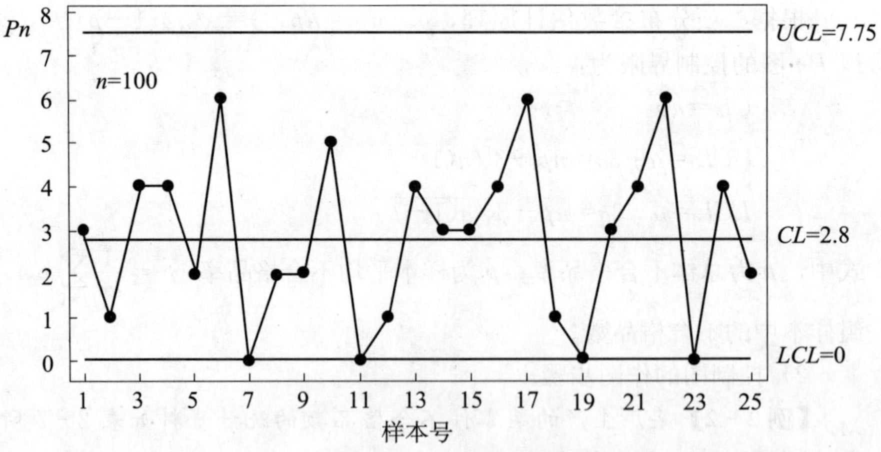

图2-6 *Pn*控制图

（2）计点值控制图。它是缺陷点的计点型，例如每天检查 6 片芯片，共有 12 个瑕疵点，常用的典型控制图是缺陷数控制图（C 图）和单位缺陷数控制图（μ 图）。通常计点值服从泊松分布，故在计算计点值控制图的控制界限时，会用到泊松分布的性质。下面以 C 图为例来说明计点值控制图的设计。

1）控制界限的确定。C 图用于控制一件或一组产品的缺陷数。根据泊松分布参数估计原理，$\hat{\mu}=c=\bar{c}$，$\hat{\sigma}=\sqrt{c}=\sqrt{\bar{c}}$，其中 c 为总体缺陷数，所以 C 图的控制界限为：

$$CL=\bar{c}$$

$$UCL=\mu+3\sigma=\bar{c}+3\sqrt{\bar{c}}$$

$$LCL=\mu-3\sigma=\bar{c}-3\sqrt{\bar{c}}$$

式中，$\bar{c}$ 为样本的平均缺陷数，$\bar{c}=\dfrac{1}{k}\sum\limits_{i=1}^{k}c_i$ 。

2）控制图的作图步骤。

【例 2-3】 对某产品同一部位 10cm^2 进行检验，统计资料如表 2-6 所示，试画出 C 控制图。

表 2-6 **统计资料**

样本号	缺陷数 c	样本号	缺陷数 c
1	5	14	3
2	3	15	4
3	6	16	6
4	8	17	8
5	4	18	2
6	6	19	5
7	3	20	7
8	2	21	3
9	8	22	5
10	7	23	3
11	2	24	7
12	4	25	3
13	6	合计	120

解 第 1 步，收集数据，从过程中随机抽取 25 组数据，记录其中的缺陷数，填入表 2-6。

第 2 步，计算样本的平均缺陷数：

$$\bar{c}=\frac{1}{k}\sum_{i=1}^{k}c_i=\frac{120}{25}=4.8$$

第 3 步，计算控制界限：

$$CL=\bar{c}=4.8$$

$$UCL=\bar{c}+3\sqrt{\bar{c}}=4.8+3\sqrt{4.8}=11.37$$

$$LCL=\bar{c}-3\sqrt{\bar{c}}=4.8-3\sqrt{4.8}=-1.77$$（这种情况通常取0）

第4步，根据以上数据作图并打点（见图2-7）。

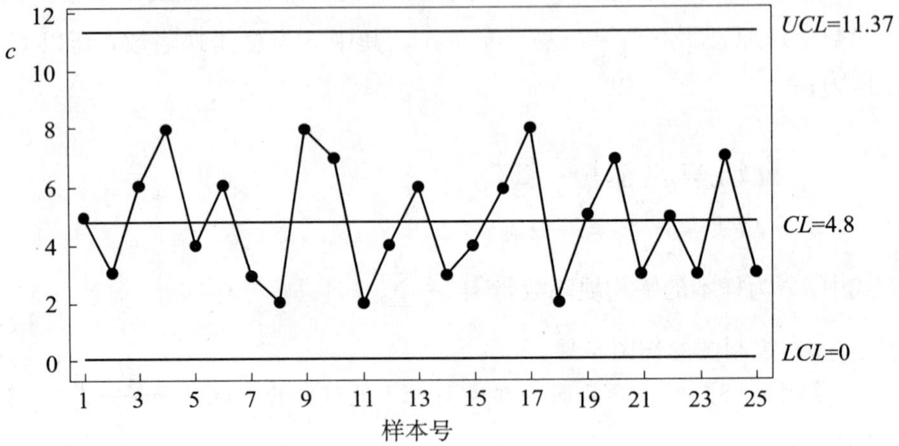

图2-7　C控制图

二、控制图的分析与判断

用控制图识别生产过程的状态，主要是根据样本数据形成的样本点位置以及变化趋势进行分析和判断，判断工序是处于受控状态还是失控状态。

1. 受控状态的判断

判断工序是否处于受控状态，也就是工序是否处于统计控制状态或稳定状态，其条件有两个：一是在控制界限内的点排列无缺陷，即排列随机；二是控制图上的所有样本点全部落在控制界限之内。

在满足了第一个条件的情况下，对于第二个条件，若点的排列随机地处于下列情况，则可认为工序处于受控状态。

（1）连续25个点没有一点在控制界限以外。

（2）连续35个点中最多有一个点在控制界限以外。

（3）连续100个点中最多有两个点在控制界限以外。

因为用少量数据作控制图容易产生错误的判断，所以至少要有25个点才能做判断。从概率理论可知，连续35个点中，最多一个点超出控制界限的概率为0.995 9，至少有一个点在控制界限外的概率为0.004 1，即不超过1%，是个小概率事件。连续100个点中，最多两个点超出控制界限的概率为0.997 4，而至少有两个点在界限外的概率为0.002 6，不超过1%，也是小概率事件。

2. 失控状态的判断

只要控制图上的点出现下列情况，就可判断工序为失控状态：

（1）控制图上的点超出控制界限或恰好在界限上。

（2）控制界限内的点排列方式有缺陷，呈现非随机排列。

在 3σ 界限控制图中，正常条件下，点超出界限的概率只有 0.27%，这是一个小概率事件，若不是异常状态，则点不会超出控制界限。另外，即使所有点都落在界限内，但如果有下列排列异常的情况发生，仍有可能判断其处于失控状态。同理可以计算下列情况的发生概率，它们也是小概率事件。

控制图有缺陷的状态大致有以下几种：

（1）点超出控制界限。

（2）点在控制界限附近，即在 2σ～3σ 之间（称为警戒区）。

- 连续 3 个点中有 2 个点在警戒区内，如图 2-8 所示。

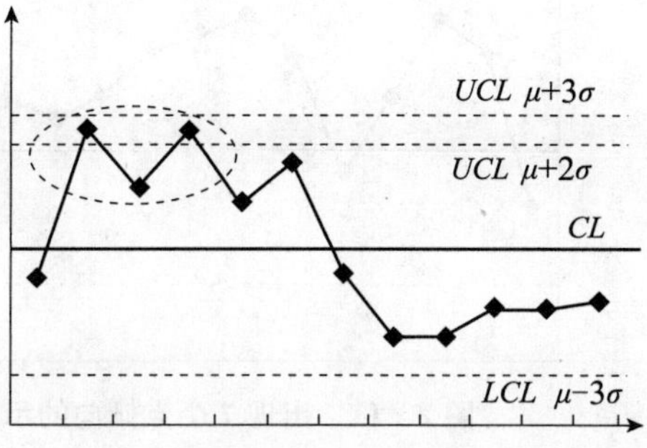

图 2-8　连续 3 个点中有 2 个点接近控制界限（异常）

- 连续 7 个点中有 3 个点在警戒区内。
- 连续 10 个点中有 4 个点在警戒区内。

（3）点在中心线一侧连续出现。

- 连续 7 个点在中心线一侧，如图 2-9 所示。

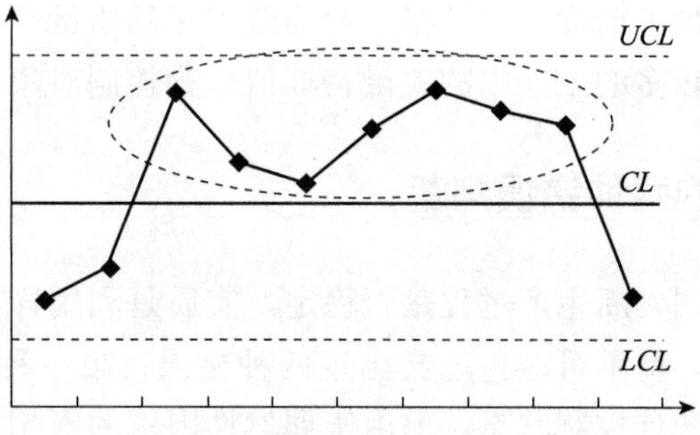

图 2-9　7 点链

- 连续 11 个点中有 10 个点在中心线一侧，如图 2-10 所示。
- 连续 14 个点中有 12 个点在中心线一侧。
- 连续 17 个点中有 14 个点在中心线一侧。

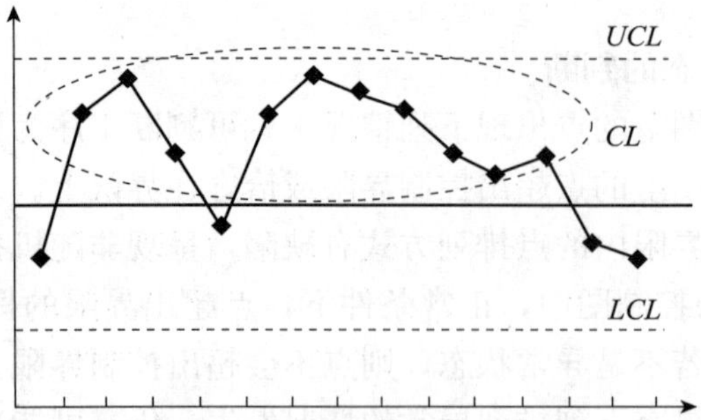

图 2-10　多个点在中心线一侧出现示意图

- 连续 20 个点中有 17 个点在中心线一侧。

（4）点有连续上升或下降趋势，如点数≥7，则判断有系统性因素影响，如图 2-11 所示。

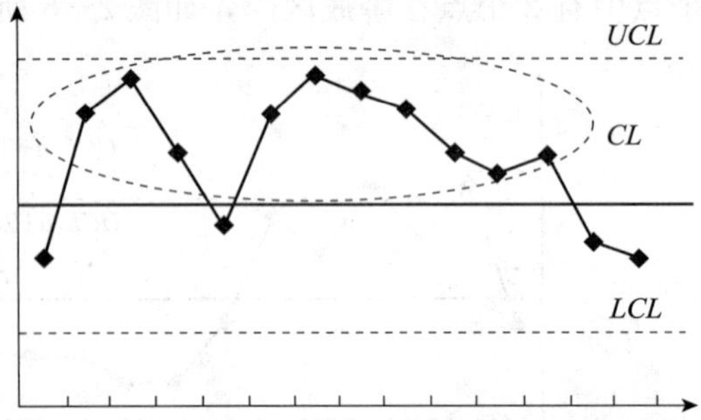

图 2-11　出现 7 个点倾向的示意图

（5）点的波动呈现周期性变化，表明生产过程受系统性因素的影响。

无论是控制图上的点超出控制界限或恰好在界限上，还是控制界限内的点排列方式有缺陷，呈现非随机排列，都说明生产过程中存在系统性的因素，对某个质量特征值的平均值和标准差产生影响，应查明情况以便及时采取措施。在使用控制图对质量进行分析和控制时，最重要的步骤是选择控制项目及其质量特征。一般可以选技术复杂、加工精度要求严格、对后续工序的质量产生较大影响、质量不稳定或用户反馈意见较多的工序中的关键特征值作为控制对象。

三、控制图的两种错误判断

利用控制图判断生产过程是否稳定，实质是利用样本数据进行的统计推断。既然是统计推断，就不可避免地会出现两种错误：第一种是将正常的过程判为异常，即生产仍处于统计控制状态，但由于偶然性因素的影响，使得点超出控制界限，从而虚发警报将生产过程判为异常。出现这种情况的概率为 0.27%，将犯这种错误的概率称为第Ⅰ种风险，记作 α。第二种错误是将异常判为正常，即生产过程已经有了异常，产品质量的分布偏离了典型分布，可总还有一个部分产品的质量特征值是在上下控制界限之内的。如果我们抽取到这样的产品进行检验，那么，这时由于点未出界而判断生产过程正常，就犯了漏发警报的错误，这种错误就叫作第二种错误，称犯这种错误的概率为第Ⅱ种风险，记作β。其中，α与β是此消彼长的关系。

导致两类错误发生的因素主要有以下两个。

1. 控制界限

控制界限的宽窄对于两种风险都有影响，在样本容量一定的情况下，把控制界限的间距拉大，这时犯第一种错误的可能性减小，而犯第二种错误的可能性增大。反之，当缩小控制界限之间的差距，犯第一种错误的可能性增大，而犯第二种错误的可能性减小。因此，合理确定控制界限的原则，应是使得两种错误造成的总损失最小。经验证明，$UCL=\mu+3\sigma$，$LCL=\mu-3\sigma$的所谓三西格玛（3σ）方式就是两种错误所造成的总损失最小的控制界限。美国、日本和中国等大多数国家都采用三西格玛方式，英国和北欧等地则采用所谓概率界限方式。在这种方式中，超出一侧控制界限的概率人为地定在1‰，2.5‰和5‰等数值上。

2. 样本容量 n 的大小

如果需要同时降低α与β，则需要增加样本容量n。

链接小知识☞

在实际质量控制中，要注意区分产品的公差与控制界限。公差是用来区分产品的合格与不合格的分界线，而控制图的控制界限是用来区分过程是否受控的分界线，也是区分偶然波动与异常波动的分界线。

四、控制图的使用

在实际生产质量管理中，对一个过程进行质量控制，一开始使用控制图时，并不会正好就处于稳定状态或受控状态，即这个过程中总存在异常因素的影响。如果以这种非稳定状态下的参数建立控制图，这时的控制图界限一定较宽，用这个控制图来监控未来的生产过程将会导致两种错误判断。因此，在使用控制图时，我们划分为两个阶段：第一阶段是分析用控制图，这时通过建立控制图来分析过程的状态，将非稳态的过程调整到稳态。第二阶段是控制用控制图，等到上一阶段过程调整到稳态后，就可以延长控制图的控制限作为控制用控制图，以此监控未来的生产过程。

1. 分析用控制图

分析用控制图用于分析生产过程是否处于稳定状态。若经分析后生产过程处于稳定状态且满足质量要求，则把分析用控制图转为控制用控制图；若经分析后生产过程处于失控状态，则应查找过程失控的异常原因并加以消除，去掉异常数据点，重新计算中心线和控制界限。若异常数据点比例过大，则应改进生产过程，再次收集数据，计算中心线和控制界限；若经分析后生产过程虽然处于稳定状态，但不满足质量要求，则应调整生产过程的有关因素，直到满足要求，方能转为控制用控制图。

使用分析用控制图时，可以结合过程能力分析进行：

（1）分析过程是否处于统计控制状态（统计稳态）；

（2）分析过程的过程能力指数是否满足要求（技术稳态，荷兰学者维尔达把过程能力指数满足要求的状态定义为技术稳态，具体的计算方法见本章第5节）。

一个过程的状态情况如表2-7所示。其中最理想的是状态Ⅰ，此时过程既处于统计稳态又处于技术稳态。实际生产中很多情况下，过程往往处于状态Ⅱ、状态Ⅲ或者状态Ⅳ。这时应查找原因，采取相应的措施，使之向状态Ⅰ转变。例如，当生产过程处于状态Ⅳ时，可以通过两种途径调整到状态Ⅰ：状态Ⅳ→状态Ⅲ→状态Ⅰ或者状态Ⅳ→状态Ⅱ→状态Ⅰ。到底采用哪种方式，要根据生产实际状况进行分析来确定。经过分析，当生产过程中异常因素的影响占主导时，应按照状态Ⅳ→状态Ⅲ→状态Ⅰ的途径进行调整。首先查找异常因素，采取措施消除异常因素，先达到统计稳态，然后再对生产过程进行系统调整、提高设备精度、进行技术改造和改善原材料质量等，提高过程能力。当产品合格率在生产中占主导时，则应按照状态Ⅳ→状态Ⅱ→状态Ⅰ的途径进行调整来达到稳态。

表2-7　　统计稳态与技术稳态

		统计稳态（控制图判断）	
		稳态	非稳态
技术稳态（过程能力指数判断）	稳态	Ⅰ	Ⅱ
	非稳态	Ⅲ	Ⅳ

2. 控制用控制图

控制用控制图由分析用控制图转化而成，当使用分析用控制图判断过程处于稳定状态后，将分析用控制图的控制线延长，此时分析用控制图转变为控制用控制图。它用于对生产过程的连续监控，按照确定的抽样样本，计算统计量数值并在控制图上描点，判断生产过程是否异常。

进入日常连续监控后，控制用控制图在使用一段时间以后，应根据实际情况对中心线和控制界限进行修改。当过程的技术状态发生重大变化，比如原材料变更、工艺方法变革、设备更新等，都应根据情况重新应用分析用控制图，重复以上控制图使用工作。在实际应用中，分析用控制图一般由质量工程师负责实施，而控制用控制图一般由工艺工程师负责实施。

第5节　过程能力分析

现代质量管理关注过程，强调过程能力，因为只有过程稳定才能持续地提供合格的产品或服务。在习惯思维中，过程能力是一个抽象的概念，只可意会，无法衡量。其实，这是错误的，在质量管理百年的发展中，人们已经对过程能力有了明确的定义，并有了具体的计算方法。

一、过程能力的基本概念

过程能力（process capability，PC），又称工序能力或工艺能力。它是指过程处于受控或稳定状态下的实际加工能力。通俗地说，它是过程能稳定地生产合格产品的能力，即满足产品质量要求的能力。过程能力是 5M1E 因素的综合反映，控制或提高过程能力就应当从这六个方面着手。如果在生产制造过程中对这些因素严加控制，则过程会处于受控或稳定状态，该过程就具有稳定的过程能力。

链接小知识☞

过程能力是 5M1E（人、机、料、法、测、环）等因素的综合反映。在实际生产中，这些因素对不同行业、不同企业、不同过程的质量影响程度不同，其主要影响因素称为主导因素。一般来说，化工企业中，设备和工艺是主导因素；铸造过程中，工艺和操作人员的技术水平是主导因素；而焊接、机加工、热处理及装配调试中，由于手工操作较多，操作人员就成为主导因素。

一般情况下，过程能力和产品质量的实际波动成反比，即过程能力越高，质量波动越小，过程质量越容易得到保证。因此，常用质量特征值波动的统计学规律来描述过程能力。

过程能力一般采用标准差的 6 倍即 6σ 来量度，其计算公式为：

$$B=6\sigma\approx 6S=6\frac{R}{d_2} \tag{2.16}$$

式中：B——过程能力（质量特性值的分布范围）；

σ——总体标准差；

S——样本标准差；

R——极差；

d_2——与样本容量 n 有关的系数。

为什么过程能力用 6σ 来度量呢？这是因为当过程处于受控状态时，产品质量特性值一般服从正态分布，即 $X\sim N(\mu,\sigma_2)$。根据正态分布理论，质量特性值落在 $\mu\pm 3\sigma$ 的范围内的概率为：

$$P(\mu-3\sigma<x<\mu+3\sigma)=\int_{\mu-3\sigma}^{\mu+3\sigma}f(x)\mathrm{d}x=99.73\% \tag{2.17}$$

即在 $\mu\pm 3\sigma$ 的范围内包括 99.73%的合格品，几乎包括了全部产品。质量特性值落在 $\mu\pm 3\sigma$ 范围外的概率为：

$$P(|x-\mu|\geqslant 3\sigma)=1-99.73\%=0.27\% \tag{2.18}$$

即落在$\mu\pm3\sigma$之外的产品（不合格品）不到3‰，属于小概率事件。根据小概率事件原理，小概率事件在一次实验中被认为是不可能发生的。因此，过程处于稳定或受控状态时，在$\mu\pm3\sigma$即6σ范围内包括99.73%的产品，只有0.27%即不到3‰的产品在6σ范围之外。若过程能保证合格品率达到99.73%，则可以认为该过程稳定地生产合格品。为什么不把波动范围取得更大些，如取$\mu\pm4\sigma$即8σ，或取$\mu\pm5\sigma$即10σ呢？当然，这样做会更全面些，因为在$\mu\pm4\sigma$范围内合格品占99.994%，在$\mu\pm5\sigma$范围内合格品占99.999 945%。但是，过程能力从6σ增加到8σ或10σ就需要在设备精度、操作人员技术水平、客观环境条件等方面花费很高的代价，而所包括的合格品比例却提高得很少，付出的代价远远超过了所获得的收益，从经济角度看是不合算的。因此，从过程保证不合格品率不超过3‰出发，取6σ来表征过程能力是合适的，这样可以兼顾全面性和经济性。

可见，σ是表征过程能力的一个关键参数，σ越大，过程能力越低，σ越小，过程能力越高。图2-12中的三条曲线分别代表三种不同的生产过程状态，其中，加工精度以质量特征值标准差为σ_1的过程能力为最高，σ_2对应的过程能力次之，最差的是σ_3对应的过程。

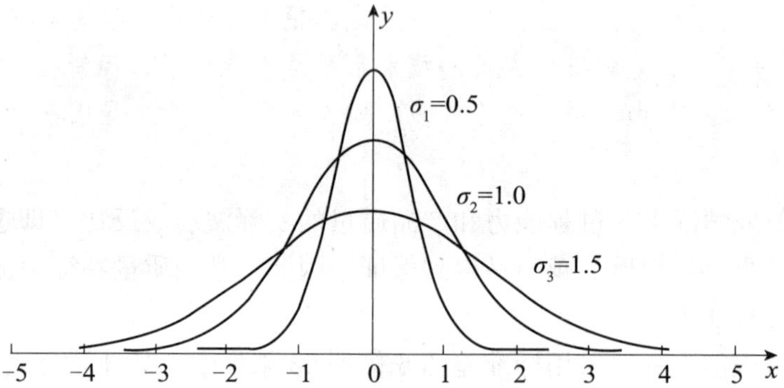

图2-12 过程能力曲线

过程能力$B=6\sigma$有两个前提条件：首先，质量特征值必须服从正态分布；其次，控制的结果是产品的合格品率能够达到99.73%。因此，上述过程能力的概念只适用于一般的工序。对于粗加工或精密加工等特殊工序，则不一定适用，如果机械地套用$B=6\sigma$衡量过程能力，可能会产生较大的偏差。

提高过程能力的重要途径之一就是尽量减小σ，使质量特征值的离散程度变小，在实践中就是提高加工精度和产品质量的一致性。

二、过程能力指数及其计算

1. 过程能力指数的概念

过程能力是过程本身所固有的、客观存在的加工产品的实力，与产品的技术要求无关。为了反映过程能力能否满足客观的技术要求，需要将两者进行比较，我们引入了过程能力指数的概念。

过程能力指数（process capability index）就是表示过程能力满足产品技术标准的程度。技术标准是指加工过程中产品必须达到的质量要求，通常用标准公差（容差）、允许范围等来衡量，一般用符号 T 表示。过程能力指数 C_p 可以用下式来表示：

$$C_p = \frac{T}{B} \tag{2.19}$$

由式（2.19）看出，过程能力指数越大，说明过程能力越能满足技术标准，产品质量越易保证；反之，过程能力指数越小，说明过程能力满足技术标准的程度越低，产品质量越不易保证。所以过程能力指数是衡量过程能力对于技术标准满足程度的一个尺度。

2. 过程能力指数的计算

这里仅讨论计量值指标的过程能力指数的计算。计件值和计点值指标过程能力指数的计算，相当于计量值指标的过程能力指数计算的单侧公差情况。对于计量值指标的过程能力指数的计算，主要有以下几种情况：

（1）双侧公差且分布中心 μ 和公差（标准）中心 M 重合，如图 2-13 所示。此时过程能力指数 C_p 为：

$$C_p = \frac{T}{6\sigma} = \frac{T_U - T_L}{6\sigma} \approx \frac{T_U - T_L}{6S} \tag{2.20}$$

式中：T——公差范围；

T_U——公差上限；

T_L——公差下限；

σ——总体标准差；

S——样本标准差；

P_U——超出公差上限的不合格品率；

P_L——低于公差下限的不合格品率。

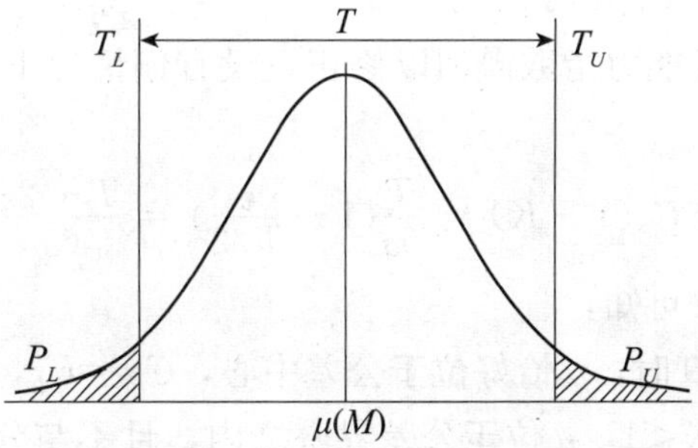

图 2-13　$\mu=M$ 的情况

【例 2-4】某螺栓外径的设计要求为 10 ± 0.025mm，现从生产现场随机抽取样本，测得 $\bar{x}=10$mm，$S=0.005$mm，试求过程能力指数。

解　因为公差中心 M 为：

$$M=\frac{T_U+T_L}{2}=\frac{10.025+9.975}{2}=10=\bar{x}$$

所以，分布中心μ和公差中心M重合，则

$$C_p=\frac{T_U-T_L}{6\sigma}\approx\frac{T_U-T_L}{6S}=\frac{10.025-9.975}{6\times0.005}=1.67$$

（2）双侧公差且分布中心μ和公差（标准）中心M不重合，如图2-14所示。这时，分布中心μ与公差（标准）中心M偏移了一定的距离。虽然分布标准差σ不变，C_p值也没变，但出现了过程能力不足的现象，可能出现较多的不合格品。

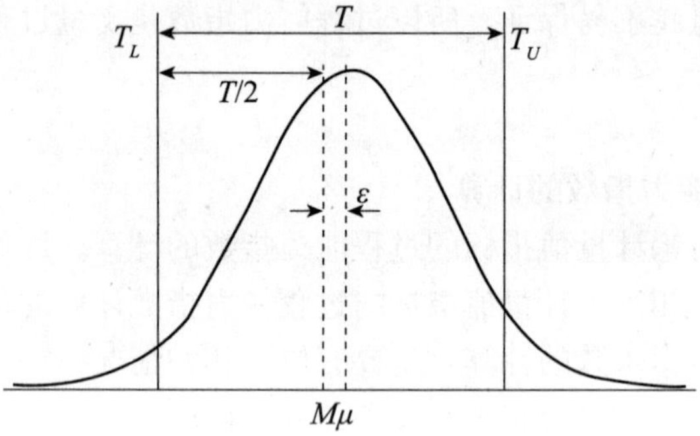

图2-14 μ与M不重合的情况

令$\varepsilon=|M-\mu|$，其中ε为分布中心对公差（标准）中心的绝对偏移量。由于正态分布的对称性，一般用ε与$T/2$的比值来修正C_p值，这个比值称为相对偏移量或偏移系数，记为K，即

$$K=\frac{\varepsilon}{T/2}=\frac{|M-\mu|}{T/2}$$

又 $M=\frac{T_U+T_L}{2}$，$T=T_U-T_L$

所以，有

$$K=\frac{|(T_U+T_L)/2-\mu|}{(T_U-T_L)/2} \tag{2.21}$$

此时，过程能力指数需加以修正，设有偏情况下的过程能力指数为C_{pk}，计算公式为：

$$C_{pk}=C_p(1-K)=\frac{T}{6\sigma}(1-\frac{\varepsilon}{T/2})=\frac{T-2\varepsilon}{6\sigma}\approx\frac{T-2\varepsilon}{6S} \tag{2.22}$$

由上述公式可知：

1）当$K=0$时，μ恰好位于公差中心，$C_{pk}=C_p$，这是理想状态。

2）当$0<K<1$，μ位于公差界限之内，且不与公差中心重合，$C_{pk}<C_p$，这属于一般情况。

3）当$K\geqslant1$，μ位于公差界限之外，此时，加工过程中的不合格品率等于或大于50%。由于不合格品率已不能满足加工产品的质量要求，故通常规定此时的C_{pk}值为0。

显而易见，K值在0～1之间，K值越小越好，$K=0$是理想状态。

【例 2-5】 某过程加工的零件尺寸要求为 30±0.022mm，加工数量为 100 件的一批零件后，计算得 $\bar{x}=29.996$mm，$S=0.005$mm，试求过程能力指数 C_{pk}。

解　因为公差中心为：

$$M=\frac{T_U+T_L}{2}=\frac{30.022+29.978}{2}=30(\text{mm})$$

$$T=30.022-29.978=0.044(\text{mm})$$

$$\varepsilon=|M-\bar{x}|=|30-29.996|=0.004(\text{mm})$$

所以，分布中心 μ 和公差中心 M 不重合，则

$$C_{pk}=\frac{T-2\varepsilon}{6\sigma}\approx\frac{T-2\varepsilon}{6S}=\frac{0.044-2\times0.004}{6\times0.005}=1.2$$

(3) 单侧公差情况。技术要求以不大于或不小于某一标准值的形式表示，这种质量标准就是单侧公差，如机电产品的机械强度、耐电压强度、寿命、可靠性等就只规定下限的质量特性界限。而如机械加工中的形状位置公差、光洁度、材料中的有害杂质含量，只规定上限标准。因此，这种情况下的公差范围是不确定的，公差中心也无法确定。此时应将过程能力指数计算公式加以分解，得

$$C_p=\frac{T}{6\sigma}=\frac{T_U-T_L}{6\sigma}=\frac{T_U-\mu}{6\sigma}+\frac{\mu-T_L}{6\sigma}\tag{2.23}$$

当总体为正态分布，且 μ 与 M 重合时，$T_U-\mu=\mu-T_L$，则

$$C_p=2\times\frac{T_U-\mu}{6\sigma}=2\times\frac{\mu-T_L}{6\sigma}=\frac{T_U-\mu}{3\sigma}=\frac{\mu-T_L}{3\sigma}\tag{2.24}$$

整理可得

$$T_U-\mu=\mu-T_L=3\sigma C_p\tag{2.25}$$

1) 当只有公差上限时，如图 2-15 所示，过程能力指数为：

$$C_{pU}=\frac{T_U-\mu}{3\sigma}\approx\frac{T_U-\mu}{3S}\tag{2.26}$$

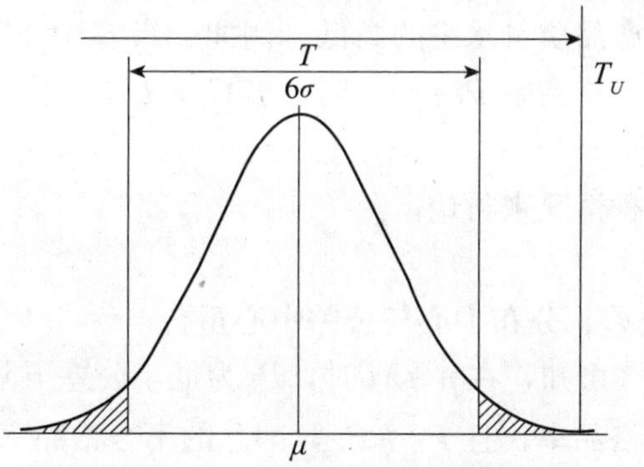

图 2-15　上侧公差情况图

若 $T_U\leqslant\mu$，说明此时分布中心已经超过公差上限，故认为过程能力严重不足，规定 $C_{pU}=0$。

【例 2-6】 某食品在制造中要求单位体积含某种原料不能高于 0.01mg，现在根据随机抽样的数据检测，得 $\bar{x}=0.005\,1$mg，$S=0.001\,1$mg，试求过程能力指数。

解　$C_{pU}=\frac{T_U-\bar{x}}{3\sigma}\approx\frac{T_U-\bar{x}}{3S}=\frac{0.01-0.0051}{3\times0.0011}=1.48$

2）当只有公差下限时，如图2-16所示，过程能力指数为：

$$C_{pL}=\frac{\mu-T_L}{3\sigma}\approx\frac{\mu-T_L}{3S} \tag{2.27}$$

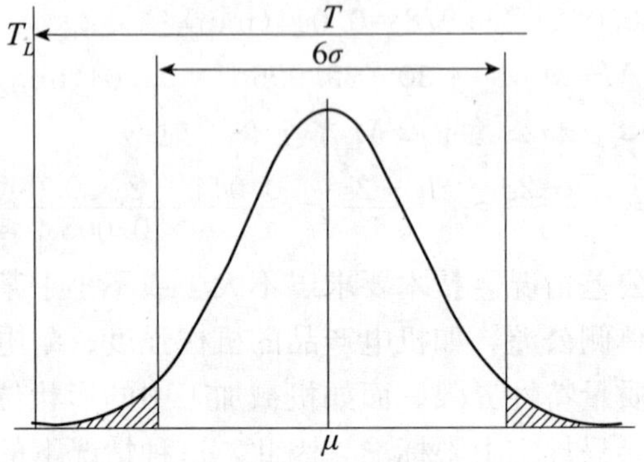

图2-16　下侧公差情况图

若$\mu\leqslant T_L$时，同理，规定$C_{pL}=0$。

【例2-7】某厂生产的节能灯管寿命要求不能低于2 500小时，现在随机抽取100根灯管进行检测，得$\bar{x}=2\,750$小时，$S=75$小时，试求过程能力指数。

解　$C_{pL}=\frac{\bar{x}-T_L}{3\sigma}\approx\frac{\bar{x}-T_L}{3S}=\frac{2\,750-2\,500}{3\times75}=1.11$

三、过程能力指数与不合格品率

过程能力指数与不合格品率有着极其密切的关系。当过程处于受控或稳定状态时，一定的过程能力指数C_p值与一定不合格品率相对应，因此，过程能力指数的大小，反映出产品质量水平的高低。例如，当$C_p=1$时，$B=6\sigma$，由正态分布理论可知，此时不合格品率$P=0.27\%$；当$C_p=1.33$时，$B=8\sigma$，此时不合格品率$P=0.007\%$；等等。

下面分几种情况来讨论。

1. 双侧公差，分布中心与公差中心重合

由图2-13可知，在$\mu=M$时，P_L为低于公差下限的不合格品率，P_U为高于公差上限的不合格品率，且$P_L=P_U$，即总的不合格品率$P=P_L+P_U=2P_L$。

$$\begin{aligned}P&=P_L+P_U=2P_L=2P(X<T_L)=2P\left(\frac{X-\mu}{\sigma}<\frac{T_L-\mu}{\sigma}\right)\\&=2\varphi\left(\frac{T_L-\mu}{\sigma}\right)=2\varphi\left(\frac{(\mu-3\sigma C_p)-\mu}{\sigma}\right)\\&=2\varphi(-3C_p)=2(1-\varphi(3C_p))\end{aligned} \tag{2.28}$$

【例2-8】当$C_p=1.17$，试求该工序的不合格品率。

解　$P = P_L + P_U = 2(1-\varphi(3C_p)) = 2\times(1-\varphi(3\times 1.17))$

（查正态分布表）

$\approx 2\times(1-0.999\,78) = 0.000\,44$

所以　$P=0.44\%$

2. 双侧公差，分布中心与公差中心不重合

首先计算合格品率：

$$
\begin{aligned}
P(T_L \leqslant X \leqslant T_U) &= \int_{\frac{T_L-\mu}{\sigma}}^{\frac{T_U-\mu}{\sigma}} \frac{1}{\sqrt{2\pi}} e^{-\frac{t^2}{2}} dt \\
&= \varphi\left(\frac{T_U-\mu}{\sigma}\right) - \varphi\left(-\frac{T_L-\mu}{\sigma}\right) \\
&= \varphi\left(\frac{T_U-M}{\sigma} - \frac{\mu-M}{\sigma}\right) - \varphi\left(-\frac{T_L-M}{\sigma} - \frac{\mu-M}{\sigma}\right) \\
&= \varphi\left(\frac{T}{2\sigma} - \frac{\varepsilon}{\sigma}\right) - \varphi\left(-\frac{T}{2\sigma} - \frac{\varepsilon}{\sigma}\right) \qquad (2.29) \\
&= \varphi\left(3C_p - \frac{\varepsilon}{\sigma}\right) - \varphi\left(-3C_p - \frac{\varepsilon}{\sigma}\right) \\
&= \varphi(3C_p - 3KC_p) - \varphi(-3C_p - 3KC_p) \\
&= \varphi(3C_p(1-K)) - \varphi(-3C_p(1+K))
\end{aligned}
$$

所以，不合格品率 $P = 1-\varphi(3C_p(1-K)) + \varphi(-3C_p(1+K))$。

【例 2-9】 某零件直径尺寸要求为 40 ± 0.012mm，加工数量为 100 件的一批零件后，经检测，得 $\bar{x}=39.995\,2$mm，$S=0.004$mm，试求不合格品率。

解　因为公差中心为：

$$M=\frac{T_U+T_L}{2}=\frac{40.012+39.988}{2}=40(\text{mm})$$

$$T=40.012-39.988=0.024(\text{mm})$$

$$\varepsilon=|M-\bar{x}|=|40-39.995\,2|=0.004\,8(\text{mm})$$

$$C_p=\frac{T}{6\sigma}\approx\frac{T}{6S}=\frac{0.024}{6\times 0.004}=1$$

$$K=\frac{\varepsilon}{T/2}=\frac{2\times 0.004\,8}{0.024}=0.4$$

所以

$$
\begin{aligned}
P &= 1-\varphi(3C_p(1-K)) + \varphi(-3C_p(1+K)) \\
&= 1-\varphi(3\times 1\times(1-0.4)) + \varphi(-3\times 1\times(1+0.4)) \\
&= 1-\varphi(1.8) + \varphi(-4.2) \\
&= 1-0.964\,07+1-0.999\,986\,65 = 0.035\,943\,35 \approx 3.59\%
\end{aligned}
$$

3. 用查表法求不合格品率

为了实际应用方便，可以查根据过程能力指数 C_p 和偏移系数 K 求不合格品率 P 数值表（见表 2-8），单侧公差情况下的过程能力指数所对应的不合格品率是双侧界限的一半，也可以通过该表查得（将查到的数值除以 2）。

【例 2-10】 某零件直径尺寸要求为 40±0.012mm，加工数量为 100 件的一批零件后，得 $\bar{x}$=39.995 2mm，S=0.004mm，试用查表法求不合格品率。

解 查表 2-8，从 $C_p=1$，$K=0.4$ 相交处查出对应的不合格品率 P 为 3.59%。这与我们在例 2-9 中计算出来的数值是完全相同的，故在实际工作中用查表法比较快捷。

表 2-8 根据过程能力指数 C_p 和偏移系数 K 求不合格品率 P 数值表（%）

C_p	K														备注
	0.00	0.04	0.08	0.12	0.16	0.20	0.24	0.28	0.32	0.36	0.40	0.44	0.48	0.52	
0.50	13.36	13.43	13.64	13.99	14.48	15.10	15.86	16.75	17.77	18.92	20.19	21.38	23.09	24.71	
0.60	7.10	7.26	7.48	7.85	8.37	9.03	9.85	10.81	11.92	13.18	14.59	16.81	17.85	19.69	
0.70	3.57	3.64	3.83	4.16	4.63	5.24	5.99	6.89	7.94	9.16	10.55	12.10	13.84	15.74	
0.80	1.64	1.69	1.89	2.09	2.46	2.94	3.55	4.31	5.21	6.28	7.53	8.98	10.62	12.48	
0.90	0.63	0.73	0.83	1.00	1.25	1.60	2.05	2.62	3.34	4.21	5.27	6.53	8.02	9.75	
1.00	0.27	0.29	0.35	0.45	0.61	0.84	1.14	1.55	2.07	2.75	3.59	4.65	5.94	7.49	
1.10	0.10	0.11	0.14	0.20	0.29	0.42	0.61	0.88	1.24	1.74	2.39	3.23	4.31	5.66	
1.20	0.03	0.04	0.05	0.08	0.13	0.20	0.31	0.48	0.72	1.06	1.54	2.19	3.06	4.20	
1.30	0.01	0.01	0.02	0.03	0.05	0.09	0.15	0.25	0.40	0.63	0.96	1.45	2.13	3.06	
1.40	0.00	0.00	0.01	0.01	0.02	0.04	0.07	0.13	0.22	0.36	0.59	0.93	1.45	2.10	
1.50			0.00	0.00	0.01	0.02	0.03	0.06	0.11	0.20	0.35	0.59	0.96	1.54	
1.60					0.00	0.01	0.01	0.03	0.06	0.11	0.20	0.36	0.63	1.07	
1.70						0.00	0.01	0.01	0.03	0.06	0.11	0.22	0.40	0.72	
1.80							0.00	0.01	0.01	0.03	0.06	0.13	0.25	0.48	
1.90								0.00	0.01	0.01	0.03	0.07	0.15	0.31	
2.00									0.00	0.01	0.02	0.04	0.09	0.20	
2.10										0.00	0.01	0.02	0.05	0.18	
2.20											0.00	0.01	0.03	0.08	

四、过程能力分析与评价

过程能力分析是一种研究过程质量状态的活动。由于过程能力系数能够客观、定量地反映过程满足技术要求的程度，因而可以根据过程能力系数的大小对过程进行分析评价。求出过程能力指数后，就可以对过程能力是否充分做出分析和判定，即 C_p 值是多少时，才能满足设计要求。根据过程能力指数的大小及不合格品率的大小，可将加工分为五个等级：特级、一级、二级、三级和四级。图 2-17 中给出了各级加工所对应的质量特性值、公差范围及对应的不合格品率。

过程能力指数为多少比较恰当？要根据过程具体情况而定。对于机械零件，一般加工要求达到二级加工水平（C_p 在 1～1.33 之间），而精密加工要求达到一级加

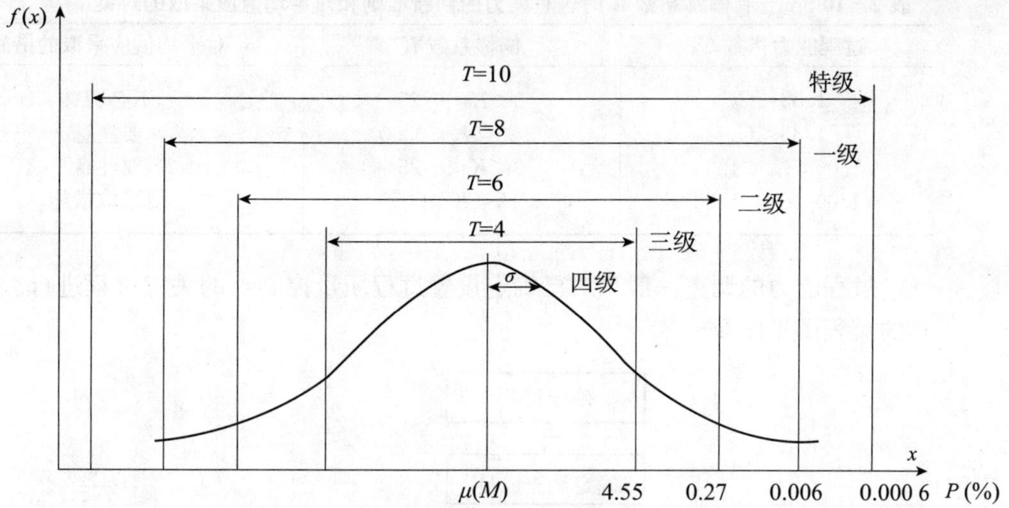

图 2-17　加工类型

工水平（C_p在 1.33～1.67 之间）。

一般情况下，过程能力的判断可以根据表 2-9 中的过程能力指数评定分级表规定的判断标准来进行。表 2-10 列出了有偏移系数 K 时过程能力的判断准则和对平均值应采取的对策。

表 2-9　过程能力指数评定分级表

等级	C_p（或 C_{pk}）	不合格品率 P（%）	过程能力评价	处理意见
特级	$C_p \geqslant 1.67$	$P < 0.000\,06$	过程能力过于充足	即使质量波动有些增大，也不必担心；可考虑简化检验、放宽管理或降低成本，收缩标准范围，放宽检查
一级	$1.33 \leqslant C_p < 1.67$	$0.000\,06 \leqslant P < 0.006$	过程能力充足	技术管理能力很好，应继续保持；允许小的外来干扰所引起的波动；对不重要的过程可放宽检查；过程控制抽样间隔可放宽一些
二级	$1.00 \leqslant C_p < 1.33$	$0.006 \leqslant P < 0.27$	过程能力尚可	过程需严格控制，否则容易出现不合格品；检查不能放宽；应设法提高为一级
三级	$0.67 \leqslant C_p < 1.00$	$0.27 \leqslant P < 4.55$	过程能力不足	必须采取措施提高过程能力；已出现一些不合格品，要加强检查，必要时全检
四级	$C_p < 0.67$	$P \geqslant 4.55$	过程能力严重不足	立即追查原因，采取紧急措施，提高过程能力；可考虑增大标准范围；已出现较多的不合格品，要加强检查，最好全检

表 2-10　有偏移系数 K 时过程能力的判断准则和对平均值应采取的对策

过程能力指数 C_p	偏移系数 K	对平均值应采取的措施
$1.33<C_p$	$0<K<0.25$	不必调整
$1.33<C_p$	$0.25<K<0.50$	要注意
$1.00<C_p<1.33$	$0<K<0.25$	要注意
$1.00<C_p<1.33$	$0.25<K<0.50$	要采取措施

过程能力的调查一般只对已确定设置过程质量控制点的关键过程进行。调查工作的流程图见图 2-18。

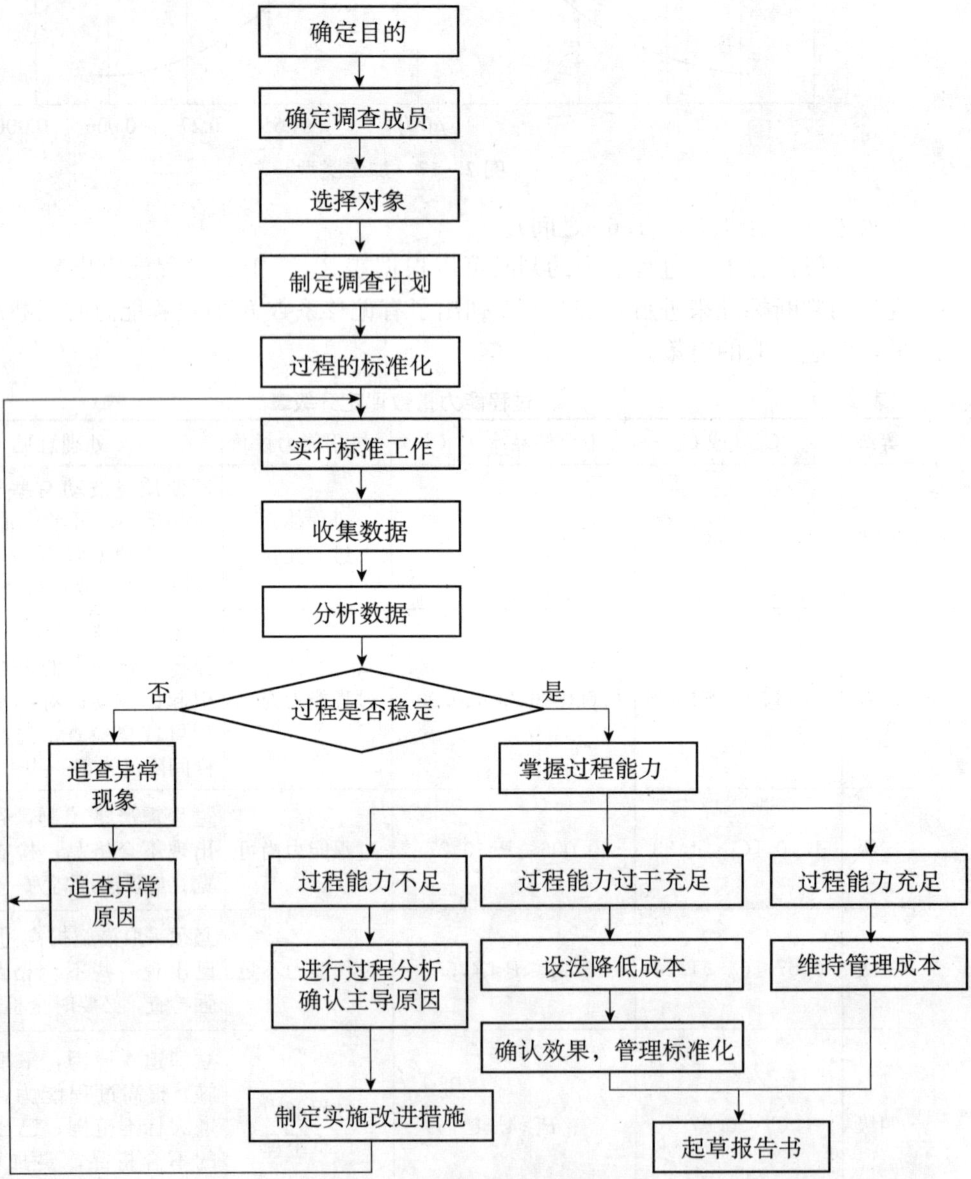

图 2-18　调查工作的流程图

1. 过程能力指数过大的处置

当 $C_p>1.67$ 时，可以认为过程能力过于充足。过程能力指数太大意味着粗活细做，这样必然影响生产效率，增加产品成本。这时，应根据实际情况采取以下措施降低 C_p。

(1) 降低过程能力。如改用精度较低但效率高、成本低的设备和原材料，合理地将过程能力指数降低到适当的水平。

(2) 更改设计，提高产品的技术要求。

(3) 采取合并或减少工序等方法。

2. 过程能力指数过小的处置

当 $C_p<1$ 时，意味着产品质量水平低，三级加工或四级加工即属于这种情况。这时，要暂停加工，立即追查原因，采取措施。

(1) 努力提高设备精度，并使工艺更为合理和有效，进一步提高操作技能与质量意识，改善原材料质量及提高加工切削性能，使过程能力得到适当的提高。

(2) 修订标准，若设计上允许，可降低技术要求，即用放宽公差的方法处理。

(3) 为了保证出厂产品的质量，在过程能力不足时，一般应通过全检后剔除不合格品，或实行分级筛选来提高产品质量。

3. 过程能力指数适宜

当 $1<C_p<1.67$ 时，表明过程能力比较充足，一般为一级或二级加工。这时，应进行过程控制，使生产过程处于受控或稳定状态，以保持过程能力不发生显著变化，从而保证加工质量。

链接小知识

统计过程控制主要解决如下两个问题：

(1) 利用控制图分析过程的稳定性，对过程存在的异常因素进行预警；

(2) 通过计算过程能力指数，分析工序过程满足技术要求的程度，并对过程质量进行评价。

五、过程性能指数

过程性能指数（process performance index）首先出现在美国三大汽车公司（福特、通用和克莱斯勒）联合制定的 QS 9000 标准中，该标准将过程性能指数与过程能力指数并列，共称为度量过程的参数。过程性能指数反映了当前过程的性能满足标准与规范的程度，是对瞬时或实时过程性能的描述，通常记为 P_P。

1. 双侧公差，分布中心与公差中心重合

过程性能指数 P_P 的计算公式如下：

$$P_P = \frac{T}{6S} = \frac{T_U - T_L}{6S} \tag{2.30}$$

式中，S 为根据过程统计量的观测值估计出的样本标准差，$S=\sqrt{\frac{\sum_{i=1}^{n}(x_i-\bar{x})^2}{n-1}}$。

2. 单侧公差，分布中心与公差中心重合

单侧规格情形的过程性能指数，若只有规格上限的要求，而对规格下限无要求，则过程性能指数计算如下：

$$P_{PU} = \frac{T_U - \overline{X}}{3S} \tag{2.31}$$

式中，P_{PU} 为上单侧过程性能指数；$\bar{x}$ 为根据过程统计量的观测值估计出的样本均值。若 $\bar{x} \geqslant T_U$，则令 $P_{PU}=0$，表示当前的过程性能严重不足，此时的过程不合格率将高达50%以上。

若只有规格下限的要求，而对规格上限无要求，则过程性能指数的计算如下：

$$P_{PL} = \frac{\overline{X} - T_L}{3S} \tag{2.32}$$

式中，P_{PL} 为下单侧过程性能指数。若 $\bar{x} \leqslant T_L$，令 $P_{PL}=0$，表示当前过程性能严重不足，此时的过程不合格率同样将高达50%以上。

3. 分布中心与公差中心不重合

对于样本均值 $\bar{x}$ 与公差中心 M 存在偏离情况的过程性能指数，记为 P_{PK}，它的定义是：

$$P_{PK} = \min\left(\frac{T_U - \overline{X}}{3S}, \frac{\overline{X} - T_L}{3S}\right) \tag{2.33}$$

在存在偏移的情况下，对应规格上限和规格下限各有一个单侧过程性能指数，此时的过程性能指数 P_{PK} 利用二者中的最小值来反映当前过程的性能。

4. 过程能力指数与过程性能指数的比较说明

（1）过程能力指数（C_p，C_{pk}）只有在已经判定过程处于稳态以后才可以通过计算得到；过程性能指数（P_P，P_{PK}）则无此要求，它是在实际情况（不一定是稳态）下计算的，可以随时反映实时过程的性能。

（2）分布中心与公差中心重合的 P_P 用来表示过程加工的一致性，即“过程质量能力”，P_P 越大，质量能力越强；而分布中心与公差中心不重合的 P_{PK}，反映了分布中心与公差中心的偏移情况，P_{PK} 越小，则偏离越大。P_{PK} 是过程的“质量能力”与“管理能力”的综合反映。P_P 仅用来与 C_p 及 C_{pk} 对比，或一起度量和确定一段时间内改进的优先次序。

(3) 进入正常生产后，可以通过 C_p，C_{pk} 和 P_{PK} 这三个指数之间的差别来判断过程是否有问题，如果有问题是技术问题还是管理问题。例如，当 $C_p>1.33$ 时，表示过程能力变差较小，此时要再看 C_{pk}，当 C_p 与 C_{pk} 相差很大时，表明分布中心与公差中心有较大的偏移，需要采取措施，减少或消除过程中的偏移，最后再看 P_{PK}，比较 C_{pk} 与 P_{PK}，如果二者相差不大，表明受异常因素的影响小，如果相差大，表明受异常因素的影响大，要找到异常因素消除掉。

□ 基本概念

统计过程控制　statistical process control，SPC

质量波动　quality fluctuation

控制图　control chart

过程能力　process capability

过程能力指数　process capability index

过程性能指数　Process performance index

□ 思考题

1. 质量波动通常分为哪几类？各有什么特点？
2. 控制图的原理是什么？试用简洁的语言加以描述。
3. 控制图的两类错误分别是什么？这两类错误可以避免吗？
4. 控制图的思路是什么？试用简洁的语言加以描述。
5. 分析 $\bar{x}$-R 控制图的主要特点。
6. 某化工厂为在乙醇生产工序中控制甲醇含量而收集的甲醇含量数据如表 2-11 所示。试作甲醇含量的 x-R_S图。

表 2-11

样本号	1	2	3	4	5	6	7	8	9	10	11	12	13
x	1.09	1.13	1.29	1.13	1.23	1.43	1.27	1.63	1.34	1.10	0.98	1.37	1.18
样本号	14	15	16	17	18	19	20	21	22	23	24	25	26
x	1.58	1.31	1.70	1.45	1.19	1.33	1.18	1.40	1.68	1.58	0.90	1.70	0.95

7. 为控制某种零件外观质量而收集了容量为 $n=100$ 的样本中不合格品数的数据，如表 2-12 所示。试作其 Pn 图。

表 2-12

样本号	1	2	3	4	5	6	7	8	9	10	11	12	13
不合格品数	4	2	0	5	3	2	4	3	2	6	1	4	1
样本号	14	15	16	17	18	19	20	21	22	23	24	25	
不合格品数	0	2	3	1	6	1	3	3	2	0	7	3	

8. 在飞机生产过程的最后检验中发现有漏掉铆钉的现象，其数目如表 2-13 所示。试求 $\bar{c}$，计算试验性管理界限并绘制 C 控制图。

表 2-13

飞机号	漏掉的铆钉数目	飞机号	漏掉的铆钉数目	飞机号	漏掉的铆钉数目
201	8	210	12	219	11
202	16	211	23	220	9
203	14	212	16	221	10
204	19	213	9	222	22
205	11	214	25	223	7
206	15	215	15	224	28
207	8	216	9	225	9
208	11	217	9		
209	21	218	14		

9. 某工厂加工显像管时某工序的计量数据如表 2-14 所示。作 $\bar{x}$-R 控制图，判断该工序是否处于稳定状态。

表 2-14

样本号	x_1	x_2	x_3	x_4	x_5	样本号	x_1	x_2	x_3	x_4	x_5
1	54	32	28	27	22	13	22	25	31	25	24
2	22	32	47	29	41	14	19	44	28	44	40
3	28	31	20	31	15	15	32	37	47	32	44
4	25	24	52	42	52	16	35	45	19	37	13
5	31	40	12	27	38	17	36	47	29	23	42
6	46	24	31	20	35	18	38	20	28	18	45
7	20	48	35	12	29	19	25	11	40	35	11
8	32	44	38	40	43	20	20	32	27	36	34
9	37	19	37	32	23	21	34	24	35	44	45
10	19	38	25	45	40	22	44	19	46	50	56
11	14	47	37	32	12	23	25	44	45	23	32
12	30	50	37	47	19	24	21	37	37	45	54

10. 试述过程能力和过程能力指数的基本概念。

11. 试述过程性能指数的基本概念。

12. 试述实际生产中，如何运用统计过程控制进行质量控制。

13. 某螺栓外径的设计要求为 40±0.025mm，现从生产现场随机抽取样本，测得 $\bar{x}$=40.007 5mm，S=0.004mm，试求过程能力指数。

14. 某过程加工的零件技术尺寸要求为 50±0.032mm，加工数量为 100 件的一批零件后，计算得 $\bar{x}$=49.986mm，S=0.005mm，试求过程能力指数 C_{pk}。

15. 某产品在生产中要求单位体积含某种原料不能高于 0.02mg，现在根据随机抽样的数据检测得 $\bar{x}$=0.016 1mg，S=0.001 2mg，试求过程能力指数。

16. 某零件尺寸要求为 30±0.012mm，加工数量为 100 件的一批零件后，计算得 $\bar{x}$=29.994 1mm，S=0.005mm，试求不合格品率。

17. 试对某产品的制造加工过程进行质量分析与控制，确定该产品的关键加工工序，并分析该关键工序的生产过程能力是否满足生产要求？

案例分析

某机械加工厂为控制产品质量，对产品加工过程进行质量控制，每个产品的过程质量控制都可以落实到每个生产工序。其中该产品关键零件的加工工序是关键控制环节。那么，该工序的生产过程能力是否满足生产要求？

一、调研工具——统计分析表

生产该零件时，技术标准要求公差范围为 220±20mm，先对该零件生产过程随机抽样得到 100 个数据，记录到统计分析表中（见表 2-15），然后进行分析，找出数据中的最大值 x_{max}，最小值 x_{min}。得到最大值为 237mm，最小值为 202mm。

表 2-15 零件统计分析表

组号	实测数据									max	min
1	202	204	205	206	206	207	208	208	209	207	209	202
2	212	213	214	215	213	213	214	215	215	214	215	212
3	216	216	216	215	217	217	217	217	216	217	217	215
4	218	218	218	219	218	218	218	218	217	218	219	217
5	220	220	220	220	219	220	219	220	220	219	220	219
6	221	221	221	221	220	220	221	221	220	220	221	220
7	209	210	210	212	210	211	211	211	211	212	212	209
8	221	222	224	222	224	223	223	222	223	223	224	221
9	225	224	226	225	227	228	225	226	227	228	228	224
10	229	230	231	231	237	234	235	233	232	229	237	229

二、数据处理工具——频数表

本例中的 100 个数据可分为 10 组。组距即组与组之间的间隔，等于极差除以组

数，即

$$组距\ h=\frac{x_{\max}-x_{\min}}{k}=\frac{237-202}{10}=3.5\approx 4$$

确定限界。从第1组开始，第1组的组限为 $x_{\min}\pm h/2$。第2组的下限是第1组的上限，第2组的上限是第2组的下限加上组距，依此类推。

先统计频数，如表2-16所示。需注意的是，每组的上限不在本组。然后求出组中值，即处于各组中心位置的数值，其计算方法为：

$$组中值\ w_i=\frac{某组的上限+某组的下限}{2}$$

计算各组简化组中值 u_i：

$$u_i=\frac{w_i-a}{h}$$

式中，a 为频数 f_i 最大组的组中值，本例中为第5组的中心值，有 $a=218$。将计算所得 u_i 记入频数统计表中。

表2-16 频数统计表

组号	组限	组中值（w_i）	频数（f_i）	u_i	f_iu_i	$f_iu_i^2$	累计频数	相对累计频率
1	200～204	202	2	−4	−8	32	2	2%
2	204～208	206	8	−3	−24	72	10	10%
3	208～212	210	11	−2	−22	44	21	21%
4	212～216	214	14	−1	−14	14	35	35%
5	216～220	218	29	0	0	0	64	64%
6	220～224	222	17	1	17	17	81	81%
7	224～228	226	9	2	18	36	90	90%
8	228～232	230	6	3	18	54	96	96%
9	232～236	234	3	4	12	48	99	99%
10	236～240	238	1	5	5	25	100	100%

计算平均值 $\bar{x}$ 和标准差 S：

$$\bar{x}=a+h\frac{\sum f_iu_i}{\sum f_i}=218+4\times\frac{2}{100}=218.08(\text{mm})$$

$$S=h\sqrt{\frac{\sum f_iu_i^2}{\sum f_i}-\left(\frac{\sum f_iu_i}{\sum f_i}\right)^2}=4\times\sqrt{3.42-0.0004}$$

$$=7.397(\text{mm})$$

三、形象表达工具——直方图

以分组号为横坐标，以频数为纵坐标，作直方图，如图2-19所示。

四、过程质量验收工具——过程能力指数 C_{pk}

因为

$$公差中心\ M=\frac{T_U+T_L}{2}=\frac{200+240}{2}=220(\text{mm})$$

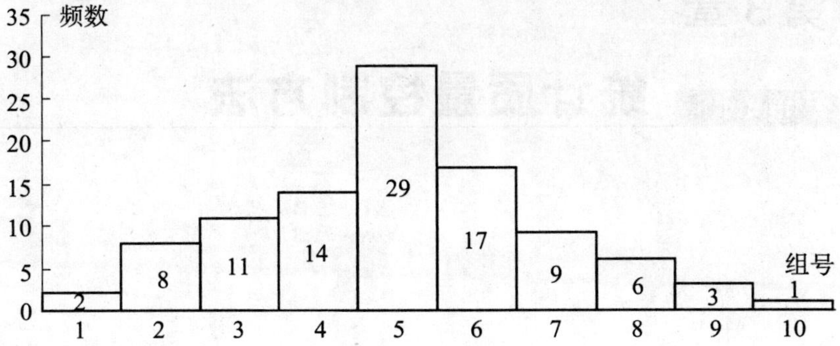

图 2-19　直方图

$T=240-200=40(\mathrm{mm})$

$\varepsilon=|M-\bar{x}|=|220-218.08|=1.92(\mathrm{mm})$

所以，分布中心 μ 和公差中心 M 不重合，则

$$C_{pk}=\frac{T-2\varepsilon}{6\sigma}\approx\frac{T-2\varepsilon}{6S}=\frac{40-2\times1.92}{6\times7.397}=0.815$$

由于 $0.67<C_{pk}=0.815<1$，说明该过程能力不足，必须采取措施提高过程能力。这时已出现一些不合格品，要加强检查，必要时全检。

质量管理小组据此制定了目标：根据过程能力稳定的要求，将过程能力指数 C_{pk} 值从 0.815 提高到 1 以上，寻找改进措施，改进后再重复此检验过程。

第 3 章 Chapter 3 统计质量控制方法

学习目标

◎ 熟练掌握统计质量控制的六种定量方法
◎ 理解并掌握统计质量控制的八种定性方法
◎ 了解统计质量控制其他工具

引例

CMMSG 是某科技集团下属的一家生产个人计算机、服务器、打印机及消费性电子产品的子公司。该公司业务范围从产品研发到生产制造再到售后服务。其中，制造环节是该企业生产的最重要环节。

H 笔记本电脑是公司 2016 年以来的主要生产机型。其特点是产量大，工艺流程从卷材的投入开始，经过切边、冲孔、抽芽、压线、字模、推平、成型，但该产品在推平、成型等后段制程的品质问题较前段有明显增多，成品的合格率只能达到 92%，改进该产品的制造过程质量成了头等大事。

链接小知识

企业在质量控制中，可以应用各种质量工具来保证并改进产品或服务的质量。其中最常用的质量工具有 14 种，包括定量方法与定性方法。质量工具是为质量控制服务的，在使用过程中，必须了解各个工具的特点，才能合理选择并有效使用，如表 3－1 所示。

表3-1 常用质量工具及其特点表

质量工具	特点
统计分析表	系统收集资料和积累数据，并对数据进行粗略整理和分析的统计图表。
直方图	整理整个过程，看问题的分布情况，发现异常所在，集中力量进行改进。
散布图	表示成对出现的两组相关数据之间的相关关系。
排列图	将改进项目从最重要到最次要顺序排列而采用的一种图表，看问题的分布情况，找出主要原因。
矩阵数据分析法	用纵横交叉的数据表示因素之间的关系，再进行数值计算与定量分析，确定哪些因素相对比较重要。
控制图	分析生产过程稳定与否。
因果图	理清思路，寻找原因，把握重要原因，采取相应行动。
关联图	将混沌现象的结果与原因的关系进行整理。
分层法	将收集的数据依照使用目的进行合理分类，从而把错综复杂的影响质量的因素分析清楚。
系统图	把要实现的目的与需要采取的措施或手段系统地展开，以明确问题的重点，寻找最佳手段或措施。
KJ法	整理混沌不清的语言，加以明确，抓住问题的实质。
矩阵图	用纵横交叉点表示各个因素之间的关系。
PDPC法	预先预测状况变化，整理对策，做好准备。
箭条图	应用网络图制定质量管理日程计划、明确质量管理的关键和进行进度控制的方法。

结合本章内容，进行该产品的质量改进需要思考以下几个问题：

（1）运用哪些质量工具可以确定影响该产品质量的主要问题和主要原因？

（2）运用哪些质量工具可以把要实现的目标与需要采取的措施或手段一一对应，并寻找到最佳手段或措施？

（3）运用哪些质量工具可以制定日程计划、明确质量管理的关键和进度控制的方法？

第1节 统计质量控制的定量方法

一、统计分析表

统计分析表亦称调查表，它是为了调查客观事物、产品和工作质量，或为了分层收集数据而设计的图表，即把产品可能出现的情况及其分类预先列成统计分析表，然后检查产品时只需在相应分类中进行统计。在检验产品或操作工人加工、拣选产品时，发现问题后，工作人员只要在统计分析表中相应的栏内填上数字和记号即可。使用一定时间后，可对这些数字或记号进行整理，这时问题就能迅速地、粗略地显露出来，以便于分析原因，提出措施，提高质量。

为了获得良好的效果、可比性、全面性和准确性，统计分析表格应设计得简单明了，突出重点；应填写方便，符号好记；调查、加工和检查的程序与统计分析表的填写次序应基本一致，填写好的统计分析表要定时更换并加以保存，数据要便于加工整理，分析整理后得到的信息应及时反馈。统计分析表有三种：不良项目统计分析表、缺陷位置统计分析表和频数统计分析表。

1. 不良项目统计分析表

一个零件和产品不符合标准、规格、公差的质量项目叫不良项目，也称不合格项目。为了减少生产中出现的各种不良或缺陷，需要调查发生了哪些不良，以及各种不良的比例有多大，这时可使用不良项目统计分析表（见表3-2）。

表3-2　不良项目统计分析表

项目 日期	交验数	合格数	不良品数			不良品类型			不良品率（%）
			废品数	次品数	返修品数	废品类型	次品类型	返修品类型	

2. 缺陷位置统计分析表

对外观缺陷进行统计调查的方法大多是作产品外形图、展开图，然后在图上对缺陷位置的分布进行调查。缺陷位置统计分析表可增加措施改进一栏，能充分反映缺陷发生的位置，便于研究缺陷为什么集中在那里，有助于进一步观察、探讨缺陷发生的原因。

缺陷位置统计分析表是工序质量分析中常用的分析表。掌握缺陷发生之处的规律，可以进一步分析为什么缺陷会集中在某一区域，寻找原因，采取对策，从而更好地解决出现的质量问题。如果不作产品外形图，用语言或文字描述缺陷发生的频数也是可以的，如表3-3所示。

表3-3　　收音机功能、外观缺陷统计分析表

型号				生产班组	甲	生产日期	2009年5月11日
送检总数	400台		调查日期	2009年5月12日	检查员	007	
缺陷程度	检查项目	记号	频数	缺陷程度	检查项目	记号	频数
重缺陷（影响正常收听）	声音时有时无	刂	2	轻缺陷（能收听）	任一功能键工作不正常	正丨	6
	音量小	正刂	7		有明显机械传动杂音		
	失真严重	刂	2		指示灯不亮	丰	4
	灵敏度太低				电池弹簧卡松紧不合适	刂	2
	严重串台	正正刂	12		特殊（外壳划伤）	正正丰	14
	严重机震				其他	正	5
	任一功能键不起作用	正丨	6		小计		31
	调谐传动机构卡死、打滑			微缺陷			
	调谐过头使可变电容损坏	丰	4		任一旋钮手感不适	正	5
	拉杆天线不能伸缩定位				开关手感不适	丰	4
	插入耳机没有声音	刂	2		插孔手感不适	刂	2
	特殊				其他	川	3
	其他	正正丨	11		小计		14
	小计		46				

总计缺陷数：91个　　缺陷率：22.75%

3. 频数统计分析表

使用频数统计分析表的目的常常是作直方图，需经过收集数据、分组、统计频数、计算、绘图等步骤。运用频数统计分析表时，在收集数据的同时，可直接进行分组和统计频数。每得到一个数据，就在频数统计分析表上相应的组内做一个记号，测量和收集数据工作结束后，频数分布表也随之做出，便能得到直方图的草图。频数统计分析表如表3-5所示。

目前，统计分析表广泛应用于各行各业，其形式也多种多样。

二、直方图

直方图，亦称频数分布图，它适用于对大量计量值数据进行整理加工，找出其统计规律，即分析数据分布的形态，以便对其总体的分布特征进行推断，然后对工序或批量产品的质量水平及其均匀程度进行分析。即针对某产品或过程的特性值，利用正态分布的原理，把50个以上的数据进行分组，并算出每组出现的次数，再用类似的直方图形描绘出来。

1. 直方图的作图步骤

一般要随机抽取 50 个以上质量特性数据，最好是 100 个以上的数据。例如表 3-4 是某项目收集到的某产品数据，其样本容量 n 为 100。

表 3-4　实测数据

组号	实测数据										max	min
1	61	55	63	39	49	55	50	55	55	50	63	39
2	44	38	50	48	53	50	50	50	50	52	53	38
3	48	52	52	52	48	55	45	49	50	54	55	45
4	45	50	55	51	48	54	53	55	60	55	63	40
5	56	43	47	50	50	50	63	47	40	43	63	40
6	54	53	45	43	48	43	45	43	53	53	54	43
7	49	47	48	40	48	45	47	52	48	50	52	40
8	47	48	54	50	47	49	50	55	51	43	56	43
9	45	54	55	55	47	63	50	49	55	60	63	45
10	45	52	47	55	55	62	50	46	45	47	60	45

【例 3-1】 以表 3-4 的数据为例，试作直方图。

解　有 $x_{\max}=63$，$x_{\min}=38$，极差 $R=x_{\max}-x_{\min}=63-38=25$。区间 $[x_{\max}, x_{\min}]$ 称为数据的散布范围，全体数据在此范围内变动。

第 1 步，求极差。

先将数据按大小排序，找出数据中的最大值 $x_{\max}$，最小值 $x_{\min}$，求出极差 R。本例中 $R=25$。

第 2 步，确定组数及组距。

组数常用 k 表示。k 与数据的数目有关。100 个数据常分为 10 组左右。也可用经验公式计算组数：

$$k=1+3.31(\lg n)$$

本例中 $n=100$，故

$$k=1+3.31(\lg n)\ =1+3.31(\lg 100)\ =7.62\approx 8$$

由于正态分布是对称的，故常取 k 为奇数。所以，本例中取 $k=9$。

$$组距\ h=\frac{x_{\max}-x_{\min}}{k}=\frac{63-38}{9}=2.78\approx 3$$

第 3 步，确定组限。

确定组限，从第 1 组开始。第 1 组的组限为 $x_{\min}\pm h/2$。第 2 组的下限值是第 1 组的上限值，第 2 组的上限值是第 2 组的下限值加上组距。依此类推。

第 4 步，作频数统计分析表。

统计频数如表 3-5 所示。需注意的是，每组的上限不在本组。求出组中值。

表 3-5　频数统计分析表

组号	组限	组中值（w_i）	频数（f_i）	累计频数	相对累计频率
1	36.5～39.5	38	2	2	2%
2	39.5～42.5	41	2	4	4%
3	42.5～45.5	44	16	20	20%
4	45.5～48.5	47	18	38	38%
5	48.5～51.5	50	23	61	61%
6	51.5～54.5	53	17	78	78%
7	54.5～57.5	56	15	93	93%
8	57.5～60.5	59	3	96	96%
9	60.5～63.5	62	4	100	100%

第 5 步，画直方图。

以组号为横坐标，以频数为纵坐标，作直方图，如图 3-1 所示。

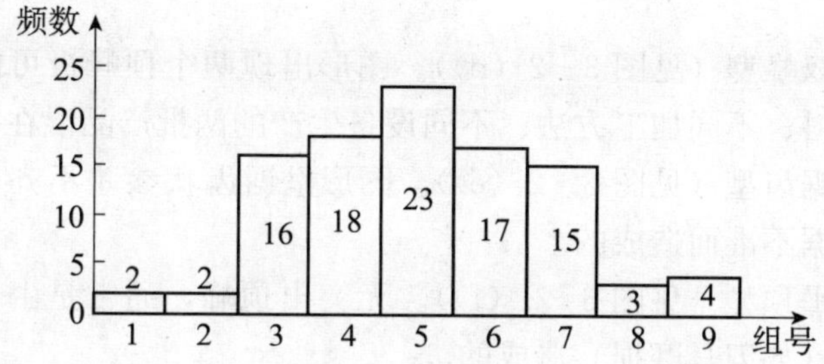

图 3-1　直方图

2. 直方图的用途

在生产中，直方图是经常使用的简便且能发挥很大作用的统计方法。其主要作用是：

(1) 观察与判断产品质量特性分布状况。

(2) 判断工序是否稳定。

(3) 进行工序能力评价，估算并了解工序能力对产品质量的保证情况。

3. 直方图的观察与分析

对直方图的观察，主要有两个方面：一是分析直方图的全图形状，能够发现生产过程中的一些质量问题；二是将直方图与质量指标相比较，观察质量是否满足要求。

直方图的形状如图 3-2 所示。

(1) 正常型（见图 3-2 (a)）。图 3-2 (a) 中央有一顶峰，左右大致对称，这时工序处于稳定状态。其他图形都属非正常型。

(2) 偏向型（见图 3-2 (b) 和图 3-2 (c)）。图形有左偏、右偏两种情形，原

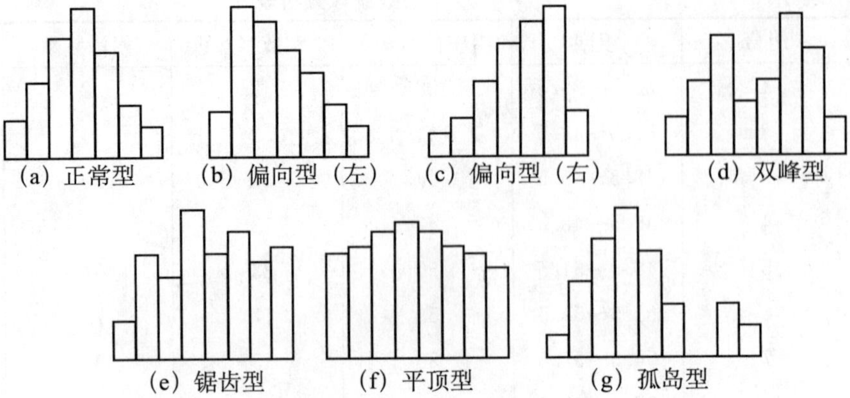

图 3-2 直方图的形状

因是：

1）一些形位公差要求的特性值并不是标准正态分布。

2）由于加工者担心出现不合格品，在加工孔时孔往往偏小，加工轴时轴往往偏大所致。

(3) 双峰型（见图 3-2（d））。图形出现两个顶峰极可能是由于把不同加工者或不同材料、不同加工方法、不同设备生产的两批产品混在一起形成的。

(4) 锯齿型（见图 3-2（e））。图形呈锯齿状参差不齐，多半是由于分组不当或检测数据不准而造成的。

(5) 平顶型（见图 3-2（f））。无突出顶峰，通常是由于生产过程中缓慢变化因素影响（如刀具磨损）造成的。

(6) 孤岛型（见图 3-2（g））。由于测量有误或生产中出现异常（原材料变化、刀具严重磨损等）所致。

4. 直方图与标准界限比较

统计分布符合标准的直方图有以下几种情况：

(1) 理想直方图：散布范围 B 在标准界限 $T=[T_L, T_U]$ 内，两边有余量，如图 3-3 所示。

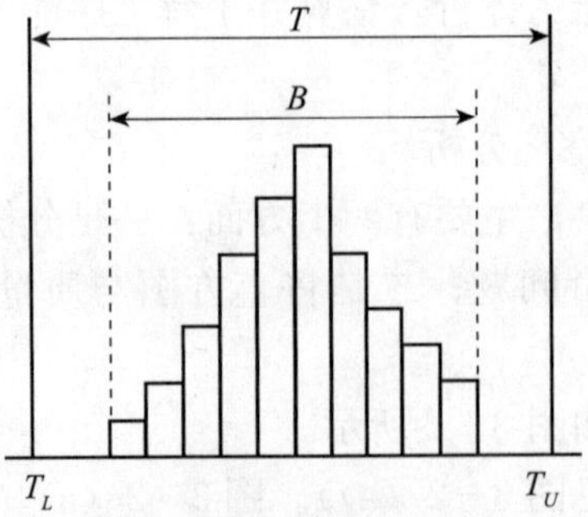

图 3-3

(2) B 位于 T 内，一边有余量，一边重合，分布中心偏移标准中心，应采取措施使分布中心与标准中心接近或重合，否则一侧无余量易出现不合格品，如图 3-4 (a) 和图 3-4 (b) 所示。

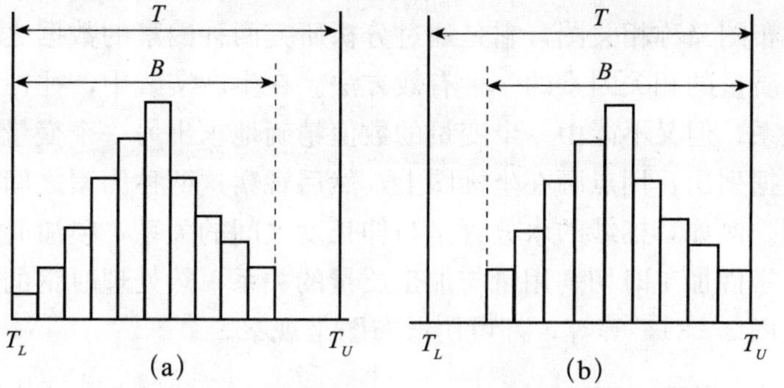

图 3-4

(3) B 与 T 完全一致，两边无余量，易出现不合格品，如图 3-5 所示。

统计分布不符合标准的直方图有以下几种情况：

1) 分布中心偏移标准中心，一侧超出标准界限，出现不合格品，如图 3-6 所示。

2) 散布范围 B 大于 T，两侧超出标准界限，均出现不合格品，如图 3-7 所示。

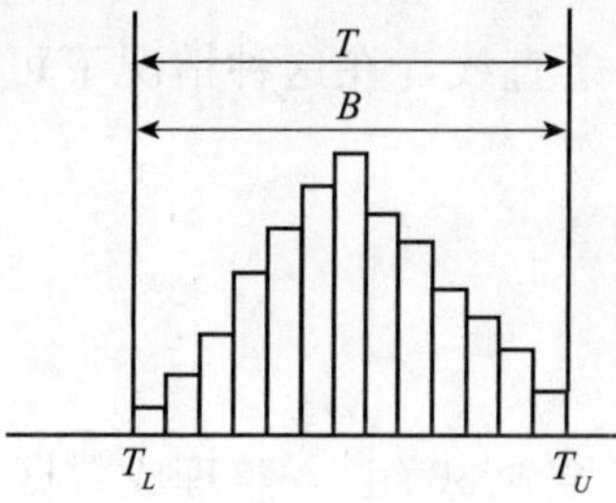

图 3-5

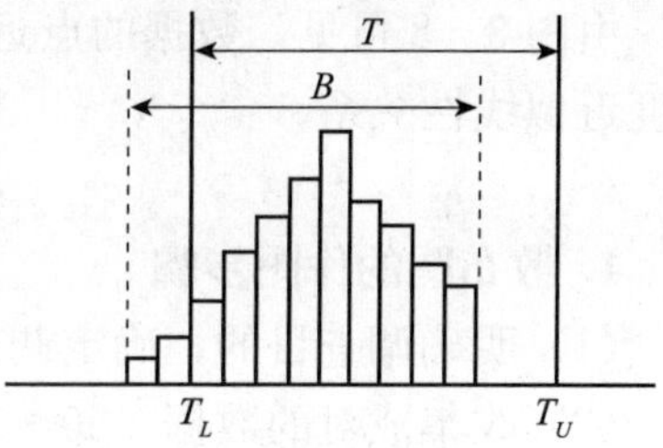

图 3-6

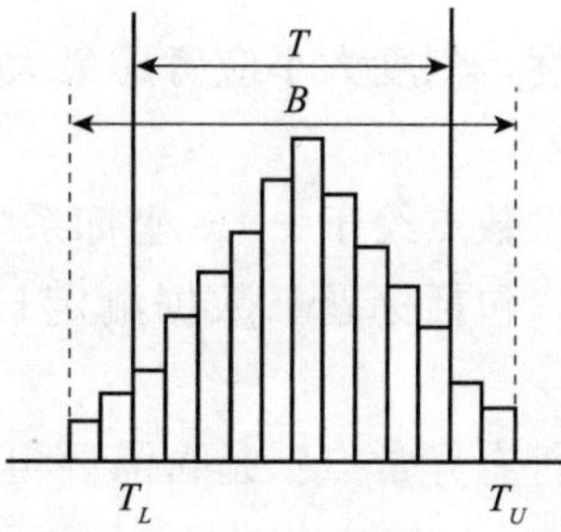

图 3-7

尽管直方图能够很好地反映出产品质量的分布特征，但由于统计数据是样本的频数分布，它不能反映产品随时间的过程特性变化，有时生产过程已有趋向性变化，而直方图却属正常型，这也是直方图的局限性。

三、散布图

散布图又称相关图，它是通过分析研究两种因素的数据之间的关系，来控制影响产品质量的相关因素的一种有效方法。在生产实践中，往往是有些变量之间存在相关关系，但又不能由一个变量的数值精确地求出另一个变量的数值。将这两种有关的数据列出，用点画在坐标图上，然后观察这两种因素之间的关系，这种图就是散布图。例如，棉纱的水分含量与伸长度之间的关系，喷漆时的室温与漆料黏度的关系，零件加工时切削用量与加工质量的关系，热处理时钢的淬火温度与硬度的关系（见图3-8），等等，都可用散布图来观察。

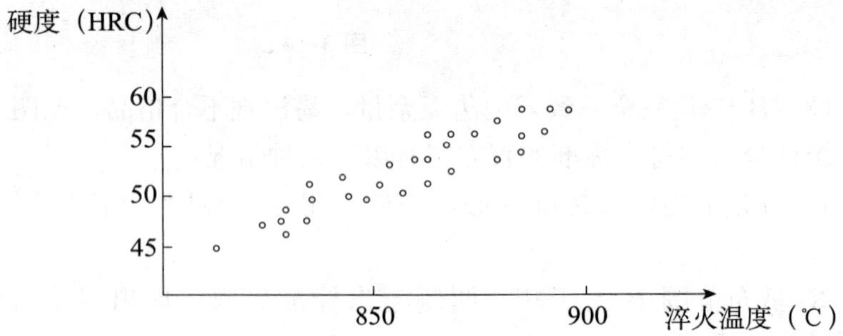

图3-8 钢的淬火温度与硬度分布图

由图3-8可见，数据的点近似于一条直线，在这种情况下可以说硬度与淬火温度近似线性关系。

1. 散布图的作图步骤

（1）明确调查目的，确定调查对象；

（2）收集成对的数据，50～100组（至少30组），整理成数据表；

（3）找出 x，y 坐标的最大值及最小值，以 x，y 的最大值及最小值建立 $x-y$ 坐标系；

（4）决定适当的刻度，刻度大小应考虑最大值与最小值之差，通常横轴表示要因，纵轴表示特性 ；

（5）将成对数据依次数点绘于 $x-y$ 坐标系中，二点重复画◎，三点重复画⊙；

（6）注记相关资料，包括标题、数据测定日期、绘制日期、绘制者、样本数、产品名、过程名等；

（7）判读图形：是否有异常点？是否需要再分层处理？是否与固有技术、经验相符？

2. 散布图的观察分析

根据测量的两种数据作散布图，观察其分布的形状和密疏程度，判断它们关系的密切程度。散布图的五种情形如图 3-9 所示。

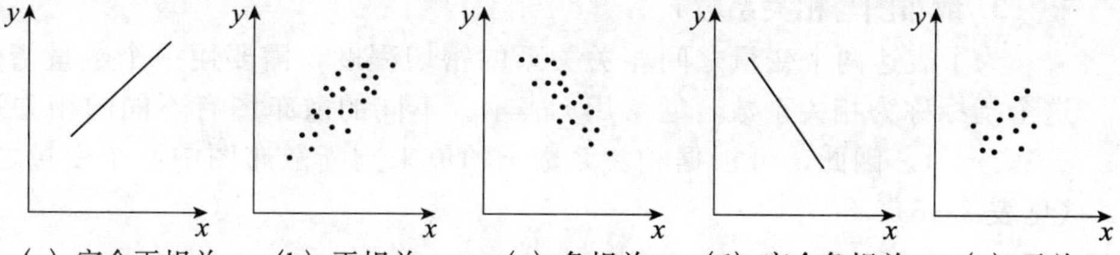

图 3-9　散布图的五种情况

从图 3-9 中，可以看出散布图大致可分为下列五种情形：

(1) 完全正相关。x 增大，y 也随之增大。x 与 y 之间可用直线 $y=a+bx$（b 为正数）表示。

(2) 正相关。x 增大，y 基本上随之增大。此时除了因素 x，可能还有其他因素影响。

(3) 负相关。x 增大，y 基本上随之减小。同样，此时可能还有其他因素影响。

(4) 完全负相关。x 增大，y 随之减小。x 与 y 之间可用直线 $y=a+bx$（b 为负数）表示。

(5) 无关。x 增大，y 的变化趋势不明显。

制作与观察散布图时，应注意以下几种情况：

(1) 应观察是否有异常点或离群点出现，即有个别点脱离全体点较远。如果有不正常点应立即查找原因，如果是原因不明的点，应慎重处理，以防还有其他影响因素。

(2) 散布图如果处理不当也会造成假象，如图 3-10 所示。

由图 3-10 可见，若将 x 的范围只局限在中间的那一段，则在此范围内看，y 与 x 似乎并不相关，但从整体看，x 与 y 的关系比较密切。

(3) 散布图有时要分层处理，如图 3-11 所示，x 与 y 的相关关系似乎很密切，但若仔细分析一下数据，这些数据原来来自三种不同的条件。如果将这些点分成三个不同层次 A，B，C，就每个层次来考虑，x 与 y 实际上并不相关。

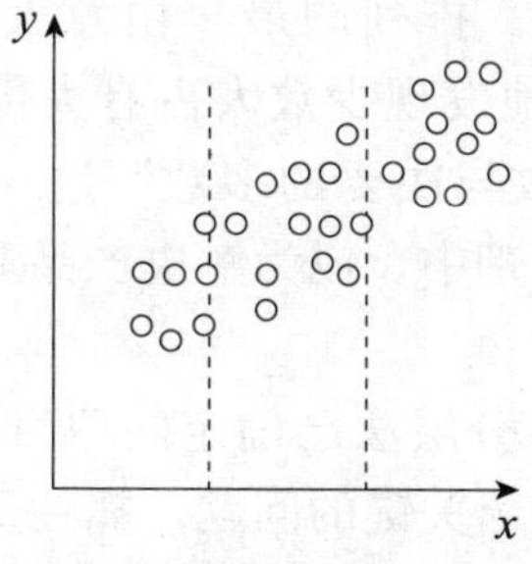

图 3-10　局部与整体的散布图

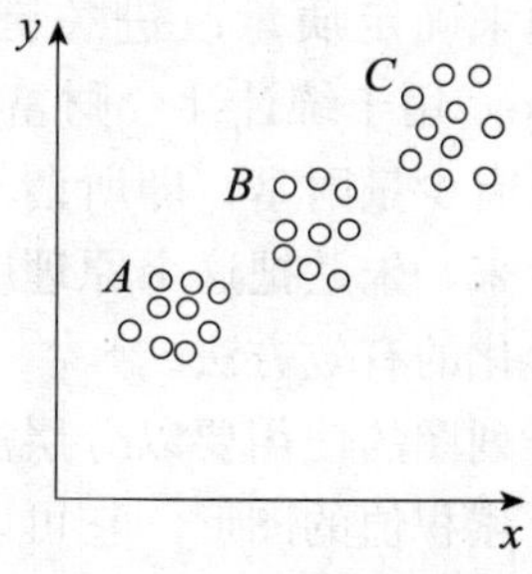

图 3-11　应用分层处理的散布图

3. 散布图与相关系数 r

为了表达两个变量之间相关关系的密切程度，需要用一个数量指标来表示，这个指标称为相关系数，通常用 r 表示。不同的散布图有不同的相关系数 r，且 $-1\leqslant r\leqslant 1$。因此，可根据相关系数 r 的值来判断散布图中两个变量之间的关系（见表3-6）。

表3-6 相关系数 r 的取值说明

r 值	两变量间的关系判断
$r=1$	完全正相关
$1>r>0$	正相关（越接近1，正相关性越强；越接近0，越弱）
$r=0$	不相关
$0>r>-1$	负相关（越接近 -1，负相关性越强；越接近0，越弱）
$r=-1$	完全负相关

相关系数的计算公式为：

$$r=\frac{\sum(x-\overline{x})(y-\overline{y})}{\sqrt{\sum(x-\overline{x})^2\sum(y-\overline{y})^2}}=\frac{L_{xy}}{\sqrt{L_{xx}L_{yy}}} \tag{3.1}$$

式中，$\overline{x}$ 表示 n 个 x 数据的平均值；$\overline{y}$ 表示 n 个 y 数据的平均值；L_{xx} 表示 x 的离差平方和，即 $\sum(x-\overline{x})^2$；L_{yy} 表示 y 的离差平方和，即 $\sum(y-\overline{y})^2$；L_{xy} 表示 x 的离差与 y 的离差的乘积之和，即 $\sum(x-\overline{x})(y-\overline{y})$。

应注意：相关系数 r 所表示的两个变量之间的相关是指线性相关。因此，当 r 的绝对值很小甚至等于0时，并不表示 x 与 y 之间就不存在任何关系，只能说明其不存在线性相关关系。

四、排列图

排列图，有人称其为ABC图，又称帕累托图，是通过找出影响产品质量的主要问题来确定质量改进关键项目的图表。排列图最早由意大利经济学家帕累托（Pareto）用于统计社会财富分布状况。他发现少数人占有大部分财富，而大多数人却只有少量财富，即所谓"关键的少数与次要的多数"这一相当普遍的社会现象。后来，朱兰把这个原理应用到质量管理中，成为解决产品质量的主要问题的一种图形化的有效方法。

排列图的使用要以分层法为前提，将分层法已确定的项目从大到小进行排列，再加上累积值的图形。它可以帮助我们找出关键的问题，抓住重要的少数及有用的多数，适用于计数值统计。排列图的一般形式如图3-12所示。

1. 排列图的作图步骤

（1）确定分析对象。一般为不合格项目、废品件数、消耗工时等。

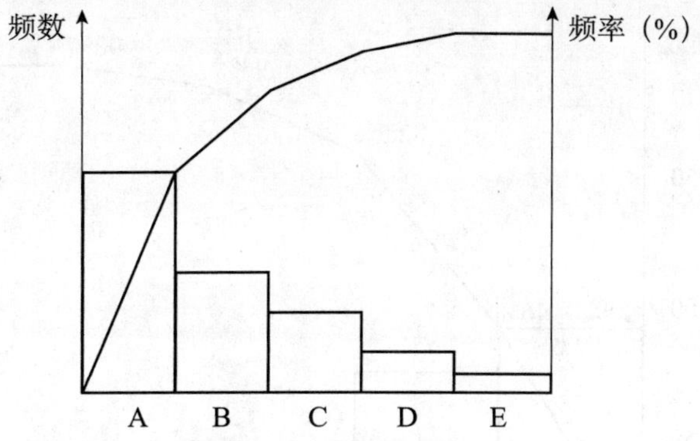

图3-12 排列图的形式

（2）收集与整理数据。可按废品项目、缺陷项目、不同操作者等进行分类。列表汇总每个项目发生的数量即频数 f_i，按大小进行排列。

（3）计算频数 f_i、频率 P_i、累计频率 F_i 等。

（4）画图。排列图由两个纵坐标、一个横坐标、几个顺序排列的矩形和一条累计频率折线组成。左边的纵坐标表示频数 f_i，右边的纵坐标表示频率 P_i；横坐标表示质量项目，按其频数大小从左向右排列；各矩形的底边相等，其高度表示对应项目的频数；对应于右边纵坐标频率 P_i，应在各矩形的右边或右边的延长线上打点，各点的纵坐标值表示对应项目的累计频率；以原点为起点，依次连接上述各点，所得折线即为累计频率折线。

（5）根据排列图，确定主要因素、有影响因素和次要因素。

主要因素——累计频率 F_i 在0～80%的若干因素。它们是影响产品质量的关键原因，又称A类因素。其个数一般为1～2个，最多3个。

有影响因素——累计频率 F_i 在80%～95%的若干因素。它们对产品质量有一定的影响，又称B类因素。

次要因素——累计频率 F_i 在95%～100%的若干因素。它们对产品质量仅有轻微影响，又称C类因素。

【例3-2】 某工厂对200台卷扬机的轮齿故障进行了统计分析，数据如表3-7所示。试作排列图。

表3-7 卷扬机轮齿故障统计分析表

序号	质量问题	频数	累计频数	频率（%）	累计频率（%）
1	齿面点蚀	92	92	46	46
2	轮齿折断	73	165	36.5	82.5
3	齿面磨损	21	186	10.5	93
4	齿面胶合	10	196	5	98
5	齿面塑性变形	4	200	2	100

解 按排列图作图步骤所作排列图如图3-13所示。

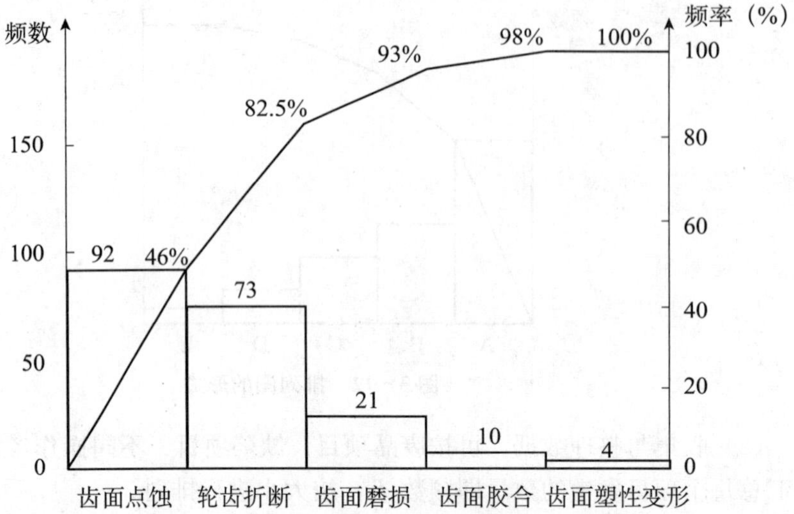

图3-13 轮齿故障排列图

在图3-13中，很容易找到A类因素，即为齿面点蚀和轮齿折断；齿面磨损和齿面胶合是B类因素；其他是C类因素。工厂决定从齿面点蚀和轮齿折断两方面进行进一步的分析，查找原因，加以改善。

2. 排列图的用途

（1）找出主要因素。排列图把影响产品质量的“关键的少数与次要的多数”直观地表现出来，使我们明确应该从哪里着手来提高产品质量。实践证明，集中精力将主要因素的影响减半比消灭次要因素收效显著，而且容易得多。所以应当选取排列图前1～2项的主要因素作为质量改进的目标。如果前1～2项的难度较大，而第3项简易可行，马上可见效果，也可先对第3项进行改进。

（2）解决工作质量问题也可用排列图。不仅产品质量，其他工作如节约能源、减少消耗、安全生产等都可用排列图改进工作，提高工作质量，检查质量改进措施的效果。采取质量改进措施后，为了检验其效果，可用排列图来核查。如果确有效果，则改进后的排列图中，横坐标上因素排列顺序或频数矩形高度应有变化。

五、矩阵数据分析法

矩阵数据分析法与矩阵图有些类似，其主要区别是：不是在矩阵图上填符号，而是填数据，形成一个分析数据的矩阵。这种定量分析问题的方法也可称为主成分分析法，往往要求助于计算机求解。

矩阵数据分析法的基本思路是通过收集大量数据，组成矩阵，求出相关系数矩阵，以及矩阵的特征值和特征向量，确定出第一主成分、第二主成分等。通过变量变换的方法把相关的变量变为若干不相关的变量，即能将众多的线性相关指标转换为少数线性无关的指标（由于线性无关，就使得在分析与评价指标变量时，切断了相关的干扰，找出主导因素，从而做出更准确的估计），显示出其应用价值。这样就找出了进行研究攻关的主要目标或因素。

矩阵数据分析法的主要用途：

(1) 根据市场调查的数据资料，掌握所要求的质量，分析用户对产品质量的期望。

(2) 分析由大量数据组成的不良因素。

(3) 分析复杂因素相互交织在一起的工序。

(4) 把功能特性分类体系化。

(5) 进行复杂的质量评价。

(6) 分析曲线的对应数据。

六、控制图

关于控制图的具体内容在第 2 章已经详细介绍过，此处不再赘述。

第 2 节　统计质量控制的定性方法

一、因果图

因果图亦称鱼骨图、石川图或特性要因图，它是由日本式质量管理的集大成者石川馨（Kaoru Ishikawa）在川崎重工船厂创建质量管理过程时发展出来的，是一种用于分析质量问题产生的具体原因的图示方法。在生产过程中，质量波动主要与人员、机器、材料、工艺方法和环境等因素有关，而一个问题的发生往往有多种引发因素交织在一起，从表面上难以迅速找出其中的主要因素。因果图就是通过层层深入的分析研究来找出影响质量的大原因、中原因、小原因的简便而有效的方法，从交错混杂的大量影响因素中理出头绪，逐步把影响质量的主要、关键、具体原因找出来，从而明确所要采取的措施。

把所有能想到的原因，按它们之间的相依隶属关系，用箭头归纳联系在一起（箭杆写原因，箭头指向结果），绘成一张树枝状或鱼刺状的图形，如图 3-14 所示。主干箭头所指的为质量问题，主干上的大枝表示大原因，中枝、小枝表示原因的依次展开。

1. 因果图的作图步骤

(1) 确定要研究分析的质量问题和对象，即确定要解决的质量特性是什么。将分析对象用肯定语气（不标问号）写在图的右边，最好定量表示，以便判断采取措施后的效果。画出主干，箭头指向右端的结果——研究的对象。

(2) 确定造成这个结果和质量问题的因素分类项目。影响工序质量的因素分为人员、设备、材料、工艺方法、环境等；再依次细分，画大枝，箭头指向主干，箭

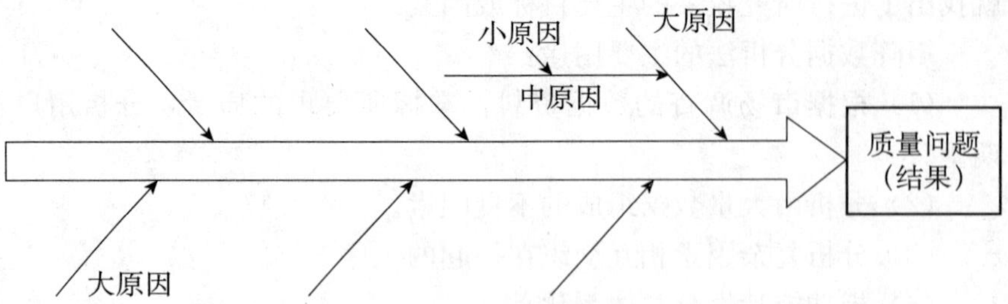

图3-14 因果图示意图

尾端记上分类项目，并加方框。

（3）把到会者发言、讨论、分析的意见归纳起来，按相互的相依隶属关系，由大到小，从粗到细，逐步深入，直到能够采取解决问题的措施为止。将上述项目分别展开：中枝表示对应的项目中造成质量问题的一个或几个原因；一个原因画一个箭头，使它平行于主干而指向大枝；把讨论、意见归纳为短语，应言简意赅，记在箭杆的上面或下面，再展开，画小枝，小枝是造成中枝的原因。如此展开下去，越具体越细致就越好。

（4）确定因果图中的主要、关键原因，并用符号明显地标出，再去现场调查研究，验证所确定的主要、关键原因是否找对、找准，以此作为制定质量改进措施的重点项目。一般情况下，主要、关键原因不应超过所提出的原因总数的1/3。

（5）注明本因果图的名称、日期、参加分析的人员、绘制人和参考查询事项。

2. 作因果图的注意事项

（1）确定原因要集合全员的知识与经验，集思广益，以免疏漏。

（2）主要或关键原因越具体，改进措施的针对性就越强。主要或关键原因初步确定后，应到现场去落实、验证主要原因，再制定切实可行的措施去解决。

（3）不要过分地追究个人责任，而要注意从组织上、管理上找原因。实事求是地提供质量数据和信息，不推脱责任。

（4）尽可能用数据反映、说明问题。

（5）作完因果图后，应检查下列几项：图名，应标明主要原因是哪些等，文字是否简单通俗，编译是否明确，定性是否准确，应尽可能地量化，改进措施不宜画在图上。

（6）把重点放在解决问题上，绘制因果图时，重点先放在“发生的原因、结果”，必要时，可再列出措施表。

3. 因果图的三种类型

（1）整理问题型因果图：各要素与特性值间不存在原因关系，而是结构构成关系。

（2）原因型因果图：追求问题的原因，并寻找其影响因素，以因果图表示结果（特性）与原因（要因）间的关系。鱼头在右，特性值通常以“为什么……”来写。

（3）对策型因果图：追求问题点如何防止，或者目标如何达成，并以因果图表示期望效果与对策的关系。鱼头在左，特性值通常以“如果提高/改善……”来写。

4. 应用实例

【例 3－3】 对影响某装备寿命周期费用（LCC）的原因的因果分析，如图 3－15 所示。

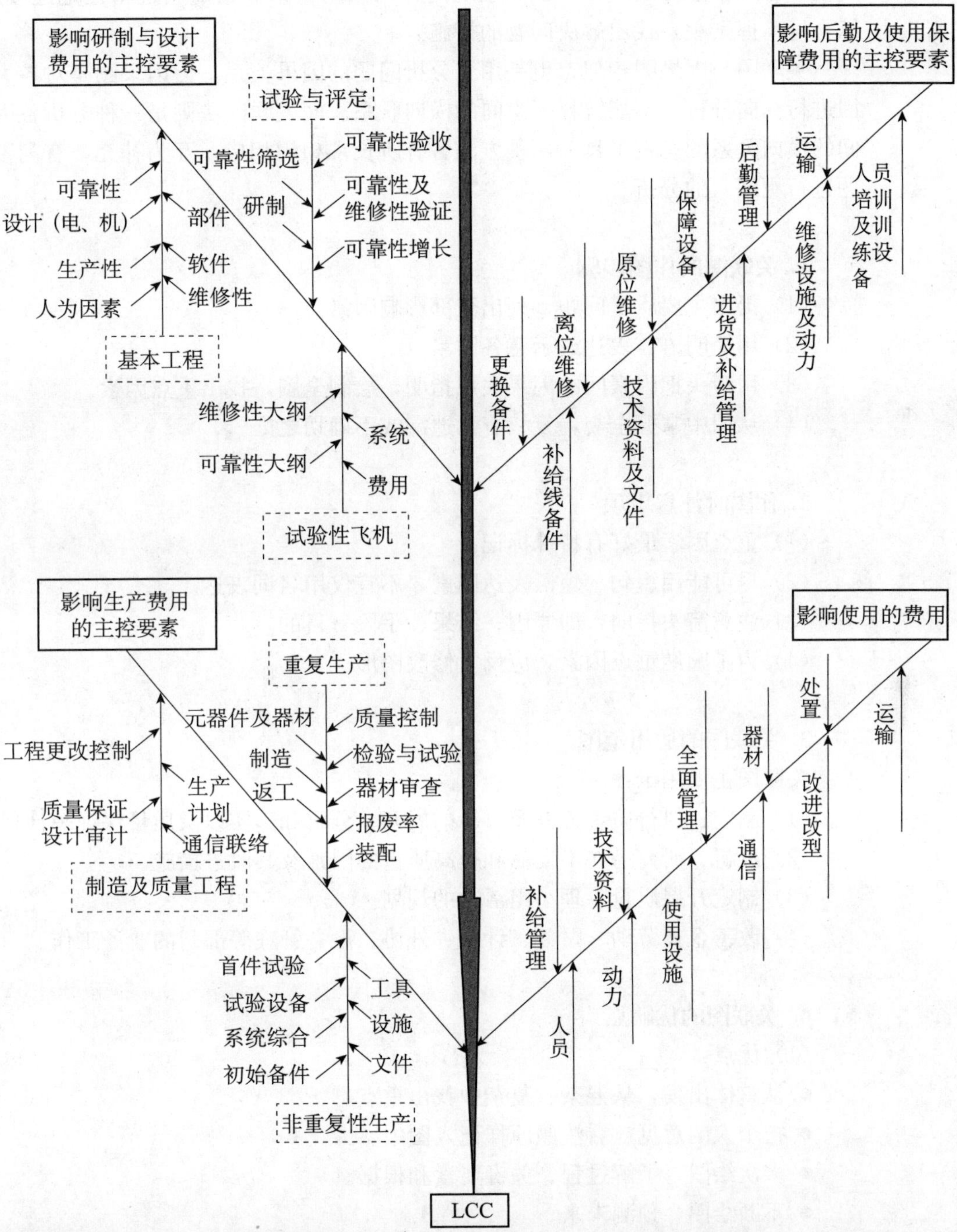

图 3－15 影响某装备寿命周期费用（LCC）的主要因素

二、关联图

关联图是表示事物依存或因果关系的连线图。把与事物有关的各环节按相互制约的关系连成整体，从中找出解决问题应从何处入手。用于搞清各种复杂因素相互缠绕、相互牵连等问题，寻找、发现内在的因果关系，用箭头逻辑性地连接起来，综合地掌握全貌，找出解决问题的措施。

关联图与因果图相似，也是用于分析问题的因果关系。但因果图是对各大类原因进行纵向分析，不能解释因素间的横向联系。而关联图法则是一种分析各因素之间的横向关系的有效工具。两种方法各有所长，相辅相成，互为补充，有利于对问题进行更深入的分析。

1. 关联图的作图步骤

（1）提出主要质量问题，列出全部影响因素。

（2）用简明语言表达或示意各因素。

（3）用箭头把因素间的因果关系指明，绘制全图，找出重点因素。

（4）从图中掌握全貌，复核有无遗漏或不确切之处。

2. 作图时注意事项

（1）重点因素最好有特殊标记。

（2）尽可能用短句、短语表达因素，不宜仅用名词表达。

（3）注意箭头指向，即原因→结果、手段→目的。

（4）为了归纳重点因素，应反复修改图形。

3. 关联图的适用范围

关联图主要用于：

（1）制定、执行质量方针及方针的展开、分解和落实以及质量保证等计划。

（2）分析、研究潜在不良品和提高质量的因素及其改进措施。

（3）制定开展质量管理小组活动的规划。

（4）改善企业劳动、财务、计划、外协、设备管理等部门的业务工作。

4. 关联图的优缺点

（1）优点：

- 从整体出发，从混杂、复杂中找出重点。
- 把个人的意见、看法照原样记入图中。
- 多次绘图，了解过程、关键要素和根据。
- 不断绘图，预测未来。
- 整体和各因素之间的关系一目了然。

- 可绘入措施及其结果。

（2）缺点：

- 同一问题，图形、结论可能不一致。
- 表达不同，箭头有时与原意相反。
- 比较费时间。
- 开头较难。

5. 应用实例

【例 3－4】 某厂用关联图分析了装配线上的质量不良原因。其结果如图 3－16 所示。通过作关联图，改变了管理人员对不良原因的看法（成见），采取了适当的措施，结果是产品不良率大幅度降低。

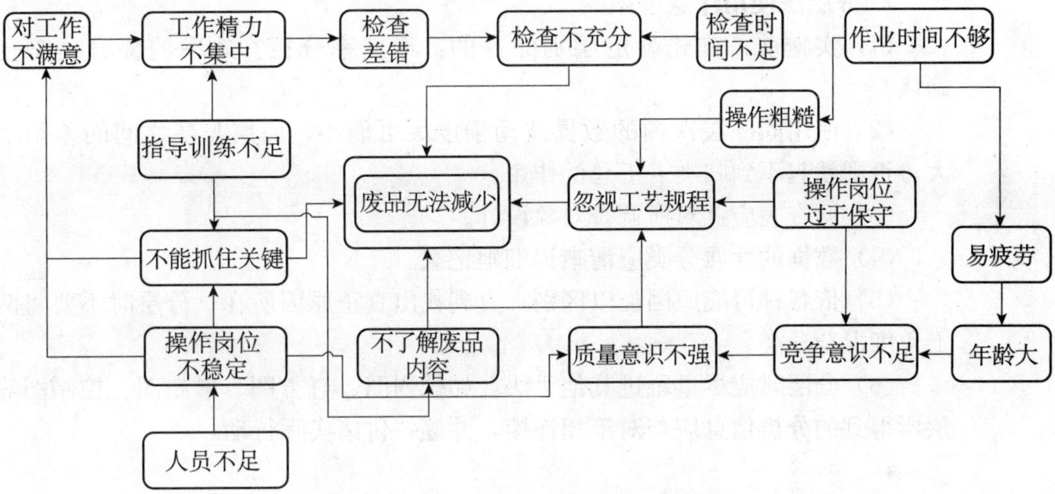

图 3－16　追查产品质量不良关联图

三、分层法

造成产品质量异常的因素很多，要想正确、迅速地找出问题症结所在，行之有效的方法就是将数据分层，即把所收集的数据依照使用目的，按其性质、来源、影响因素等进行合理的分类，把性质相同、在同一生产条件下收集的数据归在一起，把划分的组叫作“层”，通过数据分层把错综复杂的影响质量因素分析清楚。这种方法就是分层法，又称分类法、分组法。

分层的方法可以按操作人员分，如按工人的班次、工人的级别划分；按使用设备分，如按机床不同型号；按操作方法分，如按切削用量、温度、压力等划分；按原材料分，如按供料单位、进料时间、生产批次等划分；按加工方法分，如按加工、装配、测量、检验等划分；按环境分，如按照明度、清洁度等划分；按时间分，如按年、季、月、天等划分。

通常，分层法与其他质量管理工具联合使用，即将性质相同、在同一生产条件下得到的数据归在一起，然后再分别用其他方法制成分层排列图、分层直方图、分层散布图等。

1. 分层法的实施步骤

（1）明确调查目的，确定调查原因与对象；

（2）设计收集数据所使用的表格；

（3）设定数据收集点并培训相关人员如何填制表格；

（4）观察及记录所得的数值；

（5）整理数据、分类绘制应有的图表；

（6）比较分析与最终推论。

2. 分层法使用注意事项

（1）实施前，首先确定层别的目的：不良率分析？效率的提升？作业条件确认？

（2）使用同一层次内的数据波动幅度尽可能小，而层与层之间的差别尽可能大，否则就起不到归类、汇总的作用。

（3）调查表应针对所调查对象设计。

（4）数据的性质分类应清晰详细地记载。

（5）依各种可能原因加以区别，直到找出真正原因所在；分层时不要将两个以上角度混杂分类。

（6）分层时应尽量融进其他手法，如排列图、直方图、散布图、控制图等；分层所得到的分析信息应与对策相连接，并逐一付诸实际行动。

3. 应用实例

【例3-5】 在柴油机装配中经常发生气缸垫漏气现象，为解决这一质量问题，对该工序进行现场统计。

（1）收集数据：$n=50$，漏气数 $f=19$，漏气率 $p=f/n=19/50=38\%$。

（2）分析原因。通过分析，认为造成漏气有两个原因：一是该工序涂密封剂的工人A，B，C三人的操作方法有差异；二是气缸垫分别由甲、乙两厂供给，原材料有差异。

因此采用分层法列成表3-8和表3-9进行分析。

表3-8　　按工人分层的漏气情况

工人	漏气数	不漏气数	漏气率 p（%）
A	6	13	32
B	3	9	25
C	10	9	53
合计	19	31	38

表3-9 按工厂分层的漏气情况

工厂	漏气数	不漏气数	漏气率 p（%）
甲厂	9	14	39
乙厂	10	17	37
合计	19	31	38

由表3-8和表3-9可知，人们似乎以为，降低气缸垫漏气率的办法可采用乙厂提供的气缸垫和工人B的操作方法。但实践结果表明，这样做漏气率非但没有降低，反而增加到43%，这是什么原因呢？这是由于仅单纯地分别考虑操作者和原材料造成漏气的情况，没有进一步考虑不同工人用不同工厂提供的气缸垫也会造成漏气。为此，需要进行更细致的综合分析，如表3-10所示。

表3-10 综合分层的漏气情况

		工厂甲	工厂乙	合计
工人A	漏气数	6	0	6
	不漏气数	2	11	13
	漏气率（%）	75	0	32
工人B	漏气数	0	3	3
	不漏气数	5	4	9
	漏气率（%）	0	43	25
工人C	漏气数	3	7	10
	不漏气数	7	2	9
	漏气率（%）	30	78	53
合计	漏气数	9	10	19
	不漏气数	14	17	31
	漏气率（%）	39	37	38
	合计	23	27	50

根据表3-10重新提出的降低气缸垫漏气率的措施是：

(1) 使用甲厂提供的气缸垫时，要采用工人B的操作方法。

(2) 使用乙厂提供的气缸垫时，要采用工人A的操作方法。

实践表明，上述的分层法及采用的措施十分有效，漏气率大大降低。因此，运用分层法时，不宜简单地按单一因素分层，必须考虑各因素的综合影响效果。

四、系统图

系统图能将事物或现象分解成树枝状，故又称树形图或树图。

1. 系统图法的基本概念

系统图法就是把要实现的目标与需要采取的措施或手段系统地展开，并绘制成图，以明确问题的重点，寻找最佳手段或措施。

在计划与决策过程中，为了达到某个目标或解决某一质量问题，就要采取某种手段。而为了实现这一手段，又必须考虑下一级水平的目标。这样，上一级水平的手段，就成为下一级水平的目标。如此，可以把达到某一目标所需的手段层层展开，总览问题的全貌，明确问题的重点，合理地寻找出达到预定目标的最佳手段或策略，如图3-17所示。

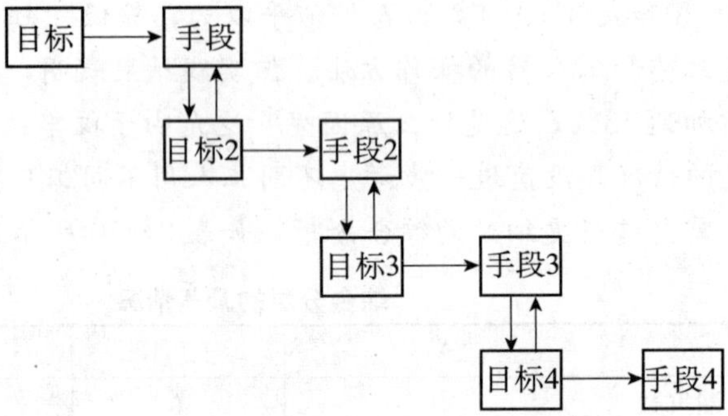

图3-17　系统图的基本形式

2. 系统图的作图步骤

（1）确定具体的目的或目标，用简明的语言表达并记录所要达到的目标。

（2）提出手段和措施。无论是从上向下目标展开式地依次提出下一级水平的手段和措施，还是从下向上达到目标式地提出上一级水平的手段和措施，只要能够针对具体目标，依靠集体智慧，得出有效的手段和措施就行。

（3）评价手段和措施。要对提出的各种手段进行评价，可以用一些符号或采取打分方式评价手段或措施能否实施，然后做出更改和修正。

（4）绘制手段、措施卡片，用通俗易懂的语言写在一张卡片上。

（5）目标手段系统化，即制成互相连接、顺序排列的系统图。

（6）制定实施计划。根据上述方案，逐项制定实施计划，确定其具体内容、日程进度、负责单位乃至负责人等。

3. 系统图使用注意事项

（1）系统图常常用在拟定对策阶段。在实际解决问题阶段，每个步骤都可以应用系统图法，充分发掘问题的潜在原因。

（2）用系统图法分析出的对策都需要进行有效性评估，以保证对策的有效性。

4. 系统图的用途

在质量管理中，系统图应用范围很广，主要有以下几个方面：

（1）新产品开发过程中设计质量的展开。

（2）企业制定质量保证计划，维护健全的质量管理体系，展开质量保证活动。

（3）对解决企业有关产品质量、成本、交货期等问题进行措施展开。

(4) 绘制手段、措施卡片，用通俗易懂的语言写在一张卡片上。

(5) 展开各种目标、方针、实施措施。

(6) 与因果图结合使用。

5. 应用实例

【例 3-6】某厂卷扬机的保证质量系统图如图 3-18 所示。目的是把用户对卷扬机所要求的质量展开为设计质量，进而把设计质量贯穿到管理质量特性、设计检验项目和工序管理等方面。

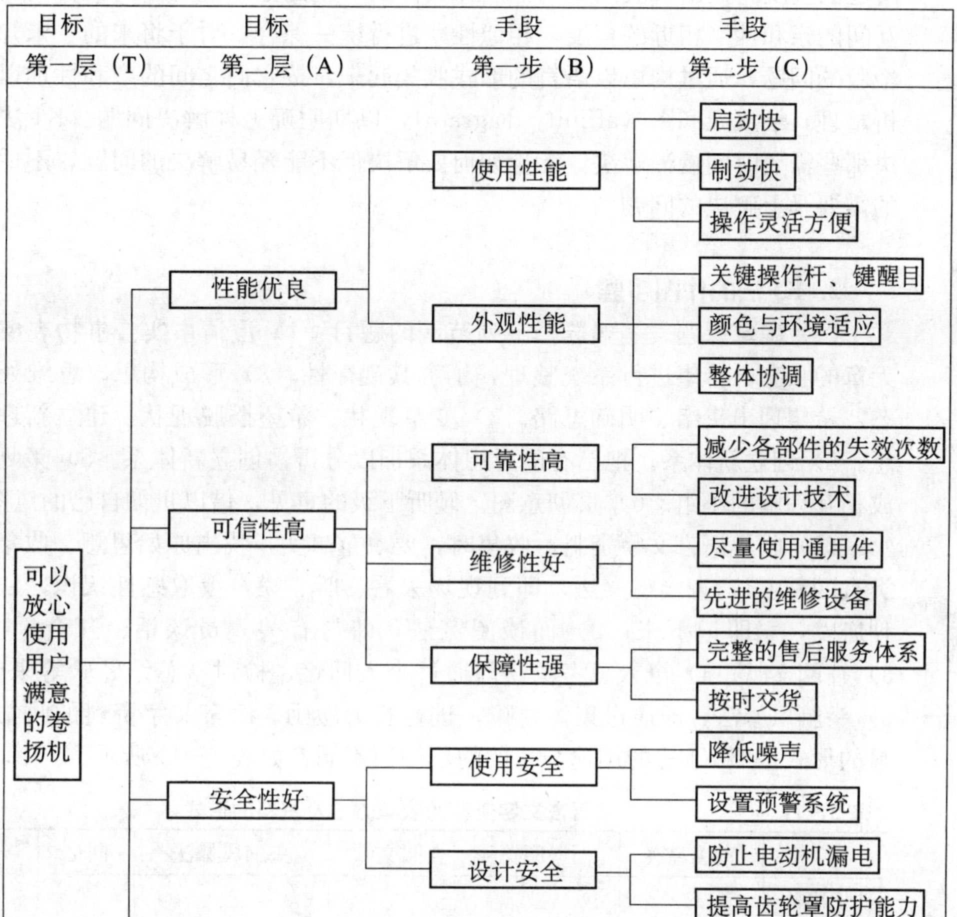

图 3-18 卷扬机的质量保证系统图

五、KJ 法

KJ 法也叫亲和图法，是由日本的川喜田二郎（Kawakita Jiro）于 1970 年前后提出的一种属于创造性思考的开发方法。

1. KJ 法的基本含义

KJ 法是把事件、现象和事实，用一定的方法进行归纳整理，引出思路，抓住问题的实质，提出解决问题的办法。具体讲，就是把杂乱无章的语言资料，依据相互间的亲和性（相近的程度，相似性）进行统一综合，对于将来的、未知的、没有经验的问题，通过构思以语言的形式收集起来，按它们之间的亲和性加以归纳，分析整理，绘成亲和图（affinity diagram），以期明确怎样解决问题。KJ 法适用于解决那些需要时间慢慢解决，无论如何要解决但不能轻易解决的问题，不适用于简单的需要马上解决的问题。

2. KJ 法的作图步骤

（1）确定课题。一般选择下列范围的题目：1）澄清事实。事物表象处于杂乱无章的状态，希望进行系统整理，了解其规律性。2）形成构思。思维处于混乱状态，希望理出头绪、明确思路。3）变革现状。希望摆脱现状，建立新理论、新思想。4）创立新体系。把已有的思想体系加以分析，创立新体系。5）策划组织。组成相互理解的小组。6）贯彻意图。倾听下级的意见，借以贯彻自己的意图和方针。

（2）收集语言文字资料。收集时，要尊重事实，找出原始思想。收集的方法大类有四种：1）直接观察法，即到现场去看、听、摸，汲取感性认识，从中得到某种启发，立即记下来；2）面谈阅览法，即与有关人员谈话、开会，进行访问；3）查阅文献；4）个人思考法，即通过个人回忆、检讨、总结经验等来获得资料；5）头脑风暴法，即通过集体讨论，进行智力激励。语言文字资料的收集方法及资料的形式按照 KJ 法的用途与目的的不同而不同，如表 3-11 所示。

表 3-11　语言文字资料的收集方法及资料的形式

	直接观察	面谈阅览	查阅文献	头脑风暴法	回忆	检讨
认识事物	⊙	△	△	△	○	×
归纳思想	○	⊙	○	○	○	⊙
打破现状	⊙	○	○	⊙	⊙	⊙
脱胎换骨	△	⊙	⊙	×	○	○
参与计划	×	×	×	⊙	○	○
贯彻方针	×	×	×	⊙	○	○

说明：⊙为常用；○为使用；△为不大使用；×为不使用。

（3）把所有收集到的资料，包括“思想火花”，都写成卡片。

（4）整理卡片。对于这些杂乱无章的卡片，不是按照已有的理论和分类方法来整理，而是把自己感到相似的归并在一起，逐步整理出新的思路。

（5）做标题卡。把同类的卡片放在一起，经编号后扎牢作为一张卡片使用，把该类的本质内容用简练的语言归纳出来，并记录在一张卡片上，作为标题卡。

（6）作图。无法归类的卡片自成一组。把最终归集好的卡片，按照比较容易寻找的相互位置进行排列，并按照既定的位置，把卡片粘在一张大纸板上，用适当的记号勾画相互关系。

（7）口头发表。按照已勾画出的图的内容进行讲解，说明卡片的内容及自己的理解。

（8）写调查报告。按照构思的内容写文章。

3. KJ 法的主要用途

（1）认识新事物（新问题、新办法）。

（2）整理归纳思想。

（3）从现实出发，采取措施，打破现状。

（4）促进协调，统一思想。

（5）贯彻上级方针，使上级方针变成下属的主动行为。

链接小知识

统计方法强调一切用数据说话，而 KJ 法则主要用事实说话，靠灵感发现新思想，解决新问题。二者的共同点是，都是从事实出发，重视根据事实解决问题。

六、矩阵图

1. 矩阵图的基本概念

矩阵图是通过多因素综合思考，探索解决问题的方法。它借助数学上矩阵的形式，把影响问题的各对应因素列成一个矩阵图，然后根据矩阵的特点找出确定关键点的方法。矩阵图用于多因素分析时，可做到条理清楚、重点突出。它在质量管理中，可用于寻找新产品研制和老产品改进的着眼点，寻找产品质量问题产生的原因等方面，例如寻找不合格现象。

2. 矩阵图的分类

（1）L 型矩阵图。它是一种最基本的矩阵图，将一组对应数据用行和列排列成二元（A，B 因素的对应）表格形式，如图 3－19 所示。

（2）T 型矩阵图。它是由 A 因素和 B 因素、A 因素和 C 因素的两个 L 型矩阵图组合起来的，如图 3－20 所示。

（3）X 型矩阵图。把 A 与 B、B 与 C、C 与 D、D 与 A 四个 L 型矩阵图组合在一起的矩阵图，如图 3-21 所示。

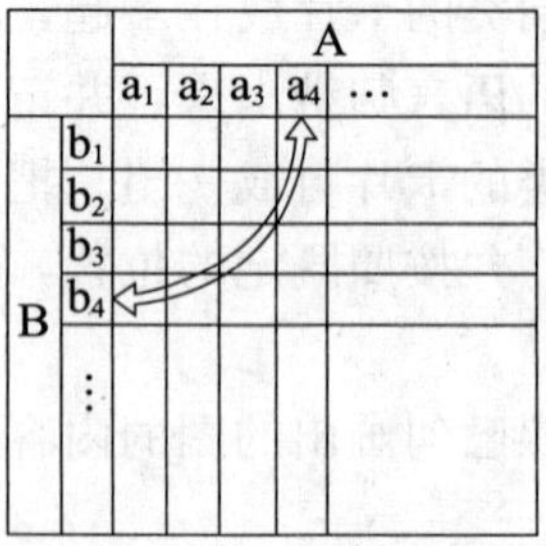

图 3-19　L 型矩阵图

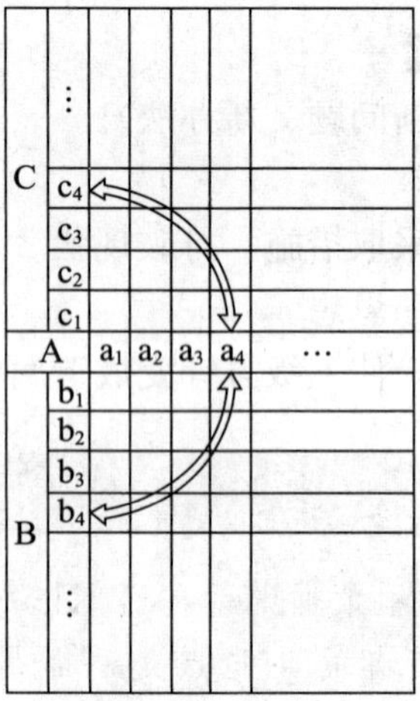

图 3-20　T 型矩阵图

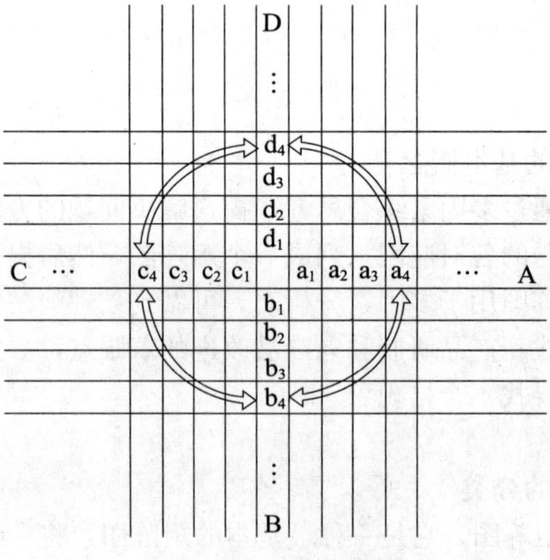

图 3-21　X 型矩阵图

（4）Y 型矩阵图。由 A 与 B、B 与 C、C 与 A 三个 L 型矩阵图组合而成，如图 3-22 所示。

（5）C 型矩阵图。把 A，B，C 因素对应关系用立方体来表示，如图 3-23 所示。

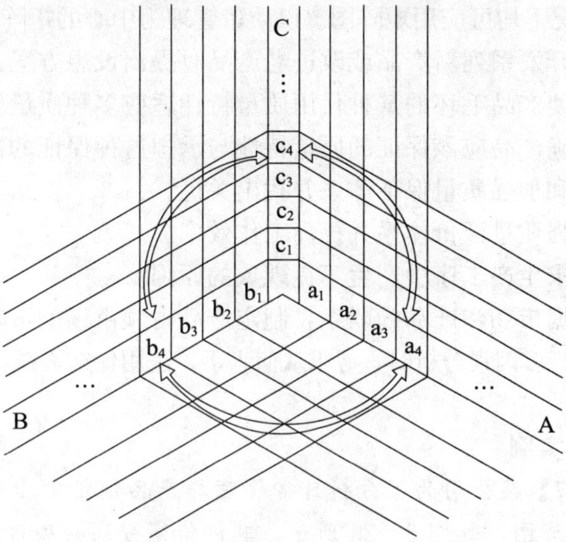

图 3－22　Y 型矩阵图

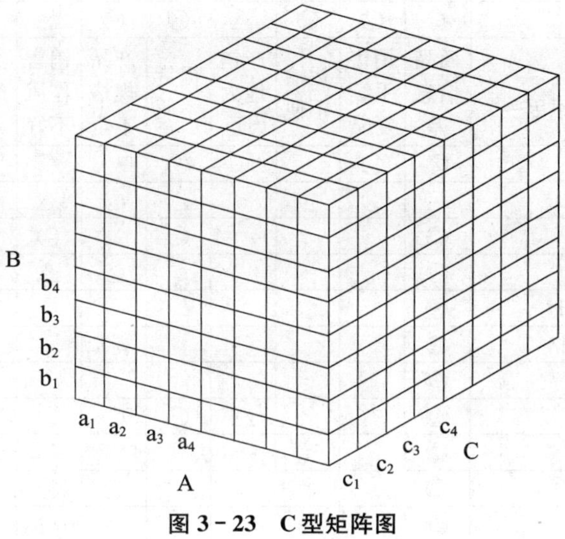

图 3－23　C 型矩阵图

3. 矩阵图的作图步骤

（1）列出质量因素。

（2）将成对质量因素排成行与列，表示其对应关系。

（3）选择恰当的矩阵图类型。

（4）在成对因素交点处表示关联程度，一般根据经验进行定性判断。

（5）根据关系程度确定必须控制的关键因素。

（6）针对重点因素做出措施表。

4. 矩阵图的用途

矩阵图的用途很广泛。在具有两种以上的目的和结果，并要使它与手段和原因相应展开的情况下均可应用矩阵图。以质量管理为中心的矩阵图有几种用途：

（1）在开发系列新产品或改进老产品时提出设想方案。

（2）为使产品毛坯的某种代用质量特性适应多种质量要求，进行质量展开。

（3）明确产品应该保证的质量特性与承担这种保证的部门的管理职能之间的关系，以确定和加强质量保证体系并找出关键。

（4）加强质量评价体系并提高工作效率。

（5）探求生产工序中产生不良现象的原因。

（6）根据市场和产品的联系，制定产品占领市场的策略。

（7）进行多因素分析时，寻求从何入手，需用什么资料，归纳成怎样的形式。

5. 应用实例

【例3-7】某公司为了分析日常管理与产品销售中出现的滞销现象的原因，制作了T型矩阵图，如图3-24所示，其评价得分高的项目将对销售有较大的影响。

评价得分		5	3	3	1	3	3	3	1	1	3	5	31
产品滞销		◎	○	○	△	○	○	○	△	△	○	◎	
现象↑ 管理现状↓ 原因→		商品信息差	销售手续复杂	运输不便	产销地太远	提货不便	产品规格不全	销售作风不好	交货时间长	工作拖拉	对用户不了解	不能按时交货	评价得分
行政管理	层次复杂	◎	○			○		◎	○	○		◎	27
	对车间管得太死		○			△	○	△	○		○		14
	手续太烦琐	◎				○		○	○	○			17
	生产销售脱节	○			○		○	△	△	△	○		15
	原材料供应不及时	◎		◎	○				◎	△		○	22
	原材料质量不合格	○			○		○		○	△		○	16
	计划不准确	◎											5
信息管理	没有信息中心	◎			△	○	○	○	△	◎	◎	◎	31
	没有信息网络	◎						○	○	◎	◎	◎	26
	不了解市场	◎					○	○	△				12
服务管理	组织技术服务差	◎					△	◎					11
	宣传产品差	○				△							4
	对服务工作认识不够	○	△	△			○	○		○		△	15
	上门服务制度不健全	◎					○	△					9
技术管理	操作规程不全									○			3
	技术交流少	◎							△		○		9
	检查考核差									△			1
	技术教育差									△			1
	质量意识差							△		△	○	○	8
评价得分		62	7	6	10	11	22	29	24	28	22	25	246

评分标准：◎5分，○3分，△1分。

图3-24 管理与产品销售矩阵图

七、过程决策程序图法

1. 过程决策程序图法的基本含义

过程决策程序图法（process decision program chart）也可简称为 PDPC 法。它是为了实现研究开发的目的或完成某个任务，在制定行动计划或进行系统设计时，预测可以考虑到的、可能出现的障碍和结果，从而事先采取预防措施，择优把此过程引向最理想的目标的方法。从它的过程和思路来看，它是运筹学在质量管理中的应用。

PDPC 法实质就是一种我们习以为常的分析方法。在解决具体问题的过程中，即使在正常条件下，也会遇到许多无法预料的问题和事故。因此，采用 PDPC 法要不断取得新情报，并经常考虑按原计划执行是否可行，采取哪一种方案效果最好，预测今后还会有什么情况，应采取什么措施，等等。这样，在计划执行过程中遇到不利情况时，仍能有条不紊地按第二计划方案、第三计划方案或其他计划方案进行，以达到预定的计划目标。

2. PDPC 法应用思路与步骤

（1）首先确定课题，然后召集有关人员讨论问题所在。

（2）从讨论中提出实施过程中各种可能出现的问题，并一一记录下来。例如，如图 3－25 所示，若把不良品率从较高的状态 A_0（如 10%）降到较低状态 Z（如 2%），在此阶段应考虑从 A_0 开始的手段有 A_1，A_2，A_3，…，A_p 这一系列活动，希望此系列活动能顺利实现。

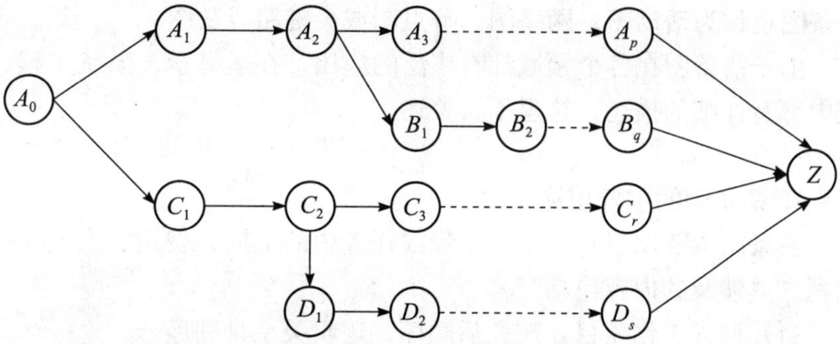

图 3－25　PDPC 法的思考方法

（3）确定每一个问题的对策，对提出的手段和措施要列举出预测的结果，当提出的措施方案行不通或难以实施时，应采取其他的措施和方案。例如，如图 3－25 所示，若认为从技术上或管理上看实现 A_3 有很大困难，则可考虑转经 B_1，B_2，…，B_q 而达到 Z 的第二系列活动。如果上述两个系列活动成功的把握都不大，就要考虑第三个系列 C_1，C_2，C_3，…，C_r 或第四个系列 D_1，D_2，…，D_s。

因此，在运用 PDPC 法时，实现目标不是只有一种手段系列，而是要考虑多种手段系列，从而提高了实现目标的可靠性。在实施时，可以将各系列按时间顺序进行，也可以考虑几种系列同时进行。

3. PDPC法的特征

（1）从整体上掌握系统的状态，因此可作全局性判断。

（2）可以按时间顺序掌握系统的进展情况。

（3）可以密切关注系统进程的动向，掌握系统输入和输出间的相互关系，因而前因后果紧凑。

（4）情报及时，计划措施不断补充、修订。

（5）只要对系统、事物基本理解，易于使用此法。

PDPC法显示了高度的预见性和随机应变性。利用这些特性，可事先估计出各种措施所产生的效果，找出最佳的解决办法。在实施过程中遇到新情况时，可以随机应变，改变系列活动，朝着预定的目标前进。

八、箭条图

1. 箭条图的基本概念

箭条图是把计划评审技术（program evaluation and review technique，PERT）和关键路线法（critical path method，CPM）用于质量管理，用以制定质量管理日程计划、明确质量管理的关键和进行进度控制的方法。其实质是把一项任务的工作（研制和管理）过程作为一个系统加以处理，将组成系统的各项任务细分为不同层次和不同阶段，按照任务的相互关联和先后顺序，用图或网络的方式表达出来，形成工程问题或管理问题的一种确切的数学模型，用以求解系统中的各种实际问题。箭条图也称为活动图、网络图、节点图或关键路线法图。

由于箭条图在各个领域都有广泛的应用，在运筹学、系统工程、项目管理等课程中都有详细的描述，这里不再赘述。

2. 箭条图的主要用途

箭条图主要用于解决一项工程或任务中的工期、费用、人员安排等合理优化的问题。其涉及的内容包括：

（1）调查工作项目，按先后顺序、逻辑关系排列序号。

（2）按网络图的绘图要求，画出网络图。

（3）估计各工序或作业的时间。

（4）计算节点和作业的时间参数，如最早开工时间、最迟必须完成时间等。

（5）计算寻找关键路线，进行网络系统优化。

（6）计算成本斜率、估算完工概率、绘制人员配备图。最终达到缩短工时、降低成本、合理利用人力资源的目的，绘制实施箭条图（或称网络图）。

第 3 节 统计质量控制其他工具概述

质量控制过程中，除了通用的前述 14 种质量工具外，也可以应用其他领域的一些工具，比如，流程图、头脑风暴法、水平对比法等。

一、流程图

流程图是将一个过程步骤用图的形式表示出来的一种图示技术。这个过程可以是生产线上的工艺流程，也可以是完成一项任务必需的管理过程。通过研究一个过程中各个步骤之间的关系，就可以发现故障的潜在原因和需要进行质量改进的环节。

流程图使用一些标准符号代表某些类型的动作，一般圆角矩形表示开始与结束，矩形表示行动方案或工作环节等，菱形表示问题判断或判定环节，平行四边形表示输入输出，箭头代表工作流方向。流程图用于质量改进工作过程时，具体做法是先画出项目应该怎么做，再将其与实际情况进行比较分析，从而确定质量改进的关键环节。

二、头脑风暴法

头脑风暴法（brainstorming），又称畅谈法、集思法、智力激励法、脑力激荡法、奥斯本法，是由美国人奥斯本于 1938 年创造的。它是采用会议形式，引导每个参加会议的人围绕某个中心议题，充分解放思想、激发灵感，在自己头脑中掀起风暴，毫无顾忌、畅所欲言地发表独立见解的一种集体创造性思维的方法。

1. 头脑风暴法使用注意事项

（1）议题要单一，目标具体而且明确，如果问题复杂，则分解后各个击破。

（2）参加会议的人数以 5～15 人为宜，保证参加者熟悉甚至精通议题；当某些问题需要突破专业思维习惯时，让若干“外行”参加时，应该让其在思想上有所准备。

（3）自由思考原则：参加者要打破传统思考方式，善于联想、类比和移植借用，大胆标新立异。

（4）禁止评判原则：在会议上不对任何设想进行肯定或否定的评判，更不允许批驳他人的发言。

（5）追求数量原则：谋求在会议的有限时间内获得尽可能多的解决方案，数量孕育质量。

（6）结合改善原则：鼓励参加者利用并改进他人的设想，会议中记录员要及时将大家的发言要点记下来，并写在醒目的地方让大家看到。

2. 头脑风暴法的主要用途

（1）识别存在的质量问题并寻求解决方法。

（2）识别潜在的质量改进机会。

（3）用于绘制因果图、系统图、亲和图。

三、水平对比法

水平对比法（benchmarking）又称标杆管理，是1979年由美国施乐公司首创的，它是把产品或服务的过程及性能与公认的领先者进行比较，以识别质量改进机会的一种方法。水平对比法的应用步骤如下：

（1）确定对比项目：根据企业业务计划或改进计划，确定需要进行对比的项目，对比项目应该是过程及其输出的关键特性。

（2）确定对比对象：对比对象在对比项目上应是公认的领先者。

（3）收集资料：可通过直接接触、考察、访问、人员调查或公开刊物等途径获取有关数据。必要时，可以组成小组开展收集活动。

（4）归纳、整理和分析资料：对收集的资料进行归纳、整理，得出对比对象有关对比项目的资料，以便与自身情况进行比较。

（5）进行对比分析：将获得的数据进行分析对比，以明确与领先者的差距，针对有关项目制定最佳的改进目标。

（6）制定改进措施和实施计划：根据顾客的要求和领先者的绩效确定质量改进的机会，制定实施追赶计划并予以实施。

四、措施计划表

措施计划表又称对策表，是针对质量问题的主要原因制定的应采取措施的计划表。它与排列图、因果图一起被称为质量管理活动的“两图一表”，它既是实施计划，又是检查依据，是PDCA循环P阶段第四步——制定决策的产物。措施计划表是一种矩阵式的表格，包括序号、质量问题（要因项目）、目标措施、负责人、期限等项目。其具体的应用步骤是：

（1）用统计分析表和排列图相结合找出主要质量问题。

（2）用因果图列出影响质量的因素。

（3）用排列图确定主要原因。

（4）针对主要原因利用措施计划表制定对策。

五、其他工具

传统的质量工具是许多年前发明的，但一直没有采用电子计算机技术的最新成果。另外，作为某些工具基础的统计方法，也没有提供探寻质量问题所需的基础数据的信息类型，以及在解决质量控制问题时对信息的管理和说明。目前，有三种新的基于智能数据库和数据显示的质量工具，它们是已有的质量工具的补充，是信息发现、数据显示和超级媒体。这些质量工具都应用了现有的计算机技术。

1. 信息发现

过程元素与结果误差或质量水平之间的关系，常常可以用规则简明地表示。例如，某一专用型汽车安装的传动装置都是在某公司制造的，一些部件可能有缺陷，工人们在加工生产操作中可能有一些规则。以规则的形式所表示的关系，是直观且易于理解的。逻辑规则可以迅速地识别并说明质量问题的特征，现代计算机系统可以自动查询数据库，自行探寻重要而有效的规则。生成规则的"假设"可以手工输入，也可以自动计算。采用手工输入时，可以利用质量控制工程师的经验与知识进行分析。而采用自动生成"假设"，往往可使我们得到预想不到的信息，揭示潜在质量控制问题的原因。使用这些规则中提供的信息，制造商就能够确定哪台设备或哪种加工方法对完成生产质量目标最为有效。通过将有关的规则及相关的检测制定为标准规范，质量保证专职人员就可以确定时间、劳务、机械、环境条件的最佳组合，以及使其质量最佳的其他条件。规则发现是一个重要的提供诊断信息的质量控制新工具。与其相对应的是异常发现。异常发现是信息发现的相关部分，它识别那些不寻常的数据项目，而不是寻找规则能表示的符合性规范。它的作用与控制图的某些功能近似，即寻找在生产过程中所出现的或隐含的不规则现象。

2. 数据显示

在已有的质量控制工具中，大多数图形技术是二维的，不能反映用计算机技术表达的工艺过程的动态现状。然而，大型数据库的图形显示可以达到六维：立体三维（高、宽、深）加上矩阵框尺寸、颜色和阴影，这使得质量控制工程师便于观察质量问题的真正原因。数据显示是理解数据和说明信息的基础，人们若能形象地看到代表数字的图形，就会很少注意到数字的相应表格。专门用于质量控制的数据显示有以下几种功能：

（1）二维框图能使分析人员观察到一个变量的数值范围，它与另一个变量数值的特定范围相关联。换句话说，每个框图的尺寸与这两个相关变量的数值成比例（注意：二维框图具有传统的排列图的功能）。利用二维框图，我们可以较容易地观察到哪种数值组合最为普遍，也就是框尺寸最大。由于较规则的组合由较小的框显示，因此，在观察框图时应特别注意与最大框图对应的数值组合。

（2）三维柱图显示了在两个变量之上特定范围的相关组频。三维柱图提供了数据的三维显示，它通过柱高显示了两个变量范围组合的相关频率。

（3）三维框图在原理上与二维框图相似，它表示由两个变量区域值组合的相关频率，具有排列图的功能。

3. 超级媒体

超级媒体是把所有质量控制工具连接在一起的一种方法。使用超级媒体接口，如果发现当时的变量就是事故的原因，分析人员就可以使用因果图（或各种圆饼图、直方图和散布图），也可以选择三维矩阵的排列图进行观察分析。在这种情况下，该变量的水平按出现频率而被重新排列。控制图提供了基于全过程单一控制变量跟踪异常的一种方法，控制范围也可以扩展到三维，失控数据点可以最亮（例如，红色）。在先进的超级媒体接口中，当数据随时间变化时，可得到动态显示的控制图，犹如一部动画片。动画片将全过程合成图像，当质量控制工程师观察曲线或图形时，最为基本的就是能够将屏幕上的图像放大或缩小，从而取得反馈和关于项目的超级文本信息。例如，当质量控制专职人员从软盘驱动的扫描图像分析中提取软盘驱动数据时，他可以通过观察原始检查单据来确保选择的数据真实可信。

链接小知识☞

质量管理工具在PDCA循环过程中的应用见表3－12。

表3－12　质量管理工具在PDCA循环过程中的应用

阶段		工具													
		统计分析表	直方图	散布图	排列图	矩阵数据分析法	控制图	因果图	关联图	分层法	系统图	KJ法	矩阵图	PDPC法	箭条图法
P	选题	○	○		●		○	○	○	○		●			
	确定目标		○		○		○			○			○		
	现状调查	●	○		●	○	○	○	○	○	○	●	●		
	原因分析	○	●	●	●		●	●	●	○	●		●		
	制定对策							○			○		○	●	●
D	对策实施		○		○	○	●							○	○
C	效果检查	○	●		●		●			○					
A	巩固措施	○					○				○		●		
	遗留问题		○		●		○								

说明：●特别有用；○可用。

□ 基本概念

排列图　Pareto chart

矩阵图　matrix diagram

直方图　histogram
系统图　systematic diagram
散布图　dispersion pattern
过程决策程序图法　process decision program chart

□ 思考题

1. 什么是统计分析表？
2. 什么是直方图？其作用如何？
3. 什么是散布图？如何对散布图进行直观观察和分析？
4. 什么是排列图？排列图的作图步骤是什么？
5. 矩阵图法与矩阵数据分析法有什么联系与区别？
6. 试述因果图与关联图的联系和区别。
7. 用关联图制作一个全面质量管理的示例图。
8. 如何用过程决策程序图法推广全面质量管理？
9. 运用 KJ 法分析某新产品的顾客需求。
10. 分层法主要解决什么问题？如何应用？
11. 某机加工件一周的质量不良项目有六项，其缺陷记录如表 3－13 所示，试计算及作主次因素排列图。

表 3－13

缺陷项目	疵点	气孔	未充满	形状不佳	尺寸超差	其他	合计
频数	49	17	11	10	6	7	100

12. 某厂生产某零件，技术标准要求公差范围 220±20mm，经随机抽样得到 100 个数据如表 3－14 所示。

表 3－14

202	204	205	206	206	207	207	208	208	209
209	210	210	210	211	211	211	211	212	212
212	213	213	213	214	214	214	214	215	215
215	216	216	216	216	217	217	217	217	217
217	218	218	218	218	218	218	218	218	219
219	219	219	220	220	220	220	220	220	220
220	220	220	220	221	221	221	221	221	221
221	222	222	222	223	223	223	223	224	224
224	225	225	225	226	226	227	227	228	228
229	229	230	231	231	232	233	234	235	237

(1) 进行统计整理作直方图。

（2）计算平均值 $\bar{x}$ 和标准差 S。

（3）对直方图进行分析。

13. 对下列几种质量特征分别绘制因果图：

（1）打字误差（错打）；

（2）错拨电话号；

（3）约会迟到。

14. 如要管理下列质量特征，应选用什么管理图？

（1）盒装饼干的重量。

（2）1 000 个零件中的次品数目。

（3）收音机上的虚焊点数目。

（4）一炉化工产品的产量。

（5）一批产品的次品率，各批数目可能不同。

（6）每天抽 5 个包装袋样品，分析其拉伸强度。

（7）$1m^2$ 钢板上的刮花数目。

15. 某企业生产的零件近一年来不合格品率不断上升，试使用质量管理工具的组合进行调查分析，找到关键问题，并给出解决方案。

案例分析

某轴承厂根据总公司战略发展规划，准备实施产品全面升级项目，其中，轴承生产的质量问题变得更为重要。为了配合总公司的新项目，该轴承厂运用质量管理工具来分析该厂某批轴承生产情况，以尽量降低轴承外圈的不合格品率。

一、调研工具——统计分析表

为了降低该轴承厂的轴承外圈不合格品率，质量管理小组对该厂进行了详细的调查，得到影响轴承外圈质量的问题主要有以下几个方面，有关数据记录于表 3-15 中。这是第 1 步。

表 3-15　储煤耗损统计分析表

序号	质量问题	频数	累计频数	频率（%）	累计频率（%）
1	滚道直径超差	230	230	71.9	71.9
2	滚道宽度超差	40	270	12.5	84.4
3	烧伤	25	295	7.8	92.2
4	切屑残留	15	310	4.7	96.9
5	其他	10	320	3.1	100

二、ABC 分类工具——排列图

第 2 步，运用排列图将质量问题的轻重缓急，按 A，B，C 三级分类。找出最重要的 A 类问题，如图 3-26 所示。

从这张图上，很容易定量地找到 A 类因素，即为滚道直径超差；滚道宽度超差是 B 类因素；烧伤、切屑残留与其他是 C 类因素。

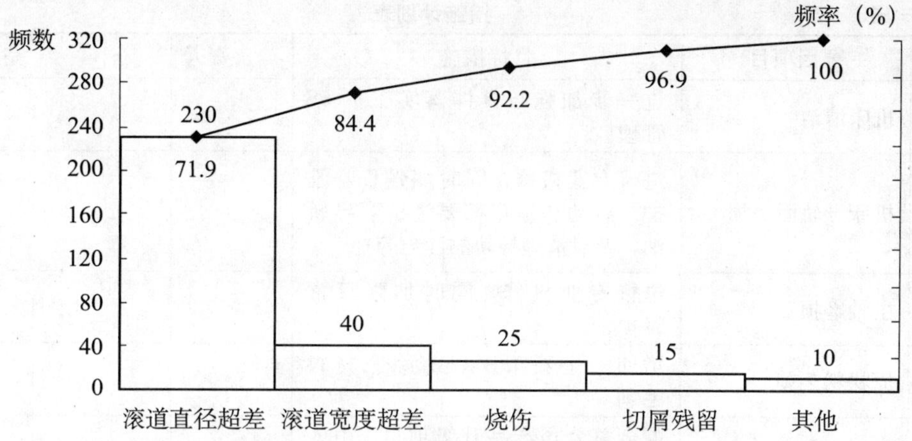

图 3-26　轴承外圈质量问题排列图

三、求解工具——因果图

第 3 步，找到造成 A 类因素的原因，从人、机、料、法、环等五方面来进行分析与讨论，本案例选择滚道直径超差来做分析，它的因果分析图如图 3-27 所示。经过因果图的分析，确定主要原因是机床缺少清洁、机床导轨面磨损、主轴磨损、原材料毛刺以及量具磨损。

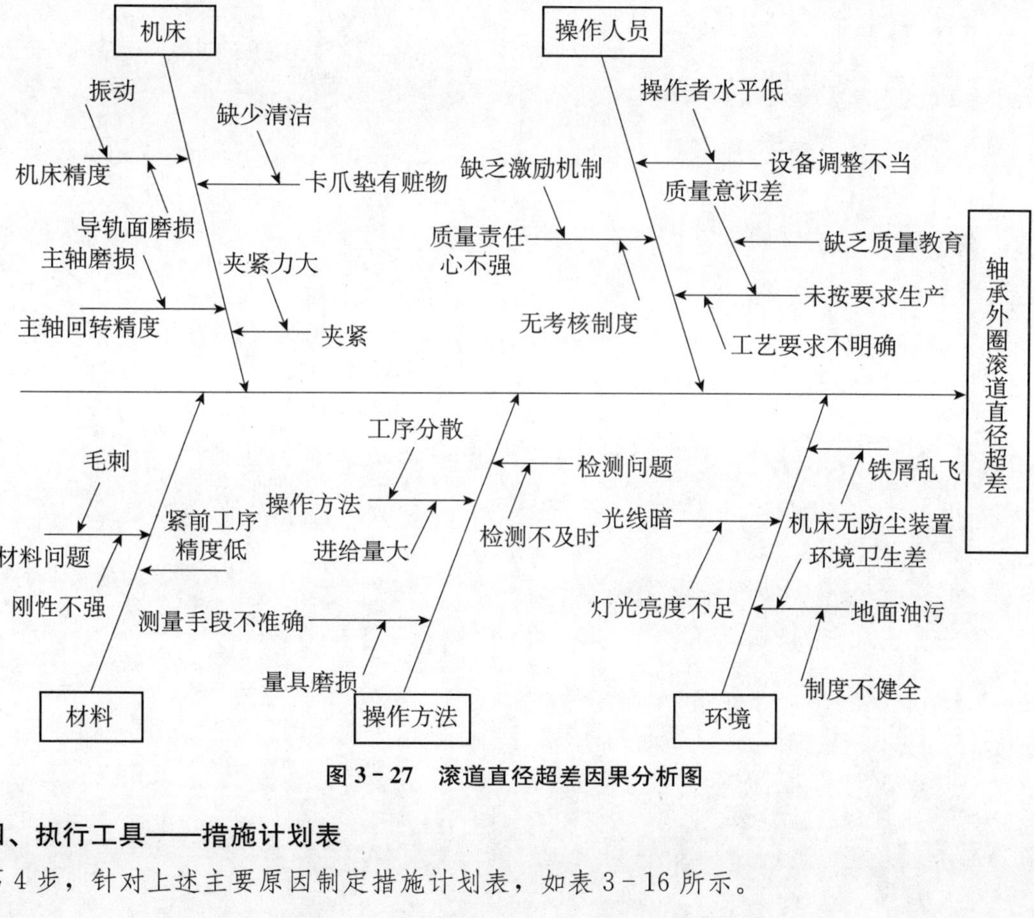

图 3-27　滚道直径超差因果分析图

四、执行工具——措施计划表

第 4 步，针对上述主要原因制定措施计划表，如表 3-16 所示。

表3-16 措施计划表

序号	要因项目	目标措施	负责人	完成日期
1	机床清洁	进一步加强与具体落实工厂5S管理	×××	×月×日
2	机床导轨面磨损	进行专业机修，同时加强日常维护（启动和停止都要浇抗磨导轨油，及时清理导轨的沙粒等）	×××	×月×日
3	主轴磨损	进行专业机修，同时加强日常维护	×××	×月×日
4	原材料毛刺	增加一个新工序以清除原材料毛刺	×××	×月×日
5	量具磨损	配合总公司产品升级项目，引入激光测径仪	×××	×月×日

五、巩固措施

从统计分析表开始，直到措施计划表的执行完结，为一轮PDCA工作循环。为了进一步提高质量，应根据情况进行多次循环，不断降低轴承外圈不合格品率。

第 4 章 Chapter 4 全面质量管理与六西格玛管理

学习目标

◎ 理解全面质量管理的概念和特点
◎ 掌握全面质量管理的构成要素
◎ 熟悉六西格玛管理的原理和特点
◎ 掌握 DMAIC 的流程及实施的工具
◎ 理解六西格玛与 BPR 和全面质量管理的关系

引例

从三鹿奶粉事件看质量管理

2008 年 9 月初，不断有媒体报道婴幼儿患肾结石的病例且多数食用过三鹿奶粉，三鹿集团被怀疑与婴幼儿患结石有关。经过调查，2008 年 9 月 11 日晚，三鹿集团声明其 2008 年 8 月 6 日前出厂的婴幼儿奶粉受到污染，市场上大约有 700 吨，并决定召回受污染的奶粉。这是三鹿集团首次公开承认自己的奶粉有问题，三鹿奶粉事件由此开端。2008 年 9 月 16 日，22 家婴幼儿奶粉厂家 69 个批次的产品被检出三聚氰胺，包括伊利、蒙牛、光明等，至 2008 年 9 月 19 日 9 时，全国下架退市的问题奶粉已达 3 215.1 吨。至此，三鹿奶粉事件波及整个乳制品行业。三鹿奶粉事件共造成全国 29.4 万余婴幼儿致病，至少有 6 643 名重症婴幼儿，3 名婴幼儿因此死亡。三鹿集团因此破产，问题奶粉所造成的经济损失巨大，行业遭受的经济损失和信誉损失难以估量。其一期的损害赔偿数额巨大，而重症婴幼儿的后遗症问题仍难以确定。受三鹿奶粉事件影响，中国 2008 年 10 月乳制品出口量锐减九成，其中奶粉是乳制品中出口下降幅度最大的品种，10 月出口同比下降 99.2%。

企业质量管理问题分析：

首先，近年来我国乳制品行业扩张过快导致企业奶源短缺与质量过低是这次事件爆发的根源。2007 年全国奶类总产量 3 633.4 万吨，是 2000 年的 4 倍之多，年均增长 21.7%。

一方面是乳制品行业的快速扩张，另一方面是整个行业的产能严重过剩，一些省份产能过剩40%～50%。这两方面必然导致企业奶源短缺、质量过低。在2007年到2008年奶源出现短缺的时候，企业为了保证生产就降低了对原料乳的质量要求，使得不法分子有机可乘，认为加入三聚氰胺，一来可以通过检验，二来可以虚增奶量。行业的过度扩张和恶性竞争，导致没有控制好奶源质量，最终使得三聚氰胺有机可乘，引发了乳制品行业食品安全事故。

其次，三鹿集团针对已经出现的问题采取轻视、回避甚至掩饰的态度使事态进一步恶化，造成更大范围的伤害。早在2007年12月，三鹿集团就收到消费者的投诉，反映有部分婴幼儿食用其生产的婴幼儿系列奶粉后有尿液中出现红色沉淀物等症状。2008年3月又接到消费者的相关投诉，到4月底投诉仍在不断增加。但是在这种情况下，三鹿集团仍不认为是自身奶粉质量问题，而是认为案发地是结石病高发地、婴幼儿上火等，对事件抱着轻视和侥幸的心理。直到2008年5月17日才成立质量问题排查小组，之后发现其婴幼儿系列奶粉中非乳蛋白态氮含量是国内外同类产品的1.5～6倍。正是因为三鹿集团严重缺乏产品质量安全意识，对产品质量和消费安全极不负责任，才使得其产品在已经出现问题时得不到应有的重视和及时的处理，使问题奶粉继续销售并导致严重的伤害。

最后，企业各环节质量管理存在严重不足，负责检验产品质量的人员没有按照规定认真检查各项指标。三鹿集团原料乳的收购环节质量管理松懈。三鹿集团有专门的技术人员和管理人员负责原料乳的质量把控，但正是由于三鹿集团在企业扩张与奶源短缺的情况下放松了对奶源地质量管理，降低了质量要求，才使得奶源基地、奶站人员以及奶贩子有机会在原料乳中掺入三聚氰胺以获得利益，最终导致非乳蛋白态氮含量超标，引发事故。三鹿集团在产品质量的检验上，过于依赖产成品的质量检验而忽视了全过程的质量管理。在事故出现前，三鹿集团没有真正对自己的产品进行从源头到生产再到出厂的全过程检查，而是按照以前的标准对产成品进行出厂质量检验，从而做出了产品"合格"的错误检验结论，让问题奶粉大量在市场上销售。集团内部原料乳收购、生产加工及检验等部门缺乏有效的交流与合作。在问题出现之后，三鹿集团组织了检查小组对产品进行检查，但是只对一些可能导致尿液结晶的危害元素进行了检验排查，由于检验的方向不对，所以检验结果为合格。但是，如果原料乳收购和生产加工人员能够及时有效地同检验人员交流，说明在生产加工过程中出现的异常情况或许有助于检查人员准确检测出问题所在，为整个事件的正确处理争取时间，减少危害。

汲取以上案例中的教训，我们应该重视企业产品质量的管理工作，因为做好产品质量的管理才是保证企业持续稳定发展的前提，只有这样企业才有可能实现盈利；对于社会来说，注重产品质量管理工作是企业的社会责任，这样也会赢得消费者的喜爱，从而有助于企业树立良好的企业形象，有助于企业发展壮大。对于控制产品质量管理的关键部门和人员，要严格按照公司的规章制度要求，以严谨负责的态度严格把关，保证公司的质量管理政策得到很好的落实。

第1节　全面质量管理

一、全面质量管理的概念

费根堡姆于1961年在《全面质量管理》一书中首先提出了全面质量管理的概念："全面质量管理是为了能够在最经济的水平上，并考虑到充分满足用户要求的条件下进行市场研究、设计、生产和服务，把企业内各部门研制质量、维持质量和提高质量的活动构成为一体的一种有效体系。"这个定义强调了以下三个方面：首先，"全面"是相对于统计质量控制中的统计而言。也就是说，要生产出满足顾客要求的产品，提供顾客满意的服务，单靠统计方法控制生产过程是不够的，必须综合运用各种管理方法和手段，充分发挥组织中每一个成员的作用，从而更全面地去解决质量问题。其次，"全面"还相对于制造过程而言。产品质量有个产生、形成和实现的过程，这一过程包括市场研究、研制、设计、制定标准、制定工艺、采购、配备设备与工装、加工制造、工序控制、检验、销售、售后服务等多个环节，它们相互制约、共同作用的结果决定了最终的质量水准。仅仅局限于对制造过程的控制是远远不够的。最后，质量应当是最经济的水平与充分满足顾客要求的完美统一，抛开效益去谈质量是没有意义的。如今，全面质量管理得到了进一步的扩展和深化，其含义远远超出了一般意义上的质量管理领域，而成为一种综合的、全面的经营管理方式和理念。ISO 9000族标准（2000年版）中对全面质量管理的定义为：一个组织以质量为中心，以全员参与为基础，目的在于通过让顾客满意和本组织所有成员及社会受益而达到长期成功的管理途径。

在理解全面质量管理的定义时要注意：

（1）全面质量管理并不等同于质量管理，它是质量管理的更高境界。

（2）全面质量管理强调：一个组织以质量为中心，质量管理是企业管理的纲；全员参与；全面的质量；质量的全过程都要进行质量管理；谋求长期的经济效益和社会效益。

具体地说，全面质量管理就是以质量为中心，全体员工和有关部门积极参与，把专业技术、经济管理、数理统计和思想教育结合起来，建立起产品的研究、设计、生产、服务等全过程的质量体系，从而有效地利用人力、物力、财力和信息等资源，以最经济的手段生产出顾客满意、组织及其全体成员以及社会都得到好处的产品，从而使组织获得长期成功和发展。

全面质量管理与传统的质量管理相比较，其特点是：从以事后检验为主转变为以预防为主，即从管理结果转变为管理因素；从就事论事、分散管理转变为以系统的观点为指导进行全面综合治理；从以产量、产值为中心转变为以质量为中心，围绕质量开展组织的经营管理活动；从单纯符合标准转变为满足顾客需要，强调不断改进过程质量来达到不断改进产品质量。

二、全面质量管理的特点

管理的全面性是全面质量管理的特点，包括全过程的质量管理、全员参与的质量管理、全企业的质量管理、综合多样性的质量管理，也可称为“三全一多样”。

1. 全过程的质量管理

任何产品或服务的质量，都有一个产生、形成和实现的过程。从全过程的角度来看，质量产生、形成和实现的整个过程是由多个相互联系、相互影响的环节所组成的，每一个环节都或轻或重地影响着最终的质量状况。全过程的质量管理包括从市场调研、产品的设计开发、生产（作业），到销售、服务等全部有关过程的质量管理。要保证产品或服务的质量，不仅要搞好生产或作业过程的质量管理，还要搞好设计过程和使用过程的质量管理。要把质量形成全过程的各个环节或有关因素控制起来，形成一个综合性的质量管理体系，做到以预防为主，防检结合，重在提高。为此，全面质量管理强调必须体现如下两个思想。

（1）预防为主、不断改进。

优良的产品质量是设计和生产制造出来的，而不是靠事后的检验决定的。事后的检验面对的是既成事实的产品质量。根据这一基本道理，全面质量管理要求把管理工作的重点从“事后把关”转移到“事前预防”上来；从管结果转变为管因素，实行“预防为主”的方针，使不合格品消灭在形成过程之中，做到防患于未然。为了保证产品质量，防止不合格品出厂或流入下道工序，并把发现的问题及时反馈，防止再出现、再发生，加强质量检验在任何情况下都是必不可少的。强调预防为主、不断改进的思想，不仅不排斥质量检验，甚至要求其更加完善、更加科学。质量检验是全面质量管理的重要组成部分，企业内行之有效的质量检验制度必须得到坚持，并且要进一步科学化、完善化、规范化。

（2）为顾客服务。

顾客有内部和外部之分：外部的顾客可以是最终的顾客，也可以是产品的经销商或再加工者；内部的顾客是企业的部门和人员。实行全过程的质量管理要求企业所有各个工作环节都必须树立为顾客服务的思想。内部顾客满意是外部顾客满意的基础。因此，在企业内部要树立“下道工序是顾客”，“努力为下道工序服务”的思想。现代工业生产是一环扣一环，前道工序的质量会影响后道工序的质量，一道工序出了质量问题，就会影响整个过程以至产品质量。因此，要求每道工序的工序质量都要经得起下道工序，即“顾客”的检验，满足下道工序的要求。有些企业开展的“三工序”活动（即复查上道工序的质量，保证本道工序的质量，坚持优质、准时为下道工序服务）是为顾客服务思想的具体体现。只有每道工序在质量上都坚持高标准，都为下道工序着想，为下道工序提供最大的便利，企业才能目标一致地、协调地生产出符合规定要求，满足用户期望的产品。

可见，全过程的质量管理意味着全面质量管理要“始于识别顾客的需要，终于满足顾客的需要”。

2. 全员参与的质量管理

全员参与的质量管理即全面质量管理要求参加质量管理的人员是全面的，强调“质量管理，人人有责”，不是部门或专家的专责，而是组织所有人员的责任。质量的保证和提高需要全体员工的支持和参与。只有企业的全体员工认识到质量的重要性而且齐心协力去按照企业的要求去做时，企业才能够给顾客提供高质量的产品和服务。全面质量管理是依靠企业全体员工参与的质量管理，质量管理的全员性、群众性是科学质量管理的客观要求。工业产品质量的好坏，是客观工作和许多生产环节活动的综合反映，因此它涉及企业的所有部门和所有人员。一方面产品质量与每个人的工作有关，提高产品质量需要依靠所有员工的努力；另一方面，在这个基础上产生的质量管理和其他各项管理，如技术管理、生产管理、劳动管理、物资管理、财务管理等各方面之间，存在有机的辩证关系，它们以质量管理为中心相互联系，相互促进。

因此，全面质量管理要求在企业的集中统一领导下，把各部门的工作有机地组织起来，人人都必须为提高产品质量、加强质量管理尽自己的职责。只有人人都关心产品质量，对质量高度负责，企业的质量管理才能搞好，生产优质产品才有坚实基础和可靠保证。

实行全员参与的质量管理，还要在开展质量竞赛的基础上建立群众质量管理小组。它是组织工人进行现场的质量管理，是开展群众性质量管理活动的基本组织形式。普遍建立质量管理小组，并不断提高它的效能，是开展全面质量管理的基础，也是衡量全面质量管理水平高低的重要标志。积极开展质量管理小组活动，不仅有利于质量管理工作的深化，为改进专业管理创造条件，而且有利于改善领导和群众之间的关系，有利于提高员工的思想觉悟和培养员工管理质量的能力。

3. 全企业的质量管理

全企业的质量管理可以从纵横两个方面来加以理解。从纵向的组织管理角度来看，质量目标的实现有赖于企业的上层、中层、基层管理者乃至一线员工的通力协作，其中尤以高层管理者能否全力以赴起到决定性的作用。从企业职能间的横向配合来看，要保证和提高产品质量必须使企业研制、维持和改进质量的所有活动构成一个有效的整体。全企业的质量管理可以从两个角度来理解。

（1）从组织管理的角度来看，每个企业都可以划分成上层管理、中层管理和基层管理。全企业的质量管理就是要求企业各管理层次都有明确的质量管理活动内容。当然，各层次活动的侧重点不同。上层管理侧重于质量决策，制定出企业的质量方针、质量目标、质量政策和质量计划，并统一组织、协调企业各部门、各环节、各类人员的质量管理活动，保证实现企业经营管理的最终目的；中层管理则要贯彻落实领导层的质量决策，运用一定的方法找到各部门的关键、薄弱环节或必须解决的重要事项，确定本部门的目标和对策，更好地执行各自的质量职能，并对基层工作进行具体的业务管理；基层管理则要求每个员工都要严格地按标准、按规范进行生产，相互间进行分工合作，互相支持协助，并结合岗位工作，开展群众合理化建议和质量管理小组活动，不断进行作业改善。

（2）从质量职能的角度看，产品质量职能是分散在全企业的有关部门中的，要保证和提高产品质量，就必须将分散在企业各部门的质量职能充分发挥出来。但由于各部门的职责和作用不同，其质量管理的内容也不一样。为了有效地进行全面质量管理，必须加强各部门之间的组织协调，并且为了从组织上、制度上保证企业长期稳定地生产出符合规定要求、满足顾客期望的产品，最终必须要建立起全企业的质量管理体系，使企业的所有研发、维持和改进质量等活动构成一个有效的整体。建立健全全企业质量管理体系，是全面质量管理深化发展的重要标志。

可见，全企业的质量管理就是要“以质量为中心，领导重视、组织落实、体系完善”。

4. 综合多样性的质量管理

影响产品质量和服务质量的因素越来越复杂：既有物的因素，又有人的因素；既有技术的因素，又有管理的因素；既有企业内部的因素，又有随着现代科学技术的发展，对产品质量和服务质量提出了越来越高要求的企业外部因素。要把这一系列的因素系统地控制起来，全面管好，就必须根据不同情况，区别不同的影响因素，广泛、灵活地运用多种多样的现代管理方法来解决质量问题。

常用的质量管理方法有所谓的老七种工具：因果图、排列图、直方图、控制图、散布图、分层图、调查表；还有新七种工具：关联图、KJ 法、系统图、矩阵图、矩阵数据分析法、PDPC 法、箭条图。除了以上方法，还有质量功能展开（QFD）、田口方法、故障模式和影响分析（FMEA）、头脑风暴法、六西格玛管理、水平对比法、业务流程再造（BPR）等。

总之，为了实现质量目标，必须综合应用各种先进的管理方法和技术手段，善于学习和引进国内外先进企业的经验，不断改进本组织的业务流程和工作，不断提高组织成员的质量意识和质量技能。多方法的质量管理要求的是程序科学、方法灵活、实事求是、讲求实效。

“三全一多样”围绕有效利用人力、物力、财力、信息等资源，以最经济的手段生产出顾客满意的产品这一企业目标，这是企业推行全面质量管理的出发点和落脚点，也是全面质量管理的基本。坚持质量第一，把顾客的需要放在第一位，树立为顾客服务的思想，是企业推行全面质量管理时要贯彻始终的指导思想。

三、全面质量管理模型及构成要素

质量形成的全过程中包含了一系列由供方和顾客组成的关系链，即每一个过程的输出都是下一个过程的输入。如果把下一过程看成是顾客（内部顾客），则满足顾客的需要就是对本过程输出的质量要求。

为保证质量形成过程的稳定，并不断通过对过程的完善使顾客得到满意的质量，必须围绕供方和顾客组成的过程链，建立完善的全面质量管理体系。该管理体系包括以下几个方面的要素。

1. 软件要素

包括质量文化、上层领导的重视及对全面质量的承诺、有效的沟通和交流等。

(1) 质量文化是指企业在长期的生产经营中自然形成的质量意识、规范、价值导向、思维方式、道德水准、行动准则、法律观念和传统惯例等的总和。质量文化主要与全体员工的质量意识、质量观念、业务素质、工作责任心和敬业精神等有关。在质量文化的建设中，上层管理者通常是质量文化的创造者。其工作态度、管理方式和处理问题的方式方法等都直接影响企业质量文化的形成。

因此，要创立良好的质量文化，上层领导必须有质量战略意识和质量竞争意识，他们应该激励员工的创新精神，鼓励员工参与质量管理以及对工作过程提出改进意见，要善于对有利于质量改进的行为给予及时的认可和奖励。管理者还要身体力行，发挥典范作用。要通过各种途径的宣传、教育，在员工中树立一切为顾客着想和下道工序是顾客的思想，形成预防为主和第一次就做好的质量意识。

(2) 上层领导的参与及对全面质量的承诺。上层领导必须重视并亲自参与企业的质量管理。首先，必须将全面质量管理作为企业长远发展的战略之一，纳入企业的战略计划。其次，还必须亲自参与企业的质量改进活动，到现场了解问题，和员工一起分析原因，制定改进措施。

(3) 有效的沟通和交流。全面质量管理常常伴随着企业文化的转变。从一种管理方式到另一种新的管理方式的转变必然伴随着新思想、新体系、新方法的引进，变革总会遇到阻力，应当让全体员工了解企业变革的目的及原因，并通过上下级间、部门间的有效沟通和交流减少变革的阻力。同时，通过员工与顾客的交流、部门间的交流与沟通，使企业所有人员更清楚地了解顾客的需求，了解下道工序的需求，使部门间的工作相互协调。

2. 硬件要素

包括有效的质量体系、质量管理团队、科学的质量管理方法的应用、以质量管理的八项原则为指导等。

(1) 有效的质量体系。一个有效的质量体系是企业实施全面质量管理的基础。ISO 9000 族标准定出了质量体系的概念、建立的模式和建立的程序内容。

(2) 科学的质量管理方法的应用。科学的质量管理方法的应用是企业质量成功的有效途径。全面质量管理中常用的方法很多，如了解顾客需求信息和进行市场研究的方法（顾客意见反馈系统、抽样调查或问卷调查等方法）、分析主要问题及其产生原因的方法（排列图、因果图、散布图等）、对生产过程进行控制的方法（直方图、控制图等）、不断改进的质量循环（PDCA 循环），以及对质量体系运行结果的测量评价方法，等等。在全面质量管理过程中，要综合应用这些科学的方法，才能对生产过程进行有效的控制，使质量水平不断提高。

（3）质量管理团队。它是以团队精神和系统思想为宗旨建立起来的工作团队，其目的是共同研究工作中存在的问题，共同制定目标和实施对生产过程的改进，并从系统最优的观点出发来协调各环节工作的顺利进行。

质量管理团队可以是由企业主管领导和各部门负责人组成的委员会，也可以是由几个部门的业务主管或质量管理负责人组成的团队，还可能是由现场工作人员组成的质量控制小组。以过程为中心的全面质量管理模型中的组成要素可通过图4-1表示。

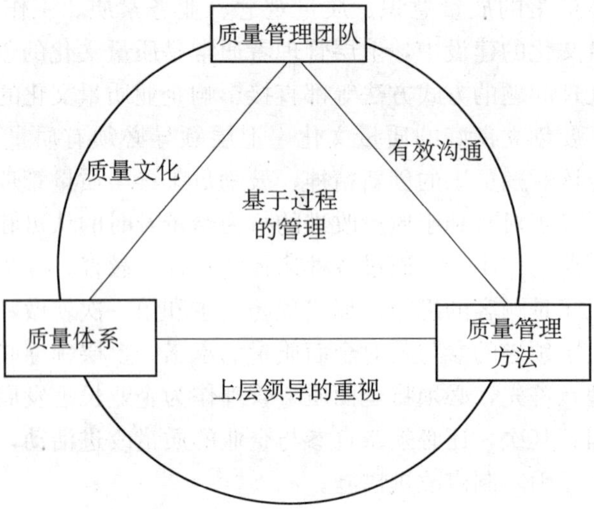

图4-1 基于过程的全面质量管理关系图

（4）以质量管理的八项原则为指导。ISO 9000：2000族标准为最高管理者制定了以质量管理的八项原则为基础的管理指南，以使最高管理者领导组织进行业绩改进。质量管理的八项原则是：1）以客户为导向；2）领导作用；3）全员参与；4）过程方法；5）管理的系统方法；6）持续改进；7）以事实为基础进行决策；8）与供方建立互利的关系。2015版ISO 9000族标准对其进行删减，调整为七项。

四、全面质量管理基本程序

全面质量管理活动的全部过程，就是质量计划的制定和组织实现的过程。这个过程是按照PDCA循环，不停顿地、周而复始地运转的。PDCA循环是全面质量管理所应遵循的科学程序，它是由美国质量管理专家戴明博士首先提出的，所以也叫“戴明环”。

全面质量管理活动的运转，离不开管理循环的转动。这就是说，改进与解决质量问题，赶超先进水平的各项工作，都要运用PDCA循环的科学程序。例如，要提高产品质量，减少不合格品，总要先提出目标，即质量提高到什么程度，不合格品率降低多少，这就要制定出计划，这个计划不仅包括目标，而且包括实现这个目标需要采取的措施。计划制定之后，就要按照计划去实施。按计划实施之后，就要对照计划进行检查，哪些做对了，达到了预期效果；哪些做得不对或者做得不好，没有达到预期的目标；做对了是什么原因，做得不对或者做得不好又是什么问题，都要通过执行效果来检查。最后就是要进行处理，把成功的经验肯定下来，制定标准，形成制度，以后再按这个标准工作；对于实施失败的教训，也要规定标准，吸取教训，不要重蹈覆辙。这既总结了经验，巩固了成果，也吸取了教训，引以为戒，还要把这次循环没有解决的问题提出来，转到下次 PDCA 循环中去解决。

PDCA 循环实施的基本步骤可以参考本书导论的相关内容。

五、以创新为导向的全面质量管理

质量和创新被认为是获取竞争优势的两个非常重要的非价格因素，全面质量管理（TQM）则是基于产品和流程持续改进的综合管理哲学。每个企业提供不同的产品或服务，面临不同的经营环境，处在不同的生命周期和发展阶段，所以，企业需要根据情况采取不同导向的 TQM。在不断变化的大环境下，TQM 必须适应环境的变化，与创新管理进行融合，使企业持续获取竞争优势。

1. TQM 对创新的促进作用

TQM 不仅是一种改进质量的方法，而且是有利于创新过程的方法。TQM 强调的授权与全员参与，可以使员工感受到尊重，从而提高员工的积极性、主动性和创造性。跨职能的团队工作则有利于多种不同经验和技能员工相互之间的交流，产生新的思想和解决问题的新方案。创新所需要的企业文化、学习型组织、系统思考、顾客驱动、持续改进等一些理念，也与 TQM 倡导的准则非常相符。

TQM 的实施由于其持续改进、顾客关注要素而对创新过程起到支持作用，TQM 的有效实施能够营造有利于创新的环境，能够促进企业创造力的提高，TQM 的实施程度与产品创新的速度呈现明显的正相关。

2. 以创新为导向的 TQM 框架

以 TQM 作为理论基础的质量管理体系标准 ISO 9001 由于具有满足顾客要求的明确目标导向，且可用于三方认证得到，因而应用广泛。但事实表明，ISO 9001 的应用虽然在一定程度上可以保证产品或服务质量，但并不足以改善经营业绩和提高企业的竞争优势，它仅仅是一种“订单资格要素”。ISO 9004 以满足各方需求、改进企业经营业绩为目标，不仅关注质量管理体系的有效性、组织总体业绩与效率的持续改进，也对创新给予了较多关注（见表 4－1）。由此说明，组织业绩的改进仅仅是对现有产品和服务的控制与改进是不够的，还需要不断地创新，将控制、改进与创新进行有效的结合。

表4-1 ISO 9004对创新的关注

条款编号	创新内容
0.1	强调持续改进，创造价值与增值，通过提高组织能力获得竞争优势
5.1.1	要求最高管理者参与改进项目，寻求新的方法、问题的解决办法以及开发新产品
5.1.2	最高管理者应考虑将过程的突破性更改为组织业绩改进的一种手段
5.2.2	不仅要关注顾客当前的需求，还要关注现有潜在顾客未来的需求和期望
6.2.1	为组织员工创造条件以鼓励创新
6.2.2	对员工的教育和培训也应考虑创造和革新并从中获益
6.4	在产品实现过程中鼓励人员进行创新
7.1.2	创造性的工作方法
8.5.1	改进的范围可以从渐进的日常的持续改进，到战略突破性改进项目
8.5.4	管理者应当创造一种文化，以便组织人员能有积极参与过程的活动和产品性能改进的机会
8.5.4	管理者应支持将渐进的持续改进活动作为现有过程及突破性机会的重要组成部分

EFQM（欧洲质量协会）模型将领导、员工、政策和战略、合作关系和资源、过程作为“引擎”，顾客结果、员工结果、社会结果和关键绩效作为结果，创新和学习作为贯穿质量管理过程与结果的基础，反映出创新与质量管理的紧密联系，创新是质量管理必不可少的支撑。TQM作为一个开放性系统，在外部环境变化下已成为以创新为核心的广义质量管理理论：通过管理创新和流程创新，优化组织生产和管理体系，使组织资源运作更为高效；通过产品创新和服务创新，开拓新市场，提高客户满意度，增强组织获利能力。

3. 控制导向的TQM与创新导向的TQM的比较

从TQM的发展趋势看，TQM已经从关注产品和服务质量、过程的控制与持续改进的TQM，逐步发展为关注各个层面、以创新为导向、获取竞争优势的TQM。本处将前者称为“控制导向TQM”，将后者称为“创新导向TQM”，它们在基本目标、企业文化、关注重点、关注范围、管理方法、人员素质等方面都具有不同的特点。其比较见表4-2。

表4-2 控制导向TQM与创新导向TQM比较

项目	控制导向TQM	创新导向TQM
基本目标	满足顾客及其他相关需求	持续的竞争优势
企业文化	维持现状	鼓励创新，允许失败
关注重点	产品/服务，过程的质量控制、改进	创新
关注范围	产品/服务，过程，体系	企业，供应链

续前表

项目	控制导向 TQM	创新导向 TQM
适应环境	相对稳定的环境	变化环境
使用产品	功能型产品	创新型产品
管理方法	SPC，老七种工具	新七种工具
人员素质	技能	知识

不同目标导向的企业具有不同的关注重点顺序。成本导向的企业，关注顺序是成本—质量—创新；质量导向企业，关注顺序则是质量—成本—创新；创新导向企业，关注顺序是创新—质量—成本。创新导向的 TQM 主要表现在创新的维度较高，关注的范围较广。

第 2 节　六西格玛管理

一、六西格玛管理的由来和发展

20 世纪 90 年代，美国的摩托罗拉、通用电气等企业提出一种新的质量管理方法——六西格玛管理。六西格玛管理是近年来世界级企业追求卓越的一种先进质量管理方法。摩托罗拉、通用电气等企业推行这一方法取得了很好的效果，引起了世界各国的高度关注，发达国家各大企业纷纷仿效引进和推行，在全球掀起一场六西格玛管理的浪潮。下面对此做一些介绍。

西格玛（sigma）是希腊字母 σ 的读音，在统计学上常用来表示数据的离散程度，对连续型可计量的质量特性值，可用 σ 度量质量特性总体上对目标值的偏离程度，称为标准差。六西格玛（6σ）是一个衡量业务流程能力的指标。

六西格玛管理产生于摩托罗拉公司。摩托罗拉公司创建于 1929 年，罗伯特·W. 高尔文继承父业，于 1964 年成为首席执行官（CEO）兼董事长，他带领摩托罗拉发展成为一个生产电子设备和电子零部件的大型跨国公司。1985 年摩托罗拉通信部门的质量水平为四西格玛水平，而日本已达到五西格玛水平。为此，摩托罗拉首席执行官罗伯特·W. 高尔文率领其高层管理人员到日本进行访问调研，对日本过程性能优于摩托罗拉大约 1 000 倍的现实留下深刻的印象。因此，决定改进摩托罗拉的过程水平至六西格玛，并定下在五年内弥补其与日本的差距的目标。这就是六西格玛管理的由来。

摩托罗拉公司在首席执行官高尔文的倡导下，于 1986 年首先在公司的通信部门启动“六西格玛方案”，并在 1987 年将这项新颖的具有远见的战略行动推广到全公司，为了保证其总目标的实现，他们十分重视高级管理层的表率作用，自上而下说服员工严肃认真地推行“六西格玛方案”。为了培养“六西格玛方案”所需要的人才，还在公司内专门建立了摩托罗拉大学，实施了大规模的六西格玛培训计划，对所有员工都分层进行培训。到1988年，摩托罗拉公司推行的六西格玛管理已取得可观的成绩：（1）在92亿美元的营业额中，通过“六西格玛方案”，估计节约了4.8亿美元，而且这些部门员工的六西格玛奖金竟达到工资的20%。（2）1988年摩托罗拉成为第一家获得美国马尔科姆·鲍德里奇国家质量奖的公司。（3）1991年节约成本7亿美元，推行六西格玛到1991年共节约24亿美元。（4）到1992年摩托罗拉大部分部门已经达到六西格玛水平。

摩托罗拉公司取得如此突出的成绩，引起了各方面的关注，许多顶级大企业都纷纷效仿，特别是美国通用电气公司，在杰克·韦尔奇的领导下，于1996年开始把六西格玛作为一种管理战略在全公司推行。六西格玛在流程变革方法方面取得了显著效益，通用电气仅用5年时间就完成了10年计划，杰克·韦尔奇也因此名扬天下，被誉为全球第一CEO。此外，联讯、得州仪器等公司推行六西格玛管理也获得了很大的成功，我国在20世纪90年代末引入六西格玛管理，并且不断推进。

六西格玛管理理论自创立开始就处在不断发展创新之中，从创立之时的MAIC（measure，analyze，improve，control）（测量、分析、改进、控制）四步法，发展到今天在各方面普遍采用的DMAIC（define，measure，analyze，improve，control）（定义、测量、分析、改进、控制）五步法。从MAIC四步法到DMAIC五步法，无疑是六西格玛管理一次质的飞跃，增强了企业创新的针对性，将顾客的需要界定为企业创新的原动力，从而使企业的质量管理更具针对性。从DMAIC五步法再拓展到DFSS（design for six sigma）（六西格玛设计）是六西格玛管理理论的又一次创新和完善。DMAIC五步法作为一种高效的流程管理技术对于提高产品的质量是有效的。

因此，在六西格玛管理中，当流程控制达到一定的水平时，六西格玛设计就成为六西格玛管理进一步提升效能的重要创新点。六西格玛设计是一种追求无缺陷的产品和过程设计的方法。它面向产品的全生产周期，采用系统的问题解决方法，把关键顾客需求融入产品设计过程中，从而确保产品的开发速度和质量，降低产品生产周期成本，为企业解决产品和过程设计问题提供有效的方法。

六西格玛管理理论在自身不断创新的同时也与其他理论和方法不断融合，形成了许多创新的管理理论和方法。例如精益六西格玛管理，就是将精益生产管理方法同六西格玛管理的成功融合。精，即少而精，不投入多余的生产要素，只是在适当的时间生产必要数量的市场急需产品（或下道工序急需的产品）；益，即所有经营活动都要有益有效，具有经济效益。精益管理的核心就是消除一切无效劳动和浪费，把目标确定在尽善尽美上，通过不断降低成本、提高质量、增强生产灵活性、实现无废品和零库存等手段确保企业在市场竞争中的优势。六西格玛管理是通过流程优化来消除或减少生产过程中的缺陷，从而达到改进质量、降低成本、提高效益的目的；而精益生产是通过生产过程优化和技术改进达到消除浪费、降低成本、提高效益的目的。精益六西格玛管理将精益生产和六西格玛管理有机地结合起来，丰富了六西格玛管理的内涵，提高了六西格玛管理的有效性。六西格玛管理在实践中还借鉴了其他管理科学方法，进一步完善了六西格玛管理体系。

二、六西格玛的科学解释

六西格玛具有两个层面的含义：统计含义和管理含义。其中，统计含义只是实施六西格玛管理的工具，而管理含义则是六西格玛文化和战略的真正体现。

1. 六西格玛统计含义

当你到一家手机售后服务中心维修一部手机时，维修人员发现手机需要更换屏幕，维修中心的服务条例上提示，更换屏幕平均时间为 1 小时。于是，你买了一份报纸，在维修中心耐心地等待。但是，1 小时过去了，手机没有修好，1.5 小时过去了，手机还是没有修好。这时，你已经非常不耐烦了，就找到维修人员大吵了一架。

这里有这样一个问题，维修条例上提示了维修时间平均 1 小时，但是实际时间很可能超过 1 小时或者不到 1 小时。如果每次维修时间基本控制在 1 小时多或少 5 分钟或者更小的范围，那么顾客是不是会更满意呢？1 小时只是个标准，而多或少 5 分钟说明了范围，顾客感受的不仅仅是平均，更多的是散布。

六西格玛（σ）中的“西格玛（σ）”在数理统计学上称为“标准差”，用来表示任意一组自然数据或过程输出结果的离散程度，是评估产品和生产过程特性波动大小的统计量。西格玛水平是将过程输出的均值、标准差、目标值、规格限联系起来进行比较，是对过程满足顾客要求能力的一种度量。西格玛水平越高，过程满足顾客的能力越强。

在实际中心与规格中心重合的情况下，在上下规格至中心包含了 6 个标准差的时候，超出上限或者下限的概率各为 0.001DPMO（DPMO 即每百万次机会中的缺陷数）。

例如，在车间制作 100 个轴承，每个轴承都可能与其他任何一个稍有不同，实际的加工工具、材料、方法以及设备都会影响质量，针对制作轴承的过程，按照衡量标准对每一个轴承加以度量，会发现每个轴承的度量值都可能不同。管理者可以通过对多个轴承制作过程的度量，从中采集大量的数值。分析这些数值会发现，它们的变化程度常常在一定程度上符合一些特定的分布。例如，规定每个轴承要求的均值为 80mm，制作出轴承的分布图如图 4－2 所示。分布的特性客观地反映出相关的工作质量特性。

不难发现，轴承的尺寸分布符合正态分布，描述上述分布的构成最重要的指标分别是均值 μ 和标准差 σ。其中均值表明分布的中心位置，标准差反映分布的离散程度。管理学者与科学家试图根据数理统计的原理，客观地评价数据并有效地控制工作过程。为了完成上述工作，需要寻找到一个有效地衡量分布规律的标准，而表示一组数据离散程度的指标 σ 便成为一个有效的指标。在美国通用电气公司的培训教材中，σ 有两种含义：一是表示一个过程围绕平均值的离散程度；二是用 σ 的个数衡量工作过程的质量。

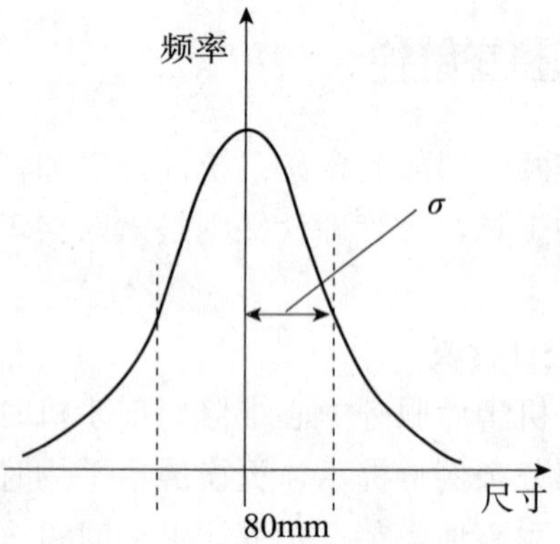

图4-2 轴承的正态分布

六西格玛作为一种衡量标准，西格玛水平越高，质量就越好。但实际的过程受到各方面因素的影响，如人、机、料、法、环、测等的动态变化，致使过程输出的均值出现漂移，这也是正常的。在考虑了过程长期分布中心相对顾客要求的规格中心漂移±1.5σ时，可能超过上限或者下限的概率为3.4DPMO。下面列举了不同西格玛水平的DPMO，如表4-3所示。

表4-3 西格玛水平与DPMO的关系（中心偏移±1.5σ）

西格玛水平	合格品率	DPMO
1	30.23%	697 700
2	69.13%	308 700
3	93.32%	66 810
4	99.379%	6 210
5	99.976%	233
6	99.999 66%	3.4

99%的合格品率看上去非常高，但是，我们通过表4-4可以看出追求99%的合格品率远远不够。

表4-4 不同西格玛水平质量缺陷区别

西格玛水平	手术事故	婴儿出生	信件邮递	PPM	合格品率
3	每年有200 000宗做错手术事件	每年有120 000名婴儿出生时会因医务人员过失死亡	每年有1.3亿封信邮寄错误	66 810	93.320 00%
3.875	每年有25 000宗做错手术事件	每年有15 000名婴儿出生时会因医务人员过失死亡	每年有1 752万封信邮寄错误	8 800	99.120 0%
5	每年有650宗做错手术	每年有392名婴儿出生时会因医务人员过失死亡	每年有45万封信邮寄错误	230	99.977 00%

续前表

西格玛水平	手术事故	婴儿出生	信件邮递	PPM	合格品率
6	每年有 9 宗做错手术事件	每年有 5.8 名婴儿出生时会因医务人员过失死亡	每年有 6 770 封信邮寄错误	3.4	99.999 66%

说明：以上数据以美国为基线。PPM 指百个产品中不合格品个数。

2. 六西格玛管理含义

六西格玛在经历了 20 年的发展之后，逐渐由单一的品质改进工具发展成为一种顾客驱动下的持续改进管理模式。主要表现在以下三个方面。

（1）高目标。使过程更趋于目标，并且减少过程的波动，追求完美。

（2）创新的方法。六西格玛管理法是一套系统的业务改进方法体系，其工具和方法包含了工业工程、信息技术、应用统计技术等，同时也囊括了现今几乎所有的质量改进工具。

（3）高效的企业文化和战略。六西格玛管理法特别强调将其融入企业文化中，列为企业的战略思想，增强企业领导力和战略执行力，最终实现企业愿景。六西格玛是“一箭多雕”的管理方法，六西格玛聚焦于顾客，以流程改进为准绳最终可以解决困扰企业的复杂问题，降低不良品成本，建立持续改进的企业文化，消除壁垒，提升企业核心竞争力，促进员工的职业生涯发展。

三、六西格玛管理模式的原理

六西格玛管理的基本原理是，围绕顾客需求确定实质问题所在，并且以极低的差错和缺陷率为顾客提供产品和服务，实现趋近于零缺陷的完美质量水平。这就意味着企业必须了解顾客、懂得顾客。它是一种能够严格、集中、高效地改善企业流程管理质量的实施原则和技术。它包含众多管理前沿的研究成果，可以指导企业预防发生质量问题，为企业提供有效的方法，以改造企业流程，从而控制不合格品的增加；以“接近零不合格品率”的完美业绩追求带动质量成本的大幅度降低，最终实现财务绩效的显著提升与企业竞争力的重大突破。六西格玛管理实际应用的难点之一是如何确定并且量化质量关键点（critical to quality，CTQ）。作为一种过程改进方法，六西格玛管理一般遵循的是定义、测量、分析、改进和控制。首先定义各个核心过程，把顾客需求和期望转换成一系列质量关键点。然后运行质量改进项目，逐一解决失败领域中的问题。通过反复对照团队、项目范围以及过程，完成对它们的定义。仔细度量关键的质量关键点衡量标准以及预计的影响质量的因素，描述数据和在图表上描绘数据，计算过程的初始性能。使用过程图分析工具、统计推论和根源分析工具进行分析。有选择地改进过程，找到造成过程失败的根本原因，减少缺陷。把过程置于控制之下，重新度量经过改进的过程，引入新的程序和控制图，然后把得到改进的过程返回给过程拥有者。

在制造业中，为了找到偏离正态分布的根本原因，需要运用先进的统计方法，要求六西格玛的实际应用具有高统计特性。而在服务类项目中，不一定需要先进的统计方法，而先进的统计方法也不适合它们。真正有用的是比较简单但有效的全面质量管理工具。六西格玛管理是一种过程、一种理念、一套工具、一种高层管理者对取得优秀业绩的承诺，其核心是将所有的工作作为一种流程，采用量化的方法分析流程中影响质量的因素，找出关键的因素加以改进，从而将资源的浪费降至最少，同时提高顾客满意度。可以说，六西格玛管理是一种在提高顾客满意度的同时降低经营成本和缩短周期的过程革新方法，通过核心业务能力的提高来提升企业的盈利能力，它是提高企业核心竞争力和持续发展能力的业务层战略之一。可见，六西格玛管理是企业在经营上获得和保持长期成功，并将其经营业绩最大化的综合管理体系和发展战略，是使企业获得快速增长的经营方式之一。

当然，六西格玛也将引起变化，就像组织的过程将受到其文化的影响一样。企业准备引入六西格玛管理时，首先需要一个明确的思路：支持变革原有观念和习惯，支持改进过程。通往变革目标的渠道可以是自上而下的，也可以是自下而上的，自上而下的变革花费的时间比较长，而自下而上的变革似乎困难很大。因为引入六西格玛时，每个层次都面临变革要求，这无疑是一项艰巨的工作。

各个企业都知道优质产品的必要性，并且这种优质标准是尽量趋近于零缺陷的，管理者需要在以下两种情况之间找到一个平衡点：一种情况是不进行质量控制或质量保证，这方面不需要什么开支，但是顾客利益受到了损害，进而使企业的长远商务利益也受到损害。另一种情况是使每个部分都尽善尽美，总是做到顾客想要什么就交付什么，但是这样一来运行成本就大大增加。企业之所以在质量管理中倡导六西格玛，是因为它可以使公司清楚地认识当前的状况，能够在总成本不变的情况下使平衡点朝完美方向移动。按照六西格玛方法，要通过解决根本原因而不是消除表面迹象来处理问题，要求把注意力集中在关键领域而不是全面铺开，要求度量、理解过程中涉及不良质量成本的各个因素。因此，这里的变革是从战略上突破旧的限制、旧的观念、旧的思路以及习以为常的“干得好好的，为什么要变”的心理状态。

六西格玛是一种灵活的综合性系统方法，通过它来获取、维持和实现使企业效益最大化的成功。它需要对顾客需求的理解，对事实和数据的规范使用、统计分析，以及对管理、改进、再设计业务流程的密切关注。它意义广泛，包括减少成本、提高生产力、增加市场份额、保留顾客、减少周期循环时间、减少错误、改变公司文化、改进产品/服务等；它是很多事件的综合，但主要是指公共质量衡量标准以及由此引发的质量改进。这些公共质量衡量标准用于度量以顾客为关注焦点的质量。

四、六西格玛管理的核心特征

六西格玛管理的核心特征是经济性——高顾客满意度和低资源成本。六西格玛努力的目标是使顾客和企业同时获得满意。对顾客而言，是以最可接受的价格及时获得最好的产品；对企业而言，则是以最小的成本和最短的周期实现最大的利润。六西格玛管理不是单纯的技术方法的引用，而是针对新问题的一种全新的管理模式，其有六大核心特征。

1. 真正关注顾客

在六西格玛管理中，关注顾客是最重要的。例如，对六西格玛管理业绩的测量从顾客开始，通过对 SIPOC（供方、输入、过程、输出、顾客）模型分析来确定六西格玛项目。因此，六西格玛改进和设计是以对顾客满意所产生的影响来确定的，如果企业不是真正关注顾客就无法推行六西格玛管理。

2. 以数据和事实驱动管理

六西格玛管理强调一切以数据和事实为依据。通过统计工具对数据进行收集和分析，从中提炼出关键变量和对最优目标的理解。它是一种高度重视数据，依据数字、数据进行决策的管理方法，强调用数据说话，依据数据进行决策，改进一个过程所需要的所有信息都包含在数据中。另外，它通过定义“机会”与“缺陷”，通过计算 DPO（每个机会中的缺陷数）、DPMO（每百万机会中的缺陷数），不但可以测量和评价产品质量，还可以把一些难以测量和评价的工作质量和过程质量，变得像产品质量一样可测量和用数据加以评价，从而有助于获得改进机会，达到消除或减少工作差错及产品缺陷的目的。因此，六西格玛管理法广泛采用各种统计技术工具，使管理成为一种可测量、数字化的科学。

3. 行动针对过程

在六西格玛管理法中，一切行动都是针对过程开始的。在企业中，过程就是业务流程中的细节。不管是设计产品和服务、评估绩效，还是提高效率和顾客满意度，甚至运作整个业务，六西格玛管理方法都把业务流程作为成功的关键之处。

4. 预防性管理

预防性管理就是指在缺陷出现之前就对其加以干涉，管理业务运作中的盲点或被忽视的要点。具体来说，要有预见地积极管理那些常被忽略的业务运作，并养成习惯；确定远大的目标并且经常加以检视；确定清晰的工作优先次序；注重预防问题而不是疲于处理已发生的危机；经常质疑我们做事的目的，而不是不加分析地维持现状。

六西格玛管理包括一系列工具和实践经验，它用动态的、即时反应的、有预见的、积极的管理方式取代那些被动的习惯，促使企业在当今追求近乎完美的质量水平而不容出错的竞争环境下快速向前发展。

5. 无边界合作

无边界合作是通用电气公司总裁韦尔奇提出的管理模式。通过让每个部门、每个员工认识到公司的共同目标，即向顾客提供价值而努力。通过认识到工作各个流程之间的相互依托性，尽可能消除公司或企业内部的障碍，推进组织内部横向和纵向的合作。推行六西格玛管理需要加强自上而下、自下而上和跨部门的团队工作，改善公司内部的协作，并与供应商、顾客密切合作，达到共同为顾客创造价值的目的。这就要求组织打破部门间的界限，甚至组织间的界限，实现无边界合作。

6. 遵循DMAIC的改进方法

六西格玛管理有一套全面系统地发现、分析、解决问题的方法和步骤，这就是DMAIC改进方法。通过DMAIC可以使质量持续改进，精益求精。

7. 强调骨干队伍的建设

六西格玛管理方法比较强调骨干队伍的建设，其中，倡导者、黑带大师、黑带、绿带是整个六西格玛队伍的骨干。还要对不同层次的骨干进行严格的资格认证制度。如黑带必须在规定的时间内完成规定的培训，并主持完成一项增产节约幅度较大的改进项目。

五、DMAIC模型组成及其实现

DMAIC是指由定义、测量、分析、改进、控制五个阶段构成的过程改进方法，一般用于对现有流程的改进，包括制造过程、服务过程以及工作过程等。每个要素的具体内容如下。

1. 定义

六西格玛管理的最终目标在于满足顾客对产品的要求。所以必须从顾客要求的所有项目中选定顾客最在意的事项，即质量关键点（CTQ）。将CTQ作为项目要解决的关键问题，并且要确定对经营成本影响最大的事项加以改进。收集并评估现有顾客的反映资料，分析顾客的需求，将顾客的需求转变成内部的要求，并与工作流程相联系，使其成为流程中要解决的问题。建立六西格玛实施团队对问题进行描述，评估项目缺陷发生的可能性，确定项目要达到的目标，并确定职责，制定项目计划书。最后是定义流程，将顾客的需求与项目结合起来，建立业务流程图，并通过现场对流程进行核实。

2. 测量

测量阶段需要确认执行标准、定义缺陷、确定问题的最小单位，并对收集的资料进行表示。测量系统分析是对流程进行测量的方法、结果进行重复性、再现性、可靠性分析。测量系统是关键的因素，除非证明测量系统能满足要求。确定流程能力，对现行的流程表现进行分析，判断流程的改进范围和空间。确定流程目标，建立流程的标杆，确立改进的目标。

六西格玛管理所使用的大部分统计工具都是在假设作为分析基础的数据服从正态分布的前提下使用的。但是工业生产中许多数据都不服从正态分布，如机器设备的寿命和故障率等，这时就要用正态分布以外的分布（如威布尔分布）来做统计分析。

有时，即使本身应该具有正态分布特性的数据也有可能因为数据采集的方法导致被判断成不满足正态分布。这是由于工程不稳定而发生群内变动（工程上由日常要因引起的变动，在技术上不可控的变动），或者由于工程外部的要因发生群间变动（工程受外部要因影响而偏离了均值，在技术上是可控的变动），或者数据处理过程的错误。因此，在收集统计数据后，必须用正规性验证是否满足正态分布。只有满足正态分布的数据，才适用六西格玛方法，对不满足正态分布的数据可重新测量和抽样。测量阶段可供使用的工具有运行图、过程能力分析、直方图等。

3. 分析

分析阶段解决统计数据分析的问题，目的是了解各种因果关系，通过这种分析得到的信息，可以启发我们对产生波动的根源的认识，这将有助于改进流程。使用统计分析工具和图形工具对收集的资料进行分析，找出所有的影响因素，分析确定影响输出“Y”的关键因素“X”（致命因子），即确定过程的关键影响因素。

4. 改进

通过试验设计（DOE）的应用，寻找优化过程，同时改变流程中几个因素的运行水平来获得对流程的了解，这种流程信息使我们能够确定影响流程优化和改变机会的关键变量的设定值，使过程的缺陷或变异（或波动）降低。在不对过程进行任何改变的情况下，方差分析和回归方法可以帮助我们确定产生变异或波动的根源。但是方差和回归分析无法描述最有效过程的改善行为。而试验设计就能够克服这个问题，它提供了一种结构优化的途径，一次性地改变过程中许多因素的设定值，并且能够整体上观察改善或者退化的数据，其分析不仅能够处理一组输入因素所有可能的组合，也能处理所有组合中的一个子集。改进阶段常用的工具有试验设计、田口方法等。

5. 控制

将改进后的过程程序化并继续收集资料，观察改善的状况。通过有效的检验方法保持过程改进的成果，确认并完成控制，保证改善的结果得到保持。用控制图或防错设计监测和控制流程中的变异。制定移交计划，使其能得到持续控制和检查。控制阶段常用的工具有控制图、控制计划等。

具体的模型运行如图 4-3 所示。

阶段	主要工作
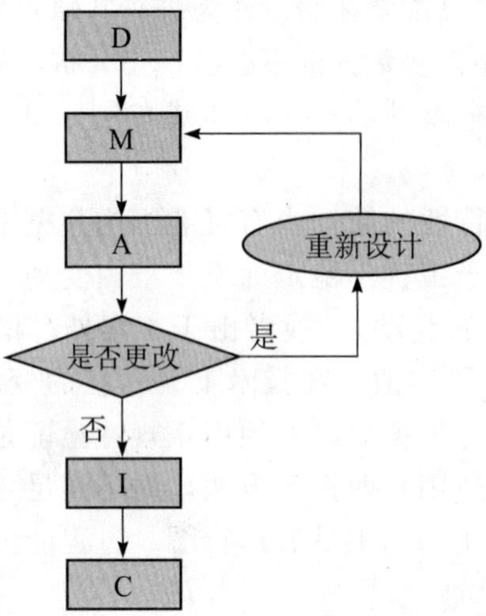	(1) 定义阶段 D：确定顾客的关键需求并识别需要改进的产品或过程，将改进项目界定在合理的范围内。 (2) 测量阶段 M：通过对现有过程的测量，确定过程的基线以及期望达到的目标，识别影响过程输出 Y 的输入 X，并对测量系统的有效性做出评价。 (3) 分析阶段 A：通过数据分析确定影响 Y 的关键 X，即确定过程的关键影响因素。 (4) 改进阶段 I：寻找优化过程输出 Y 并且消除或减少关键 X 影响的方案，使过程的缺陷或变异（或称为波动）降低。 (5) 控制阶段 C：使改进后的过程程序化并通过有效的检测方法保持过程改进的成果。

图 4－3　DMAIC 各阶段的主要工作

总之，六西格玛管理规范了实施的步骤，改进了 DMAIC 的五个阶段，从顾客入手一步一步找到问题的关键所在，加以解决并保持成果。

六、DMAIC 模型使用的方法与工具

在六西格玛项目选定之后，团队成员相互合作，依照上述五个步骤，可以有效地实现六西格玛突破性改进。团队的工作从问题的陈述到执行解决方案，中间包括许多活动，通过 DMAIC 过程的活动方式，团队成员可以最有效地发挥作用，完成项目使命。六西格玛管理更强调优化企业经营中对顾客最重要的核心业务流程，将其方法论与企业的经营战略目标密切结合，这样就会使有限的资源产生最大的回报，同时，六西格玛管理还有助于改变企业的文化及员工的行为方式。

在六西格玛的改进过程中，每个阶段都有一系列工具与方法支持该阶段目标的实现。表 4－5 列出了每个阶段使用的常用方法与工具。

表 4－5　　支持 DMAIC 的常用方法与工具

阶段	活动要点	常用方法与工具	
D	启动项目 确定质量关键点	● 头脑风暴法 ● 亲和图 ● 树图 ● 流程图	● 排列图 ● 质量功能展开 ● 故障模式、影响分析 ● CT（cycle time）分解
M	测量 Y，确定项目基数	● 运行图 ● 分层法 ● 散布图 ● 直方图 ● 测量系统分析	● 过程能力分析 ● 故障模式、影响分析 ● 水平对比法 ● 抽样计划

续前表

阶段	活动要点	常用方法与工具	
A	确定关键影响因素 X	● 因果图 ● 散布图 ● 箱线图 ● 多变量图 ● 5 个"为什么"	● 抽样计划 ● 假设检验 ● 回归分析 ● 方差分析
I	设计并验证改进方案	● 试验设计 ● 田口方法 ● 响应面法	● 故障模式、影响分析 ● 过程仿真 ● 过程能力分析
C	保持成果	● 控制计划 ● 标准操作 ● 防错方法	● 目标管理 ● 控制图

七、六西格玛管理的实施与组织

1. 六西格玛管理的基本实施流程

（1）六西格玛管理实施前的准备。

六西格玛管理的具体效果是通过完成大量的六西格玛黑带、绿带项目得以实现的。这些项目之所以取得效果并推动企业的持续改进，是因为项目的目标与企业的战略相吻合。因此，企业在实施六西格玛管理之前，须制定或重新评价企业的战略。有的企业实施六西格玛管理失败的原因就在于企业没有明确的战略。制定或评价企业战略的方法或模型很多，常用的有战略要素评价矩阵、SWOT 分析和企业战略的竞争性比较或基准评价。战略要素评价矩阵可以帮助企业战略决策者对企业外部或内部各个领域的主要优势与劣势进行全面综合的评价。SWOT 分析通过分析企业内部的优势、劣势，以及企业外部面临的机会、威胁，确定企业的战略定位、战略方针及目标。基准评价可以通过与竞争对手的比较，确定竞争优势和劣势，制定致力于超越竞争对手的战略。另外一个确定企业的优势与劣势的方法是采用世界级企业的卓越绩效标准（如美国国家质量奖或我国国家质量奖评奖标准）进行自评，发现企业自身的问题并建立适当的竞争战略。一旦确定企业的战略，下一步就是如何将企业的战略具体展开和付诸实施，这就需要将战略分解并制定从企业高层到基层的业绩考核指标，目前国际上普遍采用的方法是平衡计分卡。平衡计分卡通过对客户和市场、财务、企业内部与学习和发展四个方面的绩效考核将企业战略逐步展开。组织上的准备工作包括确定六西格玛倡导者，六西格玛倡导者应由企业的高层领导担任，全面负责六西格玛推广工作，包括项目选择、协调、评审、考核等。

（2）六西格玛项目选择。

项目选择对六西格玛管理的成功至关重要，项目选择不是黑带的个人行为，要有管理层参与。在具体选择项目时，以下几点非常重要：

1）六西格玛项目的选择应与企业的战略目标一致，即六西格玛项目的成功将直接有利于企业战略的实现。

2）六西格玛项目拟解决的问题应是平衡计分卡中的弱项或通过其他方法确定的企业的劣势。

3）六西格玛项目所涉及的流程最好是跨职能的，流程中的问题有一定的复杂度，需要跨职能的团队合作才能完成。

4）项目成果是可以预计的，在项目开始前，财务方面的专家要评价项目的预期收益指标。

（3）六西格玛项目计划。

确定六西格玛项目以后，需要根据六西格玛项目所涉及的职能部门确定跨职能的团队人员与项目组组长。

项目组组长一般是六西格玛黑带，他们是六西格玛管理变革的主力。团队人选的确定标准如下：成员应熟悉其业务流程，有较好的业务基础；成员有强烈的业务改进意识和变革精神；成员有良好的团队合作精神。项目组组长，除具备上述团队成员应具备的素质外，还要具备良好的管理、沟通和人际交往等方面的能力。项目团队建立起来以后，为了明确项目的目标、内容和工作计划，需要建立团队宪章。团队宪章主要包括：拟改进业务背景、改进机会描述、项目的目标、项目的范围、项目具体计划和团队成员。为了保证项目团队的工作效果，项目组组长还必须制定团队的行为规范，以防止团队工作中的矛盾和内讧。

（4）项目效果评价和成果表彰。

项目效果的评价分为两个方面：一是直接的经济效益评价，一般由财务部门配合完成。直接经济效益评价指标包括投资收益比、净现值、收益率等。二是间接效益评价，主要包括项目所带来的管理水平的提高、员工士气的提升、环境的改善以及项目带来的社会效益等。效果评价和宣传可以起到明显的示范作用，对于进一步推广六西格玛管理工作至关重要。另外，对项目成员，根据他们在项目工作中的表现，授予六西格玛黑带或绿带。这些黑带或绿带以后要持续完成更多的六西格玛项目，在企业内部进行六西格玛培训，并有责任发现和培养更多的人加入六西格玛持续改进活动。

2. 六西格玛管理组织结构

作为一种管理模式和一项系统的改进活动，六西格玛管理首要的基础工作是建立一个完整的组织体系，这一组织体系应有完整的组织结构，在各个职能岗位节点应赋予训练有素的团队成员相应的职责与权限，这是六西格玛管理活动有效开展的基本保证。六西格玛管理的组织模式可以从两个角度进行分析。

（1）从组织层次角度分析。一般可分为三个层次：领导层、指导层、操作层，如图4-4所示。

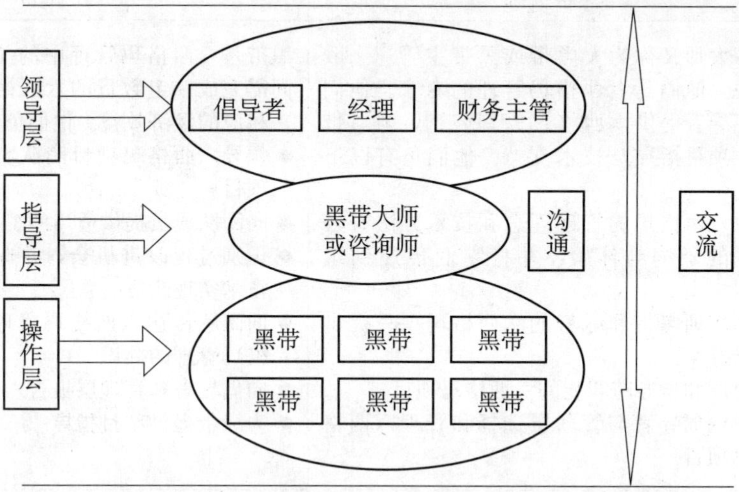

图 4－4　六西格玛管理组织结构图（组织层次角度）

（2）从人力资源和技术角度的分析。六西格玛管理的组织结构，如果从人力资源和技术角度分析，由倡导者、黑带大师、黑带、绿带组成，如图 4－5 所示。

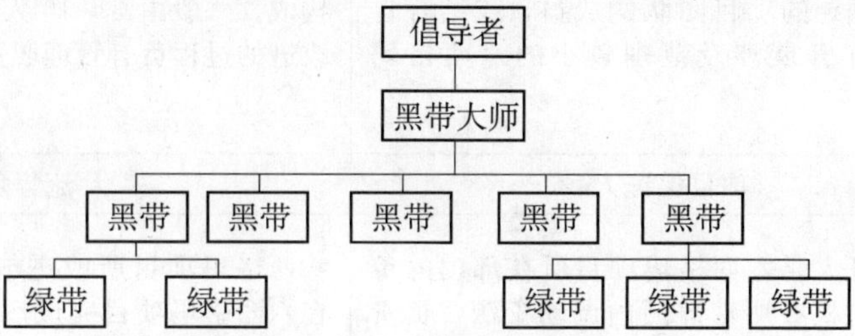

图 4－5　六西格玛管理组织结构图（人力资源和技术角度）

六西格玛管理需要特定的管理角色和组织职能。表 4－6 列出的是组织的最高管理者、倡导者、黑带大师、黑带、绿带及项目团队等的主要职责。

表 4－6　六西格玛管理中的关键角色及其职责

最高管理者	倡导者
六西格玛管理是由组织最高管理者推动的。他们在六西格玛管理中负有以下职责： ● 建立组织的六西格玛管理愿景 ● 确定组织的战略目标和组织业绩的度量系统 ● 确定组织的经营重点 ● 在组织中建立促进、应用六西格玛管理方法与工具的环境	六西格玛管理的倡导者是实施六西格玛组织中的关键角色。他们负有以下职责： ● 负责六西格玛管理在组织中的部署 ● 构建六西格玛管理基础，如部署人员培训、制定六西格玛项目选择标准并批准项目、建立报告系统、提供实施资源管理等 ● 负责六西格玛管理实施中的沟通与协调

黑带大师	黑带
黑带大师又称为大黑带或黑带主管。一般来说，他们是六西格玛管理的专家。他们为倡导者提供六西格玛管理咨询，为黑带提供项目指导与技术支持。他们负有以下职责： ● 对六西格玛的管理理念和技术方法有较深的了解与体验，并将它们传递到组织中 ● 为培训黑带和绿带的六西格玛项目提供指导 ● 协调和指导跨职能的六西格玛项目 ● 协调倡导者与管理层选择和管理六西格玛项目	黑带是六西格玛管理中的关键角色，在任职期间需完成一定数量的六西格玛项目并为组织带来相应的经济效益。他们负有以下职责： ● 领导六西格玛项目团队实施并完成六西格玛项目 ● 向团队成员提供适当的工具与方法的培训 ● 识别过程改进机会，并选择最有效的工具和技术实现改进 ● 向团队传达六西格玛管理理念，建立对六西格玛管理的共识 ● 向倡导者和管理层报告六西格玛项目的进展 ● 为绿带提供项目指导
绿带	**项目团队**
六西格玛绿带是组织中经过六西格玛管理方法与工具培训、结合自己的本职工作完成六西格玛项目的人员。一般来说，他们是黑带领导的项目团队的成员，或结合自己的工作开展涉及范围较小的六西格玛项目	六西格玛项目通常是通过团队合作完成的。项目团队由项目所涉及的有关职能（如技术、生产、工程、采购、销售、财务、管理等）人员构成，一般由 3～10 人组成，并且应包括对所改进的过程负有管理职责的人员和财务人员
项目保证人	**流程负责人**
项目保证人是六西格玛项目所在部门的负责人，有权在所辖部门内调动资源，负责为六西格玛项目提供必要的资源支持，并协调项目的实施	六西格玛项目所改进或建立的流程的负责人。在六西格玛项目完成后，将负责过程的操作或运作

3. 一些角色的作用

（1）倡导者。一般由企业高层领导担任，通常由分管质量工作的副总经理或质量总监担任，有些企业由企业的 CEO 担任，大多数为兼职，也有专职的。整个组织内的总体质量工作在倡导者的指导下展开，倡导者的工作通常是战略性的——部署实施战略、确定目标、分配资源和监控过程等，确认和支持六西格玛管理全面推行，决定“该做什么”，检查进度，了解六西格玛管理工具和技术的应用，提出正确的问题，确保按时按质完成既定目标，管理及领导黑带大师和黑带。倡导者对六西格玛改进的认识是至关重要的，他的支持和激励是企业六西格玛改进成功的最重要的驱动因素。

（2）黑带大师。黑带大师的工作更具管理性，因为他们经常负责在特定领域或部门的六西格玛管理工作。典型的职责包括：挑选、培训和指导黑带；选择和批准项目；总结已完成的项目。黑带大师既需要对六西格玛统计工具、技术有比较深入的掌握，还需要掌握其他管理沟通的软技术。

（3）黑带。黑带是成功推动六西格玛项目的技术骨干，是六西格玛组织的核心力量，他们的努力程度决定着六西格玛管理的成败。他们的工作更具操作性，使改进切实地发生。一般来说，黑带是全职的，把主要精力都放在六西格玛上，实施项目改进并指导项目团队工作，直接向六西格玛质量领导汇报工作。黑带总数通常是企业员工总数的 1%。因为黑带在六西格玛管理中起着非常专业、非常技术性的作用，所以他们一般要经过严格的培训考试和审核才能上任。能够成为黑带已被看作一种很重要的工作经历，在以后的职业生涯中也很有帮助。

（4）绿带。绿带在黑带的指导下或协助黑带承担以下任务：收集数据资料；寻找并分析原因；实施项目改进；完成黑带分配的工作。绿带一般为兼职人员，通常为各基层部门的业务骨干，侧重于六西格玛在实际工作中的应用。有些企业连钟点工也要接受绿带培训，目的是帮助他们更加深入地了解流程，在企业的任何地方都能实施工作的改进，培养员工的改进意识。绿带是黑带的助手。黑带在六西格玛项目中起主导作用，绿带则起辅助作用，黑带独立地承担项目，绿带一般不独立完成项目。有时绿带也会从事完整的项目改进，但其规模和难度相对较小。

八、精益六西格玛

精益生产以顾客需求为出发点，通过系统性地优化配置各类资源，以及应用各类工具来消除浪费，具有速度快、全员参与、持续改进的特点。但精益方法缺乏严谨的定量分析，解决问题更多地依赖经验和直觉，难以解决复杂与综合性的以及不明确的问题。

六西格玛管理通过系统地、集成地采用质量改进流程，实现无缺陷的过程设计，并对现有过程进行过程定义、测量、分析、改进和评价，消除过程变异，从而提高质量和服务。具有严谨、量化、系统性强的优点。但是六西格玛项目周期长，专业知识要求高。

从上面的分析可以看出两种管理方法都有各自的特点和不足之处，精益生产侧重于解决速度问题，实施快；而六西格玛管理侧重于解决系统稳定性问题，周期长。精益六西格玛将两者有机结合起来，充分发挥了两者的优点。

1. 精益六西格玛概念

精益六西格玛是一种集合了精益生产与六西格玛管理两种非常重要又相互补充的改进理论的综合化方法论。精益六西格玛同时关注减少浪费和降低变差。精益六西格玛是精益生产与六西格玛管理体系的结合，它的本质任务就是消除各个环节的浪费。精益六西格玛管理通过对精益生产与六西格玛管理的整合，充分吸取它们的优点，弥补各自的缺点，达到更好的管理效果。精益六西格玛不是精益生产和六西格玛的简单叠加，而是二者的互相补充和有机结合。它具有科学性、实践性、发展性的特点。

（1）科学性。科学性是指它能帮助我们通过对问题、事件和过程进行全面、详细、深入的分析，做出相对正确的决定。例如，当生产过程的某一环节出现问题时，首先要客观地描述问题、分析问题，马上采取改进行动，跟踪改进行动，针对根本原因采取长期控制，实施预防性措施，评估有效性等。值得一提的是，在分析问题时可以采用鱼骨图分析工具从人、机、料、法、环、测等六个主要方面进行细致的分析，这有助于找到导致问题发生的根本原因并加以解决。

（2）实践性。实践性是指必须在生产或服务过程中去应用它，用它来改善我们实际的生产或服务流程，提高产品或服务质量，不断从实际操作过程中积累经验、逐步完善。

（3）发展性。发展性是指它必将随着科学的发展、技术的进步而不断补充新的内容，采用新的分析方法，从而日趋完善。

2. 精益六西格玛实施流程及工具

精益六西格玛以六西格玛的DMAIC作为其分析问题的流程，在各个阶段充分应用精益生产的各类工具和六西格玛的各类工具。精益生产与六西格玛管理的比较如表4-7所示。

表4-7　　精益生产与六西格玛管理的比较

精益生产	六西格玛管理
注重顾客满意度	以顾客满意为目标
追求零库存	以数据和事实为基础，追求零缺陷；降低成本
采用价值流分析，消除浪费	采用过程图、流程图、统计分析等量化方法，兼采用价值流
分析、消除浪费与波动，改善流程	实现准时制拉动式管理，改进流程；以过程为中心，关注流程
改善流程中的瓶颈因素，实现增值	从快速流程变革到全方位流程的改善，改善流程中的瓶颈因素，实现增值和绩效的提升

精益六西格玛的DMAIC与传统的DMAIC相比，就是在DMAIC的主要思路中加入了精益生产的工具和快速解决问题的方法以及部分哲理。

具体过程如图4-6所示。

3. 精益六西格玛实施的关键因素

实施精益六西格玛的关键成功因素包括以下几点：

（1）关注系统。精益六西格玛的力量在于整个系统，精益六西格玛不是精益和六西格玛简单相加，而是要把精益和六西格玛有机结合起来，处理整个系统的问题，对于系统中不同过程或同一过程的不同阶段的问题，精益和六西格玛相互补充，才能达到1+1>2的效果，例如当过程处于起始阶段，问题较为简单，可以直接用精益生产的方法和工具解决，但随着过程的发展，当问题处于复杂状态时，就要用六西格玛的方法解决。

定义	测量	分析	改进	控制
问题/目标陈述 帕累托图 KANO分析 项目识别工具 价值链分析 头脑风暴 平衡计分卡 价值流图 资源分析 流程图	测量系统分析 过程能力分析 动作分析 时间测量 顾客满意度 全局设备效率（OEE） 流程提前期 节拍 循环效率 能力利用率 数据收集表	方差分析 多变异分析 FMEA 回归分析 相关性分析 残差分析 聚类分析 5W1H 新老七种工具 流程图 价值流图	头脑风暴 关键路径 全面生产维护 试验设计 甘特图 基准分析 相似性 改善策略 力场分析 流程ECRS（取消、合并、重排、简化） 均衡化技术 优化技术 创造性思维	控制图 防错防误 看板 现场5S 可靠性试验 标准化技术 可视化技术 交互审核 单件流

图 4－6　精益六西格玛的实施流程及工具

所以在实施中要关注整个系统，用系统的思维方式、综合考虑、恰当选用精益六西格玛的方法或工具。现实中一些企业实施精益六西格玛时之所以没有达到预期效果，就是因为它们虽然同时做了精益和六西格玛，但是没有把二者结合在一起，而是不同的部门分别使用不同的模式。

（2）重视文化建设。不论是精益生产还是六西格玛管理，文化对其成功都起到重要的作用。同样，实施精益六西格玛也离不开文化建设。通过文化建设，使公司每一个员工形成一种习惯，自觉地按精益六西格玛的方式去做事。

精益六西格玛的文化是持续改进、追求完美、全员参与的文化。只有追求完美，持续地对过程进行改进，才能不断超越现状，取得更大的绩效；而现代的组织管理是一个非常复杂的系统，个人或一部分人的力量是有限的，只有靠全员参与，才能最大地发挥集体的能力。

（3）以流程管理为中心。精益生产和六西格玛管理都是以流程为中心的管理方式，因此精益六西格玛管理也必须以流程为中心，摆脱以组织功能为出发点的思考方式。只有以流程为中心才能真正发现在整个价值流中哪些是产生价值的，哪些是浪费，最终实现高效的管理。

（4）领导的支持。精益六西格玛需要处理整个系统的问题，同时要分析和解决的问题也更复杂，需要与不同的部门进行沟通，需要得到更多的资源支持，所以没有领导的支持是不可能成功的。领导的支持应该是实实在在的支持，而不是仅仅在口头上的承诺，所以这就要求领导也要参与到精益六西格玛管理变革中，只有参与其中，才能发现问题，有力地推动精益六西格玛的实施。

（5）正确使用方法和工具。在利用精益六西格玛方法对系统进行分析之后，针对某一具体问题，可能仅仅用到精益生产或者六西格玛管理的方法或工具，也可能需要把两个管理模式中的方法和工具结合起来使用。例如对于简单问题，就应该用持续改进的策略，用精益生产的方法和工具直接解决，如果还用六西格玛管理的方法和工具，必然降低速度；而对于复杂的问题，如果不用六西格玛管理的方法和工具，就不能发现真正的原因，不能有效解决问题；还有一些复杂问题需要同时利用精益和六西格玛的方法与工具来解决，才能达到其目的。因此，精益六西格玛要实现精益生产的速度和六西格玛管理的过程稳健性，必须确定问题的种类，针对具体问题选用恰当的处理方法和工具。

第3节 六西格玛管理与BPR和全面质量管理的比较

一、六西格玛管理和BPR的比较

BPR（business process reengineering）指的是企业流程再造。它强调以业务流程为改造对象和中心，以关心顾客的需求和满意为目标。美国的一些大公司，如IBM、柯达、通用汽车、福特汽车、施乐和AT&T等纷纷推行BPR，试图利用它发展壮大。

BPR与六西格玛管理是两种流程改进方法。这两种方法各有利弊和局限性。BPR主要利用最佳的管理实践对企业进行快速的改进，是推倒重来的方式。它比较难以被组织心甘情愿地全面接受，适合那些比较年轻的、管理还没有定型的企业。六西格玛管理是流程持续改进的方法。它由企业内部人员推动完成，需要的时间比较长，但改造比较彻底。企业内部员工有机会成为流程改进方面的专家，因而有持续改进的力量。具体的比较参见表4-8。

表4-8 BPR与六西格玛管理的比较

BPR	六西格玛管理
忽略分析	重视分析
推倒流程，重新再来	持续改进流程
缺乏衡量标准	完全量化
改进依赖于外部咨询师的建议	改进由企业内部人员来完成
员工参与少	全员参与
实施时间短，奏效快	实施时间较长
适用于未定性的年轻企业	适用于定义了核心业务流程的企业

在实际项目中，六西格玛管理和BRP经常结合使用。BPR的强项在于快速，但BPR的推倒重来势必会影响机构的重组。如果企业的核心业务流程已经定型，采用六西格玛管理方法更为合适。

二、六西格玛管理与全面质量管理的比较

六西格玛管理不断推进，企业界和管理界开展了有关全面质量管理与六西格玛管理的探讨，不少人认为六西格玛管理将会取代全面质量管理。在学术界，正式对全面质量管理与六西格玛管理加以比较或分析的并不多见。六西格玛管理之父哈里认为：“六西格玛管理所表现出的处理方式、适应性和功能都不同于其他的质量管理方法，它是一个全新的、整合的、多层面的系统方法。”尽管哈里没有明确评论六西格玛管理与全面质量管理的关系，但可以看出他认为六西格玛管理与全面质量管理是有所不同的。

布雷弗格（Breyfogle）等人也认为：“六西格玛管理不能仅仅看作对全面质量管理计划中最好一面的重新包装。”从中可以看出，这些学者对于全面质量管理与六西格玛管理的比较分析还是很笼统的，其中潘德（Pande）等人对于全面质量管理与六西格玛管理做了较为广泛的比较，但所列举的都是全面质量管理的不足。因此，对全面质量管理和六西格玛管理进行全面、具体的比较，以更深入了解全面质量管理和六西格玛管理是很有必要的。鉴于此，本节将从二者的起源、概念、本质特征等方面，对全面质量管理与六西格玛管理进行全面的比较和分析。

（1）起源。全面质量管理起源于20世纪80年代初期，它深受日本人提出的全公司范围的质量控制（CWQC）的影响，很快风靡全球；而六西格玛管理是摩托罗拉公司为提高制造过程的质量于1987年提出的，之后逐渐被通用电气、通用汽车等大公司所接受，正是由于1995年通用电气全力推行六西格玛管理取得了显著的成效，受到世人的广泛关注，六西格玛管理才开始流行起来。

（2）概念。全面质量管理追求顾客满意，持续不断地满足顾客需求，强调人人参与；而六西格玛管理不仅重视顾客的声音，同时也重视股东的利益和追求财务效果，即绩效指标。全面质量管理过于重视质量和顾客满意，但有时公司不能获利；而六西格玛管理却十分重视公司获利，这也是全面质量管理在企业中逐步淡化的原因之一。

（3）本质特征。全面质量管理是一种整体性概念、方法、过程与系统的质量管理框架；而六西格玛管理利用项目，进行突破性的质量改进和过程改进，并与公司的策略结合在一起。全面质量管理关注的层面多，而六西格玛管理却与公司策略结合在一起。

（4）运作方式。全面质量管理以连续改进为核心，通过全员参与和团队合作的方式推动全面的质量管理活动；而六西格玛管理是以受过良好培训的、结构化角色为主导的团队结构，通过项目管理的方式推动关键过程的改进或再设计。因此，全面质量管理是全员参与的质量改进，而六西格玛管理是通过大量培训和有组织的人力投入进行改进或改造。

（5）关注重点。全面质量管理是全员质量管理，所有过程与系统都是连续改进的着眼点，而六西格玛管理关注由顾客反应确定的关键过程与系统，即全面质量管

理关注的过程范围广，六西格玛管理着重于关键过程。

（6）所用方法。全面质量管理通常采用质量管理小组、日常管理、案例分析、统计过程控制、生产过程维护、水平比较等方法；六西格玛管理则采用企业流程再造、DMAIC、DMADV（定义、测量、分析、设计和验证）、水平比较、结构化角色设计等方法。全面质量管理的方式较为传统，大多数来自日本，而六西格玛管理采用较为现代的方法，往往能产生良好的效果。

（7）统计工具。二者所使用的工具没有太大的差异，只是全面质量管理所使用的基本统计方法较多，而六西格玛管理所使用的高级统计方法的比重较大。

（8）领导力度。全面质量管理通过各层级主管的以身作则，影响与领导并推动员工自主管理，同时也包括领导者的授权推动；而六西格玛管理通过高层强有力的领导，结构化角色设计，以及项目成果的反馈来推动。对二者来说，主管领导尤其是高层领导的承诺和支持都是很重要的，但全面质量管理是自下而上的，因而主管领导对改进的成败所负责任不多；而对六西格玛管理来说，高层主管对六西格玛管理改进的成败负有直接责任。

（9）激励。在实施全面质量管理成功后，主管对下属的奖励通常是赞许，或者颁发纪念品，以精神奖励为主；而六西格玛管理要给予丰厚的物质奖励，如通用电气公司年终奖金的40%是以六西格玛管理项目来考核的，员工也可获得黑带大师和黑带证书。此外，项目成果与员工的提拔升迁密切相关。显然，六西格玛管理的奖励要比全面质量管理诱人得多。

（10）教育培训。全面质量管理强调全体员工的教育与培训，重视培养质量意识、质量观念以及改进方法，着重新老七种工具的培训；而六西格玛管理则在教育和培训方面投入大量的资金，对结构化的角色采用不同的培训，通常绿带要有两周的教育培训，黑带要有四周的教育培训，黑带大师则要担负起培训教育的责任。特别要指出的是，六西格玛管理的培训是与项目的实施相结合的。由此可以看出，全面质量管理很重视教育和培训，但采取的方法是在教育培训之后再去实施；而六西格玛管理在教育培训上的力度更大，采取边学边实施、再学再实施的方法，而且与激励措施相结合。

（11）变化。全面质量管理的变化是逐步的、渐进的，由于改进的速度不是很快，因此在其他各个方面的变化也是缓慢的；而六西格玛管理的理念就是要带来大幅度的改进，在一定程度上它属于流程再造，因此变化的速度较快。由于六西格玛管理要求的是快速、大幅度的变化，因而能反映当前追求不断创新和快速变化的经营环境。

（12）文化。全面质量管理建立重视质量、重视顾客的质量文化，提倡自动自发、团队合作的精神；而六西格玛管理重视培养经营绩效的理念和实施，通过改进的结果带来企业文化的转变。由此可以看出，全面质量管理强调建立重视质量、重视顾客的企业文化；而六西格玛管理文化的转变较快，同时重视顾客和绩效。

从发展的角度来说，六西格玛管理比全面质量管理具有超前性，体现在以下几方面。

（1）六西格玛管理强调对关键业务流程的突破性改进，而不是一时一点的局部改进。

（2）六西格玛管理的开展依赖于企业高层领导的重视，依靠企业领导人和决策者的自觉行动。

（3）六西格玛管理是一个具有挑战性的诱人目标，这个在每百万次机会中仅出现 3.4 个缺陷的目标，是人类通过努力可以达到的最完美的质量目标。在六西格玛目标的实现过程中，企业能够获得丰厚的回报。

（4）六西格玛管理强调顾客驱动，是一种由顾客驱动的管理哲学。这种管理哲学强调以顾客为中心，确立以顾客为中心的经营方针，其目的在于长期获取顾客的满意并使公司持续发展。毕竟，只有顾客买单的先进技术才能推动企业的发展壮大。

（5）六西格玛管理充分体现了跨部门的团队协作，它通常把部门间的相互支持放在首位。在摩托罗拉和通用电气，这种跨部门的相互协作甚至扩大到它们的供应商和分销商。

（6）六西格玛管理关注产生结果的关键因素。有输入才会有输出，任何流程所产生的结果都是输入和因素共同作用的结果。影响结果的因素很多，但通常只有20%是关键因素。六西格玛管理就密切关注这 20%的关键因素，也就是抓住问题的本质。

全面质量管理是一种以组织全员参与为基础的质量管理形式。六西格玛管理突破了全面质量管理的不足，强调从上到下的全员参与，人人有责，不留死角。因此，从某种意义上说，六西格玛管理是全面质量管理的继承和发展。

□ 基本概念

全面质量管理　total quality management，TQM

定义、测量、分析、改进与控制　define-measure-analyze-improve-control，DMAIC

黑带　black belt

六西格玛　6σ

企业流程再造　business process reengineering

□ 思考题

1. 简述全面质量管理的概念及其特点。
2. 全面质量管理的基础性工作有哪些？
3. 简述六西格玛管理的内涵。
4. 简述 DMAIC 模型的组成。

5. 试比较六西格玛管理和全面质量管理的异同点。
6. 试比较六西格玛管理和BPR的异同点。

案例分析

海尔集团从一家几乎破产的冰箱厂发展成今天的世界知名企业，其CEO张瑞敏创造了中国企业的一个管理神话。因此，谈及六西格玛在中国的管理实践时，有必要说一下六西格玛管理在中国知名企业——海尔集团的实践，同时也讲述一下六西格玛管理对海尔的变革。

首先，六西格玛管理是一种系统的流程改进方法体系，它的管理意义在于，以顾客为关注中心，基于数据和事实驱动的管理方法，聚焦于全流程的改进，进行无边界的合作，追求完美等。其次，六西格玛管理方法在国外一些知名企业已经取得了卓著的成效。作为中国企业，要想在世界市场上占有重要的位置，必须要知己知彼，方可百战不殆。在竞争激烈的今天，管理方法必须推陈出新，更要迎合时代的发展。海尔也不例外，它相信引入六西格玛管理方法肯定会带来巨大的变革。

海尔集团从1984年到现在30多年的时间里，一直将质量管理作为影响企业生死存亡的大事来抓，并积极探索创新，不断完善海尔集团的质量管理体系。从建厂初期的一把大锤砸掉76台不合格冰箱，再到后来的全面质量管理、名牌战略、六西格玛管理体系、卓越绩效模式，从保修期到保证期再到人单合一的质量管理体系，海尔的质量管理经历了四个发展过程：名牌战略阶段、多元化发展战略阶段、国际化发展战略阶段、全球化品牌战略阶段。

2002年11月23—25日，中国质量协会与摩托罗拉大学联合举办“企业领导人六西格玛管理高级研修班”。海尔集团领导通过此次培训开始接触到六西格玛管理。随着海尔的发展，质量管理核心由产品的零缺陷管理发展到整个体系的质量保证。同时在国际知名企业的影响下，海尔集团的高层逐渐认识了六西格玛，并看到了六西格玛管理在企业质量发展中的作用和巨大潜力。海尔集团从2004年6月开始导入六西格玛管理，2005年7月在青岛洗衣机事业部进行第一批试点，2006年年初，洗衣机推进六西格玛取得阶段性成绩，项目带来了可观的财务收益，之后海尔集团开始全面导入和推广六西格玛管理。2006年7月3日，海尔集团第一期六西格玛项目成果发布大会在海尔中央研究院举行。大会对9个质量改善项目给予表彰，同时邀请到中国认证认可协会王凤清会长及山东省和青岛市相关领导向来自海尔洗衣机事业部的李明授予黑带资格，向其他8人授予绿带资格。

杨绵绵总裁在大会上要求：所有事业部部长都要按照六西格玛黑带标准要求自己，在规定时间内达到黑带水平。同时也对海尔供应商提出新的要求：今后海尔的供应商也要用六西格玛方法来解决质量问题，满足客户需求。

海尔集团结合自身情况自上而下贯穿全流程节点，全员、全面地推行六西格玛管理，丰富了我国六西格玛管理的认证认可的工作内容，并不断延伸发展，不断提高认证有效性，这也是中国企业实施六西格玛管理的探索。海尔集团自2005年5月起在集团推行六西格玛项目，按照DMAIC的各阶段结合产品生产的全流程进行改革，打破壁垒形成团队合作机制，面对国际市场提高海尔产品的竞争力。例如，冰箱很重要的一个工序就是焊接，关键质量特性是不能焊漏、焊堵。对这样的工位过程能力要达到六西格玛的水平，首先使用的原料包括焊接的气体、焊条、钢管要达到六西格玛水平，工人的能力素质也要逐步达到六西格玛水平。只有所有过程能力都达到六西格玛水平，工位过程能力评价才能达到六西格玛水平，因此，必须要做到精益求精。产品生产的每个环节都需要注意到，不能忽视任何一个环节。

企业文化是海尔集团发展壮大的另一个决定性因素。在海尔，每个人都知道他们的使命和职责，尤其是在六西格玛管理这种严谨的方法论下，从而更彰显出企业文化的力量。如果说六西格玛的力量是提高消费者的满意度，为企业提高利润，帮助企业得以持续发展，那么企业文化的力量就是使六西格玛决策得以有效地实行。海尔正是用行动传播企业文化，用行动传播质量意识，通过管理工具创新确立质量意识，靠组织机构贯彻质量意识。有了质量管理意识还要通过实际行动去执行，通过管理工具去加强，通过规章制度去固化，通过质量管理机构去贯彻，使之深入每一个海尔人的心中，让员工把遵守质量管理规范变成自觉行动。经过十多年艰苦卓绝的苦心经营，如今海尔文化尤其是其核心——质量文化已经成为海尔宝贵的无形资产。海尔实现了这一无形资产的应用性扩散。

海尔做得很出色，但从不自满。就像 CEO 张瑞敏所说，“永远战战兢兢，永远如履薄冰”。抱着这种心态，海尔人很善于向外界学习，将科学的管理方法和成功的经验纳入自己的管理体系中，为自己所用，充实和丰富自己的质量文化内涵，六西格玛管理的引入也是如此。海尔永远都是孜孜不倦地吸引新的理论，适应时代，迎接挑战，提高企业竞争力和美誉度。将六西格玛管理这种至今最为先进的管理方法应用到海尔的业务管理中，是每个海尔人的使命。

第 5 章 Chapter 5 设计质量管理

学习目标

- ◎ 熟悉正交表的格式及其特征
- ◎ 熟悉正交试验设计的基本概念和基本流程
- ◎ 熟练掌握质量功能展开的原理及实施要点
- ◎ 掌握质量屋的结构及内容
- ◎ 理解田口方法的基本观点和策略
- ◎ 熟悉三次设计的基本原理

引例

丰田召回门事件

丰田产品大规模召回起源于美国。2009 年 8 月底，美国发生丰田雷克萨斯品牌汽车突然加速导致 4 人死亡的事故，这成为丰田召回事件的导火索。针对这一事件，丰田美国公司认为，事故发生原因是汽车内可移动的脚垫可能导致油门被卡住。美国国家公路交通安全管理局在累计接到 100 多起类似的投诉后，与丰田公司进行了一番交涉。丰田公司随后要求公司在美国的 1 400 余家经销商开始召回存在问题的雷克萨斯与丰田其他品牌车辆。9 月份之后丰田美国公司累计召回车辆达到 426 万辆，这创造了丰田汽车召回的新纪录。虽然 11 月份丰田公司宣布从 2010 年开始对此前在美国召回的问题车免费更换油门踏板，但对丰田汽车质量的批评还是浮出水面，于是拉开了这家以质量著称的日本汽车制造商大批量召回的帷幕。

丰田公司召回事件的起因可以归为“脚垫门”，后期的油门踏板设计缺陷问题起到了加速器的作用。在业界震惊于丰田汽车历史性的召回时，这家日本汽车制造商再次因零部件设计问题发出召回通知。

2010 年 1 月 21 日，因油门踏板存在设计缺陷，丰田美国公司再次发布召回，这次召回了大约 230 万辆计 8 种型号的丰田品牌汽车。这些产品包括丰田在美国最畅销的凯美瑞系列车型、卡罗拉系列车型、RAV4 系列车型等，加上 2009 年召回的 79.24 万辆，这约相当于其当年在美销售总量的 53%。据 Autodata 机构的统计，丰田美国公司这些召回的产品中，凯美瑞系列车型召回 34.7 万辆，占其销售量的 23%；卡罗拉与 Matrix 的召回总量为 26.54 万辆，占丰田总销量的 18%；RAV4 召回量为 4.64 万辆，占总销量的 3%。这不仅对丰田美国公司是一个重创，也震动了汽车行业。尽管丰田公司称此次油门被卡是因为机械问题，与脚垫无关，但这样的情况还是第一次发生在这个以“精益生产”闻名全球的汽车制造企业身上。

讨论：

（1）根据案例辨析“产品是设计出来的，而不是制造出来的”。

（2）设计质量对产品最终质量会造成什么样的影响？

第 1 节　正交试验设计

在科学研究和生产实践中，经常要做许多试验。如在科研攻关、产品技术革新等项目的研究中，所考察的指标一般是受多个因素影响的，我们要通过试验来选择各个因素的最佳试验状态，就存在着如何安排试验和如何分析试验结果的问题。做全面试验固然能得到最好的结果，但当因素及其水平都比较多时，做全面试验从人力、物力、财力及时间等方面的投入来看一般是不现实的。

因此，如果选择其中一部分试验，就能相当好地反映全面搭配可能出现的各种情况，以便从中选出较好的试验方案，这正是试验设计所研究的范畴。试验设计是以概率论和数理统计为理论基础，科学地安排多因素试验的一类实用性很强的数学方法。它是数理统计学中的一个很大的分支，研究的主要内容是如何合理地安排试验以使试验次数尽可能少，并能正确地分析试验数据。

第二次世界大战后，正交试验设计方法在日本推广，在日本经济飞速发展中起到十分重要的作用，现已成为科技工作者和产业工人必备的方法。据日本有关专家估计，日本的经济发展至少 10%应归功于正交试验设计。

一、基本概念

这里主要介绍试验设计中用到的一些基本概念。

1. 试验指标

试验中用来衡量试验条件好坏的特性（可以是质量特性也可以是产量特性或其他）称为试验指标，它是一个随机变量。为了方便起见，常用 x 表示。能够用数量表示的为定量指标，如尺寸、合格品率等；不能用数量表示的为定性指标，如颜色、光泽等。

2. 因素

将试验中要加以考察而改变状态的因素称为因子。一类是可控因素，指那些在设计和制造中可以控制的因素，如零部件的几何尺寸、间隙，所用原材料的抗拉强度值、电路中电阻的欧姆值等。这些因素又称为设计变量，常用 A，B，C 等大写英文字母表示。另一类是不可控因素，它们对产品质量特性有影响，而在设计中难以控制。例如，使用条件、操作人员、工作对象、环境因素（温度、湿度等）、同种原材料由于炉号不同而造成抗拉强度上的差异等。

3. 水平

因素在试验中所处的状态和条件的变化可能引起指标的变动，把因素变化的各种状态和条件称为因素的水平，又叫位级。一个因素往往要考察几个水平，如采用不同的淬火温度、不同的强度等。如果一个因子在试验中取 k 个不同状态，就称该因子有 k 个不同水平。因子 A 的 k 个水平常用 A_1，A_2，…，A_k 表示。

4. 正交试验设计

所谓正交试验设计，就是利用一套现成的规格化的表——正交表来安排多因素试验，并对试验结果进行统计分析，找出较优（或最优）试验方案的一种科学方法。具体来说，它能明确回答下面几个问题：

（1）因素的主次，即各因素对所考察指标的影响大小顺序。

（2）因素与指标的关系，即每个因素各水平不同时，指标是怎样变化的。

（3）什么是较好的生产条件或工艺条件。

（4）进一步试验的方向。

二、正交表的格式及特征

1. 正交表的格式

正交表是一些已经制作好的规格化的表，是正交试验设计的基本工具，它给出了各种因素和水平的代表性很强的试验组合。它用于安排一类因素较多、周期较长和多指标的试验。

首先以最常见的 $L_8(2^7)$ 为例来认识正交表（见表 5-1）。

表 5-1　　正交表 $L_8(2^7)$

试验号	列号						
	1	2	3	4	5	6	7
1	1	1	1	1	1	1	1
2	1	1	1	2	2	2	2

续前表

试验号	列号						
	1	2	3	4	5	6	7
3	1	2	2	1	1	2	2
4	1	2	2	2	2	1	1
5	2	1	2	1	2	1	2
6	2	1	2	2	1	2	1
7	2	2	1	1	2	2	1
8	2	2	1	2	1	1	2

正交表记号 $L_8(2^7)$ 的含义如下（见图 5-1）：L 为正交表的符号；其下标 8 为表的行数，即试验次数；括号里的 7 代表最多可安排 7 个因素；2 代表每个因素有两个水平。

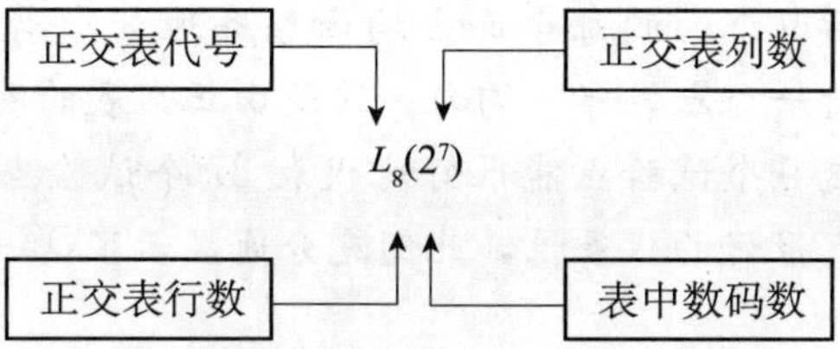

图 5-1　正交表的记号表示

从表 5-1 可以看出，正交表之所以称为“正交”，是因为它具有如下一些特点：

(1) 表中各列出现的数字个数相同，任一列只出现两个数字“1”和“2”，“1”和“2”的个数都为 4。

(2) 表中任意两列并在一起形成若干数字对，不同的数字对的个数相同。表中任何两列形成 8 个数字对，分别为 (1，1)，(1，2)，(2，1)，(2，2) 共四种，每种的个数都是 2。

(3) 有些正交表还有一个附表——两列间的交互作用列表。当所选因素之间存在交互作用时，就可通过附表确定任何两列的交互作用应占的列号，即在正交表中增加新的一列，也把它作为一个新的影响因素来处理。

除了上述 $L_8(2^7)$ 正交表外，常用到的正交表还有 $L_9(3^4)$，$L_{12}(2^{11})$，$L_{16}(2^{15})$，$L_{27}(3^{13})$，$L_{18}(2^1\times3^7)$，$L_{36}(2^{11}\times3^{12})$ 等，它们也都具有以上三个特点。

2. 正交表的特征

为什么用正交表安排的试验会具有较好的代表性？原因是正交表具有以下两个特征。

(1) 均衡分散性。正交表所安排的试验点均匀地分布在全面试验的不同位置。每个点都有很强的代表性，能够比较全面地反映试验域内的大致情况。因此，试验中的好点，即使不是全面试验中的最好点，也往往是相当好的点。通过对试验结果的分析得到的较优生产条件自然是全面试验中的较优的生产条件。

（2）整齐可比性。正交试验设计分析试验数据是在其他因素水平变动的情况下比较一个因素的水平。这样就使得我们可以通过直接比较各因素的极差来确定因素的主次，根据各个因素各水平的效应值来确定因素各水平的优劣。

下面举例说明正交表安排试验的合理性。

【例5-1】设某问题中所考察的指标可能受三个因素A，B，C的影响。每个因素各取三个水平，分别记为：

A：A_1，A_2，A_3

B：B_1，B_2，B_3

C：C_1，C_2，C_3

若做全面试验需做27次试验，选$L_9(3^4)$较合适，且只需安排9次试验。如果把每次实验结果当作一个“解”，其解域就好比一个立方体。9个试验点均匀地分布在立方体的各个部位，可以说是面面俱到，线线俱到。在上、中、下，左、中、右，前、中、后9个面的每个面上均衡整齐地分布着3个试验点，在27条线上，每条线上分布着一个点，非常均匀。这是由正交表的两个特点所决定的，可以说用正交表安排的这9个试验点能很好地代表27个试验点。这就是我们所说的用正交表安排的试验有很好的代表性，此例充分地显示了这一点。

三、正交试验设计

1. 试验方案的设计

正交试验设计的任务之一是用正交表确定试验方案。如何用正交表安排试验呢？下面通过一个例子来说明。

【例5-2】某工厂为了提高产品的转化率，决定进行试验，寻找较好（或最好）的生产工艺条件。根据历史资料，认为影响转化率的因素可能有四个，分别是反应温度（℃）、反应时间（分钟）、用碱量（千克）和反应压力（大气压），依次记为A，B，C和D（设因素之间没有交互作用）。根据经验，确定了各因素的三个不同水平，如表5-2所示。问应如何安排试验？

表5-2　因素水平表

水平	因素			
	A	B	C	D
1	80	90	5	2
2	85	120	6	2.5
3	90	150	7	3

解　对于这个4因素3水平的试验问题，若做全面试验，需将所考虑的各种因素的不同水平做全面搭配，则要进行81次（3^4）试验，试验次数太多，实际情况不允许。为此考虑用正交表来安排试验。

首先要选用一张合适的正交表。本例是一个三水平试验，应该从三水平表

$L_9(3^4)$，$L_{27}(3^{13})$ ……中选一张较合适的表。而表 $L_9(3^4)$ 可以安排四个因素，且只需做 9 次试验，所以选表 $L_9(3^4)$ 较合适。其次，只要把 A，B，C，D 四个因素随机地填在表的四个列上方就行了，比如把 A，B，C，D 四个因素依次填在 1，2，3，4 列上方，这叫表头设计。表 5－3 给出了例 5－2 的一种表头设计。[①]

表 5－3　试验设计方案表

试验号 \ 水平 \ 列号	A 1	B 2	C 3	D 4
1	1 (80)	1 (90)	1 (5)	1 (2)
2	1	2 (120)	2 (6)	2 (2.5)
3	1	3 (150)	3 (7)	3 (3)
4	2 (85)	1	2	3
5	2	2	3	1
6	2	3	1	2
7	3 (90)	1	3	2
8	3	2	1	3
9	3	3	2	1

表 5－3 中各列的数字“1”“2”“3”分别代表该列所填因素的相应水平，而每一行就是一个试验方案。例如，第 4 行就是第 4 号试验，其试验条件是 $A_2B_1C_2D_3$，即因素 A 取“2”水平 A_2，因素 B 取“1”水平 B_1，因素 C 取“2”水平 C_2，因素 D 取“3”水平 D_3，对应于因素水平表 5－2，第 4 号试验的条件是反应温度取 85℃，反应时间取 90 分钟，用碱量取 6 千克，反应压力取 3 个大气压，其余各号试验的条件依此类推。在此指出，表 5－2 的每一列（即每个因素对应的三个水平）的三个数据，应根据经验和专业知识等，在用正交表安排试验前确定。

至此，例 5－2 的试验问题在各因素给定水平下，通过正交表 $L_9(3^4)$ 就确定了试验方案表 5－3，总共只需做 9 次试验。

2. 试验结果的分析

一旦试验方案确定，就必须按各号试验条件严格进行试验，并记录试验所得结果。接下来的工作就是分析试验所得数据以获得最优决策。下面介绍一种用于分析正交试验数据的方法——极差分析法。

以例 5－2 的试验方案为例。依照表 5－3 安排的试验方案，以及每个因素的各个水平的具体含义，进行这 9 次试验（一般不要按序号来做这 9 次试验，而应随机地挑选试验号来完成这些试验，只是要把相应的结果填在对应试验号右侧的数据栏内。必须强调的是，做每一号试验就一定要严格按表中排定的试验条件来进行），

① 此处表头设计是在因素之间没有交互作用的前提下设计的。

表5-4的右侧数据栏内已列出了全部9次试验的数据。

（1）数据计算。为了分析各因素对指标（此处为转化率，提高转化率是试验的目的）的影响，对9个试验结果（表5-4的最右侧一列）计算每一列 j 的 I_j，II_j，III_j，R_j（$j=1$，2，3，4，此处分别对应因素 A，B，C，D），并列在表5-4的下方。具体是：

$$I_1=31+54+38=123$$
$$II_1=53+49+42=144$$
$$III_1=57+62+64=183$$
$$R_1=183-123=60$$

……

$$I_4=31+49+64=144$$
$$II_4=54+42+57=153$$
$$III_4=38+53+62=153$$
$$R_4=153-144=9$$

式中 I_1，II_1，III_1 表示对第1列（因素 A）而言，把9个试验结果分为三组分别对应第1列（因素 A）的“1”水平、“2”水平、“3”水平，然后将每组的三个试验结果分别相加所得之和；R_1 表示 I_1，II_1，III_1 三个数据的极差；对其他列（或因素）而言，I_j，II_j，III_j，R_j 有同样的含义。

表5-4 试验结果极差分析表

列号 / 水平 / 试验号	A 1	B 2	C 3	D 4	转化率（%） y_i
1	1	1	1	1	31
2	1	2	2	2	54
3	1	3	3	3	38
4	2	1	2	3	53
5	2	2	3	1	49
6	2	3	1	2	42
7	3	1	3	2	57
8	3	2	1	3	62
9	3	3	2	1	64
I_j	123	141	135	144	
II_j	144	165	171	153	
III_j	183	144	144	153	
R_j	60	24	36	9	

（2）分析因素的影响。由表5-4的 I_j，II_j，III_j，R_j 的含义可知，I_1 表示在

A_1 水平下的三次试验的数据和，在这三次试验中，B，C，D 三个因素的“1”“2”“3”的水平皆各出现一次，因此数据和 I_1 反映了三次 A_1 水平的影响，B，C，D 的每个因素“1”“2”“3”水平各一次的影响。同样，II_1 反映了三次 A_2 水平的影响及 B，C，D 每个因素的三个水平各一次的影响；III_1 反映了三次 A_3 水平的影响及 B，C，D 每个因素的三个水平各一次的影响。因此，可以认为 B，C，D 三个因素对 I_1，II_1，III_1 的影响是大体上相同的，而 I_1，II_1，III_1 之间的差异可以看作由于 A 取了三个不同的水平而造成的。于是 I_1，II_1，III_1 的数值可以大体上反映因素 A 的“1”“2”“3”水平对转化率影响的情况，R_1 则反映了因素 A 选取的水平变动对指标（转化率）影响的大小。

同理，I_2，II_2，III_2，R_2 反映了因素 B 的情况，I_3，II_3，III_3，R_3 反映了因素 C 的情况，I_4，II_4，III_4，R_4 反映了因素 D 的情况。

根据计算结果及以上的分析可得出一系列结论：

（1）各因素对指标（转化率）影响哪些是主要的？哪些是次要的？

根据极差 R_j 这一行的数据可知，第 1 列和第 3 列较大，第 4 列最小。这反映出，当因素 A，C 的水平变动时，指标波动最大，因素 D 的水平变动时，指标波动最小。由此可以根据极差的大小顺序排出因素的主次：

主$\longrightarrow$次

A，C，B，D

可以看出反应温度（因素 A）最主要，其次是用碱量（因素 C）及反应时间（因素 B），至于反应压力（因素 D）就不太重要了。因此，在生产中要特别控制好反应温度，至于反应压力则取较经济和方便的生产条件即可。

（2）什么是较好的生产条件？

从 I_j，II_j，III_j 的含义可知，各因素所在列的 I_j，II_j，III_j 的差异实际上只反映该因素由于水平变动引起指标的波动，而不受其他因素水平变动的影响，所以把各因素的好水平简单地组合起来就是较好的生产条件。但是，实际选取时，还应该区分各因素的主次，对于主要因素，一定要按有利于指标的要求选取最佳的水平，而对于不重要因素则可以根据节约、方便等多方面的考虑任取一个水平。针对例 5-2 的表 5-4，因素 A，C，B 重要，D 不重要，于是较好的生产条件是 $A_3B_2C_2D_1$，即反应温度 90℃，反应时间是 120 分钟，用碱量是 6 千克，反应压力是 2 个大气压。

需要指出的是，把各因素的好水平组合起来而得到的较好生产条件往往不包含在已做过的 9 次试验中，如 $A_3B_2C_2D_1$ 不在这 9 次试验中。这时若以选出的较好生产条件做验证性试验一般都会比所做过的那 9 次试验的效果好。这是由于使用正交表安排的 9 个试验是全部 81 种搭配中的典型代表，由这 9 个代表能把 81 种搭配中较好的生产条件挑出来，这正是正交表的优点。

总之，正交试验的极差分析法的一般步骤是：

第 1 步，定指标，确定因素，选水平。

第 2 步，选用适当的正交表，表头设计，确定试验方案。

第3步，严格按条件做试验，并记录试验结果。

第4步，计算各列的同一水平的数据和与极差 R_j。

第5步，按极差大小排出因素的主次。

第6步，选取较优生产条件。

第7步，进行验证性试验，做进一步分析。

极差分析法没有把因素水平的改变所引起的试验结果的波动与由试验误差引起的试验结果的波动进行比较，也没有提供一个标准来判断因素的作用是否显著。为了克服这些不足，通常在对试验结果进行分析时，还用到方差分析法（具体可参考相关书籍）。

第2节 质量功能展开

您的公司在引进一项对于公司的生存和发展至关紧要的新产品或新服务时是否面临战略性的选择问题？可以设想有一种方法，在您尝试之前就能告诉您该项目的潜在功能，能够帮助降低从开发设计到正式生产的30%时间，而且能够提高产品质量和降低项目投入成本。这种方法就是质量功能展开（quality function deployment，QFD）。

QFD是由日本东京技术学院的质量管理专家赤尾洋二和水野滋于20世纪60年代提出的一种立足于在产品开发过程中最大限度地满足顾客需求的系统化、用户驱动式的质量保证与改进方法。丰田公司于70年代采用QFD以后，取得了巨大的经济效益，新产品开发成本下降了61%，开发周期缩短了1/3，产品质量也有相应的改进。进入80年代以后，该方法在美国等国家取得了极大的成功。世界上著名的公司如福特、通用汽车、克莱斯勒、惠普、麦道、施乐、美国电话电报公司、国际数字设备公司及加拿大的通用汽车公司等也都相继采用了QFD。从QFD产生到现在，其应用已涉及汽车、家用电器、服装、集成电路、合成橡胶、建筑设备、农业机械、船舶、自动购货系统、软件开发、教育、医疗等各个领域。

一、质量功能展开的原理

1. QFD的定义

目前关于QFD的定义没有统一的标准。《美国空军R&M2000大纲》对QFD的说明是："QFD是保证用户、消费者需求，并能推动产品设计和生产工序设计改进的一种方法，也即把用户、消费者需求变换成产品特性和工序特性，并由全企业来完成这些要求的系统方法。"由这一说明可以看出，QFD应该具有以下一些基本内涵：

（1）QFD的本质就是要求企业不断地倾听顾客的心声，并通过合适的方法，采取适当的措施在产品形成的全过程中体现这些顾客的需求。

(2) QFD 是在满足顾客需求的过程中，帮助在产品形成过程中所涉及的企业各职能部门制定出符合各自相应的技术要求的实施措施，并使各职能部门协同工作，共同采取措施保证和提高产品质量。

(3) QFD 的应用涉及产品形成全过程的各个阶段，尤其是产品的设计和生产阶段，被认为是一种在产品开发阶段进行质量保证的方法。

总之，QFD 就是通过一定的市场调查方法获取顾客需求，并采用矩阵图解法和质量屋的方法将顾客的需求分解到产品开发的各个过程和各个职能部门中，以实现对各职能部门和各个过程工作的协调和统一部署，使它们能够共同努力、一起采取措施，最终保证产品质量，使设计和制造的产品能真正满足顾客的需求。因此，QFD 是一种由顾客需求驱动的产品开发管理方法。

2. QFD 瀑布式分解模型

顾客需求是 QFD 的出发点，正确理解顾客需求对于实施 QFD 是十分重要的。顾客需求确定之后，采用科学、实用的工具和方法，将顾客需求一步步地分解展开，分别转换成产品的技术要求等，并最终确定出产品质量控制办法。相关矩阵（也称质量屋）是实施 QFD 的基本工具，瀑布式分解模型则是对 QFD 的展开方式和整体实施思想的描述。图 5－2 是一个由四个质量屋矩阵组成的典型 QFD 瀑布式分解模型。

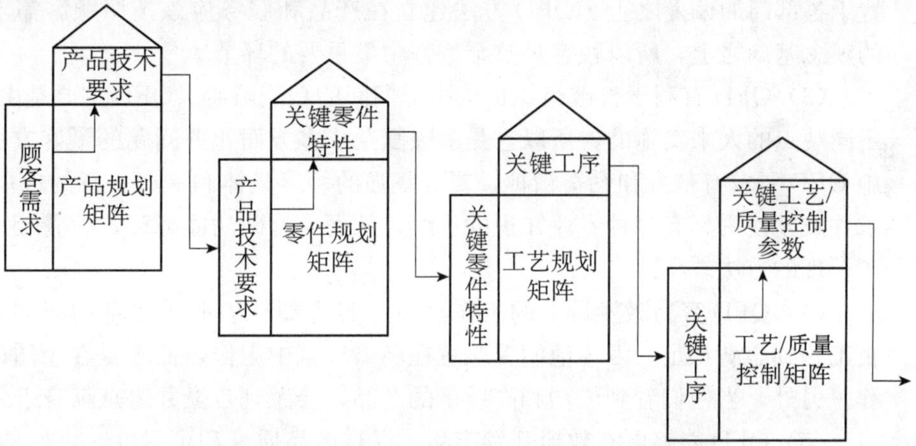

图 5－2　典型的 QFD 瀑布式分解模型示意图

实施 QFD 的关键是获取顾客需求并将顾客需求分解到产品形成的各个过程，将顾客需求转换成产品开发过程具体的技术要求和质量控制要求。通过对这些技术和质量控制要求的实现来满足顾客的需求。因此，严格地说，QFD 是一种思想，一种产品开发管理和质量保证与改进的方法论。将顾客需求一步一步地分解和配置到产品开发的各个过程中，需要采用 QFD 瀑布式分解模型。下面是几种典型的 QFD 瀑布式分解模型。

(1) 按顾客需求→产品技术要求→关键零件特性→关键工序→关键工艺/质量

控制参数，分解为四个质量屋矩阵，如图5-2所示。

（2）按顾客需求→供应商详细技术要求→系统详细技术要求→子系统详细技术要求→制造过程详细技术要求→零件详细技术要求，分解为五个质量屋矩阵。

（3）按顾客需求→技术要求（重要、困难和新的产品性能技术要求）→子系统/零部件特性（重要、困难和新的子系统/零部件技术要求）→制造过程要求（重要、困难和新的制造过程技术要求）→统计过程控制（重要、困难和新的过程控制参数），分解为四个质量屋矩阵。

（4）按顾客需求→工程技术特性→应用技术→制造过程步骤→制造过程质量控制步骤→在线统计过程控制→成品的技术特性，分解为六个质量屋矩阵。

3. QFD方法的作用

QFD方法具有很强的功效性，具体表现为：

（1）QFD有助于企业正确把握顾客的需求。QFD是一种简单的、合乎逻辑的方法，它包含一套矩阵，这些矩阵有助于确定顾客的需求特征，以便于更好地满足和开拓市场，也有助于决定公司是否有力量成功地开拓这些市场以及什么是最低的标准等。

（2）QFD有助于优选方案。在实施QFD的整个阶段，人人都能按照顾客的需求评价方案，所有的决定都是以最大限度地满足顾客需求为基础的。当做出一个决定后，该决定必须是有利于顾客的，而不是工程技术部门或生产部门，顾客的观点置于各部门的偏爱之上。QFD方法建立在产品和服务应该按照顾客需求进行设计的观念基础之上，所以顾客是整个过程中最重要的环节。

（3）QFD有利于打破组织机构中部门间的功能障碍。QFD主要是由不同专业、不同观点的人来实施的，所以它是解决复杂、多方面业务问题的最好方法。但是实施QFD要求有献身和勤奋精神，要有坚强的领导集体和一心一意的成员，QFD要求并鼓励使用具有多种专业知识的小组，从而为打破功能障碍、改善相互交流提供了合理的方法。

（4）QFD容易激发员工的工作热情。实施QFD，打破了部门间的隔阂，会使员工感到心满意足，因为他们更愿意在和谐气氛中工作，而不是在矛盾的气氛中工作。另外，当他们看到成功和高质量的产品，会感到自豪并愿意献身于公司。

（5）QFD能够更有效地开发产品，提高产品质量和可靠性，更好地满足顾客。为了开发产品而采用QFD的公司已经尝到了甜头，成本削减了50%，开发时间缩短了30%，生产率提高了200%。例如，采用QFD的日本本田公司和丰田公司已经能够每3年半时间投放一项新产品，与此相比，美国汽车公司需要5年时间才能够把一项新产品推向市场。

二、质量屋

质量屋（house of quality，HOQ）是QFD的核心，它是由美国学者豪泽（J. R. Hauser）和唐·克劳辛（Don Clausing）在1988年提出的，是一种确定顾客需求和相应产品或服务性能之间联系的图示方法。质量屋为将顾客需求转换为产品技术要求以及进一步将产品技术要求转换为关键零件特性、将关键零件特性转换为关键工艺步骤和将关键工艺步骤转换为关键工艺/质量控制参数等 QFD 的一系列瀑布式的分解提供了一个基本工具。

质量屋结构如图 5－3 所示，一个完整的质量屋包括六个部分，即顾客需求、技术要求、关系矩阵、竞争分析、屋顶和技术评估。竞争分析和技术评估又都由若干项组成。在实际应用中，视具体要求的不同，质量屋结构可能会略有不同。例如，有时可能不一定设置屋顶；有时竞争分析和技术评估这两部分的组成项目会有所增删等。

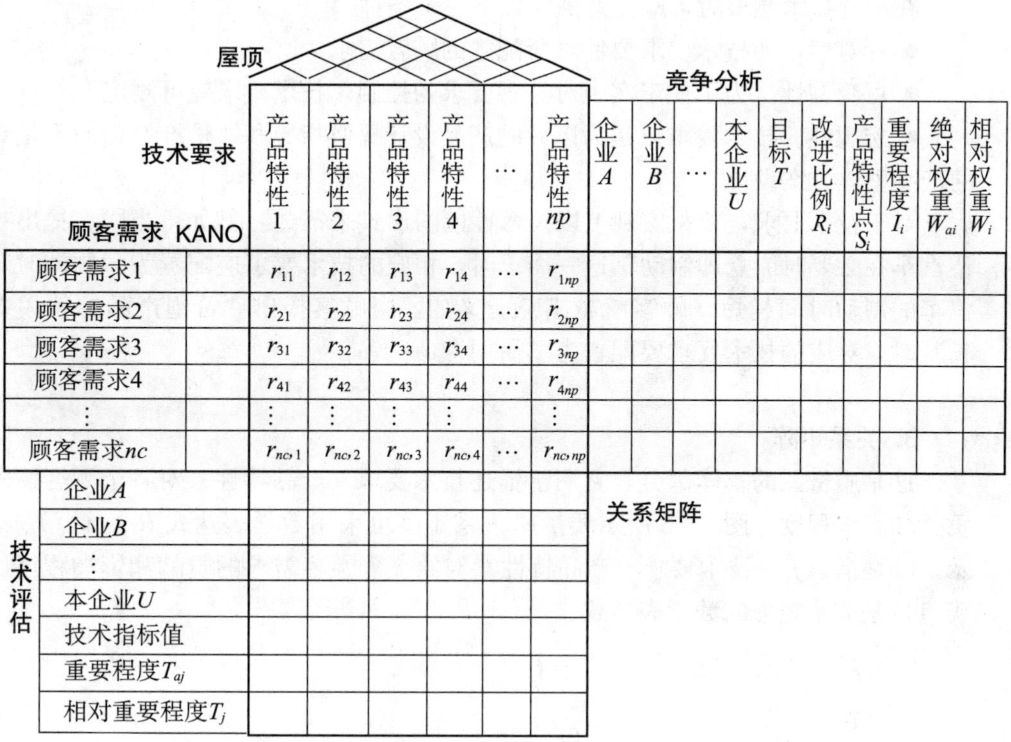

图 5－3　质量屋结构形式示意图

说明：(1) 关系矩阵一般用“◎”、“○”和“△”表示，它们分别对应数字 9，5 和 1，没有表示无关系，对应数字 0。

(2) 产品特性点用“●”和“·”表示。“●”表示强销售考虑；“·”表示可能销售考虑；没有表示无销售考虑，分别用对应数字 1.5，1.2 和 1.0。

1. 顾客需求

对顾客需求可以按照性能（功能）、可信性（包括可用性、可靠性和维修性等）、安全性、适应性、经济性（设计成本、制造成本和使用成本）和时间性（产品寿命和及时交货）等进行分类，并根据分类结果将获取的顾客需求直接配置至产品规划质量屋中相应的位置。

各项顾客需求可简单地采用图示列表的方式，将顾客需求 1，顾客需求 2，…，

顾客需求 nc，填入质量屋中。也可采用类似于分层式调查表的方式，或采用树图表示。不同的产品有不同的顾客需求。例如，对于汽车来说，顾客需求可能是车门容易开启；对于银行来说，顾客需求可能是取款不用排队等。

2. 技术要求

技术要求是用以满足顾客需求的手段，是由顾客需求推演出来的，必须用标准化的形式表述。技术要求可以是一个产品的特性或技术指标，也可以是指产品的零件特性或技术指标，或者是一个零件的关键工序及属性等。技术要求也可采用简单的列表、树图、分层调查表或系统图的方式描述。

在配置技术要求时，应注意满足以下三个条件：

- 针对性，即技术要求要针对所配置的顾客需求。
- 可测量性。为了便于实施对技术要求的控制，技术要求应可测定。
- 宏观性。技术要求只是为以后的产品设计提供指导和评价准则，而不是具体的产品整体方案设计。

对于技术要求，要从宏观上以技术性能的形式来描述。例如，当顾客提出“希望汽车在必要时能立即制动”这一需求时，相应的技术要求应配置为“制动时间”。汽车的制动时间越短，顾客就越满意。又如，当顾客提出“希望产品的使用寿命长”时，对应的技术要求要配置为“使用寿命”。

3. 关系矩阵

这是质量屋的本体部分，它用于描述技术要求（产品特性）对各个顾客需求的贡献和影响程度。图5-3所示质量屋关系矩阵可采用数学表达式 $\boldsymbol{R}=(r_{ij})_{nc\times np}$ 表示。r_{ij} 是指第 j 个技术要求（产品特性）对第 i 个顾客需求的贡献和影响程度。式(5.1)是关系矩阵的数学表达式。

$$\boldsymbol{R}=\begin{pmatrix} r_{11} & r_{12} & \cdots & r_{1np} \\ r_{21} & r_{22} & \cdots & r_{2np} \\ \vdots & \vdots & & \vdots \\ r_{nc1} & r_{nc2} & \cdots & r_{nc,np} \end{pmatrix} \tag{5.1}$$

式中，nc 和 np 分别指顾客需求和技术要求的个数；r_{ij}（$i=1, 2, 3, \cdots, nc$；$j=1, 2, 3, \cdots, np$）是第 i 个顾客需求与第 j 个技术要求之间的相关程度值。

通常采用一组符号来表示顾客需求与技术要求之间的相关程度。例如，用“◎”表示强相关，用“○”表示中等相关，用“△”表示弱相关。顾客需求与技术要求之间的相关程度越强，说明改善技术要求会越强烈地影响到对顾客需求的满足情况。顾客需求与技术要求之间的关系矩阵直观地说明了技术要求是否适当地覆盖了顾客需求。如果关系矩阵中相关符号很少或大部分是弱相关符号，则表示技术要求没有满足顾客需求，应进行修正。

对关系矩阵中的相关符号可以按强相关为9、中等相关为5、弱相关为1，直接配置成数字形式。也可按百分制的形式配置成[0, 1]范围内的小数或用其他方式描述。

4. 竞争分析

应站在顾客的角度，对本企业的产品和市场上其他竞争者的产品在满足顾客需求方面进行评估。通过对其他企业的情况以及本企业的现状进行分析，并根据顾客需求的重要程度以及对技术要求的影响程度等，确定对每项顾客需求是否要进行技术改进以及改进目标。竞争能力可以采用利克特量表的 5 级评分形式，一般情况下，5 表示影响大；4 表示有影响；3 表示一般；2 表示没有影响；1 表示完全没有影响。

（1）本企业及其他企业情况。主要用于描述产品的提供商在多大程度上满足所列的各项顾客需求。企业 A、企业 B 等是指本企业的竞争对手当前的相关产品在满足顾客需求方面的水平。本企业 U 则是对本企业产品在满足顾客需求方面的水平评价。可以采用折线图的方式，将各企业相对于所有各项顾客需求的取值连接成一条折线，以便直观比较各企业的竞争力，尤其是本企业相对于其他企业的竞争力的强弱。

（2）未来的改进目标。对本企业和市场上其他竞争企业的产品进行分析和比较，分析各企业的产品满足顾客需求的程度，并对本企业的现状进行深入剖析，在充分考虑和尊重顾客需求的前提下，设计和确定出本企业产品未来的改进目标，确定的目标在竞争激烈的市场要有竞争力。当然目标的选择也要结合企业自身的现状，要设置相对合适的目标，不能盲目地设置超过企业自身改进能力的目标。

（3）改进比例。改进比例 R_i 是在每一项顾客需求方面本企业改进目标 T_i 与现状 U_i 之比。它能反映出企业在满足顾客需求方面水平提高的比率。

$$\text{改进比例}\ R_i=\frac{\text{改进目标}T_i}{\text{企业现状}U_i} \tag{5.2}$$

例如，改进目标 T_i 为 5，而确定的此项顾客需求的满意度评价 U_i 为 3，则改进比例 $R_i=5/3=1.67$。

（4）产品特性点。产品特性点 S_i 用于评价产品的改进对销售情况的影响，主要把产品的质量特性（魅力质量、一元质量和理所当然质量）考虑进来，设置顾客需求的产品特性点。例如，我们可以用｛1.5，1.2，1.0｝来描述特性点 S_i。当 $S_i=1.5$ 时，产品的改进对销售量的提高影响显著；当 $S_i=1.2$ 时，产品的改进对销售量的提高影响中等；当 $S_i=1.0$ 时，产品的改进对销售量的提高无影响。如果我们要改进某一特性，以更好地满足这一顾客需求，改进之后，产品的销售量会不会有所提高，究竟能提高多少值得认真考虑。片面追求质量至善是不正确的。

（5）重要程度。顾客需求的重要程度 I_i 是指按各顾客需求的重要性进行排队而得到的一个数值。该值越大，说明该项需求对于顾客具有越重要的价值；反之，则重要程度越低。

（6）绝对权重。绝对权重 W_{ai} 是改进比例 R_i、重要程度 I_i 及产品特性点 S_i 之积，是各项顾客需求的绝对计分。通过这个计分可确定一个定量评价顾客需求的等级或排序。

$$\text{绝对权重 } W_{ai} = \text{改进比例 } R_i \times \text{重要程度 } I_i \times \text{产品特性点 } S_i \tag{5.3}$$

（7）相对权重。为了清楚地反映各顾客需求的排序情况，采用相对权重 W_i 的计分方法。

$$\text{相对权重 } W_i = \frac{W_{ai}}{\sum W_{ai}} \times 100\% \tag{5.4}$$

5. 技术要求相关关系矩阵，质量屋的屋顶

技术要求相关关系矩阵主要用于反映一种技术要求如某一产品特性对其他产品特性的影响。它呈三角形，位于质量屋的上方，故称为质量屋的屋顶。

屋顶表示出各技术要求之间的相互关系，这种关系表现为三种形式：无关、正相关和负相关。在根据各技术要求重要程度等信息确定产品具体技术参数时，不能只单独、片面地提高重要程度高的产品技术要求的技术参数，还要考虑各技术要求之间的相互影响或制约关系。特别要注意那些负相关的技术要求。负相关的技术要求之间存在相反的作用，提高某一技术要求的技术参数则意味着降低另一技术要求的技术参数或性能。此外，对于那些存在正相关的技术要求，可以只提高其中比较容易实现的技术要求的技术指标或参数。

屋顶中的内容不需要计算，一般只是用符号"△"表示正相关，用符号"×"表示负相关，标注到质量屋屋顶的相应项上，作为确定各技术要求具体技术参数的参考信息。

6. 技术评估

技术评估指对技术要求进行竞争性评估，确定技术要求的重要程度和目标值等。

（1）本企业及其他企业情况。针对各项技术要求，描述产品的提供商所达到的技术水平或能力。企业 A、企业 B 等是指这些企业针对各项技术要求，能够达到的技术水平或具有的质量保证能力。本企业 U 则是对本企业在这方面的评价。可采用折线图的方式，将各企业相对于所有各项技术要求所具有的能力或技术水平的取值连成一条折线，以便直观评估各企业的技术实力和水平，尤其是本企业相对于其他企业在技术水平和能力上的竞争力。

（2）技术指标值。具体给出各项技术要求如产品特性的技术指标值。

（3）重要程度 T_{aj}。对各项技术要求的重要程度进行评估、排队，找出其中的关键项。关键项是指若该项技术要求得不到保证，将对能否满足顾客需求产生重大消极影响；该项技术要求对整个产品特性具有重要影响；是关键的技术或是质量保证的薄弱环节等。对确定为关键的技术要求，要采取有效措施，加大质量管理力度，重点予以关注和保证。

技术要求的重要程度 T_{aj} 是指按各技术要求的重要性进行排队而得到的一个数值。该值越大，说明该项需求越关键；反之，则越不关键。T_{aj} 是各项技术要求的一个绝对计分。通过这个计分，提供了一个定量评价技术要求的等级或排序。

技术要求的重要程度按下面的公式计算：

$$\text{重要程度 } T_{aj} \text{ 的绝对值} = \sum r_{ij} \cdot W_i \tag{5.5}$$

式中，r_{ij}是关系矩阵值；W_i是顾客需求的权重；i 是顾客需求的编号；j 是技术要求的编号。

(4) 相对重要程度 T_j。为了清楚地反映各技术要求的排序情况，采用相对重要程度 T_j。

$$\text{相对重要程度 } T_j = \frac{T_{aj}}{\sum T_{aj}} \times 100\% \tag{5.6}$$

以上是针对 QFD 瀑布式分解模型中的第一个质量屋，即产品规划矩阵（见图 5-3）来描述质量屋的结构。对于 QFD 瀑布式分解模型中的其他配置矩阵，其结构完全相同。所不同的是顾客需求中的顾客已变成了广义的顾客，技术要求也进一步扩展为引申了其他技术方面的需求，但仍是质量屋中的“什么”和“如何”。这时，QFD 瀑布式分解模型中的上一级质量屋，如图 5-3 中的产品规划矩阵，就变成了其下一级质量屋——零件规划矩阵的顾客，相应地，下一级质量屋——零件规划矩阵的技术要求也就具体地变为关键零件特性，依此类推。

第 3 节　田口方法

一、输出质量特性

输出质量特性即指选用什么样的特性值来度量产品的质量。对于具体的某种产品设计，选用什么特性值来度量质量是一个非常专业的问题。在此主要介绍质量特性的类型。

1. 输出质量特性的分类

(1) 按照质量特性来源可以分为下游、中游、上游和源游质量特性。

下游质量特性（顾客质量）是用户所关注的质量特性。这种质量特性对企业和管理者来说是非常重要的。但对工程研究的意义非常有限，是不重要的。不仅不重要，而且也不应是工程师为改进质量所要测定的功能。它们只能错误地引导注意力，是质量工程中最不好的质量特性。例如：噪声、振动、油耗指数等。

中游质量特性（规格质量）对生产工程师来说是重要的，因为“按图纸生产”是基本的要求。但很多情况表明，按图纸生产并不总能保证取得高质量。采用中游质量特性比采用下游质量特性要好一些，但总体效果仍很差。例如：尺寸、强度或其他规格值。

上游质量特性（上游质量）是产品质量稳健性的一个基本指数。这类质量指数以田口方法的名义得到了广泛应用，但它只是次佳的质量特性。因为此类特性只能用于改进特定产品的稳健性，不能对一组相近的产品进行稳健性改善。例如：静态特性SN比。

源游质量特性（功能质量）是指最好的、最有力的质量特性，是稳健性发展的核心。它所研究的是给定产品的基本功能。应用源游质量特性可最大限度地发挥开发工作的效率。也可使小规模的实验室研究和仿真的结果在下游制造中和在用户的使用条件下具有好的再现性。例如：动态特性SN比。

（2）按照衡量尺度可以分为计量特性值和计数特性值。

当产品的输出特性可以用连续量表示时，称这类特性值为计量特性值。计量特性值在任何时刻都将服从一种连续型的概率分布，通常可认为服从正态分布 $Y\sim N(\mu_y,\ \sigma_y^2)$，如图5-4（a）所示。当产品的输出特性只能定性地分为若干等级，并以该数值加以说明，这种特性值称为计数特性值。计数特性值通常服从二项分布 $Y\sim B(n,\ p)$，如图5-4（b）所示。

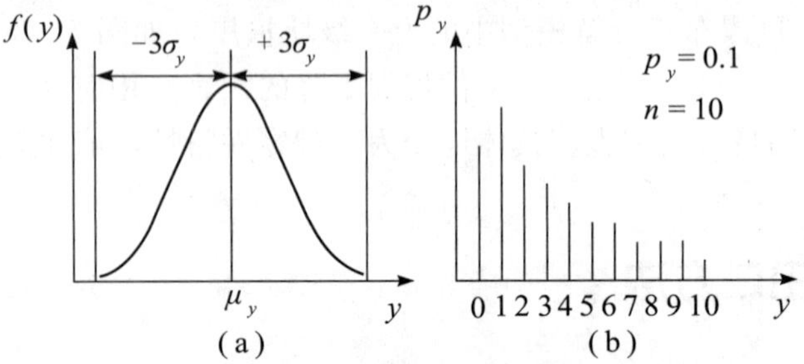

图5-4 计量和计数特性值的概率分布图

（3）按照质量特性目标值的趋向可以分为望目特性、望小特性和望大特性。

望目特性——质量特性 Y 的目标值为一定值，希望 Y 围绕其波动，波动越小越好，则称 Y 为望目特性。例如：零件的尺寸等。

望小特性——不取负值，希望质量特性 Y 越小越好，波动越小越好，则称 Y 为望小特性。例如：测量误差、杂质含量等。

望大特性——不取负值，希望质量特性 Y 越大越好，波动越小越好，则称 Y 为望大特性。例如：零件强度、弹簧寿命等。

2. 影响输出质量特性的因素

变化丰富了人们的生活，不断的变化和更新给事物带来了生机和活力，更推动着人类社会持续向前发展。然而，当这种变化——波动渗透到产品的生产过程中，将成为影响产品质量的大敌。

凡有波动，必有原因。影响质量波动的因素很多，如原材料、机器设备、人的行为、测量、方法、管理以及环境（称为7M），正是这些因素的波动才导致了输出质量的波动。但从设计观点来看，可将这些因素分为两类：

一类是可控因素，是指那些在设计和制造中可以控制的因素，例如零部件的几何尺寸、间隙，所用原材料的抗拉强度值、电路中电阻的欧姆值等。这些因素又称为设计变量。

另一类是不可控因素，对产品质量特性有影响，而在设计中难以控制的因素。例如：使用条件、操作人员、工作对象、环境因素（温度、湿度等）、同种原材料由于炉号不同而造成抗拉强度上的差异等。这些因素又称为噪声因素，根据对产品质量特性产生波动的原因，又分为外噪声、内噪声和随机噪声。

外噪声是指产品在使用或运行中，由于环境和使用因素的差异或变化而影响产品质量特性稳定性的因素。如机床加工精度随温度变化而变化，时钟走时的快慢随温度、湿度的变化而变化，等等。

内噪声是指产品在存放和使用过程中，随时间的推移而直接影响产品质量特性的因素。如材料老化、失效或磨损、腐蚀等。

随机噪声是指由于在生产中人、机、料等的差异而使产品质量特性发生波动的因素。如制造参数、材料性能的波动，操作人员和加工环境的改变，等等。虽然这种差异无法预测，但它们服从一定的统计规律，因此称为随机噪声。

一般说来，抑制随机噪声是制造过程质量管理应解决的问题，而减少内外噪声的影响，则主要是设计阶段应考虑的问题。三次设计正是解决后一问题的有效方法。

3. 产品质量设计模型

根据以上的因素分类，我们可以给出产品质量的设计模型，此模型的基本要素包括：信号因素（输入）y_0、设计变量（可控参数）x、噪声因素 z 和质量特性（输出特性）y，如图 5-5 所示。此图解设计模型表明，产生输出 y 必须有相应的输入 y_0 以及对输出的影响因素 x 和 z 的控制。

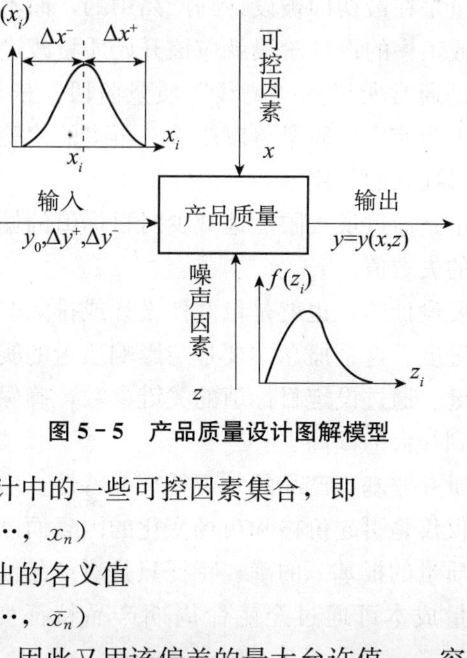

图 5-5　产品质量设计图解模型

可控因素 x 是产品设计中的一些可控因素集合，即

$$x^{T}=(x_1,\ x_2,\ \cdots,\ x_n) \tag{5.7}$$

由于在设计时所确定出的名义值

$$\bar{x}^{T}=(\bar{x}_1,\ \bar{x}_2,\ \cdots,\ \bar{x}_n) \tag{5.8}$$

经加工制造都会产生偏差，因此又用该偏差的最大允许值——容差 Δx^{T} 来确定它的

变差范围。

$$\Delta x^{T}=(\Delta x_1, \Delta x_2, \cdots, \Delta x_n) \tag{5.9}$$

噪声因素 z 是不可控因素的集合 z^{T}，一般服从某种概率分布的一些随机变量。

$$z^{T}=(z_1, z_2, \cdots, z_k) \tag{5.10}$$

质量特性（输出）y 是设计结果的输出，由于它受到设计变量 x 和噪声因素 z 的影响，所以 y 是 x 和 z 的线性、非线性、显式或隐式的随机函数。

$$y=y(x, z) \tag{5.11}$$

如果能观测得 y 的一组值 $y_1, y_2, \cdots, y_N$，即按统计学方法可计算出它的均值和标准差。

$$\overline{y}=\frac{1}{N}\sum_{j=1}^{N} y_j \tag{5.12}$$

$$S_y=\left(\frac{1}{N-1}\sum_{j=1}^{N}(y_j-\overline{y})^2\right)^{\frac{1}{2}} \tag{5.13}$$

从保证产品的功能质量要求看，显然应该使设计结果的输出均值和标准差满足

$$\overline{y}\equiv y_0$$

$$|k \cdot S_y| < |\Delta y|$$

式中，k 为常数，随概率分布而定。若为正态分布，则可取 $k=3$。

二、田口质量的基本观点

田口玄一博士除了对质量下了一个总的定义（见第 1 章）外，还提出了以下四个基本的质量观点。

（1）质量是在最初即被设计到产品中的，而不是检验和审查出来的。

在产品或工序的设计阶段就应该开始质量改进工作，并且在整个生产阶段持续下去。这就是通常所说的“离线”质量阶段。依靠传统的检验和审查（在生产线上）工序并不能使低劣质量得以改善。再多的检验也不能把质量拉回到产品中，而只能起到缓解症状的作用。

（2）质量是通过最大限度地减少对目标值的偏离得到的最佳值，而不是对规格进一步确证的失败值。

产品是要设计的，也就是稳健性设计或排除非可控环境因素的影响，比如，噪声、温度和湿度。这个概念主要是与影响质量的实际方法相联系的。减少变化是改进质量的关键。通过设定目标值的关键参数，确保生产时与目标值的偏离最小，从而使质量得到极大的提高。

（3）质量并非基于产品的外观特征或特性。增加产品的某种特性不是提高质量的良方，而仅仅是引起价格和市场变化的因素而已。产品的特征和特性虽与质量相关，但不是质量的根基。的确，特征只是对产品性能的一种衡量。

（4）质量成本可通过全生命周期产品特征变化给顾客带来的质量损失加以测量。

从给出设计参数开始，就可用产品的整个生命周期成本的方法对质量成本加以测量。这种方法包括成本或返工、检验、担保服务、退货和产品替换。实际上，这些成本对于我们发现哪种重要的参数需要控制起到了一些指导作用。

三、田口质量策略

基于以上观点，可以看出低劣的质量在于产品的组成成分缺少稳健性。正因为这种非稳健性，所生产的产品就不能满足顾客的质量（产品变异）和规格（目标值）要求。产品偏离目标值越大，产品变化也越大。因此，必须采取一定的方法减小变差，努力达到零缺陷。

田口玄一博士认为，产品质量的稳健性是指产品的质量特性对设计参数和噪声因素变差影响的不敏感性，因此稳健产品是这样一种产品，即它对制造工艺、环境和使用条件和材质的差异以及材料的老化、零部件的磨损和腐蚀等的影响是不敏感的。对于一种获得稳健性的产品，一般说来可以放宽对制造工艺、使用条件的要求，可以采用较低廉的原材料，从而降低产品的成本。

若产品质量的好坏用质量特性值接近于目标值的程度来评定，则可认为功能特性越接近目标值，质量就越好；偏离目标值越远，质量就越差。设产品质量特性为 y，目标值为 y_0，考虑到 y 的随机性，若用产品质量的平均损失来计算，则

$$\begin{aligned} E(L(y)) &= E((y-y_0)^2) = E((y-\bar{y})^2 + (\bar{y}-y_0)^2) \\ &= \sigma_y^2 + \delta_y^2 \end{aligned} \tag{5.14}$$

式中，$\bar{y}$ 为质量指标的期望值或均值；σ_y^2 为质量指标的方差，它表示输出特性变差的大小，即稳健性；δ_y^2 为质量特性指标的绝对偏差，即灵敏度。在一般情况下，减小偏差要比减小波动容易些。

图 5-6 是上述原理的图解表示，首先要使质量指标的实际值尽可能达到目标值，其次要使它的随机钟形分布变得“瘦小”些，以保证一批产品的实际质量指标的波动度限制在规定的容差内。

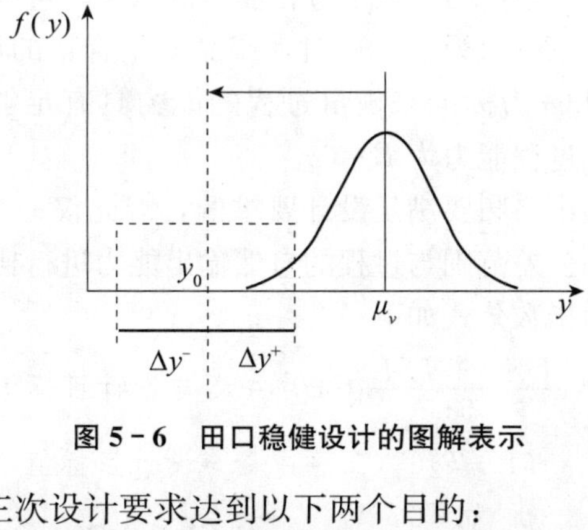

图 5-6 田口稳健设计的图解表示

因此，一般说来，三次设计要求达到以下两个目的：

（1）使产品质量特性的均值尽可能达到目标值，即使$\delta_y^2 \to \min$。

（2）使由于各种干扰因素引起的功能特性波动的方差尽可能小，即使$\sigma_y^2 \to \min$。

通常，要想达到第一个目的，主要方法是：

（1）通过产品的概念设计，改变输入输出之间的关系，使其功能特性尽可能接近目标值。

（2）通过参数设计调整设计变量的名义值，使输出均值达到目标值。

要想达到稳健设计的第二个目的，主要方法是：

（1）通过减少参数名义值的偏差，缩小输出特性的方差。但是减小参数的容差需要采用高性能的材料或者高精度的加工方法，这就意味着要提高产品的成本。

（2）利用非线性效应，通过合理地选择参数在非线性曲线上的工作点或中心值，使质量特性值的波动缩小。

四、质量损失函数

传统观念上，通常是采用废品率和过程能力指数来评价产品的质量特性。废品率是一种最直接有效地评价质量特性的方法，得到了最广泛的应用；过程能力指数也是一种常用的指标，它由于摩托罗拉公司的六西格玛理论而受到企业推崇。根据田口玄一的观点，衡量产品质量的尺度为产品上市给社会造成的损失，即利用质量损失函数（quality loss function）来衡量质量特性。下面就通过三者的比较来评价不同指标的优劣。

1. 质量特性的三种评价指标

（1）废品率。废品率是产品缺陷数与被检验的产品总数之比，它是用得最多的一种指标。废品率造成的质量损失 Q 定义为：

$$Q = K\frac{p_d}{1-p_d} \tag{5.15}$$

式中，K 为质量损失系数；p_d 为废品率（$0 \leqslant p_d \leqslant 1$）。

（2）过程能力指数（C_{pk}）。过程能力是指处于稳定状态下的过程实际加工能力。在实际生产中，为了便于过程能力的量化，可以用三西格玛原理来确定其分布范围：当分布范围取为 $\mu \pm 3\sigma$ 时，产品质量合格的概率可达 99.73%，接近 1。因此以 $\pm 3\sigma$，即 6σ 为标准来衡量过程的能力具有足够的精确度和良好的经济特性。所以，通常记过程能力为 $B=6\sigma$。

过程的输出终归要满足设计要求的，因此仅一个过程能力并不足以说明问题，必须把设计的公差范围与过程的自然输出能力进行比较。

过程能力指数公式如下：

$$C_p = \frac{USL - LSL}{6\sigma}\text{（工序中心与设计目标值重合）} \tag{5.16}$$

$$C_{pk} = (1-k)C_p\text{（工序中心与设计目标值不重合）} \tag{5.17}$$

式中，$k=\frac{|y_0-\bar{y}|}{(USL-LSL)/2}$；$y_0=(USL+LSL)/2$；$USL$ 为公差上限；LSL 为公差下限；$\bar{y}$ 为功能特性 y 的均值。

(3) 质量损失函数。传统设计思维中，工程师通常利用规范来衡量产品质量的好坏，这种传统的解释是：落在允许范围内的部件都是好的，落在允许范围之外的部件都是坏的，如图 5－7（a）所示。

田口玄一对传统的解释方法持有异议，他认为，从顾客的角度来看，一个刚好处于规范内的产品与一个刚好处于规范外的产品没有实质性的区别。相反，一个位于目标值处的产品的质量与一个位于边界附近的产品的质量却有很大的区别。因此，田口玄一认为质量就是产品上市后给社会造成的损失。这种损失指产品出售后的成本，即产品销售给用户后由于产品质量的损失（质量特性偏离目标值）所需的费用。即使输出特性在用户要求的公差范围内，其输出特性的波动仍可给用户造成损失，离目标值越远，损失越大，如图 5－7（b）所示。为了计算损失的大小，我们可以建立质量波动的损失函数。下面给出最典型的质量损失函数——望目特性的质量损失函数。

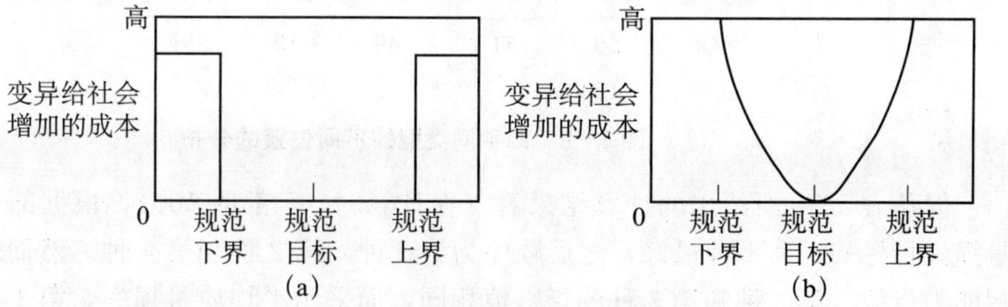

图 5－7　变异成本的两种观点

设产品功能特性的目标值为 y_0，实际值为 y，若 $y \neq y_0$，则造成质量损失 L，其损失函数为 $L(y)$，且 $y-y_0$ 越大，$L(y)$ 亦越大。若 $L(y)$ 在 y_0 处存在二阶导数，按泰勒公式有

$$L(y)=L(y_0)+L'(y_0)(y-y_0)+\frac{L''(y_0)}{2!}(y-y_0)^2+\cdots \tag{5.18}$$

在理想情况下，当 $y=y_0$ 时，$L(y_0)=0$，即 $L(y)$ 在 $y=y_0$ 处有最小值，质量损失为 0。因此，若略去二阶以上的项，则可得质量损失函数为：

$$L(y)=k(y-m_0)^2 \tag{5.19}$$

式中，$k=L''(y_0)/2!$ 是不依赖于 y 的常数，称为质量损失系数。

若把产品不能正常发挥其功能的极限偏差记为 Δ_0，把偏差为 Δ_0 时的损失记为 A_0，则式（5.19）中的 k 值可求解如下：

$$k=\frac{A_0}{\Delta_0^2} \tag{5.20}$$

2. 三种质量特性指标的比较

为了对三种质量特性指标进行比较，可以通过讨论具有双边特性极限值的四种同类型的不同位置的分布来实现，如图 5－8 所示。依据田口玄一的质量策略，从均值与目标值的相对位置和方差大小来看，最好的是第 1 种分布，之后的顺序为第

2，3，4种分布。

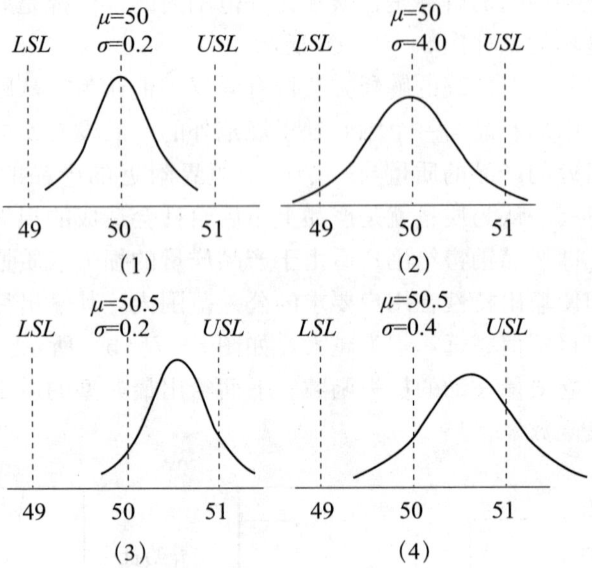

图5-8 四种同类型的不同位置的分布

但从表5-5所给出的计算结果看（在计算时，k都取100），根据部分缺陷质量损失指标Q，第1种最好，之后顺序为第3种、第2种和第4种。然而若采用过程能力指数，第2种和第3种的指数值相同，而采用平均质量损失，第1种为最小值，之后依次为第2种、第3种和第4种。因此，不同的质量指标将给出不同的质量信息。当前由于市场竞争的不断加剧，谁能给顾客最满意的产品和服务，能把顾客始终放在第一位，谁就能赢得顾客。从用户的利益来看，选用损失函数法是最合适的，它能最大限度地满足顾客的要求。

表5-5 Q，C_{pk}和$L(y)$的比较

类型	废品率的质量损失指标Q	过程能力指数C_{pk}	平均质量损失$L(y)$
1	0.0	1.67	4
2	1.26	0.83	16
3	0.66	0.83	29
4	11.80	0.42	41

第4节 三次设计

在传统改进质量的过程中，通常是依靠检验和审查工序来控制质量。但这种方法只能控制低劣产品流入市场，并不能改进质量。不管是事后检验还是过程控制，都只能起到缓解症状的作用。因此，质量概念将随着预防理念而发展，问题在源头就得到解决，未雨绸缪。

从质量杠杆（见图 5－9）可以看出：要提高产品质量，如果用传统的方法，则需要施加很大的作用力（代价）；如果从产品周期的顾客需要和产品概念阶段寻找控制质量的方法，则只需要施加很小的作用力，就可以提高产品质量。

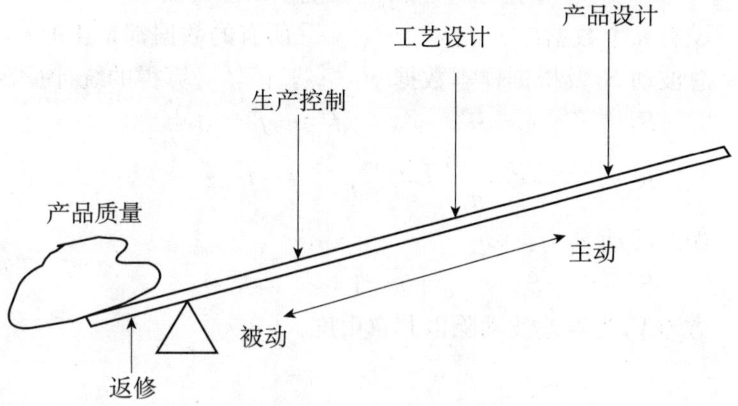

图 5－9　质量杠杆

质量是设计出来的，而不是制造出来的。只有在设计源头上进行治理，才是最有效和最经济的质量控制方法。这也是三次设计的意义所在。

一、三次设计相关概念

1. 信噪比（SN 比）——稳健性指标

三次设计法中应用的另一个重要概念就是信噪比（SN 比）。SN 比最初应用于电子通信工程，是作为通信效率的一种测度。田口玄一于 1957 年在他的著作《试验设计法》中首次提出将 SN 比的概念应用到正交试验中来，用以模拟噪声因素对质量特性的影响，即把 SN 比作为衡量产品质量的输出质量特性，SN 比越大，该参数水平下的产品功能越稳定，社会损失就越小。此后 40 多年，由于以他为首的一批专家学者的努力，SN 比与正交试验设计在产品的设计过程中得到了很好的结合，解决了不同特性值的综合功能评价问题。

在质量管理中，所谓 SN 比，一般是指主效应（相当于信号）与误差效应（相当于噪声）之比值，记为：

$$\eta=\frac{S}{N} \tag{5.21}$$

式中，S 指因素的主效应；N 指误差效应。

静态特性的 SN 比用于改进产品在一个确定的输出点上的功能稳健性，而动态特性的 SN 比用于一定输出范围上改进产品功能的稳健性。当无法测定输入和输出特性时，动态特性无法使用，只能采用静态特性方法进行研究。

通常，静态特性又分为望目特性（目标＝名义值）、望小特性（目标＝0）和望大特性（目标＝无穷大），其 SN 比的计算公式各有不同。

（1）望目特性的SN比。望目特性一般用于有确定要达到的目标值的场合，希望围绕目标值波动且波动越小越好。为了达到这个目的，需要两方面的信息：哪些因素影响波动，哪些因素影响平均值。原则上，望目特性的SN比为：

$$\text{SN 比}=\frac{\text{期望的输出}}{\text{不期望的输出}}=\frac{\text{平均值的作用}}{\text{围绕平均值的波动}} \tag{5.22}$$

设有n个数据：y_1，y_2，…，y_n（所有的数据都是正的）。

总波动S_T及根据样本数据y_1，y_2，…，y_n算得的统计量S_m计算如下：

$$S_T=y_1^2+y_2^2+\cdots+y_n^2,\quad f=n(f\text{ 为自由度}) \tag{5.23}$$

$$S_m=\frac{(y_1+y_2+\cdots+y_n)^2}{n},\quad f=1 \tag{5.24}$$

误差波动S_e为：

$$S_e=S_T-S_m,\quad f=n-1 \tag{5.25}$$

方差V_e为误差波动除以其自由度：

$$V_e=\frac{S_e}{n-1} \tag{5.26}$$

因此，用η表示的望目特性SN比由下式计算：

$$\eta=10\lg\frac{\frac{1}{n}(S_m-V_e)}{V_e}\ (\text{dB}) \tag{5.27}$$

（2）望小特性的SN比。望小特性输出响应是不取负值，希望结果越小越好的特性，理想值为零。因此其SN比可由下式计算：

$$\eta=-10\lg\frac{1}{n}\sum_{i=1}^{n}y_i^2\ (\text{dB}) \tag{5.28}$$

（3）望大特性的SN比。望大特性的输出响应是结果越大越好的特性，理想值为无穷大。其计算公式如下：

$$\eta=-10\lg\frac{1}{n}\sum_{i=1}^{n}\frac{1}{y_i^2}\ (\text{dB}) \tag{5.29}$$

（4）动态特性的SN比。动态特性是按既定的意志或目标，通过一定的条件与信号因素的水平，改变输入值，希望系统的输出特性随着信号的变化而相应地变化，且波动越小越好的质量特性。望目特性的目标值是固定不变的，但对动态特性的目标值却随信号因素水平的改变而改变。例如：汽车方向盘的转向角是信号因素，而汽车的实际转弯半径就是动态特性。一般系统的动态特性如图5-10所示。

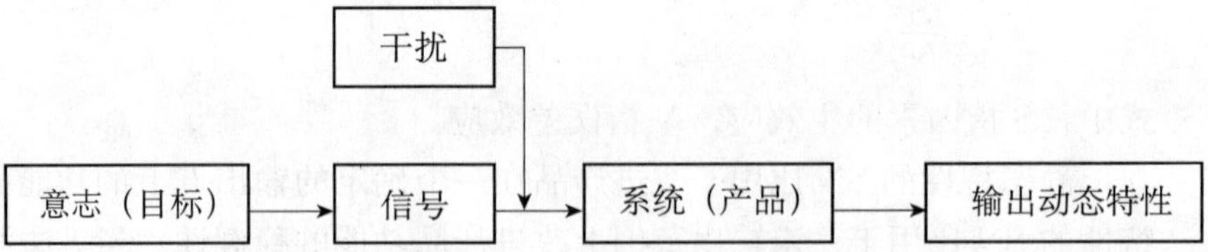

图5-10 动态特性示意图

衡量一个产品动态特性的好坏，一般从以下三个方面考察：

- 对输入信号M是否具有较高的灵敏度。

- 输出特性是否便于调整和核实。对此，最理想的输出特性 y 与信号因素 M 应具有较强的线性关系。
- 要求输出特性的波动要小，这样可使产品具有较强的抗噪声的能力。

2. 灵敏度——平均值指标

灵敏度是评价产品质量特性平均值的指标，设产品的质量特性 Y 为随机变量，其期望值为 μ，则 μ^2 称为 Y 的灵敏度。

μ^2 通常用它的估计 $\hat{\mu}^2$ 来计算。$\hat{\mu}^2$ 的计算公式为：

$$\hat{\mu}^2=\frac{1}{n}(S_m-V_e) \tag{5.30}$$

$$S_m=n\bar{Y}^2=\frac{1}{n}(\sum_{i=1}^{n}Y_i)^2 \tag{5.31}$$

$$V_e=\frac{1}{n-1}\sum_{i=1}^{n}(Y_i-\bar{Y})^2 \tag{5.32}$$

在实际计算中，常把灵敏度用对数化为分贝值：

$$S=10\lg\frac{1}{n}(S_m-V_e)\,(\text{dB}) \tag{5.33}$$

二、设计质量的形成过程

设计质量是质量形成过程的第一步，也是最关键的一步，设计质量的好坏直接影响到最终的产品质量。制造过程虽然能控制产品质量的波动，但不能控制劣化波动，也不能改善产品对环境的适应性。这些只有通过产品质量设计才能付诸实施。

田口玄一认为，设计质量主要是通过以下三个步骤形成的，即系统设计、参数设计和容差设计。通过三次设计，我们不仅可以有效地改善产品的设计质量，减小噪声因素对质量的影响，而且可以更经济地达到理想的质量要求，即用三类元件设计制造出一类整机。图 5－11 给出了三次设计的程序框架。

三、系统设计

系统设计就是功能设计，是三次设计的第一步。它是专业技术人员利用专业知识与技术对产品的结构、性能、寿命、传动、材料等进行整个系统结构的设计，以设计出具有事先要求的某种功能的产品。也就是说，靠专业人员和专业技术人员选择一个基本的模型系统，确定产品质量特性的目标值和容差，使产品达到所要求的功能。通过系统设计，我们可以求出产品性能指标与各有关元器件参数之间的函数关系（对于可计算型），这有助于我们选择需要考察的因子及其水平。这里所说的因子是指构成产品这一系统的元件或构件，水平是指元件或构件的参数（或取值）。

通常，产品设计可分为两种情形。

(1) 计算型。产品质量特性与元件参数之间的函数关系已知，可用理论公式来

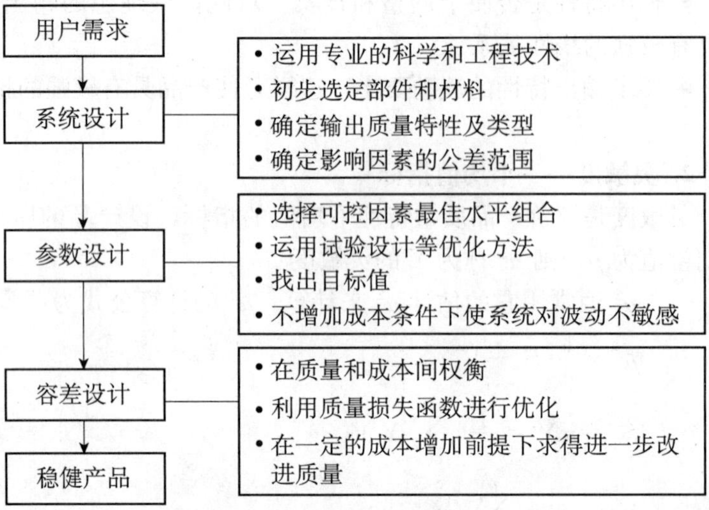

图 5－11　三次设计的程序框架

计算质量特性值，并对计算结果进行统计分析。

（2）试验型。产品质量特性与元件参数之间的函数关系未知，只能通过试验才能得到质量特性值。

对于计算型的产品设计，在系统设计阶段要求得出输出质量特性与影响因素之间的函数关系，并能给出影响因素的变化范围；而对于试验型的产品设计，则无须确定明确的关系，只要求确定质量输出特性及其类别，并能给出影响因素的变化范围。

四、参数设计

参数设计是产品设计的核心，它在系统设计确定了产品或系统的目的功能及结构之后进行。参数设计是通过选择系统中所有参数（包括原材料、零件等）的最优水平组合，从而尽量减少各种干扰的影响，使所设计的产品质量特性波动小，稳定性好。

1. 参数设计的基本原理

参数设计是一种线性与非线性设计，它主要是利用非线性效应，通过合理地选择参数在非线性曲线上的工作点或中心点，可以使质量特性值的波动缩小；同时利用与输出特性有线性关系的参数，把平均值调整到目标值，如图 5－12 所示。

若某产品的输出特性 y 与某一参数 x 的关系如图 5－12（a）所示，当参数 x 取为 x_1 时，其波动范围是 Δx_1，由此引起 y 的波动范围为 Δy_1；通过参数设计，将 x_1 移到 x_2，此时对于同样的波动范围 Δx_1，输出特性值 y 的波动范围变为 Δy_2，它远小于 Δy_1。与此同时，却产生了一个新的矛盾，即 y 从目标值 y_0 移到了 y_0'，偏移量 $\Delta y=y_0'-y_0$。为了校正这个偏移量，使输出特性值既围绕目标值散布，且波动又小，可设法找一个与产品输出特性 y 呈线性关系，且便于调节的该产品的参数

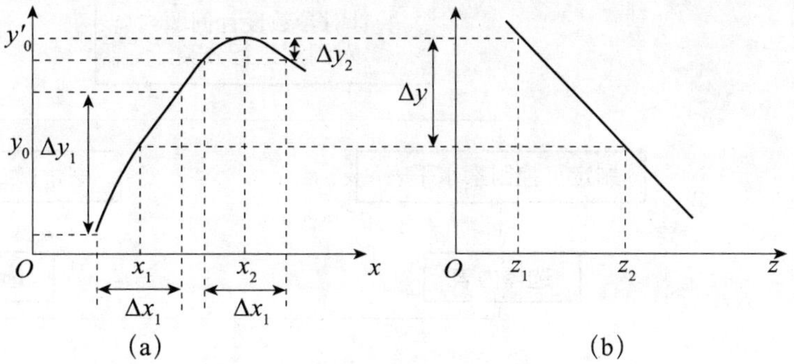

图 5-12　非线性效应的一般原理

z，即 $y=\phi(z)=a+bz$（见图 5-12（b））。只要把 z 从 z_1 调到 z_2，即可补偿上述偏移量 Δy。若不进行参数设计，只是把参数 x 的波动范围缩小，此时产品质量特性 y 的波动也会变小，且变化的幅度不大，而且缩小参数的波动范围需要付出成本代价，由此可看出参数设计对于改进产品质量的重要意义。

从上述基本原理可以看出，参数设计很好地解决了三次设计所追求的主目标，它可以在不增加成本的状况下，通过影响输出质量特性的因素水平的合理取值设计出稳健的产品。

2. 参数设计的实施框架

参数设计的具体实施过程主要是借鉴正交试验设计，首先确定影响输出质量特性的因素及其水平，然后对因素进行分类，利用内外正交表安排试验并计算结果，最后通过信噪比和灵敏度这两个指标确定因素的最佳水平。具体的实施框架如图 5-13 所示。

3. 参数设计最佳方案的判定准则

按传统方式，设计工程师为提高设计质量通常会利用以下手段：首先是追求目标值，然后是采用高质量的原材料或零部件。而参数设计是一种不首先追求目标值的新方法，它的第一步是减小波动，提高稳健性，然后才是调整目标值。通常，参数设计最佳方案的判定是通过两个指标来衡量，即信噪比和灵敏度。因为这两个指标分别代表稳健性和平均值，所以可以通过两步优化法得出最佳参数组合。

第一步优化，选定使信噪比最大的可控因素水平。通常把这种因素称为稳定因素，稳定因素决定了输出质量特性的波动大小，只有首先按非线性原理缩小波动，才能制造出稳健的产品。

第二步优化，选定不影响信噪比而影响灵敏度的可控因素水平。用这些可控因素把灵敏度调整到期望的水平。因为灵敏度是代表平均值的指标，通过调整这种因素（也称为调整因素）的水平就可以使质量特性的中心值的偏离缩小。

通过以上两种指标，进行两步优化，就可以得出参数设计的最佳方案。

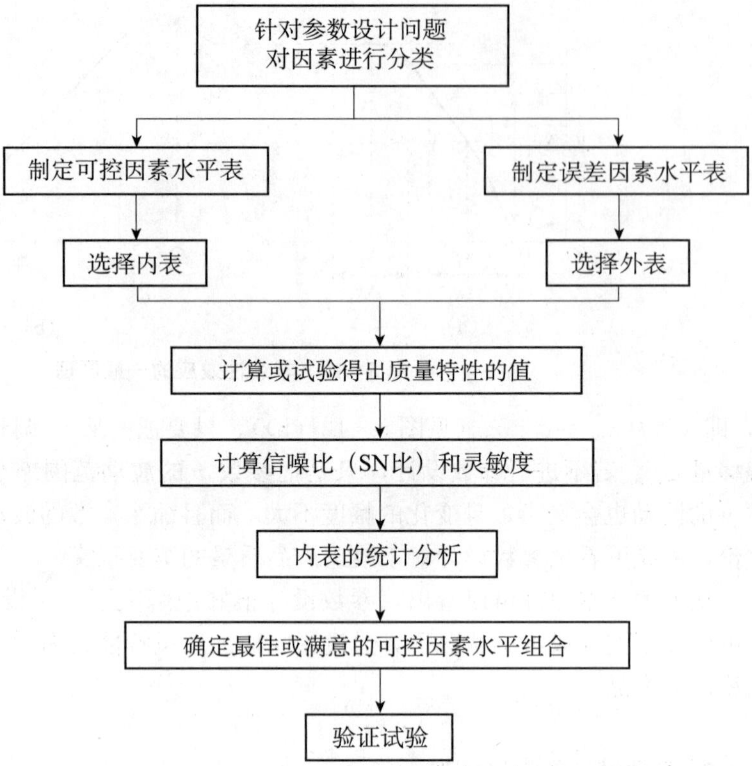

图5-13 参数设计的实施框架

五、容差设计

容差就是设计中所规定的最大容许偏差。规定的容差越小，某尺寸产品的可制造性就越差，制造费用或成本也就越高。为此，在参数设计阶段，出于经济性的考虑，一般选择波动范围较宽的零部件尺寸。若经参数设计后产品能达到质量特性的要求，一般就不再进行容差设计，否则就必须调整各个参数的容差。

因此，容差设计可以认为是参数设计的补充。通过参数设计确定了系统各零部件或元器件参数的最佳组合之后，进一步确定这些参数波动的容许范围，就是容差设计。也就是根据各参数的波动对产品质量特性贡献的大小，从经济性角度考虑有无必要对影响大的参数给予较小的容差（用一级品、二级品替代三级品）。这样，一方面可以进一步减少质量特性的波动，提高产品的稳定性，减少质量损失；另一方面，由于用一级品、二级品代替三级品，使产品的成本有所提高。因此，容差设计阶段既要考虑减少参数设计阶段所带来的质量损失，又要考虑缩小一些元件的容差交替地增加成本，要权衡两者的利弊得失，采取最佳决策。

1. 容差设计的基本原理

容差设计是在参数设计得到的最优试验方案的基础上，通过非线性效应，调整可控因素的容差范围，通过正交试验设计（也可以不用），利用质量损失函数得出最佳的容差水平。其非线性效应的原理同参数设计。

2. 容差设计的实施框架

容差设计中的正交试验设计过程与参数设计相似，但评价的指标不同，容差设计需要用质量损失函数来确定质量水平，即综合衡量最优的容差组合。其基本框架如图 5－14 所示。

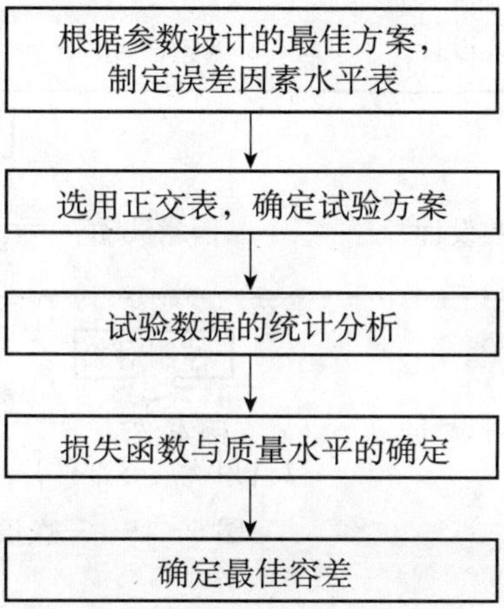

图 5－14　容差设计实施框架图

3. 质量损失函数判断方案优劣的准则

在此，只对利用质量损失函数来论证不同容差设计方案的优劣展开论述。

以望目特性的质量损失函数为例，已知其损失函数的表达式为：

$$L(y)=k(y-m_0)^2$$

$$k=\frac{A_0}{\Delta_0^2}$$

式中，A_0 代表质量波动带给用户的损失；Δ_0 为用户可以接受的容差；y 为质量特性观测值；m_0 为质量特性目标值。

通常，容差设计是按照以下准则来判断方案的优劣：

按质量损失函数计算原方案（参数设计所得最佳方案）的质量损失，记为 $L(y)$；然后再计算新方案的质量损失 $L'(y)$，由于新方案用容差范围比较小的一级品、二级品代替容差比较大的三级品，这样就增加了一定的成本 C。

当 $L(y)>L'(y)+C$，新的容差设计最佳，方案可取。

当 $L(y)\leqslant L'(y)+C$，新的方案不可取。

以上判断准则是以用户质量损失的最小化为依据，站在顾客的角度考虑设计问题。当然，这可能会遭到一定的非议，因为按照零缺陷的观点，追求完美是每个企业不断的目标。“质量是免费的”，是指当改进质量而增加的有形成本很高时，它有可能减少了大量无形质量损失；当第一次就把事情做对，即使增加了成本，也会节省很多质量控制、质量检验、产品返修等方面的费用。因此，综合起来，质量改进仍是“免费”的。这种解释并非全无道理，在产品设计阶段，就应努力把事情做得尽善尽美。

总之，在了解了以上三次设计基本原理之后，通过图5-15，我们就可以一目了然地看出系统设计、参数设计和容差设计在设计质量形成过程中的作用及主要内容。

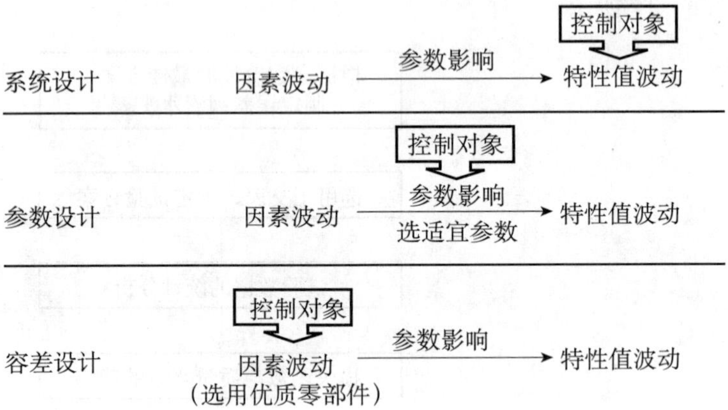

图5-15 三次设计作用图

第5节 质量问题“双五归零”

一、“双五归零”的起源

20世纪90年代，航天领域开创了一项具有行业特点的航天质量管理方法，即质量问题“双五归零”。“双五归零”包含“技术归零”和“管理归零”两方面。

中国的航天发展历经风雨。有原子弹氢弹的爆炸成功，有东方红卫星的发射成功，有神舟飞船升空、玉兔登月车漫步月球、天宫空间站翱翔太空等辉煌成就，引领着中国航天科技事业的不断发展进步；也有20世纪90年代澳星、国际通信卫星、中星七号通信卫星发射失败的记录。面对90年代遭遇的挫折和严峻的质量形势，中国航天人进行了深刻的反思，认真梳理总结了航天业过去的质量管理成果和经验，学习国内外成功企业质量管理经验，结合航天生产任务的特点，研究提高质量管理的新方法。质量问题“双五归零”管理方法就是在此背景下发展起来的。

1995年，在航天部下发的文件中首次确定了质量问题归零的含义。1997年10月，航天部在质量问题归零五条宣贯工作中，经过经验总结，制定了管理归零五条标准。至此，航天质量问题归零双五条全面形成。后来，航天科技集团公司陆续颁布了《航天产品质量问题归零实施要求》《航天产品质量问题归零实施指南》QJ3183等行业标准，质量问题“双五归零”方法逐步完善和实施。“双五归零”管理方法在2001年纳入GJB9001A。质量问题“双五归零”管理工作在航天系统取得了成功，成绩被认可。2013 年 12 月，中国航天科技集团公司因基于质量问题“双五归零”的系统管理方法被授予中国质量奖。

“双五归零”的方法是以戴明、朱兰的“质量改进”为主题，运用 PDCA 循环，以出现的质量问题为切入点，通过技术、管理上的分析和改进，解决并预防质量问题，从而提高航天产品的质量水平。质量问题“双五归零”方法的形成，是一个“以我为主”，历经了提炼、吸收、应用、完善和发展的过程。

二、“双五归零”的基本术语

1. 质量问题

（1）基本概念。质量问题是指零组件或成品故障、不符合技术要求文件或资料等问题。在定义和描述质量问题时应注意以下三个方面。

1）质量问题的来源。例如在航空产品全寿命周期中可能发生的质量问题，包括设计过程中发生的问题、设计评审与复查中发现的问题、制造过程中发生的问题、试验中暴露的问题等。

2）人为的有意破坏造成的故障和事故不属于质量问题归零的范畴。

3）质量问题是由事故、故障、缺陷、不合格等归纳总结出来的问题。其中故障是指产品不能执行规定功能的状态，通常指功能故障，因预防性维修或其他计划性活动或者缺乏外部资源造成不能执行规定功能的情况除外。

（2）质量问题分类。质量问题按其性质的严重程度、产生影响或造成损失的大小可分为三类。

1）重大质量问题：危及人身安全、导致或者可能导致产品丧失主要功能或者造成重大损失的事件。

2）严重质量问题：导致或可能导致产品严重降低使用性能或者造成严重损失的事件。

3）一般质量问题：对产品的使用性能有轻微影响或者造成一般损失的事件。

2. 质量问题归零

对在设计、生产、试验、使用中发生的质量问题，从技术上、管理上分析其产生的原因、发生机理，并采取纠正措施和预防措施，以避免问题重复发生。

质量问题的发生有一因多果和一果多因等多种情况，但是综合考虑导致质量问题的各项因素可以发现，不仅众多的技术因素会影响产品的质量，某些人为因素也会间接或直接地引起产品质量问题。因此从引起质量问题的因素类型上分析，可以将质量问题归零分为“技术归零”和“管理归零”两类。面对一个质量问题，不仅要从技术上进行解决，更重要的找出其中隐藏的管理问题，从根本上处理。

3. “双五归零”

“双五归零”是针对发生的质量问题，从技术上按“定位准确、机理清楚、问题复现、措施有效、举一反三”的要求，从管理上按“过程清楚、责任明确、措施落实、严肃处理、完善规章”的要求，逐项落实并形成技术或管理归零报告、相关的技术文件和管理文件，并且经过一定形式的认可，完成对质量问题的闭环处理以及适度的延伸。

4. 其他基本术语

（1）质量缺陷。质量缺陷是指限制或阻碍产品完成预定功能的故障、不一致、不适合或异常等情况，包括产品设计、规范、材料、工艺、制造和软件等的缺陷。

（2）重复性质量问题。重复性质量问题是指两种情况：一种是本单位已发生过的质量问题在本单位再次发生；另一种是各级机关已通报过的其他型号（或单位）发生过的质量问题在本单位再次发生。

（3）产品交付后的质量问题。产品交付后的质量问题是指在保证期、贮存期内产品固有的质量问题。

（4）人为责任质量问题。人为责任质量问题是指由于有章不循、违章操作等人为因素造成的质量问题。

三、“双五归零”的基本内容与实施步骤

1. “双五归零”的基本内容

质量问题“双五归零”主要包括两个方面：技术归零和管理归零。质量问题“双五归零”的基本内容如下。

（1）技术归零。技术归零是指针对发生的质量问题，从技术上按“定位准确、机理清楚、问题复现、措施有效、举一反三”的五条要求逐项落实，并形成技术归零报告或技术文件的活动。

1）定位准确：确定质量问题发生的准确部位。电子产品定位要定到元器件，机械产品定位要定到零件或原材料等。

2）机理清楚：通过理论分析或试验等手段，确定质量问题发生的根本原因。

3）问题复现：通过试验或其他验证方法，复现质量问题发生的现象，验证定位的准确性和机理分析的正确性。

4）措施有效：针对发生的质量问题，采取纠正措施，经过验证，确保质量问题得到解决。

5）举一反三：把发生质量问题的信息反馈给本型号、本单位（指发生问题的分厂）和其他型号、其他单位（公司其他有研制任务的单位），检查有无可能发生类似模式或机理的问题，并采取预防措施。

其中，定位准确是前提：这是质量问题归零的必要条件。机理清楚是关键：要求广大科研工作人员对质量问题不仅要知其然，还要知其所以然，只有弄清问题的机理，才能对症下药，有的放矢地制定切实可行的纠正措施。问题复现是方法：通过问题复现，才能进一步验证定位是否准确、机理分析是否正确。措施有效是核

心：真正有效的措施不仅是要消除现存的不合格或缺陷，还应防止不再重复发生类似的质量问题。举一反三是延伸：对某个质量问题的处理不能就事论事，也不能局限于本型号、本单位，只有做到举一反三，才能起到预防作用，从根本上达到防止质量问题重复发生的目的。

（2）管理归零。管理归零是指针对发生的质量问题，从管理上按"过程清楚、责任明确、措施落实、严肃处理、完善规章"的五条要求逐项落实，并形成管理归零报告和相关文件的活动。

1）过程清楚：查明质量问题发生和发展的全过程，从中查找管理上的薄弱环节或漏洞。过程清楚就是要清楚发生问题的时间、地点、工作状况、运行程序、问题现象和结果，清楚产生问题的管理环节、岗位和管理原因，清楚管理工作程序或制度中的漏洞、薄弱环节。

2）责任明确：根据质量职责分清造成质量问题的责任单位和责任人，并分清责任的主次和大小。责任明确是实施改进措施的前提，只有明确了哪个部门、哪些岗位的责任应该改进落实，管理工作才能做到有的放矢。依据问题发生的过程，明确问题涉及的相关单位和相关人员，直接责任和间接责任，主要责任和次要责任，领导责任和执行责任，等等，涉及多部门、多岗位、多人员时，应逐一明确。

3）措施落实：针对管理上的薄弱环节或漏洞，制定并落实有效纠正措施和预防措施。措施落实要有结果，体现在完善规章、教育培训、合理处置等，关键是达到提高认识，提高管理能力的目的。措施要具体、可操作、可检查，措施落实应有计划和保障条件，明确责任人，要有落实的客观证实材料和监督检查的记录。

4）严肃处理：对由于管理原因造成的质量问题应严肃对待，从中吸取教训，达到教育人员和改进管理工作的目的。对重复性和人为责任质量问题的责任单位和责任人，应根据情节和后果，按规定给予处罚。严肃处理的最终目的是教育人和改进工作，对重复性质量问题和人为责任质量问题的责任单位和责任人给予一定的行政处罚和经济处罚，目的依然是加强教育，预防质量问题的再次发生。

5）完善规章：针对管理上的薄弱环节或漏洞，健全和完善规章制度，并加以落实，从制度上避免质量问题的发生。规章制度的改进是质量管理体系改进的基础，是单位质量改进的有效资源，是组织提升管理能力的源头，也是管理归零实现闭环的归宿。

其中，过程清楚是基础：只有了解清楚问题发生、发展的全过程，才能准确找到产生质量问题的薄弱环节和管理上存在的漏洞。责任明确是重点：应阐明问题发生在哪个环节，明确管理者的工作是否到位，是否制定了管理要求等。如果没有管理要求，就是制度不健全；虽然有管理要求，但管理职责不明确，就是管理不到位；虽有要求，但没有按要求去做，则是违章操作。措施落实是结果：不仅要落实到管理文件上，更要落实到管理者的工作职责上。只有措施，没有落实到管理工作中，措施落实只是一句空话。严肃处理是手段：通过加强质量法规、管理制度的宣贯和发生质量问题的教训，教育员工增强质量意识，提高管理者的责任心，同时，对严重违章者也必须给予适当的行政或经济处罚，以加强教育。只教育不处罚不行，只处罚不教育也不行。完善规章是目的：将取得的经验教训用规章、制度固化并推广应用，起到预防的效果。

质量问题“双五归零”的基本内容归纳为表5-6。

表5-6　　质量问题“双五归零”的基本内容

质量问题	归零要求	基本内容	关系	关系说明
技术归零	定位准确	准确地确定问题发生的部位	前提	处理质量问题的基本条件
	机理清楚	通过分析、试验，查清问题产生的根源	关键	查清质量问题的根本所在
	问题复现	通过对故障状态的试验、验证，确认问题发生的现象	手段	验证定位准确与否、机理清楚与否的尺度
	措施有效	制定并实施有针对性的纠正措施，确保问题彻底解决	工作核心	不仅要消除现存的不合格或缺陷，还应保证不再重复发生
	举一反三	将发生问题的信息反馈给相关方，防止出现同类问题	延伸	达到全面根除质量问题重复发生的可能性
管理归零	过程清楚	查明问题发生、发展的全过程，从中查找出管理的薄弱环节	基础	通过“定位准确、机理清楚”，分析查找每个管理环节的薄弱点
	责任明确	分清各环节的责任主体，分清责任主次与大小	依据	根据质量职责区分责任主体与程度
	措施落实	制定并落实有针对性的纠正和预防措施，举一反三弥补管理薄弱环节	基本内容	通过管理改进，彻底解决发现的问题
	严肃处理	态度上严肃对待所发生的问题，对重复性和人为责任问题的责任主体应根据情节和后果按规定给予处罚	保障	是责任主体对问题处理的态度，也是管理归零的重要手段
	完善规章	健全、完善和落实规章制度，从制度上避免问题再度发生	规范	用规章制度约束管理行为，是提高管理水平的途径

2. “双五归零”的相互关系

技术归零和管理归零在归零程序上是一致的，但在原因分析、采取措施等方面的侧重点有所不同。技术归零侧重于对造成质量问题的技术性原因进行消除，而管理归零则侧重于深度挖掘导致质量问题发生的管理因素，力求彻底清除管理体系中潜在的弊端和漏洞。

（1）技术归零的前三条和管理归零的前两条分别是通过各自角度分析定位问题的方法，后两条和后三条分别是从技术和管理层面根除或杜绝质量问题重复发生的措施。总的来说，技术归零五条侧重于技术上处理发生的质量问题，管理归零五条侧重于通过个例分析，举一反三带有普遍性的质量管理问题，是治本。比如：一只元器件失效，在技术归零中举一反三，延伸到其他型号产品、其他单位即了结；而管理归零要通过多种元器件失效的技术归零，综合分析，制定出《航天型号用的元器件质量管理规定》，用这一规定约束航天型号产品元器件选用的法定要求。

（2）定位准确、机理清楚不同于过程清楚。技术归零中的定位准确、机理清楚是从技术上分析找到质量问题的位置和事故的机理。而管理归零中的过程清楚是通过定位准确、机理清楚分析，从每个环节查找管理上的薄弱环节和漏洞。如某卫星数传系统本振源选用了可调电容，调整好后电容量却发生了变化，从而影响整机性能。这个问题是工艺问题，也可以说是技术问题或是调试操作问题。但未制定工艺规范，显然是管理问题。而用于其他型号的数传本振源，在装调过程中该电容也曾发生过类似的质量问题，若仍按老一套管理办法，只换器件不去“归零”，更是管理问题。

（3）措施有效与措施落实。措施有效是指在定位准确、机理清楚的基础上，制定出排放措施与计划，往往是局限于一个质量问题或是延伸出的问题。而措施落实是针对此质量问题发生的管理问题，制定并落实相应纠正和预防措施。如发射场测试工作，某系统设备因老化，其中某器件失效，经分析，更换此器件，该设备仍可以完成这次任务，这即是技术归零中的措施有效。经过举一反三，查明问题是系统设备老化引起的，要彻底更新，需管理部门列入设备更新计划并落实，这就是管理归零中的措施落实。

3. “双五归零”的实施步骤

“双五归零”的总体流程可分为五大步骤。

（1）描述问题的发生过程。对于技术问题，应组织有关方面的技术人员确认质量问题的现象和部位；对管理问题，责任单位应及时组织有关人员查明问题产生的过程，并进行记录。

（2）分析原因。组织分析、判断问题发生的原因，查找技术缺陷或管理漏洞，以确定责任和根本原因。

（3）采取措施和完善规章。针对根本原因（或管理环节漏洞）在相应的技术环节进行改进、固化，管理环节漏洞除了采取纠正措施，还应采取预防措施，防止问题的再次发生。凡质量管理体系要求或规章制度不健全的问题，要补充和完善相关的规定。

（4）对问题的处理。对技术方面的问题，要切实分析，查找源头，采取措施，举一反三。对造成质量问题的管理环节，要严肃对待，吸取教训，加强制度宣贯与培训。

（5）形成归零报告。归零报告由责任单位组织编制，由相关部门和质量部门签署意见，经主管领导审批后上报。同一类管理问题，可编写一份管理归零报告，但在报告中应说明是发生在哪些产品上。

“双五归零”方法通过有效调动各种资源，理顺质量信息传递的流程，可以克服以往故障处理过程中就事论事、缺乏对故障机理的深入分析、无法根本纠正故障、难以实现闭环的弊病，在处理问题的过程中，纠正或建立了规范有效的制度和要求，有效控制质量损失。该方法所形成的文档记录，有利于优良经验措施的交流传播和改进。

技术归零和管理归零都需要通过规定程序的评审来认定，其重点有两个方面：一是分析验证是否准确，获取的结果应具有唯一性；二是纠正措施是否落实，实施的效果应具有正确性。两个评审可以视实际情况结合进行，评审形式也可以根据产品规模类型、问题严重程度采取会议、会签等形式。

技术归零工作程序流程见图5-16。

管理归零工作程序流程见图5-17。

四、“双五归零”管理方法应用工具

1. 试验设计

试验设计（DOE）是一种安排试验和分析试验数据的数理统计方法，主要对试验进行合理安排，以较小的试验规模（试验次数）、较短的试验周期和较低的试验成本，获得理想的试验结果以及得出科学的结论。DOE是设计质量阶段常用的质量工具，通过试验，收集数据，运用专门的软件Minitab进行计算，展示图表及函数，然后找出其中的关键因子，针对性地解决。

2. 田口方法

田口方法是一种质量工程方法，在20世纪70年代由田口玄一提出，它强调通过设计来提高产品质量，而不是通过检验。其主导思想是稳健型设计，通过提高源头设计质量来抵御生产或用户使用中的诸多不利因素的干扰。

3. 故障模式、影响分析

故障模式、影响分析（failure mode and effects analysis）是高度结构化、系统化的故障分析技术。它是由可靠性工程师在20世纪50年代后期研究可能出现的军事系统故障问题时提出的。FMEA通常是可靠性研究的第一步。它包括审查许多组件和子系统来确定故障模式的原因和影响。FMEA可以是一个定性分析。找出可能的故障模式，并分析其后果，从而预先制定防范的措施。FMEA有三种类型，分别是系统FMEA、设计FMEA和工艺FMEA。

4. 故障树分析

故障树分析（fault tree analysis，FTA）从出现的事故开始，逐步寻找事故发生的直接原因和间接原因，把这些事件之间的逻辑关系用逻辑图表达出来。FTA的效果依赖专家对于工艺的理解，以确认风险概率。

5. 破坏性物理分析

在破坏性试验，或破坏性物理分析（destructive physical analysis，DPA）试验

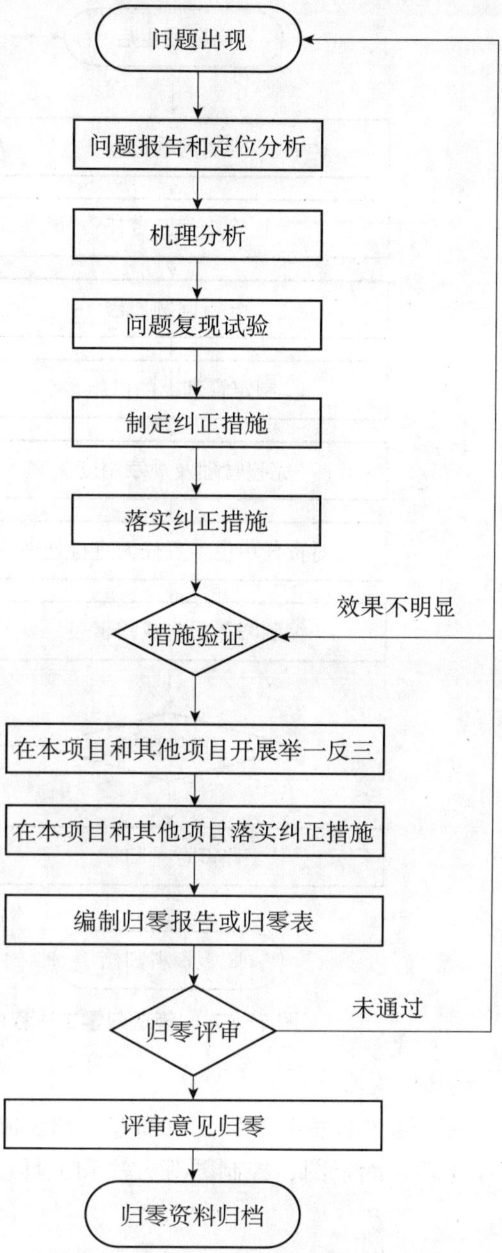

图 5-16 技术归零工作程序流程图

中，会有对失效样品的试验，这是为了解一个样本在不同负载下的材料性能或行为。这些测试通常更容易开展，产生更多的信息，比无损检测更容易理解。破坏性试验是最合适的，也是最经济的，因为样品会大规模生产，而破坏的少数标本的成本可以忽略不计。当只有一个或少数几个项目生产（例如建筑物）时，进行破坏性试验是不经济的。分析和记录的破坏性故障模式一般是通过使用高速摄影机连续记录，直到检测到故障。检测失败时，可以通过使用声音探测器或压力计产生一个信号触发高速摄影机，从而完成检测。这些高速摄影机拥有先进的记录模式来捕获几

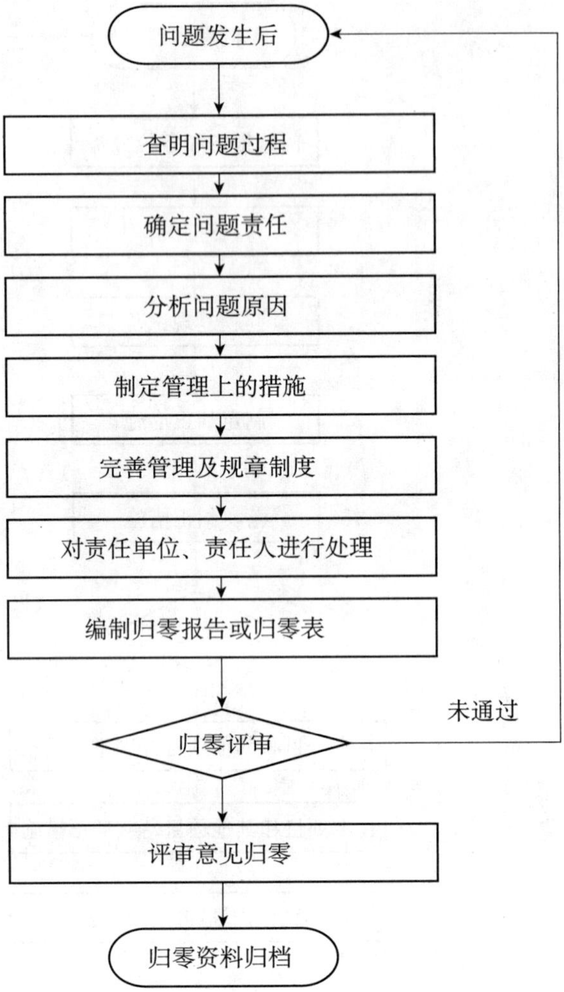

图 5-17　管理归零工作程序流程图

乎任何类型的破坏性失败。

上述方法和工具在本书相关章节中都有介绍。除此之外，“双五归零”还广泛地使用 PDCA 循环、因果图、控制图等方法和工具。

□ 基本概念

质量功能展开　quality function deployment，QFD

正交试验　orthogonal experiment

田口方法　Taguchi method

质量损失函数　quality loss function

参数设计　parameter design

容差设计　tolerance design

信噪比　signal-to-noise ratio

□ 思考题

1. 简述正交表的格式和特征。
2. 简述正交试验设计的基本步骤。
3. 什么是QFD？QFD适用于哪些行业？
4. 什么是QFD瀑布式分解模型？试列举几种类型的QFD瀑布式分解模型。
5. 结合瀑布式分解模型，说明QFD的基本工作原理。
6. 一个完整的质量屋包括哪几个部分？试说明各部分的作用和相互间的关系。
7. 田口方法有哪些基本的观念和主要策略？
8. 什么是质量损失函数？试比较质量特性的三种评价指标的不同点。
9. 简述设计质量的形成过程。
10. 简述参数设计的基本原理和实施流程。
11. 简述“双五归零”管理方法的基本内容，试讨论该方法是否可以推广到其他行业。

案例分析

天线是发射或接收电磁波的装置，机载天线是指飞机上使用的所有天线装置，包括天线、传输线、天线罩和用于匹配、调谐、隔离、安装、连接及防护等所有零部件的完整连接组合。飞机机载天线的种类较多，有中波天线、短波天线、超短波天线、导航天线、微带天线等。

进行零件规划之前，必须首先确定或选择一个最佳的产品整体设计方案。确定了产品整体设计方案，才能够进一步确定产品的组成以及哪些零件是关键的，它们的技术特征都包括哪些参数等。

随着航空电子设备的增多，机载天线的数目也随之增多，而飞机上安装天线的部位是有限的，为此要求尽可能选用天线综合技术，也就是说把几个频段的天线组合成一体，缩小天线占用空间，对顾客的需求调查表明，顾客提出了将三个频段通信天线与罗盘定向天线集合为一体，研制出一种可与多种超短波电台和无线电罗盘配套使用的新型天线的要求。由于机载天线的特殊环境，决定了它与常见的卫星接收天线及电视天线的结构和形状不同。它所需要的主要零部件为：用于发射或接收电磁波的电路板，天线罩体，天线底盘，导电橡胶和填充物。

这五个主要零部件都有自己的主要技术特征即关键零部件特征。例如，对于天线罩体，其技术性能的保证主要取决于天线罩体材料、结构强度、透波性和表面涂层。所有主要零部件的关键技术特征都与天线整体的技术性能有着密切的关系。只有这些主要零部件的关键技术特征得到保证，天线整体的技术性能才能得以实现，顾客才会满意。机载天线零部件规划的目的是找出关键的零部件，并确定关键零部件的关键零部件特征，为机载天线零部件的设计工作提供指南，以保证这些关键零部件特征的设计质量。

机载天线零件规划质量屋的建立步骤及方法、技术等，可参考本章相关内容，在此不展开论述，只给出最后的配置结果，如图5-18所示。

零件特征／技术要求	电路板				天线罩体				天线底盘		导电橡胶				填充物			技术要求重要度
	通信电路	罗盘电路	元器件	材料	材料	强度	透波性	表面涂层	材料	强度	导电性	导电电阻	耐水性	硬度	透波性	耐高低温	柔韧性	
通信距离	●		●	△	●		●	○			●	●			●			9
有效高度		●	●	△	●		●				○	○						9
外形尺寸	●	●																8
安装特性						○												9
静载荷				○	○	●				●						○		7
外密封性													●	●			○	7
表面光洁度								●										7
电搭接性	○	○									●	●						8
抗振动能力						●								●		●		7
电磁兼容性	●	●	●		○						○	○			●			8
零件特征目标值	印制板电路	印制板电路	按给定目录	双面覆铜板73～300cm	玻璃钢罩	≥3 000N	≥85%	白色透波漆	YL-12	满足相关国家标准	≥500μΩ	50～200Ωcm	6167-89	A54±5	损耗≥5%	-50℃～+60℃	≥2 200 %	
零件特征重要度	321	321	234	126	213	234	153	162	72	63	204	204	63	126	153	156	93	

图5-18 机载天线零件规划质量屋

在该机载天线零件规划质量屋中，质量屋的屋顶没有画出；竞争分析和技术评估栏目的本企业与其他相关企业的比较等项目也没有给出，这并不是说它们在该阶段质量功能配置中不需要进行设置，而是针对具体应用所做的一种取舍。在其他具体的应用中，也可能质量屋的所有栏目及所有项目都要求设置。质量屋的形式具有多样性，针对不同的应用环境和应用对象，允许有所调整。

第 6 章

Chapter 6

质量检验及抽样技术

学习目标

◎ 熟悉质量检验的职能、工作内容和意义
◎ 掌握抽样检验的定义
◎ 掌握抽检特性曲线的定义、性质和计算
◎ 掌握计数标准型抽样检验方案的设计原理和抽检程序
◎ 掌握计数调整型抽样检验方案的设计原理和抽检程序

引例

江苏福联汽车贸易有限公司销售不合格线束

2016 年 8 月 3 日，南京市江宁区市场监督管理局对江苏福联汽车贸易有限公司销售的“FORD”牌中央接线盒线束和翼博 LED 日间行车灯总成（线束）进行了抽样质量检验。经检验，上述商品因“标志和端子与导体压接横断面”项目不符合 QC/T29106 - 2004《汽车低压电线束技术条件》等标准规定的要求，被判定为不合格商品。江宁区市场监督管理局对其进行了行政处罚。

讨论：

1. 何为抽样质量检验？

2. 如果你是该次质量抽样检验行动的负责人，你将如何确定抽检方案、提取样本并进行质量检测结果判定？

资料来源：商品质量抽检十大典型案例．（2017 - 03 - 15）．中国江苏网．

第1节　质量检验概述

根据国际标准ISO 8402－94，质量检验是指对实体的一个或多个特性进行的诸如测量、检查、试验和度量，并将结果与规定要求进行比较，以确定每项特性合格情况所进行的活动。

一、质量检验的职能

在产品质量形成全过程中，质量检验起着非常重要的作用。它的管理职能就是在正确鉴别的基础上，通过合格性判定把住产品质量关；通过质量信息报告和反馈，采取纠正和预防措施，从而达到防止质量问题再次发生的目的。具体讲，质量检验具有以下五个方面的职能。

1. 鉴别职能

检验过程的实质就是要确定被检物品的质量特性是否达到规定的要求，即要对被检物品质量是否合格做出判定，这就是质量检验的鉴别职能。鉴别是质量检验的基本职能，而且是把关的前提，只有通过鉴别才能判断产品质量是否合格。不进行鉴别就不能确定产品的质量状况，也就难以实现把关。

2. 把关职能

质量检验的把关职能是指在检验过程中，一旦发现原材料、毛坯、半成品、零件或成品不能满足规定要求，应立即对不合格品做出标记，并进行隔离以防止不合格品在适当处置前被误用的情况发生，实现不合格原材料不投产、不合格毛坯不加工、不合格零件不转序、不合格部件不装配、不合格产品不出厂的目标，保证产品的符合性过程。把关职能是质量检验一出现时就存在的。不管是过去、现在还是在高度自动化的未来，质量检验的把关作用都不可缺少。

3. 预防职能

现代质量检验有别于传统检验的重要之处在于它不是单纯的事后把关，同时还起到预防的作用。这是因为，现代质量检验的很多手段（例如工序能力、控制图等）的使用都需要对产品进行检验以测得质量数据，但这种检验的目的并不是为了判断某个产品或某批产品是否合格，而是为了发现工序能力是否满足质量要求和判断过程是否处于稳定状态。也就是说，这些检验的目的是为工序质量提供生产过程和产品数据信息，然后再通过工序控制，把影响工序质量的因素都有效地管理起来，从而达到质量预防的目的。

4. 报告职能

报告职能就是信息反馈的职能，即对于在检验中获得的质量数据和异常情况，在通过整理、分析和评价并报告后，可使有关领导、相关部门及人员能及时了解质量信息，从而为质量控制提供决策支持和依据。

5. 监督职能

检验的结果有助于企业主管人员对产品质量产生、形成和实现过程的综合情况进行了解并实施监督，这就是质量检验的监督职能。

由上述分析可知，检验的作用并不只是传统的事后把关，即仅仅是把不合格品剔除出来；如果能够对检验结果进行分析和研究，那么对于查明质量问题产生的原因并采取相应措施防止问题重复发生等方面同样具有重要作用。因此，在生产过程中要充分利用检验数据，加强工序控制，把各种工序切实有效地控制起来，使工序保持稳定，如此才能充分发挥质量检验的作用。

二、质量检验的工作内容和意义

1. 质量检验的主要工作内容

从质量检验的定义可看出，质量检验主要包括以下几项工作内容。

（1）明确质量标准。明确质量标准是指进行质量检验时首先必须根据产品技术标准，明确待检项目以及各项目的技术要求，如此质量检验才有判定依据。

（2）测定质量特性。测定质量特性是指在进行质量检验时，需要采用各种计量器具、检验设备和理化分析仪器等科学技术手段和方法，对产品的一个或多个质量特性进行观察、测量、试验，才能获取质量检验所需要的质量信息。

（3）对比测定结果。对比测定结果是指将实际测定结果与质量标准做对比，观察质量特性值是否符合规定要求。

（4）判定质量状况。判定质量状况是指根据质量特性值的对比结果，判定被检对象是否合格。

（5）处理检验对象。处理检验对象是指根据质量判定状况，对产品对象进行相应的结果处理。比如，对于合格品进行放行或转序；对于不合格品给出返修、降级使用的决定；对于工序的检验，决定停产、调整、保持等；对于原材料的检验，决定是入库还是退回。

（6）记录检验信息。记录检验信息是指对质量检验的数据进行记录，并出具评价和改进建议的报告，向上级和有关部门及时反馈信息。

2. 质量检验的意义

质量检验在企业生产和管理中有重要的意义，它是企业管理科学化和现代化的基础工作之一，也是企业最重要的信息来源。它的意义体现在以下几方面。

（1）进货检验可以保证产品原材料的质量符合性。进货检验是质量检验的关键内容之一。通过进货检验，企业可以获得具有质量符合性的原材料、外购件及外协配套件，这对保证企业产品质量特别重要。此外，通过进货检验，还可以为企业的索赔提供依据。

（2）过程检验可以保证工艺过程的质量符合性。过程检验是对生产过程中的在制品和与质量有关的要素进行的检验，它也是质量检验的重要组成内容之一。通过过程检验，可以使工艺过程处于受控状态，确保工艺过程的质量符合性，避免加工过程中出现大量不合格品以及不合格品流入下道工序等问题。

（3）最终检验可以保证最终产品的质量符合性。最终检验又称完工检验，是指过程全部结束后的半成品或成品检验，它是供方质量检验的重点。通过最终检验，可确保向用户提供合格的产品。不仅可以减少用户的索赔、换货等损失，还可以增强用户的信赖，不断扩大自己的市场份额。

三、质量检验方式

根据特征的不同，质量检验方式可以分为不同类型。对不同的检验对象，在不同的生产条件下可采取不同的检验方式。合理选择检验方式，不仅可以正确地反映质量情况，还能降低检验成本，缩短检验周期。选择的原则是既要保证检验质量又要便于生产，还要能提高检验的经济性。质量检验方式的分类如表6-1所示。

表6-1 质量检验方式的分类

分类方式	检验方式	特点描述
按生产过程次序分类	进货检验	由检验部门对进厂的原材料、外购件、外协件等进行的入库前的检验。
	过程（工序）检验	以监督和控制为主要目的的检验，常用于判断工序或生产过程是否正常。
	完工检验	以验收为主要目的的检验，常用于过程全部结束后的半成品和成品的检验。
按检验人员特征分类	自检	由生产工人对零部件或产品质量进行检验。
	互检	生产工人对产品进行相互检验。
	专检	由专职检验人员进行的质量检验活动。
按检验数量特征分类	全数检验	全数检验就是对全部产品逐个进行检验，从而判断每个产品合格与否，主要适用于非破坏性检验、待检验物的数量和费用允许全部检验、待检验项目是产品质量的关键项目等条件。
	抽样检验	按照规定的抽样方案和程序从待检验的一批产品中随机抽取部分单位产品作为样本进行全检，根据样本的合格情况判定整批待检产品的质量状况。相对于全数检验，抽样检验可以大大减少检验工作量。

续前表

分类方式	检验方式	特点描述
按检验后果特征分类	破坏性检验	产品在经过检验后其完整性遭到一定破坏，不再具有原有使用功能的检验。因此，破坏性检验在数量特征上常采用抽样检验。
	非破坏性检验	产品经过检验后完整无损，不影响其使用性能的检验。
按检验手段特征分类	器具检验	也称理化检验，指利用仪器、量具或检验设备等手段，运用物理或化学的方法对产品的质量特性进行的检验，适用于产品的性能、强度、可靠性等的检验。
	感官检验	利用人的感觉器官对质量特性做出评价和判断的检验，常用于对产品外观的颜色、伤痕、锈蚀、物品温度、粗糙度、噪声、气味等特征的检验。
按检验数据性质分类	计量值检验	检验获取的数据是连续的，适用于产品的长度、强度、压力、时间等特征检验。
	计数值检验	检验数据是离散的，不能连续取值，只能用自然数表示，如件数、废品数、点数等。
按检验地点分类	固定检验	在特定的地方设立固定的检验站，适用于不便搬动或精密的检验仪器设备。
	流动检验	也称临床检验，即由检验人员到工作地区检验。

第 2 节　抽样检验基础

抽样检验是相对于全数检验而言的。抽样检验检验个数少，节约时间和费用，可适用于破坏性检验，企业在生产过程中大多采用抽样检验。抽样检验是企业生产过程中最为重要和应用最为广泛的质量检验方法之一。

一、抽样检验的定义

抽样检验是指根据数理统计原理，从一批待检产品中随机抽取一定数量的样本并对样本进行全数检验，根据对样本的检验结果来判定整批产品质量状况的一种检验方法。这一方法的整个检验过程如图 6－1 所示。

值得注意的是，在抽样检验中，样品的不合格品率是整批待检产品的不合格品率的无偏估计，并非绝对相等。也就是说，抽样合格的产品仅表示其统计质量合格，并不意味着整批产品中的每一个单位产品都合格；反之，统计质量不合格的一批产品，也并不意味着这批产品中的每一个单位产品都不合格。另外，抽样检验时应使样本容量 n 达到一定水平，这样才能保证得到的结果具有统计特征；样本容量

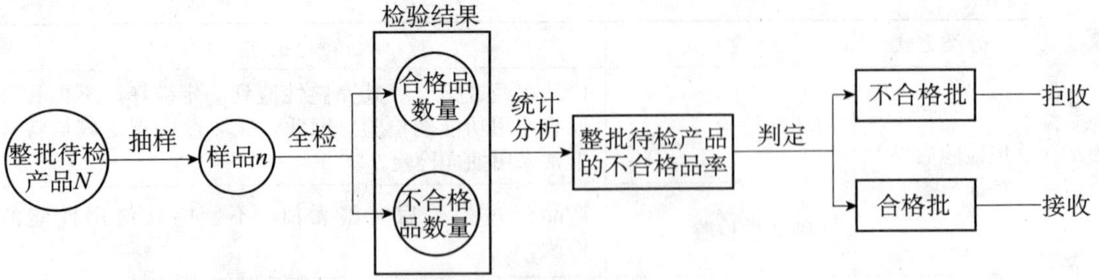

图6-1 抽样检验示意图

太小，其所得到的结果往往不能反映整批产品的质量特性。

作为一种常用质量检验方法，抽样检验主要适用于大批量和希望节省检验费用的场合、产品的可靠性和寿命等具有破坏性特征的质量特性检验的场合、被检项目数量过多和周期长难以进行全数检验的场合等。

理论和事实证明，在大量类似产品需要检验的场合，抽样检验很可能会比全数检验效果更好。现代抽样检验理论的一个优点是，它们能够比全数检验更有效地督促人们改进质量。

二、抽样检验中常用的名词术语

为了规范抽样检验的应用，下面对抽样检验中常用的名词术语加以说明。

1. 单位产品

单位产品是指为了实施抽样检验的需要而划分的基本单元。这个单元一般可以自然地划分，如一台电视机、一台机床、一颗螺钉等，但有时也不能自然地划分，而采用人工划分单元，如连续生产的产品，可以用一米钢带、一米布匹等方式进行划分。

2. 批和批量

为实施抽样检验，从基本相同条件下的产品中汇集起来的众多单位产品统称为批。提交检验的一批产品称为交验批，也叫检验批。批中所包含的单位产品的数量称为批量。一般要求，同批量产品的质量只能有随机波动的差异，而不应有本质的差异。因此，构成检验批的基本原则是：一个检验批应当由在基本相同的生产条件下，并在大约相同的时期内所生产的同类型、同等级的单位产品所组成。

按是否同时提交，检验批的形式可以分为稳定批和流动批两种。稳定批是指批中所有单位产品是同时提交检验的，而流动批中各单位产品是一个一个地从检验点提交检验的。

3. 随机抽样

随机抽样是一种为了排除人的主观因素影响，使构成总体的每一个体都以等概率出现在样本中的抽样方法。随机抽样的方法很多，常用的主要有：简单随机抽样法、系统抽样法、分层抽样法、整群抽样法。

简单随机抽样法是指在抽样时不带任何主观性，使待检批中每个单位产品均能以相等的概率被抽到的抽样方法。为了实现随机化，可以采用查随机数表、掷色子、抓阄以及用计算机程序生成等方式和办法。该方法的优点是抽样误差小，缺点是抽样手续比较繁杂，且在实际工作中，由于受到各种客观和主观因素的综合影响，真正做到总体中的每个个体都被抽到的机会完全一样是不容易的。

系统抽样法又叫等距抽样法或机械抽样法。具体过程如下：给待检批中的每个产品依次分别编上 1～N 的号码，设需要抽取的样本容量为 n，可用 N/n 的整数部分（设为 K）作为抽样间隔，然后采用简单随机抽样法在 1～K 之间确定一个随机数作为样本中的第一个被抽到的产品号码，以后就可以按抽样间隔 K 依次抽取 n 个样品。系统抽样法操作简单，不易出差错，因而在生产现场人们乐于使用它。但是，系统抽样的抽样起点一旦确定，整个样本也就完全确定，这对于总体含有一种周期性变化特征的情形，就会得到一种不能真正反映总体质量的样本。因此，在总体会发生周期性变化的场合，不宜采用这种抽样方法。

分层抽样法也叫类型抽样法。它是在一个可以分成不同层的总体中，按规定的比例从不同层中随机抽取样品（个体）的方法。比如，有甲、乙、丙三个同样生产线下来的同种零件产品批量，如果现在要求从中抽取 180 个零件组成样本，采用分层抽样法，应分别从三个生产线生产的产品中各随机抽取 60 个零件，合起来一共 180 个零件组成样本。这种抽样方法的优点是样本的代表性好，抽样误差小，缺点是抽样手续比简单随机抽样烦琐。该方法常用于产品质量验收场合。

整群抽样法是指将总体分成多个群，然后随机地抽取若干个群，并由这些群的所有个体组成样本的抽样方法。这种抽样方法的优点是抽样实施方便，缺点是由于样本只来自个别群体，不能均匀地分布在总体中，因而代表性较差，所以抽样误差也较大。该方法常用于工序控制过程。

4. 样本

从检验批中抽出供检验用的单位产品称为样本。样本中包含的单位产品数为样本容量，常用 n 表示。

5. 抽样方案

抽样方案是指在抽样检验中规定样本容量和有关接收准则的一个具体方案。对于一次抽样方案，一般可用（n，c），（n，c，R），（N，n，c），（n，K）几种形式表示。其中，N 为总体规模数量，n 为样本量，c 为合格判定数，即在抽样方案中预先规定的判定批产品合格的那个样本中最大允许不合格数；R 为不合格判定数，即预先规定的判定批产品不合格的那个样本中最小不合格数；K 为可接受常数，即指用户能够接受的产品批的极限不合格品数。如果一批产品的合格判定标准用不合格品率 p 表示，则 c 和 p 的关系为：

$$c=np \tag{6.1}$$

显然，如果全检样本中的不合格品数大于 c，则可判定该批产品不合格。

6. 不合格

产品一般有多个质量特性，某一质量特性未满足规定要求时便称为不合格。根据质量特性的重要性和未满足要求的程度，不合格可分为不同种类和等级。目前，我国国家标准推荐，不合格主要分为A，B，C三个等级。

A类不合格（致命不合格）：单位产品的极重要的质量特性不符合规定要求，或单位产品的质量特性极严重不符合规定要求。一般指危及人身安全或易招致不安全因素的项目，或者是导致产品基本功能失效的项目。

B类不合格（严重不合格）：单位产品的重要的质量特性不符合规定要求，或单位产品的质量特性严重不符合规定要求。一般指不危及人身安全但可能导致功能失误或降低原有使用功能的项目。

C类不合格（轻微不合格）：单位产品的一般质量特性不符合规定要求，或单位产品的质量特性轻微不符合规定要求。一般指对产品的使用性能没有影响或只有轻微影响的项目。

7. 不合格品

包含一个或多个不合格项的产品称为不合格品。对应于不合格项的程度，不合格品也可分为A类不合格品、B类不合格品、C类不合格品。需要注意的是，当产品存在多类不合格项时，一般应根据最严重的分类项对产品进行归类。

8. 批不合格品率

批不合格品率是指批中不合格品总数 D 占批量 N 的百分比，即

$$p=\frac{D}{N}\times 100\% \tag{6.2}$$

式中，p 为不合格品率；D 为 N 件产品中的不合格品总数。

9. 批平均不合格品率

设有 k 批产品，其批量分别为 N_1，N_2，…，N_k，其中首次检验不合格品数分别为 D_1，D_2，…，D_k，则批平均不合格品率为：

$$\bar{p}=\frac{D_1+D_2+\cdots+D_k}{N_1+N_2+\cdots+N_k}\times 100\% \tag{6.3}$$

由于实行抽样检验时 D_i 是未知的，因此一般用抽样检验结果进行估计。假设对 k 批产品进行抽样检验时，每批产品的抽样样本大小分别为 n_1，n_2，…，n_k，发现样本中的不合格品数分别为 d_1，d_2，…，d_k，则通过抽样检验所估计的批平均不合格品率为：

$$\bar{p}=\frac{d_1+d_2+\cdots+d_k}{n_1+n_2+\cdots+n_k}\times 100\% \tag{6.4}$$

10. 批质量

批质量是指一批产品的总体质量表现状况。批质量通常用该批产品的不合格品率来衡量。显然，不合格品率越高，则批质量越差。

11. 接受概率

接受概率即某批产品的合格概率，又称批合格概率，是指根据规定抽样方案把质量为 p 的交验批判断为合格而接受的概率，用符合 $L(p)$ 表示。也可以把接受概率定义为：当该批的质量为给定值 p，使用一定的抽样方案验收时接受该批的概率。接受概率是批不合格品率 p 的函数，因此一般又称 $L(p)$ 为抽样检验方案（n，c）的抽样特性函数。其计算详见本章下一节。

12. 两类错误及风险

抽样检验是用样本的质量来推断总体的质量。因此，只要采用抽样检验方法，就不可避免地会产生两种错误的判断，即可能将合格批判断为不合格批，也可能将不合格批判断为合格批。前者称为“第Ⅰ类错误”，后者称为“第Ⅱ类错误”。

第Ⅰ类错误将合格批判断为不合格批，从而被拒收，对生产方不利。这是由生产方承担的风险，即好的质量批被拒收的风险。其概率用 α 表示。

第Ⅱ类错误将不合格批判断为合格批，从而被接受，对需求方不利。这是由需求方承担的风险，即坏的质量批被接受的风险。其概率用 β 表示。

三、抽样检验方案的分类

在具体实践应用中，应根据不同要求选取适当的抽检方案类型。抽样检验方案的分类见表 6-2。在各种抽样方案中，一次抽检方案是基础，弄清楚一次抽检方案的原理，其他方案也就容易理解了。因此，本书主要讨论的也是一次抽检方案。

表 6-2　　抽样检验方案的分类

分类方式	抽样检验方案	特点描述
按检验次数分类	一次抽检方案	从交验批中只抽取一次样本，根据其检测结果来判定批合格与否，其判定程序如图 6-2 所示。
	二次抽检方案	先从交验批中抽取 n_1 个样本，根据对 n_1 的检验结果判定批合格与否，当不能做出批合格与否的判断时，再抽取 n_2 个样本进行检验，并根据 n_1 和 n_2 中累计不合格品数来判定批合格与否，其判定程序如图 6-3 所示。
	多次抽检方案	按每次规定的样本容量 n_i 进行检验，以每次抽检的结果与判定基准做比较，判定批合格与否或继续抽检，直到检验进行到规定次数为止，再判定合格与否，其判定程序如图 6-4 所示。

续前表

分类方式	抽样检验方案	特点描述
按抽样检验方案的实施方式分类	标准型抽检方案	它是在抽样方案中对供需双方都规定质量保护和质量保证值（p_0 或 μ_0，α；p_1 或 μ_1，β）（其中，p_0 和 μ_0 分别为供方规定的不合格品率和合格品率；p_1 和 μ_1 分别为需方规定的不合格品率和合格品率；α 和 β 分别为供方所承担的合格批被判为不合格批的概率风险和需方所承担的不合格批被判为合格批的风险），具有可满足供需双方要求的抽样检验。它适合于偶然市场交易等对产品质量不了解的场合。
	挑选型抽检方案	按事先规定的抽样方案对产品进行抽检，若产品达到判定基准就接受；达不到判定基准就对整批产品进行全数检验，然后将其中的不合格品换成合格品后再出厂。该方案适用于不能选择供货单位时的收货检验、工序间半成品检验和产品出厂检验，而对于抽样检验被判定为不合格批后可以退货或降价处理的产品以及破坏性检验等状况则不宜采用。
	调整型抽检方案	根据供方提供产品质量的好坏来调整检验的宽严程度，一般分为放宽、正常和加严三种方案。调整型抽检方案一般从正常检验开始，然后根据数批的检验结果和转换条件决定采用放宽或加严，这种检验一般适用于连续购进同一供货产品的检验。
	连续生产型抽检方案	它是先从逐个全检的连续检验开始，当合格品连续累计到一定数量后，即转入每隔一定数量抽检一个产品；在继续抽检过程中，如果出现不合格品，则继续恢复到全检状态。这种抽检方案适用于连续流水线生产中的产品检验，并不要求产品形成批。
按检验特性值的属性分类	计数抽检方案	以样本中不合格品数或缺陷数作为判定交验批产品是否合格的依据。
	计量抽检方案	以计量数据作为判断依据，通过对样本质量特性的统计分析来判断交验批是否合格。

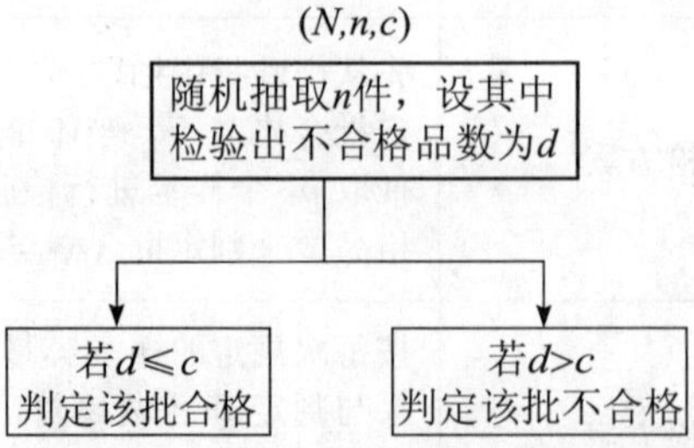

图 6-2　一次抽检示意图

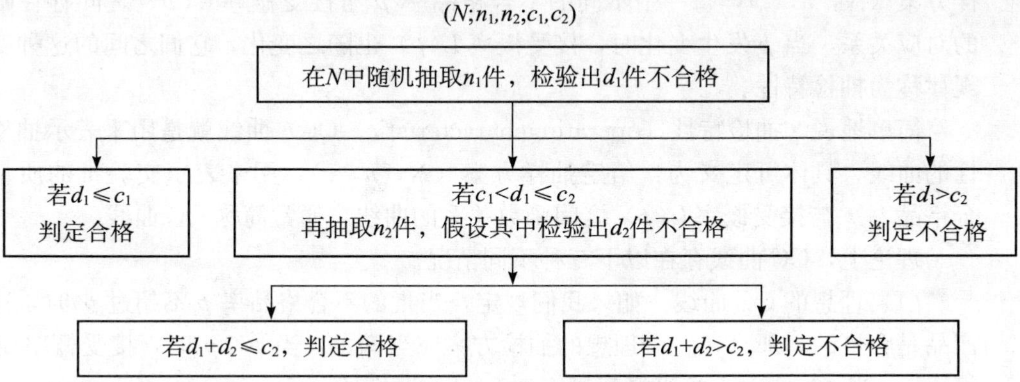

图 6－3　二次抽检示意图

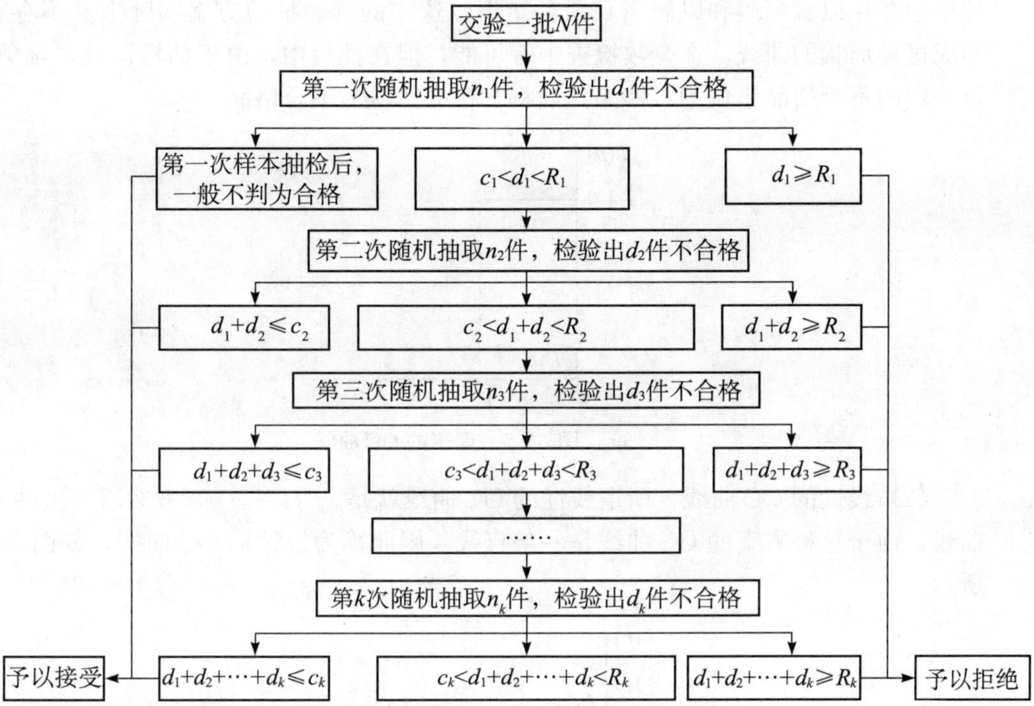

图 6－4　多次抽检示意图

四、抽检特性曲线

在实际抽样检查中，我们常常关心的是：假如交验批产品的不合格品率为 p，那么批产品有多大的可能被判为合格批而予以接受，或者说被接受的概率 $L(p)$ 有多大。关于这个问题，可以通过抽检特性曲线来进行分析和描述。

1. 抽检特性曲线的定义

在实际中，每一个交验批的不合格品率是变化的，而且是未知的。对一定的抽样方案（N，n，c），每一个不同的不合格品率 p 与接受概率 $L(p)$ 之间存在唯一的对应关系，当 p 发生变化时，接受概率 $L(p)$ 也随之变化，它们之间的这种变化规律称为抽检特性。

简单地说，抽检特性（operatingcharacteristic，OC）曲线就是用来表示抽检特性的曲线，具体可定义为：给定抽样方案（N，n，c），用来表示交验批的质量不合格品率 p 与接受概率 $L(p)$ 之间函数关系的曲线，通常简称 OC 曲线。

理论上，OC 曲线存在以下三种不同情况。

（1）理想的 OC 曲线。如果我们规定，当批的不合格品率 p 不超过 p_0 时，这批产品是合格的，那么，一个理想的抽检方案应当满足：当 $p \leqslant p_0$ 时，接受概率 $L(p)$ 等于1；当 $p > p_0$ 时，接受概率等于0，如图6-5所示。

在图6-5中的两段直线，完全反映出一个理想的抽检方案特性。然而，由于抽检中存在以真当假和以假当真两种错误，这样的理想抽检方案实际上并不存在。形成这种形状的曲线，在全数检查中有可能，但在抽检中，由于抽样误差，难免会将一定的不合格品错认为合格品，或将合格品错认为不合格品。

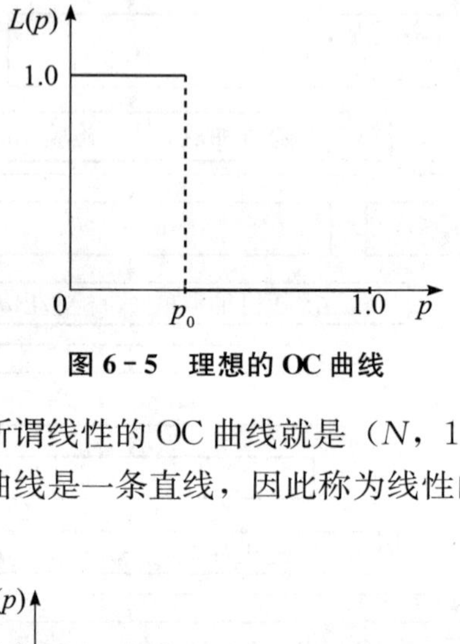

图6-5 理想的 OC 曲线

（2）线性的 OC 曲线。所谓线性的 OC 曲线就是（N，1，0）方案所产生的 OC 曲线，由于这种方案的 OC 曲线是一条直线，因此称为线性的 OC 曲线，如图6-6所示。

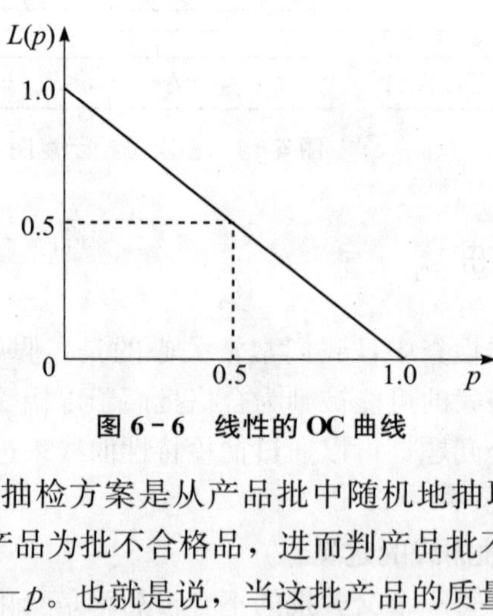

图6-6 线性的 OC 曲线

由图6-6可见，线性抽检方案是从产品批中随机地抽取1个产品进行检查，若这个产品不合格，则判产品为批不合格品，进而判产品批不合格。这个方案的抽样特性函数为：$L(p) = 1 - p$。也就是说，当这批产品的质量已经差到含有一半的不合格品（即 $p=0.5$）时，其接受概率 $L(p)$ 依然高达 50%（$L(p)=1-p=1-0.5=50\%$）。可见，这种抽检方案对批质量的判断能力及对用户的质量保证都是很差的，是一种很不理想的抽检特性曲线。

（3）实际的 OC 曲线。比较好的 OC 曲线形状应当是：当这批产品质量较好，如 $p\leqslant p_0$时，则以高概率判定它为合格；当这批产品质量较差，且已超过某个规定的界限时，如 $p>p_1$ 时，则以高概率判定它为不合格；当产品质量变坏时，如 $p_0<p<p_1$，接受概率应迅速减小。这是实际中经常遇到的情况，称为实际的 OC 曲线，其形状如图 6－7 所示。

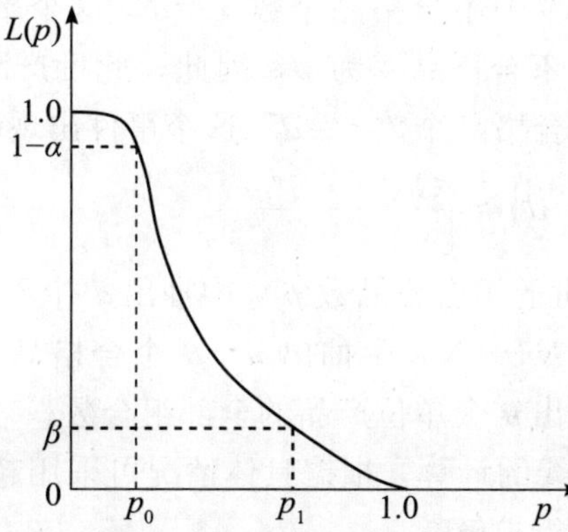

图 6－7　实际的 OC 曲线

2. 抽检特性曲线的分析

（1）OC 曲线的性质。

1）OC 曲线和抽检方案是一一对应的关系，也就是说有一个抽检方案就有一条对应的 OC 曲线；相反，有一条抽检特性曲线，就有一个与之对应的抽检方案。

2）OC 曲线是一条通过（0，1）和（1，0）两点的连续曲线。

3）OC 曲线是一条严格单调下降的函数曲线，即对于 $p_1<p_2$，必有 $L(p_1)>L(p_2)$。

（2）OC 曲线与（N，n，c）方案中参数的关系。

由于 OC 曲线与抽检方案是一一对应的，因此改变方案中的参数必导致 OC 曲线发生变化。下面分四种情况对其变化进行讨论。

1）保持 n 和 c 固定不变，令 N 变化：如果 N 增大，曲线向上变化，方案放宽；如果 N 减小，则曲线向下变化，方案加严。但是总体变化幅度较小，也就是说，N 对 OC 曲线形状的影响甚微。

2）保持 N 和 n 固定不变，令 c 变化：如果 c 增大，则曲线向上变化，方案放宽；如果 c 减小，则曲线向下变化，方案加严。

3）保持 N 和 c 不变，令 n 变化：如果 n 增大，则曲线向下变化，方案加严；反之 n 减小，则曲线向上变化，方案放宽。

4）保持 N 不变，n，c 同时发生变化：如果 n 增大而 c 减小，方案加严；若 n

减小而c增大，则方案放宽；若n和c同时增大或减小，对OC曲线的影响比较复杂，要看n和c的变化幅度各有多大，不能一概而论。如果n和c尽量减小，则方案加严；对于n和c不同量变化的情况，只要适当选取它们各自的变化幅度，就能使方案在（0，p_t）和（p_t，1）这两个区间的一个区间上加严，而另一个区间上放宽，这一点对抽检很有用。

3. 抽检特性曲线的计算

$L(p)$称为抽检方案（N，n，c）的抽检特性函数。为了确定$L(p)$的形式，首先计算"在样本中不合格品个数$x=d$"这个事件出现的概率，记作$P\{x=d\}$。由于批量为N，不合格品率为p，因此，此批产品中不合格品的总数应为Np个，则"在样本中不合格品个数$x=d$"这个事件出现的概率为超几何分布，即

$$P\{x=d\}=\frac{C_{pN}^{d}\times C_{N-pN}^{n-d}}{C_{N}^{n}} \tag{6.5}$$

式中，C_{pN}^{d}为从批的不合格品数pN中抽出d个不合格品的全部组合数；C_{N-pN}^{n-d}为从批的合格品数（$N-pN$）中抽出$n-d$个合格品的全部组合数；C_{N}^{n}为从批量为N的一批产品中抽出n个单位产品的全部组合数。

关于OC曲线的计算，根据具体情况可采用超几何分布、二项分布和泊松分布三种不同形式进行求解。

（1）超几何分布计算法。当采用（N，n，c）抽检方案时，只要样本中不合格品的个数d不超过c，则认为此批产品是合格的。所以，当一批产品的不合格品率为p时，接受概率的计算公式如下：

$$L(p)=\sum_{d=0}^{c}\frac{C_{pN}^{d}C_{N-pN}^{n-d}}{C_{N}^{n}} \tag{6.6}$$

（2）二项分布计算法。当N很大时，一般$N/n>10$，阶乘计算很麻烦，$L(p)$可用二项分布求近似值，具体公式如下：

$$L(p)=\sum_{d=0}^{c}\left(C_{n}^{d}p^{d}\,(1-p)^{n-d}\right) \tag{6.7}$$

（3）泊松分布计算法。当$N/n>10$，且$p<10\%$时，$L(p)$可用泊松分布计算其近似值，具体公式如下：

$$L(p)=\sum_{d=0}^{c}\frac{(np)^{d}}{d\,!}\mathrm{e}^{-np}=\sum_{d=0}^{c}\frac{\lambda^{d}}{d\,!}\mathrm{e}^{-\lambda} \tag{6.8}$$

式中，$np=\lambda$，即抽检样本中的缺陷数。

4. 通过抽检特性曲线讨论百分比抽检法的不合理性

百分比抽检法是指不论产品批量N的大小，都规定相同的判定数c，而样本也是按照相同的比例k从产品批中抽取，即抽检方案为（N，$n=kN$，c）。

对于这种抽检方案，通过OC曲线与抽检方案变化的关系分析，很容易弄清楚百分比抽检的不合理性。图6-8为百分比抽检方案的OC曲线。

由图6-8分析可知，在批的质量相同的情况下，批量N越大，接受概率$L(p)$

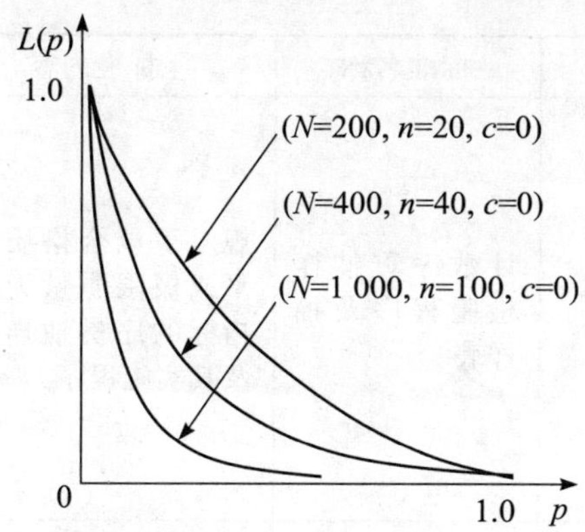

图 6-8　百分比抽检方案的 OC 曲线

越小，方案越严；反之，批量 N 越小，接受概率 $L(p)$ 越大，方案越宽松。也就是说，对相同质量的检验批，批量 N 不同导致的判断能力不同，存在对大批量严而对小批量松的不合理现象。

由此可知，百分比抽检方案实际是一种凭直觉的经验做法，并没有科学依据，在实际应用中应注意纠正这种不合理的做法。

五、抽样质量检验的标准及注意事项

1. 抽样质量检验的标准

为了使抽样检验工作规范化，世界各工业国家和国际标准化组织先后制定了各自的质量检验标准。我国于 1981 年开始抽样检验标准化工作，颁布了多项抽样检验标准。表 6-3 列出了几种常用的抽样检验标准及其适用范围。

从表 6-3 可以看出，这些标准的适用场合是不同的。因此，在具体应用标准时，应根据被检对象和检验目的，首先参考国家标准 GB/T 13393-2008《验收抽样检查导则》，选择合适的抽样标准，然后按标准规定的程序实施抽样检验。

表 6-3　几种常用的抽样检验标准及其适用范围

序号	标准号	标准名称	标准内容	适用范围
1	GB/T 2828-87	逐批检查计数抽样程序及抽样表	规定了以合格质量水平为质量指标的一次、两次、五次抽样方案及抽样程序。	连续批的检验。
2	GB/T 6378-2002	不合格品率的计量抽样检验程序及图表	规定以可接受质量水平为质量指标的一次计量抽样方案和检查程序。以不合格品率表示批的质量，并用来控制不合格品率不超过某个指定值。	连续批的检验。可用于产品设计、工艺文件、订货合同、产品技术标准、检验规则、合格证、质量管理等有关文件中。使用本标准时，要在上述文件中规定执行的负责部门。

续前表

序号	标准号	标准名称	标准内容	适用范围
3	GB/T 8051-2002	计数序贯抽样检验程序及抽样表	规定了以合格质量水平或极限质量为质量指标的序贯抽样方案及其实施程序。	主要用于检验费时或检验费用较高，需要尽可能减少抽样量的场合；可用于连续批产品抽样检验；在一定条件下也可用于孤立批的同样检验。当各检验批的质量之间无密切联系或虽有联系但生产的批数较少时，可把检验批作为孤立批来处理。
4	GB/T 8052-2002	单水平和多水平计数连续抽样检验程序及抽样表	给出了单水平连续抽样方案及多水平连续抽样方案，并给出了它们的全检和抽样检验间的转换程序。	对连续提交的在制品进行检验，在合同的质量规定、产品技术标准、工艺文件或其他文件引用本标准时，必须执行其中规定的条款。本标准可将产品的平均质量控制在规定的平均检出质量上限之内。
5	GB/T 2829-2002	周期检验计数抽样程序及抽样表	规定以不合格质量水平为质量指标的一次、两次、五次抽样方案及抽样程序。	生产过程稳定性的检验。
6	GB/T 8053-2001	不合格品率的计量标准型一次抽样检验程序及表	规定了以不合格品率为质量指标的计量标准型一次抽样检验程序与实施办法。	产品的质量特征以计量值表示且服从或近似服从正态分布的批检验。

2. 抽样质量检验的注意事项

在进行抽样质量检验时，必须掌握以下几点注意事项。

（1）抽样质量检验是对批量进行合格与否的判定，而不是逐一检查批量中的每个产品。所以，如果产品不是作为批量处理时，就不应采用抽样检查。

（2）在抽样质量检验标准选定后，就必须按照抽样质量检验标准严格正确执行。

（3）通过抽样质量检验后，即使是判定合格的批量，也应允许有一定数量不合格品存在。

（4）抽样质量检验是以随机抽取样本为基本条件的，如果不能满足这种条件就不适用。因此，采用抽样质量检验时必须具备能随机取样的具体条件和实施措施。

第 3 节　计数标准型抽样检验

一、计数标准型抽样检验方案的设计原理

计数标准型抽样检验是指为了保证生产方和需求方双方利益，事先把生产方风险和需求方风险固定为某一特定数值的抽样检验方案。其设计原理是给定接受上限 p_0、拒收下限 p_1 以及两种错判概率 α，β，控制优质批（$p\leqslant p_0$）错判为不合格批的概率不得超过 α、劣质批（$p\geqslant p_1$）错判为合格批的概率不得超过 β。即计数标准型抽检方案的 OC 曲线必须通过预先规定的两个点（p_0，$1-\alpha$）和（p_1，β），如图 6-7 所示。因此，要使一个计数标准型一次抽检方案（n，c）的 OC 曲线通过预先规定的这两个点，只要 n 和 c 满足下列联立方程即可：

$$\begin{cases}\alpha = 1 - L(p_0) \\ \beta = L(p_1)\end{cases} \tag{6.9}$$

大多数情况下，上述联立方程有很多组解，一般应取 n 为最小的那一组解。此外，为了帮助供需双方正确选择抽样检验方案，国家制定了有关标准：GB/T 13393-2008《验收抽样检查导则》。因此，在实际应用中常采用查表法，不合格品率的计数标准型一次抽检表（节选）见附录 1。

二、计数标准型抽样检验方案的特点

计数标准型抽样检验方案的好处是能事先控制两种风险，可保护供需双方利益；不足之处是一般抽取样本数量较大，经济上不合算。其主要适用于孤立批、不要求生产方提供过程平均质量及以前检查结果等状况。

三、计数标准型一次抽样检验方案的抽检程序

计数标准型一次抽样检验方案的抽检程序一般包括以下九个步骤。

1. 确定检验质量标准

对于单位产品，要明确规定合格与不合格的标准界限。

2. 确定质量特性不合格的分类标准和不合格品的分类标准

根据对产品功能影响程度的不同，确定质量特性缺陷的概念以及程度，并将不合格品分为 A，B，C 三个不同等级。

3. 确定 p_0，p_1 及 α，β 值

在进行抽检之前，需明确指定 p_0，p_1 及 α，β 的值。通常，取 $\alpha=0.05$，$\beta=$

0.1，而 p_0，p_1 的值则需产品的供需双方通过平等协商确定。首先，确定 p_0 时，应根据缺陷严重程度分别考虑，针对致命缺陷、严重缺陷，p_0 值应尽可能小，如取 $p_0=0.1\%$，0.3%，0.5%等，反之，针对轻缺陷 p_0 值可取大一些，如取 $p_0=3\%$，5%，10%等。此外，p_0，p_1 必须满足 $p_0 \leqslant p_1$，$p_1/p_0 \geqslant 3$，一般取 $4 \leqslant p_1/p_0 \leqslant 10$。$p_1/p_0$ 越小，n 越大，当 p_1/p_0 接近 1 时，n 接近 N；p_1/p_0 越大，越会增大需求方的风险。

4. 确定批量 N

在同一生产条件下生产出来的一批产品应尽可能直接取作检验批，因为批量越大，平均检验费用越少，经济性越好；但同时也应注意批量过大，导致出现错判时造成的损失也越大的后果。因此，批量确定要适当，当批量过大时，也可划分为小批后作为检验批，以降低错判风险和损失。

5. 确定抽检方案（n，c）

确定样本大小 n 及合格判定数 c 有现成抽样表（详见附录 1）可查，具体用法如下：

（1）按照事先确定的 p_0，p_1，在表中先找到 p_0 所在的行和 p_1 所在的列，其相交栏即为抽检方案，对应的相交栏左边为样本容量 n，右边为合格判定数 c。

（2）如果相交栏内为箭头，则应顺箭头指向连续追寻下去，直至有数值栏得到 n 和 c，如果遇到“*”栏，则应利用表 6-4 求 n 和 c。

表 6-4　　抽检设计辅助表（$\alpha=5\%$，$\beta=10\%$）

p_1/p_0	c	n
17 以上	0	$2.56/p_0+115/p_1$
16～7.9	1	$17.8/p_0+194/p_1$
7.8～5.6	2	$40.9/p_0+266/p_1$
5.5～4.4	3	$68.3/p_0+334/p_1$
4.3～3.6	4	$98.5/p_0+400/p_1$
3.5～2.8	6	$164/p_0+527/p_1$
2.7～2.3	10	$308/p_0+770/p_1$
2.2～2.0	15	$502/p_0+1065/p_1$
1.99～1.86	20	$704/p_0+1350/p_1$

（3）如求得的 n 值大于批量 N，应进行全数检验。

（4）求得 n，c 后，应用标准的 OC 曲线对照复查，或研究一下检查费用，必要时可修正 p_0，p_1，并重新求 n，c 值。

6. 抽取样本

按已确定的样本容量 n，采用随机抽样法从交验批中抽取样本。

7. 检测样本质量特性值

根据规定的质量标准，对样本中的每一个产品进行检测，并统计不合格数 d。

8. 判定批是否合格

如果样本中的不合格数小于或等于合格判定数，即 $d \leqslant c$，则判定交验批合格；如果 $d>c$，则判定交验批为不合格。

9. 检验批的处置

对已判定为合格的交验批，应予以接受；而对于判定为不合格的交验批，则应予以拒收。不论哪种情况下，已判定为不合格的批，都不得直接提交下次检查。至于样本中已发现的不合格品是直接接受、退货还是换成合格品，这要按照事先签订的合同来确定。对于判定为不合格的检验批，是全部退换、有条件地（例如降价）接受，还是进行全部挑选仅收合格品，这也是由预先签订的合同来确定。

第 4 节　计数调整型抽样检验

批与批之间质量关系密切（待检批可利用最近已检批提供的质量信息）的连续提交检查批称为连续批。如在同一生产过程中，连续生产的一系列批只要产品的设计、结构、工艺、主要原材料、元器件等生产条件基本相同，一般可视为连续批。对于连续批，实际工作中通常可采用计数调整型抽样检验方案来进行产品检验，即如果产品连续几批抽样检查的结果都较好，则考虑有无可能减少抽样的样本容量以减少抽检费用；反之，如果产品从抽检结果来看质量可能不大理想，则考虑是否应加严下几批的抽检以保证接受质量。

一、计数调整型抽样检验方案的设计原理

计数调整型抽样检验方案是根据已检验过的批的质量信息，随时按一套转移规则调整检验的严格程度的检验过程。具体设计原理为：当批质量正常时，采用一个正常的抽检方案，以保护供方利益；当批产品质量下降或生产不稳定时，改用加严方案进行检验，以减小需求方承担的风险；当批产品质量上升时，改用一个放宽方案进行检验，以加强对供方的保护；如果供方不能保持优质产品的历史，在抽检中发现稍有质量下降的趋势，就应立即由放宽转为正常检验。计数调整型抽样检验的设计原理也就是根据批产品质量的变化，适时调整抽样检验方案的宽严程度，使整个检验过程达到一种既能防范达不到质量要求的批漏网，又能使达到质量要求的批轻易通过。

二、计数调整型抽样检验方案的特点

计数调整型抽样检验方案的特点主要有：

（1）对比其他抽检方案，能充分利用产品检验历史数据提供的质量信息。

（2）在同样质量保证的前提下，它比不可调整抽检方案能节约更多工作量和费用。

（3）调整型抽检方案能促进供方为提高产品质量而努力。

三、计数调整型抽样检验方案的抽检程序

计数调整型抽样检验方案的抽检程序一般包括以下11个步骤。

1. 确定质量标准

在订货合同中必须明确规定单位产品的质量特性，并明确规定区分合格品与不合格品的标准。当产品比较复杂时，还可以对质量特性进行分类和分组。

2. 规定合格质量水平

合格质量水平（acceptable quality level，AQL）是指可接受的连续交验批的过程平均不合格品率上限值。*AQL* 是调整型抽检方案的基本参数，也是选择方案时依据的质量标准。因此，采用计数调整型抽样检验在设计抽检方案时，首先要考虑 *AQL* 多大。规定了 *AQL*，如果供应者的产品质量水平接近 *AQL*，则运用正常检查。对质量水平比 *AQL* 好的生产者运用放宽检查，对质量水平比 *AQL* 差的生产者则加严检查。

AQL 可根据需方的要求、供方生产能力和单位产品本身的价值等因素，由双方协商确定。主要有以下几种确定方法：

（1）按需方的质量要求决定 *AQL* 值。当需方根据使用要求、经济条件提出必须保证的质量水平（不合格品率或百单位不合格品数）时，则应将其质量要求规定为 *AQL* 值。一般根据使用要求规定 *AQL* 时，可参考表6-5所列经验数据。

表6-5 按照使用要求确定 *AQL* 值参考表

使用要求	特高	高	中	低
AQL（%）	<0.1	<0.65	<2.5	≥4.0
适用范围	关键工业产品	重要工业产品	一般工业产品	一般农业产品

（2）根据不合格级别确定 *AQL* 值。根据不合格级别确定 *AQL* 值，就是按照A类不合格品、B类不合格品和C类不合格品，分别规定 *AQL* 值。越是重要的检验项目，验收后的不合格品所造成的损失越大，*AQL* 值应更严格。此种方法多用于多品种、小批量生产及产品质量信息不多的场合。按照不合格类别确定 *AQL* 值可参考表6-6所列的经验数据。

表 6-6　　按照不合格类别确定 *AQL* 值参考表

	一般企业									军工企业		
	原材料进厂检验					成品出厂检验				购入检验		
不合格类别	A			B	C	A		B	C	A	B	C
AQL（%）	0.65	1.5	2.5	4.0	6.5	1.5	2.5	4.0	6.5	0.25	1.0	2.5

（3）根据项目数量确定 *AQL* 值。检验项目越多，*AQL* 值越大。根据项目数量确定 *AQL* 值可参考表 6-7 所列经验数据。

表 6-7　　按照项目数量确定 *AQL* 值参考表

A 类不合格	项目数	1～2	3～4	5～7	8～11	12～19	20～48	>48
	AQL（%）	0.25	0.40	0.65	1.0	1.5	2.5	4.0
B 类不合格	项目数	1	2	3～4	5～7	8～18	>18	
	AQL（%）	0.65	1.0	1.5	2.5	4.0	6.5	

（4）根据过程平均值确定 *AQL* 值。用过程平均值作为 *AQL* 值的方法多用于单一品种大批量生产，且已掌握大量供方产品质量信息的场合。一般要求 *AQL* 值高于过程平均质量，以有利于促进提高产品质量。

（5）依据益损平衡点值确定 *AQL* 值。以供方为检出一个不合格品所需费用与需方因使用一个不合格品所造成的损失费用的比例大小来确定 *AQL* 值，它能同时反映出生产方与使用方的要求，这个比值叫益损平衡点，即

$$\text{益损平衡点}=\frac{\text{供方检出一个不合格品所需费用}}{\text{需方使用一个不合格品所造成的损失费用}}\times 100\% \qquad (6.10)$$

求出益损平衡点后，可按表 6-8 所列经验数据确定 *AQL* 值。

表 6-8　　按照益损平衡点确定 *AQL* 值

益损平衡点	0.5～1	1～1.75	1.75～3	3～4	4～6	6～10.5	10.5～17
AQL（%）	0.25	0.65	1.0	1.5	4.0	6.5	10

3. 确定检查水平

检查水平是用来决定批量与样本大小之间关系的等级。GB/T 2828-87 标准中规定了三个一般检查水平（Ⅰ，Ⅱ，Ⅲ）和四个特殊检查水平（S-1，S-2，S-3，S-4），如表 6-9 所示。一般检查水平Ⅱ是标准检验水平，无特殊要求时采用水平Ⅱ。当需要的判别能力比较低时，可规定使用一般检查水平Ⅰ；当需要的判别能力比较高时，可规定使用一般检查水平Ⅲ。四个特殊检查水平适用于破坏性检验或检验费用高而且能够或必须允许较大的误判风险的情况，由于其抽取样本大小比较小，又称小样本检验。在三个一般检查水平中，当批量给定后，样本大小随检查水平而变化。一般情况下，检查水平Ⅰ，Ⅱ，Ⅲ需要抽取的样本大小关系为：水平Ⅲ大于水平Ⅱ，水平Ⅱ大于水平Ⅰ。检查水平Ⅰ，Ⅱ，Ⅲ样本大小比例为 0.4∶1∶1.6。同时，检查水平的规定直接影响对需方的保护程度，检查水平Ⅲ的保护程度最高。

表 6-9 样本大小字码表

批量范围	特殊检查水平				一般检查水平		
	S-1	S-2	S-3	S-4	Ⅰ	Ⅱ	Ⅲ
2～8	A	A	A	A	A	A	B
9～15	A	A	A	A	A	B	C
16～25	A	A	B	B	B	C	D
26～50	A	B	B	C	C	D	E
51～90	B	B	C	C	C	E	F
91～150	B	B	C	D	D	F	G
151～280	B	C	D	E	E	G	H
281～500	B	C	D	E	F	H	J
501～1 200	C	C	E	F	G	J	K
1 201～3 200	C	D	E	G	H	K	L
3 201～10 000	C	D	F	G	J	L	M
10 001～35 000	C	D	F	H	K	M	N
35 001～150 000	D	E	G	J	L	N	P
150 001～500 000	D	E	G	J	M	P	Q
500 001 及以上	D	E	H	K	N	Q	R

4. 确定检查批量

根据 GB/T 2828-87 的设计原则，批量越大，样本容量越大，区分优质批与劣质批的能力越强；但是，批量越大，检查费用就越高，由错判给双方带来的损失也越大。批量大小及其组成应由供需双方协商确定。

5. 确定检查严格度

检查严格度是指交验批所接受检查的宽严程度。GB/T 2828-87 中规定了正常检查、加严检查和放宽检查三种不同严格度。正常检查是当过程平均质量接近合格质量水平时所进行的检查；加严检查是当过程平均质量显著劣于合格质量水平时所进行的检查，是为保护需求方的利益而设立的；放宽检查是当过程平均质量显著优于合格质量水平时所进行的检查。在上述严格度中，加严检查是强制性的，放宽检查是非强制性的，当无特殊要求时，验收批产品一般从正常检查开始。根据 GB/T 2828-87 的规定，三种严格度的调整可按图 6-9 所示转移规则进行。

6. 确定抽检方式

GB/T 2828-87 给出了一次、二次、五次三种类型的抽检方式，其特点如表 6-10 所示。通常情况下，抽样方式的确定需要通过比较各种不同类型对应抽样方案的管理费用和平均检查费用的大小来决定。因此，一般情况下多采用二次抽检方式。但

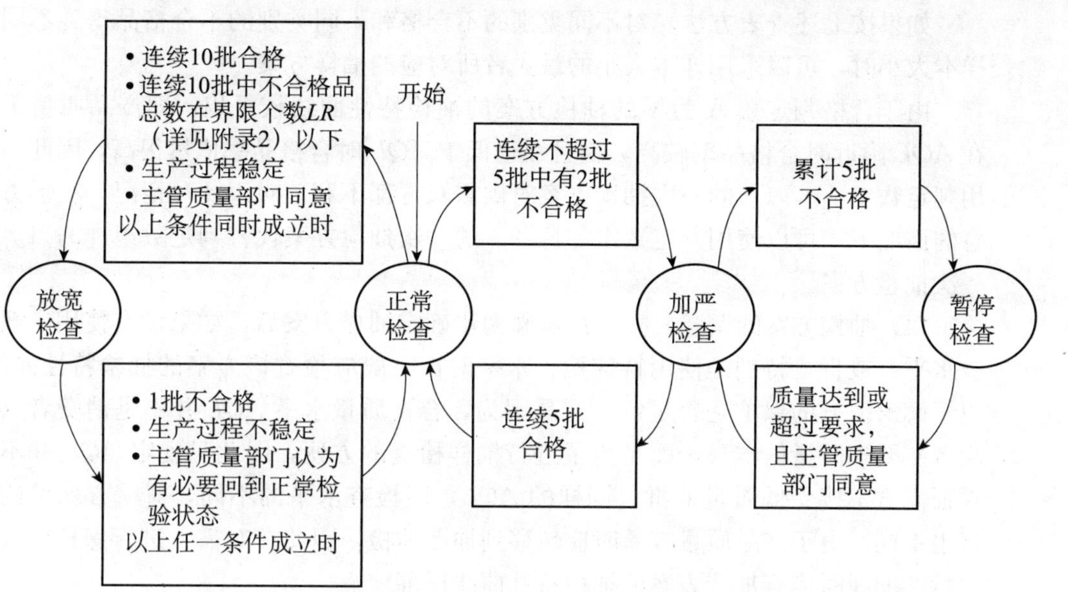

图 6-9 检查严格度转移规则

对于费时的检验和管理费用比检验费用高的检验，则宜采用一次抽样检验。

表 6-10 三种抽检方式的特点比较

抽检方式	供方接受程度	平均样本含量	管理费用
一次	只给一次机会就拒收，欠妥	n	最低
二次	易于接受	（0.6～0.9）n	适中
五次	犹豫不决，员工产生厌烦	（0.3～0.8）n	最高

7. 确定抽检方案

抽检方案的确定一共包括以下四项内容。

（1）读取样本字码。应根据批量和检查水平从样本大小字码表（见表6-9）中读取字码。在表中找到批量大小所在的行及制定检查水平所在的列，从相交栏中可得样本大小的字码。

（2）确定抽样方案。根据样本大小字码、合格质量水平（*AQL* 值）、抽样方式以及宽严程度，在GB/T 2828-87所提供的抽样检验表中检索四种抽检方案。在标准中列有三组（一次、二次和五次抽样），共计12个抽检方案表，本书只取一次抽样的四个表（附录3：一次正常抽检方案表；附录4：一次加严抽检方案表；附录5：一次放宽抽检方案表；附录6：一次特宽抽检方案表）。

（3）查表确定抽检方案。在所选用的抽检方案表中，由样本大小字码所在行的样本大小栏内读出样本大小 n，再从这一字码所在行和所指定的 *AQL* 值所在列的相交栏，读出合格判定数 A_c 和不合格判定数 R_e。如果相交栏是箭头，则沿箭头方向读出箭头所指的第一个合格判定数 A_c 和不合格判定数 R_e，然后由此判定数组所在行向左，在“样本大小”栏读出相应的样本大小 n。

如果按上述查表方法，对不同类别的不合格和不同类别的不合格品得到不同的样本大小时，可以采用样本大小的最大者所对应的抽样方案。

由于合格判定数 A_c 为零的抽检方案的抽检特性曲线较平坦，即产品质量不仅在 AQL 附近时合格品率较高，而且在远低于 AQL 时合格品率依然很高，因此，采用判定数组［0，1］的一次抽检方案对供需双方都不利。对于此种情况，在需方同意的情况下，可以使用判定数组［1，2］的一次抽检方案代替判定数组［0，1］的一次抽检方案。

（4）抽检方案的调整。按上述步骤初步确定抽样方案后，如果没有使用一般检查水平Ⅱ或Ⅲ，特别是使用特殊检查水平时，一般应检查该方案的抽检特性曲线，以了解对需方的保护是否足够。这是因为，合格质量水平 AQL 并不是消费者（使用者）要求质量的本身，而是为了进行抽样检查的方便，因此只规定 AQL 并不能保证需方不接受低质量的批。同样的 AQL，因检查水平的不同，对需方保护的程度也不同。由于产品质量较差时应转移到加严抽检，因此在对需方进行保护检查抽检特性曲线时应查加严方案的抽检特性曲线尾部。

此外，有时查表求得的抽检方案不够理想，如样本量太大，也需要重新调整 AQL 和检查水平，以寻求供需双方都满意的方案，这就需要比较不同方案之间抽检特性的差异，以论证调整的合理性。GB/T 2828－87 提供了判定数组为［0，1］到［44，45］共 11 个正常、加严、放宽检验方案的抽检特性曲线及其数值，可供使用时查阅。

【例 6－1】 某产品进行出厂检验，采用标准为 GB/T 2828－87，规定 AQL＝1.5，检验水平为“一般检查水平Ⅱ”。如果交验批量为 $N=2\ 000$，求一次正常抽样方案。

解　（1）查样本大小子码表（见表 6－9）得字码为 K。

（2）查一次正常抽检方案表（附录 3）得 $n=125$，$A_c=5$。

（3）由此确定抽样方案为（2 000，125，5）。

8. 抽取样本

采用随机抽样法，从批量中按抽样方案规定抽取样本。采用二次和五次抽检方案时，每次样本也必须从批的全体中抽取。

9. 样本的检测

检测样本，按确定的质量标准判定不合格品或合格品数。

10. 判定批是否合格

统计样本中出现的不合格数或不合格总数，与抽样方案中规定的合格判定数和不合格判定数比较，判定批合格或不合格。如果样本中不合格品数等于或小于合格判定数 A_c，则判定该批合格；如果不合格品数等于或大于不合格判定数 R_e，则判定该批不合格。

11. 检验批的处置

合格批接受，不合格批原则上全批退给供方。合格批中发现的不合格品可根据供需双方事前约定进行处置。

由上文抽样检验方案的分类可知，除计数标准型抽检方案和计数调整型抽检方案之外，在实际应用中还存在其他类型的抽检方案，如计量抽样检验，下面介绍计量抽样检验。

第5节　计量抽样检验

计数抽样检验方法在实践应用中存在的一个明显缺陷是：对一个产品，只检测它是合格品还是不合格品，从中得到的信息不多，从而导致抽样检验往往需要较大的样本量才能做出判断。为此，有学者在假设质量特性是正态分布随机变量的基础上，提出了计量抽样检验方法和理论，以减少抽样检验的样本需求量。我国于2008年发布了GB/T 8054－2008《计量标准型一次抽样检验程序及表》。本节介绍的就是该标准的有关内容。

一、计量抽样检验概述

1. 计量抽样检验的定义和特点

计量抽样检验是定量地检验从批中随机抽取的样本，利用样本数据计算统计量，并与判断标准比较，以判断产品批是否合格的活动。随着检测技术的不断发展和电子计算机在生产领域的广泛应用，计量抽样检验越来越受到人们的重视。

与计数抽样检验相比，计量抽样检验具有如下特点：

(1) 从难易程度来讲，计数抽样检验较简单，计量抽样检验较复杂。

(2) 从获得的信息来看，计量抽样能获得更多、更精密的信息，能指出产品的质量状况，一旦质量下降能及时提出警告。

(3) 计量抽样检验的可靠性比计数抽样检验大，这是因为对每批产品的某种质量特性进行严格的计量检验要比对每批产品的质量究竟合格与否的计数检验更为确切。

(4) 与计数抽样检验相比，在同样的质量保护下，计量抽样检验所需的样本量可以减少30%，因而当检验过程的费用很大时（如破坏性检验），计量抽样检验显示出其巨大的优越性。

(5) 计数抽样检验易于接受和理解，但计量抽样检验却并非如此，使用计量抽样检验时有可能会出现在样本中没有发现不合格品而被拒收的情况。

(6) 计量抽样检验要求被检验的质量特性必须服从或近似服从正态分布，因为设计计量抽样检验方案的依据是正态分布理论。

（7）计量抽样检验只适用于单一质量特征，若一个产品有多个计量质量特征，则需要有多个计量抽样检验方案，而计数抽样检验可以把多个质量特征合并成一个抽样检验方案。

2. 计量抽样检验方案的分类

（1）按产品质量水平的衡量方式分类。GB/T 8054 把计量抽样检验的方式分为两类：一是以质量特性总体分布的均值 μ 为衡量质量水平的抽样检验方案；二是以总体不合格品率 p 为衡量质量水平的抽样检验方案。GB/T 8054 规定了以均值和不合格品率为质量指标的计量标准型一次抽样检验程序与实施方法。在 GB/T 8054 里共有 7 个抽样检验表，其中第一个表至第四个表是以平均值 μ 为衡量质量水平的抽样表，第五个表至第七个表是以总体不合格品率 p 为衡量质量水平的抽样检验表。

以上两种抽样检验方案是相互关联的，可以通过分布参数（μ，σ）推算出总体不合格品率 p。

（2）按总体分布的标准差是否已知分类。按总体分布的标准差是否已知，计量抽样检验可分为以下两类：一是 σ 法，即总体分布的标准差 σ 已知，可以利用样本均值与批标准差来判断交验批是否可以接收；二是 s 法，当批标准差未知时，利用样本均值与样本标准差来判断批能否接收。

（3）按产品规格界限分类。GB/T 8054 按产品规格界限把计量抽样检验的方式分为：1）单侧上规格限 U 的计量抽检方案（针对望小质量特性）；2）单侧下规格限 L 的计量抽检方案（针对望大质量特性）；3）双侧规格限的计量抽检方案（针对望目质量特性）。

3. 相关术语与定义、符号

（1）标准型抽样检验。为保护生产、使用双方的利益，把生产方风险和使用方风险固定为某特定数值的抽样检验。GB/T 8054 规定：$\alpha=0.05$，$\beta=0.10$。

（2）接收常数 k。计量验收抽样的接收准则中，由合格质量水平和样本量所确定的用于决定批是否可接收的一个常数。

（3）抽样方案。规定样本容量和有关接收准则的一个具体方案。计量抽样检验标准抽样方案的形式写成（n，k）。

（4）检验方式。检验方式由所要求质量规格界限的情况确定。有上规格限 U、下规格限 L 和双侧规格限三种方式。

（5）质量统计量。由规格限、样本均值和批标准差（或样本标准差）构成的函数，用来判断批能否被接收。分上规格限 Q_U 和下规格限 Q_L 两种质量统计量。

（6）规格限（分为上规格限和下规格限）：上规格限——合格单位产品所允许的质量特性最大界限值 U；下规格限——合格单位产品所允许的质量特性最小界限值 L。

（7）p：批不合格品率。

（8）p_0：可接受质量水平（合格质量），以批不合格品率为指标时的合格质量；

满足规定的要求的质量水平。抽样检验中，对应一个确定的、较高接受概率的、被认为满意的批质量水平（p_0）。

(9) p_1：极限质量（水平），以批不合格品率为指标时的极限质量；对于孤立批，为进行抽样检验，限制在某一低概率的（被认为不满意的批）质量水平 p_1。

(10) μ：批质量特性值的均值，简称批均值。

(11) σ：批质量特性值的标准差，简称标准差。

(12) $\hat{\sigma}$：批标准差的统计估计值或经验估计值。

(13) μ_{0L}：可接受质量水平（合格质量）的下规格限。

(14) μ_{1L}：极限质量的下规格限。

(15) μ_{0U}：可接受质量水平（合格质量）的上规格限。

(16) μ_{1U}：极限质量的上规格限。

(17) Q_U：上规格限的质量统计量。σ 法：$Q_U=(U-\bar{x})/\sigma$。s 法：$Q_U=(U-\bar{x})/s$。这两个式子是以不合格品率为质量指标的。当以均值为质量指标时，σ 法为 $Q_U=(\mu_{0U}-\bar{x})/\sigma$，$s$ 法为 $Q_U=(\mu_{0U}-\bar{x})/s$。

(18) Q_L：下规格限的质量统计量。σ 法：$Q_L=(\bar{x}-L)/\sigma$。s 法：$Q_L=(\bar{x}-L)/s$。这两个式子是以不合格品率为质量指标的。当以均值为质量指标时，σ 法为 $Q_L=(\bar{x}-\mu_{0L})/\sigma$，$s$ 法为 $Q_L=(\bar{x}-\mu_{0L})/s$。

(19) P_a：检验批的接受概率。

二、均值为质量指标的计量标准型一次抽样检验

均值为质量指标的计量标准型一次抽样检验方法适用于产品质量特性 X 为正态分布的均值控制。例如，棉纱的平均直径、药粉成分的平均含量等。具体实施程序如下。

1. 选择检查方式

检查方式主要包括两种方法：σ 法和 s 法。当产品质量稳定，并有近期质量管理或抽样检验的数据能预先确定批标准差时，可选用 σ 法，换言之，σ 已知时，选用 σ 法。如果无近期数据，或即使有近期数据，但质量不稳定时，应选用 s 法。

当生产方与使用方有较长期供货合同时，无论采用 s 法或 σ 法，都要以控制图方式记录样本均值与样本标准差。若在应用 s 法过程中控制图显示样本标准差已处于统计控制状态，允许由 s 法转换为 σ 法。若在应用 σ 法过程中，控制图显示样本标准差已不处于统计控制状态，须立刻由 σ 法转换为 s 法。如果控制图虽然未显示失去统计控制状态，但表明批标准差变小或变大时，应随时更新所采用的批标准差值。

2. 确定检验方式

检验方式的确定即规格限的选取。规格限是规定的用于判定单位产品或某计量

质量特征是否合格的界限值。GB/T 8054 里有三种检验方式：上规格限、下规格限、双侧规格限。可根据产品标准对质量要求的不同确定其中一种规格限作为检验方式。

3. 规定可接受质量水平（*AQL*）与极限质量（*LQ*）的上规格限和（或）下规格限

一般情况下，*AQL* 和 *LQ* 的规定如下：

（1）在抽样检验方式为控制上规格限情况下，使用方提出均值的极限质量 μ_{1U}，相应的 $\beta=10\%$；生产方提出均值的 *AQL* 值 μ_{0U}，相应的 $\alpha=5\%$。

（2）在抽样检验方式为控制下规格限情况下，使用方提出均值的极限质量 μ_{1L}，相应的 $\beta=10\%$；生产方提出均值的 *AQL* 值 μ_{0L}，相应的 $\alpha=5\%$。

（3）在抽样检验方式为控制双侧规格限情况下，使用方提出均值的极限质量 μ_{1U} 及 μ_{1L}，相应的 $\beta=10\%$；生产方提出均值的 *AQL* 值 μ_{0U} 及 μ_{0L}，相应的 $\alpha=5\%$。但必须满足以下两个条件才能引用本标准：1）$\mu_{1U}-\mu_{0U}=\mu_{0L}-\mu_{1L}$；2）$\frac{\mu_{0U}-\mu_{0L}}{\mu_{0L}-\mu_{1L}}>0.89$，$\frac{\mu_{0U}-\mu_{0L}}{\mu_{1U}-\mu_{0U}}>0.89$。

此外，可接受质量水平与极限质量的上下规格限还可根据产品标准对质量的要求，由生产方和使用方协商确定。

4. 确定抽样方案

在确定抽样方案时，根据 σ 法和 s 法的不同，其计算过程稍有不同。

（1）σ 法。以均值为质量指标的计量标准型一次抽样检验 σ 法抽样方案确定步骤见表 6－11。

表 6－11　以均值为质量指标的计量标准型一次抽样检验 σ 法抽样方案确定步骤

工作步骤	工作内容	检验方式		
		上规格限	下规格限	双侧规格限
1	规定质量要求	μ_{0U}，μ_{1U}	μ_{0L}，μ_{1L}	μ_{0U}，μ_{1U} μ_{0L}，μ_{1L}
2	确定 σ	由生产厂近期生产的 20～25 组 $\bar{x}$-R 或 $\bar{x}$-S 控制图数据，近期 20～25 批的抽样检验数据，来进行估计		
3	计算	$\frac{\mu_{1U}-\mu_{0U}}{\sigma}$	$\frac{\mu_{0L}-\mu_{1L}}{\sigma}$	$\frac{\mu_{1U}-\mu_{0U}}{\sigma}$ 或 $\frac{\mu_{0L}-\mu_{1L}}{\sigma}$
4	检索抽样方案	由计算值在 GB/T 8054－2008 中查表《单侧规格限“σ”法的样本量与接收常数（以均值为质量指标）》，检出 n，k 值		由计算值在 GB/T 8054－2008 中查表《双侧规格限“σ”法的样本量与接收常数（以均值为质量指标）》，检出 n，k 值

（2）s 法。以均值为质量指标的计量标准型一次抽样检验 s 法抽样方案确定步骤见表 6－12。

表 6-12 以均值为质量指标的计量标准型一次抽样检验 s 法抽样方案确定步骤

工作步骤	工作内容	检验方式		
		上规格限	下规格限	双侧规格限
1	规定质量要求	μ_{0U}，μ_{1U}	μ_{0L}，μ_{1L}	μ_{0U}，μ_{1U} μ_{0L}，μ_{1L}
2	确定 σ	由生产方与使用方根据以往经验协商出双方可接受的 $\hat{\sigma}$ 值，或直接协商出合适的试抽样样本量。从检验批中抽取样本，将标准差 s 作为批标准差的估计值		
3	计算	$\frac{\mu_{1U}-\mu_{0U}}{\hat{\sigma}}$	$\frac{\mu_{0L}-\mu_{1L}}{\hat{\sigma}}$	$\frac{\mu_{1U}-\mu_{0U}}{\hat{\sigma}}$ 或 $\frac{\mu_{0L}-\mu_{1L}}{\hat{\sigma}}$
4	检索抽样方案	由计算值在表《单侧规格限“s”法的样本量与接收常数（以均值为质量指标）》中检出 n，k 值		由计算值在表《双侧规格限“s”法的样本量与接收常数（以均值为质量指标）》中检出 n，k 值

5. 构成批及抽取样本

单位产品必须以批的形式提交，提交的批可以与投产批、销售批、运输批相同或不同，但应由同一规格型号、同一质量等级或由同一原料成分在同一工艺条件下生产的单位产品构成。批量大小按销售情况和实际生产条件由生产方和使用方商定。

所需样本应当从整批产品中随机抽取。

6. 样本的检测与统计量的计算

按产品标准或订货合同等有关文件规定的试验、测量或其他方法，对抽取的样本中的每一个单位产品逐个进行检测。检测结果应完整准确地记录，并计算出样本的平均值与标准差。

7. 判断批能否接收

（1）σ 法判断规则。

当给定上规格限时：$Q_U=\dfrac{U_{0U}-\overline{x}}{\sigma}$，若 $Q_U \geqslant k$，批接收；$Q_U<k$，批拒收。

当给定下规格限时：$Q_L=\dfrac{\overline{x}-U_{0L}}{\sigma}$，若 $Q_L \geqslant k$，批接收；$Q_L<k$，批拒收。

当给定双侧规格限时：$Q_U=\dfrac{U_{0U}-\overline{x}}{\sigma}$，$Q_L=\dfrac{\overline{x}-U_{0L}}{\sigma}$，若 $Q_U \geqslant k$ 且 $Q_L \geqslant k$，批接收；$Q_U<k$ 或 $Q_L<k$，批拒收。

对于不被接收的批，以 95%的概率确认该批产品不合格。

【例 6-2】 要求固体苛性钠中的氧化铁含量要低，批均值在 0.004%以下该批合格，在 0.005%以上以低概率接收。已知 σ=0.000 6%，试确定抽样方案，并判断批能否接收。

解 已知 $\mu_{0U}=0.004\%$，$\mu_{1U}=0.005\%$，$\sigma=0.000\ 6\%$，有 $\frac{\mu_{1U}-\mu_{0U}}{\sigma}=$

$\frac{0.005-0.004}{0.0006}=1.667$。

在GB/T 8054－2008中查表找出1.667所在位置，在表的第3行数值范围（1.463～1.689）内，由此得到$n=16$，$k=-0.882$，所以抽样方案为（4，－0.822），从批中抽取4个单位产品，检测后得到应变均值$\bar{x}$和$Q_U=\frac{0.004-\bar{x}}{0.0006}$，判断规则为：若$Q_U \geqslant -0.822$，接收该批；若$Q_U<-0.822$，不接收该批。

【例6－3】某种钢材的抗拉强度以大为好，批均值在46×10^7Pa以上该批合格，在43×10^7Pa以下则以低概率接收。已知该批标准差为4×10^7Pa，试确定抽样方案，并判断批能否接收。

解 已知$\mu_{0L}=46 \times 10^7$Pa，$\mu_{1L}=43 \times 10^7$Pa，$\sigma=4 \times 10^7$Pa，有

$$\frac{\mu_{0L}-\mu_{1L}}{\sigma}=\frac{46-43}{4}=0.75$$

在GB/T 8054－2008中查表找出0.75所在位置，在表的第15行数值范围（0.731～0.755）内，由此得到$n=16$，$k=-0.411$，所以抽样方案为（16，－0.411），从批中抽取16个单位产品，检测后得到应变均值$\bar{x}$和$Q_L=\frac{\bar{x}-46}{4}$，判断规则为：若$Q_L \geqslant -0.411$，接收该批；若$Q_L<-0.411$，不接收该批。

【例6－4】某种产品的标准尺寸为100mm。如果批平均尺寸在100±0.2mm之内，该批合格。在100±0.5mm之外，以低概率接收。已知$\sigma=0.3$mm，试确定抽样方案，并判断批能否接收。

解 已知$\mu_{0L}=99.8$mm，$\mu_{1L}=99.5$mm，$\mu_{0U}=100.2$mm，$\mu_{1U}=100.5$mm，$\sigma=0.3$mm，有

$$\frac{\mu_{0L}-\mu_{1L}}{\sigma}=\frac{\mu_{0U}-\mu_{1U}}{\sigma}=\frac{0.3}{0.3}=1$$

$$\frac{\mu_{0U}-\mu_{0L}}{\sigma}=\frac{100.2-99.8}{0.3}=1.333$$

在GB/T 8054－2008中查表先找出$\frac{\mu_{0L}-\mu_{1L}}{\sigma}$的计算值1所在的范围（0.98～1.039）和样本量$n=9$，然后由此范围所在的列找出计算值$\frac{\mu_{0U}-\mu_{0L}}{\sigma}=1.333$所在范围为0.867以上，并由此得到$k=-0.548$。

于是，求得抽样方案为（9，－0.548）。从批中抽取9个单位产品，检测后得到样本均值$\bar{x}$和$Q_U=\frac{100.2-\bar{x}}{0.3}$，$Q_L=\frac{\bar{x}-99.8}{0.3}$，判断准则是：若$Q_U \geqslant -0.548$并且$Q_L \geqslant -0.548$，接收该批；若$Q_U<-0.548$或$Q_L<-0.548$，不接收该批。

（2）s法判断规则。

当给定上规格限时：$Q_U=\frac{U_{0U}-\bar{x}}{s}$，若$Q_U \geqslant k$，批接收；$Q_U<k$，批拒收。

当给定下规格限时：$Q_L=\frac{\bar{x}-U_{0L}}{s}$，若$Q_L \geqslant k$，批接收；$Q_L<k$，批拒收。

当给定双侧规格限时：$Q_U=\frac{U_{0U}-\bar{x}}{s}$，$Q_L=\frac{\bar{x}-U_{0L}}{s}$，若 $Q_U\geqslant k$ 且 $Q_L\geqslant k$，批接收；$Q_U<k$ 或 $Q_L<k$，批拒收。

8. 检验批的处置

凡判为接收的批，使用方应整批接收。判为拒收的批，生产方不得未经任何处理再次提交检验，应按照预先签订的合同规定予以处理。

三、不合格品率为质量指标的计量标准型一次抽样检验

以不合格品率为质量指标的计量标准型一次抽样检验和以质量特性的均值为质量指标的计量抽样检验的抽样检验程序是相同的。只是在确定抽样方案和判断批接收与否这两个步骤的细节上有差异，下面就只介绍这两个方面，其余的不再赘述。

1. 确定抽样方案

（1）σ 法。以不合格品率为质量指标的计量标准型一次抽样检验 σ 法抽样方案确定步骤见表6-13。

表6-13　以不合格品率为质量指标的计量标准型一次抽样检验 σ 法抽样方案确定步骤

工作步骤	工作内容	检验方式		
		上规格限	下规格限	双侧规格限
1	规定质量要求	U，p_0，p_1	L，p_0，p_1	U，L，p_0，p_1
2	确定 σ	由生产厂近期生产的20～25组 $\bar{x}$-R 或 $\bar{x}$-S 控制图数据，近期20～25批的抽样检验数据，来进行估计		
3	检索抽样方案	由 p_0，p_1 值在表《单侧规格限"σ"法的样本量与接收常数（以不合格品率为质量指标）》中检出 n，k 值		由 p_0，p_1 值及 $\frac{U-L}{\sigma}$ 值在表《双侧规格限"σ"法的样本量与接收常数（以不合格品率为质量指标）》中检出 n，k 值

（2）s 法。以不合格品率为质量指标的计量标准型一次抽样检验 s 法抽样方案确定步骤见表6-14。

表6-14　以不合格品率为质量指标的计量标准型一次抽样检验 s 法抽样方案确定步骤

工作步骤	工作内容	检验方式		
		上规格限	下规格限	双侧规格限
1	规定质量要求	U，p_0，p_1	L，p_0，p_1	U，L，p_0，p_1
2	检索抽样方案	由 p_0，p_1 值在表《单侧规格限"s"法的样本量与接收常数（以不合格品率为质量指标）》中检出 n，k 值		由计算值在表《双侧规格限"s"法的样本量与接收常数（以不合格品率为质量指标）》中检出 n，k 值

2. 批能否接收的判断

（1）σ 法判断规则。

当给定上规格限时：$Q_U=\dfrac{U-\overline{x}}{\sigma}$，若 $Q_U\geqslant k$，批接收；$Q_U<k$，批拒收。

给定下规格限时：$Q_L=\dfrac{\overline{x}-L}{\sigma}$，若 $Q_L\geqslant k$，批接收；$Q_L<k$，批拒收。

给定双侧规格限时：$Q_U=\dfrac{U-\overline{x}}{\sigma}$，$Q_L=\dfrac{\overline{x}-L}{\sigma}$，若 $Q_U\geqslant$ 且 $Q_L\geqslant k$，批接收；$Q_U<k$ 或 $Q_L<k$，批拒收。

（2）s 法判断规则。

给定上规格限时，$Q_U=\dfrac{U-\overline{x}}{s}$，若 $Q_U\geqslant k$，批接收；$Q_U<k$，批拒收。

给定下规格限时，$Q_L=\dfrac{\overline{x}-L}{s}$，若 $Q_L\geqslant k$，批接收；$Q_L<k$，批拒收。

给定双侧规格限时，$Q_U=\dfrac{U-\overline{x}}{s}$，$Q_L=\dfrac{\overline{x}-L}{s}$，若 $Q_U\geqslant k$ 且 $Q_L\geqslant k$，批接收；$Q_U<k$ 或 $Q_L<k$，批拒收。

□ 基本概念

质量检验　quality inspection
抽样检验　sampling inspection
抽检特性　operating characteristic，OC
抽样方案　sampling plan
合格质量水平　acceptable quality level，*AQL*

□ 思考题

1. 试述质量检验的含义。它包含哪些主要职能？有哪些常用方法？这些方法分别适用于什么场合？
2. 试述全数检验和抽样检验的优缺点及其使用范围。
3. 什么是接受概率？如何计算？
4. 什么是合格质量水平？如何确定 *AQL*？
5. 简述抽检过程中的两类错误。
6. 设有一批产品，批量 $N=1\,600$，现采用抽检方案（N，30，3）对该批产品进行验收，试画出该抽检方案的 OC 曲线，并分析其两类错判概率。
7. 一批产品需交验，已知供需双方商定 $p_0=5\%$，$p_1=10\%$，$\alpha=5\%$，$\beta=$

10%，试给出计数标准型一次抽检方案（n，c）。

8. 某厂生产电源插座，已知 $N=5\ 000$，$AQL=2.5\%$，检查水平为Ⅱ，试确定一次正常、加严和放宽方案。现若三种方案查得样本中的不合格品数分别为11，8，6，试判断所检验批是否合格。

9. 某厂进货检验抽样规定：进货物资10个单位以下进行100%检验，10个单位以上抽检10%，但最少检验数量不得少于10个。

审核员问："在抽检的样品数量中，最多允许出现多少个不合格品，可以判断该批物资为合格批?"检验员回答："没有规定。"

审核员又问："这样如何判断进货的批量物资是否合格呢?"检验员说："不知道。不过我们进货一般都是合格的，没出现过您说的情况。"

(1) 依据有关抽样检验理论，对本题中抽检规定的科学性与合理性进行分析。

(2) 通过对本题中抽检规定的合理性与科学性分析，运用抽样检验理论，你认为该厂应该如何制定进货检验抽样规定，才能有效保证进货产品质量?

案例分析

总经理的疑惑和忧虑

SX公司是一家业内全国排名前列、世界知名的一次性医疗器械耗材生产企业，其主要产品有四个大类：注射类、输液输血类、留置导管类和血液透析类。在与国内外同类产品进行竞争的过程中，质量控制是其赢得市场竞争最为关键的一步。为了确保产品质量，SX公司质量管理部下设一个专门的质量检测中心，质量检测中心内部针对各大类产品分别设有相应的科室，各科室负责相应产品的来料进厂和成品出厂的抽样检验，并对抽样检验的结果出具检验报告，依据报告结果下达接收放行和拒收返工的通知，而在车间现场的各个工序都有专门的质量检测员进行定期巡检，对于员工也规定了专门的自检流程和规范。公司所有的检验方案和检验标准，绝大多数参考的是国家标准GB/T 2828.1，利用AQL查表的逐批检验计划。

1. SX公司调整型抽样检验系统调整规则

在检验开始时，除非相关人员有特殊的指示，否则检验开始时均应该采用正常检验，当目前是正常检验时，只要检验过程中接连检验出现5批或者不足5批产品有2批产品被拒绝，则检验方案调整为加严检验。如果当前正在采用的是加严检验时，只要有连续5批产品通过加严检验被判定为合格可接收的，就恢复到正常检验。

当正在使用正常检验时，要想转移为放宽检验，有一个专门的转移得分机制。在转移得分机制中，除非相关人员有特殊规定，一般在正常检验开始时第一次检验起开始计算转移得分，而对于不同的抽样方案，有不同的得分规则。

在一次抽样方案中，当接受数 $A_c \geqslant 2$ 时，如果在接收质量限AQL加严一个等级后该批仍然被判合格，那么将转移得分加3分，否则转移得分将重置为0分；当接受数 $A_c < 2$ 时，如果该批次被判接收，那么转移得分将加2分，否则同样将转移得分重置为0分。

在二次和多次抽样方案中，采用二次抽样方案的情况下，如果检验批在检验第一个样本的时候就被判合格接收，那么将给转移得分加上3分；而在采用多次抽样方案的情况下，如果检验批在检验样本1或者样本2时就被判合格接收，那么转移得分将加3分，否则转移得分将重置为0分。

在这种规则下，如果转移得分达到30分，且生产状况稳定，相关人员仍为可以放宽检验，则可以将正常检验转移到放宽检验。

如果当前正在采用的是放宽检验，只要检验过程中发现一批被检验产品未被接收，或是生产线上有变动，则检验要恢复到正常检验；而如果当前正在采用的是加严检验，在连续检验批中被拒绝的批数总数达到5以上的，则应该暂时终止检验和暂停生产，并进行质量整改，直到问题解决后方可重新进行生产和检验。

2. SX公司抽样检验流程和方法

第一步，根据检验批的批量 N 的大小，通过查询样本大小字码表确定抽样方案的样本量 n 的数值。标准的样本大小字码表见表6-15。

表6-15　抽样检验样本字码索引表

批量	特殊检查水平				一般检查水平		
	S-1	S-2	S-3	S-4	Ⅰ	Ⅱ	Ⅲ
2～8	A	A	A	A	A	A	B
9～15	A	A	A	A	A	B	C
16～25	A	A	B	B	B	C	D
26～50	A	B	B	C	C	D	E
51～90	B	B	C	C	C	E	F
91～150	B	B	C	D	D	F	G
151～280	B	C	D	E	E	G	H
281～500	B	C	D	E	F	H	J
501～1 200	C	C	E	F	G	J	K
1 201～3 200	C	D	E	G	H	K	L
3 201～10 000	C	D	F	G	J	L	M
10 001～35 000	C	D	F	H	K	M	N
35 001～150 000	D	E	G	J	L	N	P
150 001～500 000	D	E	G	J	M	P	Q
500 001及以上	D	E	H	K	N	Q	R

样本字码表中的前四列字码对应的是特殊检查水平S-1，S-2，S-3，S-4，它们是针对特殊情况，如检验成本非常高，要求检验样本足够小，能允许较大抽样风险等情形设计的，在常规运作时，我们通常采用一般检查水平下的Ⅰ，Ⅱ，Ⅲ等三个检查水平；如对抽样的鉴定能力要求宽松的情况下，可采用Ⅰ水平；当鉴定能力要求严格时应采用Ⅲ水平；如没有特殊要求，一般情况下采用Ⅱ水平。

第二步，确定了样本字码之后，根据产品的过程平均质量水平 P，确定抽样的 AQL，即接收质量限。

第三步，基于样本字码和 AQL，根据抽样方案检索表检索出确定的抽样方案 $n(A_c\ R_e)$。正常抽样、加严抽样、放宽抽样三个检验方案的一次抽样方案索引表分别见附录 3～附录 5。

第四步，确定抽样方案 $n(A_c\ R_e)$ 后，从检验批 N 中随机抽取 n 件样品并进行检验，当检验过程中检出的不合格品数 $d \leqslant A_c$ 时，接收此检验批，即产品质量符合要求；如果检出的不合格品数 $d \geqslant R_e$，则拒收该检验批，即该批产品质量在此检验方案下不符合要求。

3. 应用实施效果

SX 公司自使用该抽检方案以来，产品质量控制效果比较显著，还没有发生过重大质量事故或大批量性质量问题，表 6-16 是 SX 公司 2011 年度和 2012 年度全年及各月的产品百万投诉率汇总记录。

表 6-16　　SX 公司 2011—2012 年百万投诉率（PPM）

	2011 年			2012 年		
	公司	生产一厂	生产二厂	公司	生产一厂	生产二厂
全年	0.94	0.96	0.89	0.69	0.58	0.73
1 月	0.59	0.38	0.90	0.86	0.6	0.68
2 月	1.52	1.19	0.63	0.71	1.8	0.74
3 月	0.97	0.54	0.74	0.80	0.95	0.81
4 月	0.95	0.89	0.69	0.60	0.96	0.57
5 月	1.17	1.22	0.87	0.88	1.07	0.89
6 月	0.86	0.95	0.72	0.79	0.79	0.84
7 月	0.97	0.91	0.56	0.99	0.67	1.29
8 月	0.69	0.87	0.37	0.62	0.59	0.77
9 月	0.62	0.17	0.33	0.28	0.87	0.22
10 月	0.91	1.49	0.25	0.64	0.69	0.86
11 月	1.66	2.13	0.49	0.58	1.32	0.63
12 月	0.72	0.8	0.43	0.62	0.47	0.63

由上表的数据可以看出，SX 公司总体对产品的质量控制还是处于可控制状态。从总体来看，2011 年和 2012 年全年 PPM 值分别在 0.9 和 0.7 左右，在同行业中处于中等水平，整体控制还算不错，特别是 2012 年较 2011 年 PPM 值有了 20%以上的下降，可以说质量检验控制系统功不可没。

在 2013 年 2 月 15 日进行的公司年终大会上，公司总经理高度肯定了质量检测中心以及质量管理部全体同仁的工作成绩，但是总经理同时也提出了自己的疑惑和忧虑，2012 年相对 2011 年百万投诉率虽然有了明显下降，但是数据显示 2013 年和 2012 年一样，全年百万投诉率波动还比较大：在 2011 年生产一厂 1 月份 PPM 值为 0.38，而 11 月份则高达2.13，足足是1月份的6倍之多，而2012年生产二厂9月份PPM值为0.22，而7月份PPM值为1.29，也足有9月份的6倍左右。究竟是什么原因导致了这种现象呢？是外部环境因素还是内部控制的原因呢？

其实不光是总经理，质量管理部经理和检测中心主任都有同样的疑惑，SX公司全年运行的都是同样的抽样检验系统和检验方法，为什么会出现这么大的投诉率波动呢？外部环境也没有发现什么明显异常或是规律联系，难道真的是生产过程中出现了质量波动？要是生产过程中出现了质量波动，为什么层层抽样检验都没有及时发现呢？难道是检验系统失效了，而如果是检验系统失效，出现的绝对不应只是现在的这种问题！

讨论：

（1）出现上述问题的原因可能是什么？

（2）如果你是质量管理部经理，你将如何对上述问题进行原因分析并实施改进？

资料来源：侯安龙．基于产品质量水平测定的SX公司抽样检验系统改进研究．南昌：南昌大学硕士学位论文，2014.

第 7 章 Chapter 7 ISO 9000 质量体系与卓越绩效模式

学习目标

- ◎ 了解 ISO 9000 质量体系标准的产生背景
- ◎ 掌握 ISO 9000 质量体系标准的内容
- ◎ 掌握 ISO 9000 质量体系的建立、实施和运行
- ◎ 掌握 ISO 9000 质量体系的认证技术及组织实施
- ◎ 掌握质量体系审核的概念、目的和原则
- ◎ 了解卓越绩效模式核心价值观和主要评价准则内容

引例

是我找错人了吗?

五金厂的苏厂长决定开展一项新计划，这倒不是看到了什么新机会，而是感到公司存在潜在的危机。这两年来，业务迅速增长，令人振奋，但也带来不少问题：苏厂长现在每天必须处理繁重的业务；企业运作和人事也日益复杂，部门间不时因一些办事程序和生产问题而发生冲突。后果是产品质量有下降趋势，客户投诉也有所增加。面对新的情况，加强管理，将全厂的质量工作纳入规范，已刻不容缓。

苏厂长听说一些同行近来实施 ISO 9000 质量管理体系效果不错，决定试试。但对于应怎样开始，他没有头绪。五金厂里不是没有负责质量的人，但都是学历不高、学徒出身的技术人员，对什么是质量管理一知半解。苏厂长于是雇用了三位大学毕业生，交给他们一项任务："我打算用 9 个月时间在厂内建立 ISO 9000 质量体系，该怎么办，你们商量好了再告诉我，但希望能在明年 1 月看到成绩。"

实施工作初期还算顺利，不到一个月，三个大学生就写好《质量手册》并交上来。苏厂长正忙得不可开交，心想这三个大学生的表现还可以，但也没有太多地过问实施 ISO 9000 的进展。

一天，苏厂长到车间巡视，见到生产部经理老黄，问他质量体系的情况。老黄一开口就说："我们要是知道就好了。理论是有的，但到底如何去做，他们三个人没有一个能说得清楚。我们自己还没有摸着头脑呢。"

苏厂长立即找三个年轻人谈话，请他们多了解部门的情况，多给点帮助。哪知没多久，苏厂长便收到三个人的辞职信。

苏厂长吸取了这次的教训，请了一位据说是ISO 9000老手的陈先生来收拾局面，并给他委派了管理者代表的职衔。新官上任，果然气象一新。陈先生大张旗鼓，首先制定好行动计划，在每个项目下面都规定了负责人和完成期限。另外，又敲定培训大计，给每人安排一整天的ISO 9000训练内容，并多方张罗，搜购优秀的ISO 9000文件样本，发给员工参考。一切布置妥当后，他才要求各部门开始编写程序文件。

如此过了3个月。一天早上，陈先生走进苏厂长办公室，汇报几个月来的工作情况，言语间埋怨部门主管敷衍推托，阻碍工作进展。第二天，苏厂长召开部门主管会议，要求各部门认真抓好质量体系工作。生产部经理老黄第一个站起来说："我们不是没有尽心尽力去做，但我们这些工人、学徒出身的，只懂卖力气，对质量体系的学问需要多些时间去理解。陈先生知识、经验兼备，我们是很想向他请教的。在质量管理上做得不好的地方，希望陈先生能抽时间多加指点。至于程序文件里写的内容，更希望陈先生能与我们多讨论和研究。"

苏厂长一时不知如何回答，陈先生却不慌不忙地说："工作职责早在行动计划中写明，大家也都接受了。我做好了计划、培训，各位有目共睹。质量管理体系应由操作人员来制定，程序文件须由部门负责人来写。责任的划分最清楚不过，我做足了本分，希望大家按我给你们的资料，把你们的程序文件编写好就是了。"这番话引起了争论，双方僵持不下，不欢而散。

新的一年开始了，也就是到了质量体系完工的期限。唯一可以算得上成果的，就只有最初三个大学生写的那本《质量手册》。苏厂长一直在思考一个问题：是我找错人了吗？

资料来源：任永权，赵国洪. ISO 9000实践案例. 世界标准化与质量管理，2002（4）.

第1节 ISO 9000质量体系标准

一、ISO 9000质量体系标准的产生和发展

第二次世界大战以后，世界经济呈现出地区化、集团化、全球化的发展趋势，国际贸易和交流日趋频繁。但是，由于国情和技术发展水平存在差异，各国制定的质量管理和质量保证标准，无论在概念上还是质量保证的要求上都存在一定的差别，这严重阻碍了国家间的贸易和技术交流。为解决这一问题，使企业的质量保证

能力能够在国际上得到最大可能的统一，以便对企业的质量保证能力进行客观的评价，国际标准化组织自 1981 年 10 月开始，在总结和参照有关国家标准和经验的基础上，通过广泛协商于 1987 年制定并颁布了 ISO 9000 质量体系标准，即 ISO 9000-87《质量管理和质量保证标准——选择和使用指南》、ISO 9001-87《质量体系——设计、开发、生产、安装和服务的质量保证模式》、ISO 9002-87《质量体系——生产、安装和服务的质量保证模式》、ISO 9003-87《质量体系——最终检验和试验的质量保证模式》和 ISO 9004-87《质量管理和质量体系要素——指南》五项标准，通称为 ISO 9000 族标准。

该标准由于其实用性和适时性，受到了世界各国的普遍重视和欢迎，很快就有 60 多个国家等同或等效采用了该族标准。欧共体曾经在 20 世纪 90 年代初做出决定，将 ISO 9000 族标准作为其成员国建立质量保证体系必须遵循的依据，并要求申请产品认证或向欧共体各国出口产品的厂家均需按 ISO 9000 族标准的要求建立质量体系。1988 年，我国也等效采用了该族标准，编号为 GB/T 10300，后于 1993 年改为等同采用。

随着国际贸易发展的需要和标准实施中出现的内容比较适合大中型制造业，不适合其他行业（如教育、金融、服务业等）的问题，国际标准化组织（ISO）于 1994 年对该族标准进行了修订，形成了三类 10 项标准，其中 ISO 9000 发展成 ISO 9000-1，ISO 9000-2，ISO 9000-3 和 ISO 9000-4，ISO 9004 发展成 ISO 9004-1，ISO 9004-2，ISO 9004-3，ISO 9004-4 等标准，形成了 1994 版 ISO 9000 族标准，以让更多国家、行业和不同类型的组织都能应用这一系列标准。我国于 1994 年等同采用 1994 版 ISO 9000 族标准。

随着 ISO 9000 族标准在国际上的广泛应用，以及质量保证、质量管理理论和实践的发展，针对实施中出现的问题，ISO 在了解用户意见的基础上，再一次对标准进行了根本性修订，并于 2000 年 12 月颁布了新版 ISO 9000 族标准，通称 2000 版 ISO 9000 族标准。这次修订不仅影响了其标准结构，更重要的是影响了质量管理系统（QMS）范例。ISO 9001，ISO 9002 及 ISO 9003 这三个独立的 1994 年标准综合为一体，组成了一个通用标准 ISO 9001：2000，而 QMS 范例则是从用于实现持续的 PDCA 过程的最初相符性方法得来的。2000 版 ISO 9000 系列标准的颁布，标志着质量认证已从单纯的质量保证，转为以顾客为关注焦点的质量管理范畴。修订后的 ISO 9000 族标准适合各类组织使用，更加通用和灵活，也更趋于完善。

继 2000 版 ISO 9000 族标准之后，针对其过程实施问题，2005 年和 2008 年分别进行了进一步修订，并相继颁布了 2005 版 ISO 9000 族标准和 2008 版 ISO 9000 族标准。由于公众及各产业对于 2000 版本的肯定，这两次修订对总体框架和逻辑结构都未进行改变，只是增加了一些新的定义，扩大或增加了说明性的注释，部分条款的要求更加明确、更具适用性，对用户更加有利，更便于使用。

针对组织运营过程日益复杂、环境变化日趋快速等带来的 ISO 9000 族标准运行成本高、文件停留在形式上、执行力欠缺等各种问题，ISO 通过多年的逐步修订，于 2015 年颁布了最新版的 2015 版 ISO 9000 族标准。2015 版 ISO 9000 族标准将质量管理的八项原则调整为七项原则，更重要的是在结构上对构成内容进行了调整，将原核心标准 ISO 19011：2011 纳入管理体系指南，并取消了管理代表、程序文件、质量手册等，新增了 ISO 10004，ISO 10008 和 ISO 10018 等内容。

目前，世界上已有 100 多个国家采用了各种版本的 ISO 9000 族标准。按照此标准进行的质量体系认证、质量体系认可机构的国际互认、质量体系认证审核人员的国际互认、质量体系认证证书的国际互认工作已广泛展开。

二、实施 ISO 9000 质量体系标准的作用和意义

ISO 9000 族标准是世界上许多经济发达国家质量管理实践经验的科学总结，具有通用性和指导性。实施 ISO 9000 族标准，可以促进组织质量管理体系的改进和完善，对促进国际经济贸易活动、消除贸易技术壁垒、提高组织的管理水平都能起到良好的作用。概括起来，主要有以下几方面的作用和意义：

（1）有利于提高产品质量，保护消费者利益。现代科学技术的飞速发展，使产品向高科技、多功能、精细化和复杂化发展。但是，消费者在采购或使用这些产品时，一般很难在技术上对产品加以鉴别。即使产品是按照技术规范生产的，但当技术规范本身不完善或组织质量管理体系不健全时，就无法保证持续提供满足要求的产品。按 ISO 9000 族标准建立质量管理体系，通过体系的有效应用，促进组织持续地改进产品和过程，实现产品质量的稳定和提高，无疑是对消费者利益的一种最有效的保护，也增加了消费者（采购商）选购合格供应商的产品的可信程度。

（2）为提高组织的运作能力提供了有效的方法。ISO 9000 族标准鼓励组织在制定、实施质量管理体系时采用过程方法，通过识别和管理众多相互关联的活动，以及对这些活动进行系统的管理和连续的监视与控制，以提供顾客能接受的产品。此外，质量管理体系提供了持续改进的框架，增加顾客和其他相关方满意的机会。因此，ISO 9000 族标准为有效提高组织的运作能力和增强市场竞争能力提供了有效方法。

（3）有利于增进国际贸易，消除技术壁垒。在国际经济技术合作中，ISO 9000 族标准被作为相互认可的技术基础，ISO 9000 的质量管理体系认证制度也在国际范围得到互认，并被纳入合格评定的程序之中。世界贸易组织/技术壁垒协定（WTO/TBT）是 WTO 达成的一系列协定之一，它涉及技术法规、标准和合格评定程序。贯彻 ISO 9000 族标准为国际经济技术合作提供了国际通用的共同语言和准则；取得质量管理体系认证，已成为参与国内和国际贸易，增强竞争能力的有力武器。因此，贯彻 ISO 9000 族标准对消除技术壁垒，排除贸易障碍起到了积极作用。

（4）有利于组织的持续改进和持续满足顾客的需求和期望。顾客要求产品具有满足其需求和期望的特性，这些需求和期望在产品的技术要求或规范中表述。因为顾客的需求和期望是不断变化的，这就促使组织持续地改进产品和过程。而质量管理体系要求恰恰为组织改进其产品和过程提供了一条有效途径。因而，ISO 9000 族

标准将质量管理体系要求和产品要求区分开来，它不是取代产品要求而是把质量管理体系要求作为对产品要求的补充。这样有利于组织的持续改进和持续满足顾客的需求和期望。

三、ISO 9000 质量体系标准的内容构成

2015 版 ISO 9000 质量体系标准相对于以前版本发生了较大变化，下面主要以 2015 版 ISO 9000 质量体系标准为例来介绍 ISO 9000 质量体系标准的内容构成。

2015 版 ISO 9000 质量体系标准由核心标准（3 个）、QMS（质量管理体系）指南（7 个）、QMS 技术支持指南（7 个）、支持 QMS 的技术报告（2 个）、特殊行业的 QMS 要求（1 个）共 20 个文件构成，其总体内容构成如图 7－1 所示。

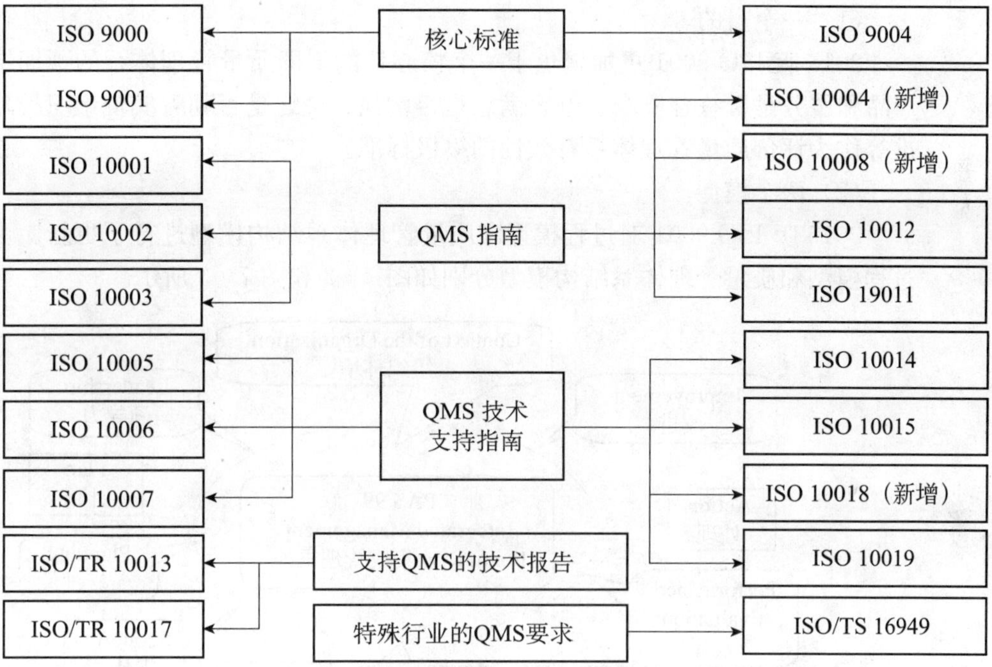

图 7－1　2015 版 ISO 9000 系列标准文件结构

下面主要对 2015 版 ISO 9000 质量体系标准的修订情况进行简单介绍。

1. ISO 9000：2015《质量管理体系——基础和术语》的修订变化

ISO 9000 作为质量管理体系的基础和术语标准体系，对整个 ISO 9000 族标准具有重要的基础作用。针对应用变化需求，2015 版 ISO 9000 对有关术语和内容进行了相应修订。

（1）为适应建立标准化的管理体系架构要求，用“基本概念和质量管理原则”替代了“质量管理体系基础”，在增强该标准的广泛适用性的同时，提高了与其他管理体系的融合性。

（2）根据理解和应用需要，新增了质量、质量管理体系、组织的环境、相关方

和支持五个基本概念。

（3）重新评估了质量管理原则，把“管理的系统方法”合并到“过程方法”，将原来的八项管理原则调整为七项，并作为五个基本概念的支持。七项质量管理原则分别为：以顾客为关注焦点、领导作用、全员参与、过程方法、改进、循证决策、关系管理。

（4）术语和定义由 2005 版的 84 个增加到 138 个，并从 13 个方面重新划分了概念关系。

2. ISO 9001：2015《质量管理体系——要求》的修订变化

2015 版 ISO 9001 进行了较大修订，主要变化可以归纳为“一个目的、两个模型、三大支柱、八个术语、六十八项要求”。

（1）一个目的。

2015 版 ISO 9001 更加聚焦于一个核心目的，即质量管理体系的预期结果，将产品和服务是否符合要求、顾客满意是否增强、最终是否朝着实现组织战略方向迈进等作为评价质量管理体系有效性的终极标准。

（2）两个模型。

2015 版 ISO 9001 对过程模型和质量管理体系结构模型进行了更新。更新后的过程模型和质量管理体系结构模型分别如图 7－2 和图 7－3 所示。

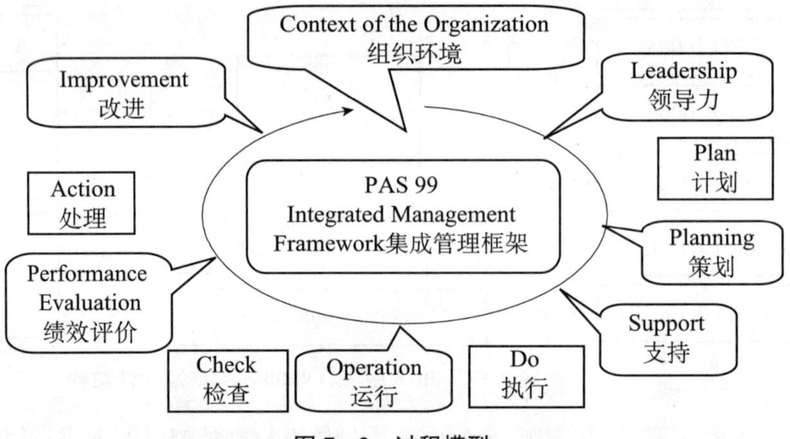

图 7－2　过程模型

（3）三大支柱。

2015 版 ISO 9001 分别从实体结构和思维结构的不同方向，为面向未来的 ISO 9001 构建了三大支柱。这三大支柱分别为：管理体系标准（MSS）的高层次架构、领导力和基于风险的思维。

1）管理体系标准（MSS）的高层次架构。

新版本采用了 ISO 指令第一部分附录 SL 中的高层次架构，其实质是建立包括十个方面内容、适用于组织任何管理体系的标准化架构。ISO/IEC 导则附录 SL 所要求的高层次结构（标准框架），是国际标准化组织未来所有管理体系标准制定时

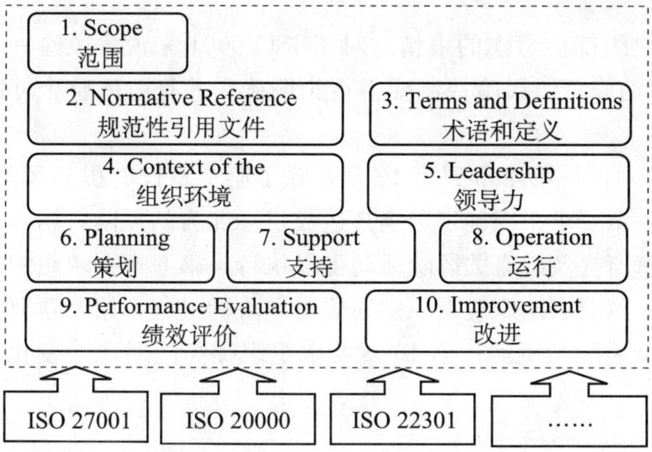

质量管理体系标准的结构和格式

国际标准化组织对质量管理体系标准在结构、格式、通用短语和定义方面进行了统一。这将确保今后编制或修订管理体系标准的持续性、整合性和简单化，也将使标准更易读、易懂。

所有质量管理体系标准将遵循ISO附录SL要求，以便整合其他标准文件中的不同主题和要求，如：最高管理者应确保组织内的职责、权限得到规定和沟通。

图 7－3　质量管理体系结构模型

的重要依据。因此，2015 版 ISO 9001 对该架构的采用，不仅为其他各项管理体系采用同样架构树立了典范，更重要的是可以与其他管理体系标准保持一致，从而使各标准能更好地融为一体。2015 版和 2008 版的 ISO 9001 标准条款结构对比如表 7－1 所示。

表 7－1　标准条款结构对比

条款	ISO 9001：2015	ISO 9001：2008
1	范围	范围
2	引用标准	引用标准
3	术语和定义	术语和定义
4	组织环境	质量管理体系
5	领导作用	管理职责
6	QMS 策划	资源管理
7	支持	—
8	运行	产品实现
9	绩效评价	测量、分析与改进
10	改进	—

2）领导力。

最高管理者的参与和支持对于 QMS 实现预期结果、达成 QMS 有效性至关重要。因此，在 2015 版和 2008 版标准中，都强调了质量管理体系建立、实施和改进的主要职责应由最高管理者来承担，而不像 1994 版标准由管理者代表来承担。相对于 2008 版，2015 版在多个方面进一步强化了领导力在 QMS 中的作用，增加了诸如确保指定质量管理体系的质量方针和质量目标与组织战略方向一致、鼓励过程方法的意识和创新、支持员工努力提高质量管理体系的有效性、支持其他管理者发挥部门领导作用等。

3）基于风险的思维

基于风险的思维是所有组织都会考虑的事情。对于 ISO 9001 来说，风险一直都隐含其中。但通过 2015 版的修订，风险控制变得更为明确，并且融入整个标准修订的全过程。

在 ISO 9001：2015 标准中，从第 4 章到第 10 章，除了第 7 章没有提到风险，其余各章都提到了风险。第 4 章要求组织确定影响其达成目标能力的风险；第 5 章要求最高管理者应确保第 4 章所提及的有关风险活动得以执行；第 6 章要求组织采取措施应对风险和机遇；第 8 章要求组织应有识别和应对风险的过程；第 9 章要求组织监视、测量、分析和评价风险与机遇；第 10 章要求组织提高应对风险变化的能力。

（3）八个术语。

2015 版对 2008 版的八个术语的概念进行了修订，如 2008 版中使用的特定术语“文件”、“形成文件的程序”、“质量手册”和“程序文件”等，在 2015 版中表述的要求为“形成文件的信息”。2015 版和 2008 版之间的主要术语差异如表 7－2 所示。

表 7－2　ISO 9001：2008 和 ISO 9001：2015 之间的主要术语差异

序号	ISO 9001：2008	ISO 9001：2015
1	产品	产品和服务
2	删减	未使用
3	管理者代表	未使用（分派类似的职责和权限，但不要求专门委任一名管理者代表）
4	文件、质量手册、形成文件的程序、记录	形成文件的信息
5	工作环境	过程运行环境
6	监视和测量设备	监视和测量资源
7	采购产品	外部提供的产品和服务
8	供方	外部供方

（4）68 项要求。

在标准的核心要求方面，ISO 9001：2015 从标准条款 4.1 到 10.3，总共有 68 处主要的修订。这些修订有的是全新的要求，有的只是改变描述方式以澄清和明确要求。需要注意的是，此处的数字 68 并非绝对数据，根据不同的理解和评价准则，对这个数字的认定也许并不相同。

3. 其他变化

在 2008 版 ISO 9000 族标准基础上，2015 版新增了三个质量管理标准，分别为 ISO 10004：2010《质量管理　顾客满意度　监视和测量指南》、ISO 10008：2013《质量管理　顾客满意　企业对消费者电子商务交易指南》、ISO 10018：2012《质量管理　人员参与和能力的指南》。其中 ISO 10004 的指导方针是用来增强顾客满意度的监视和测量，并确定改进产品、过程和客户所重视的属性，以增强顾客的忠诚度；ISO 10008 提供了指导组织如何实施一个有效和高效的业务，即面向消费者的电子商务交易系统，以增加客户对企业的信心，或提高组织满足消费者的能力；ISO 10018 提供了影响人员参与和能力的指南。此外，根据内容变化和应用需要，2015 版 ISO 9000 族标准还对 QMS 指南、QMS 技术支持指南、支持 QMS 的技术报告等模块中的部分内容进行了修订。

第 2 节 质量体系的建立、实施与运行

任何组织为了达到质量方针所确立的目标，无论是在内部开展质量管理，还是在合同环境下实施外部质量保证，都应该建立并全面实施一个由组织结构、程序、过程和资源构成的质量体系。质量体系的建立与实施并保持其有效运行是提高企业产品和服务质量的重要环节，也是一项既复杂又具有相当难度的系统工程。

一、质量体系的建立

质量体系的建立过程一般包括以下五个阶段，即前期准备阶段、调查分析阶段、体系策划阶段、体系文件化阶段和体系建立阶段，如图 7－4 所示。

1. 前期准备阶段

建立质量体系是涉及组织的各个方面、关系到组织全局的一件大事，因此在贯标前期，必须充分做好统一思想、建立班子、确定目标、宣传教育培训和制定计划等准备工作。

（1）统一思想，领导决策。贯彻 ISO 9000 族标准，建立质量体系属于一个组织的高层管理活动，它对组织的生存和发展具有深远的影响。因此，建立质量体系的基础任务就是组织上下就贯标的必要性和重要性在各抒己见的基础上统一认识，提出初步方案，并由组织最高管理者做出决策，这是贯标顺利进行的重要保证。

（2）组建领导班子和工作班子。统一思想、领导决策之后，接下来就是组建贯标的领导班子和工作班子两级班子。领导班子是贯标的决策和协调机构，通常由组织的最高管理者为首的决策层和与质量有关的部门负责人组成，其职能主要是审议有关贯标的重大决策，以及对贯标中出现的重大问题进行协调和仲裁。工作班子是贯标的执行机构，通常由既懂专业技术，又懂质量管理，并有较强文字能力的管理人员以及相关质量专家组成，其职能是在管理者代表的领导下和贯标专家的指导下组织和实施贯标工作。

（3）确定贯标目标和总体方案。在贯标工作正式开始之前，决策层应就以下贯标的目标和总体方案做出决定：一是贯标和申请认证的范围；二是是否与环境、职业安全健康等管理体系的建立同步进行；三是顾客接受什么认证机构的证书，本组

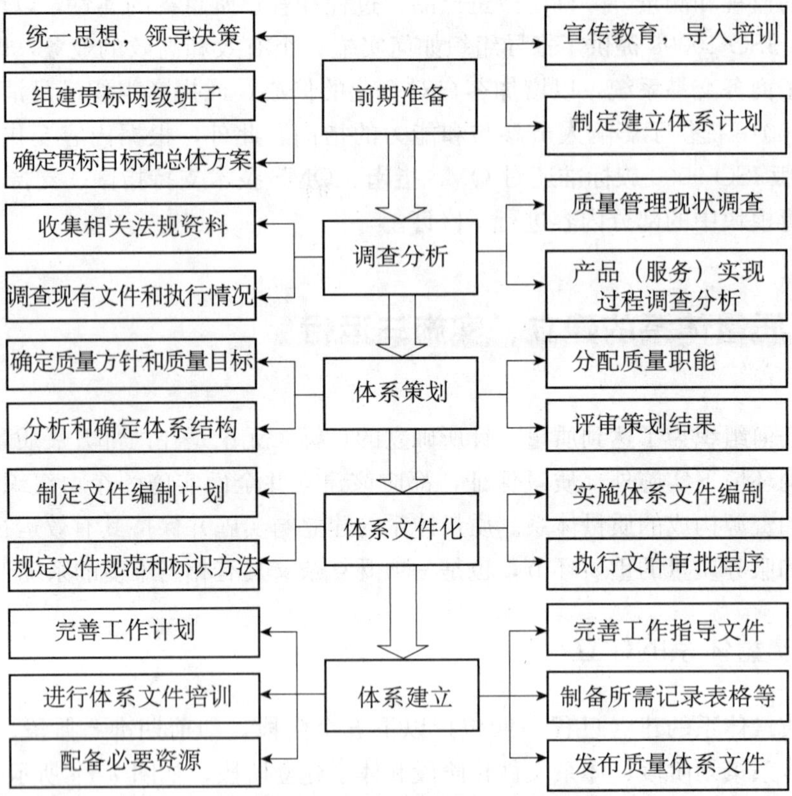

图7-4　建立质量体系的基本过程

织预期何时通过第三方认证；四是是否聘请相关专家指导。

（4）制定建立体系计划。经过上述过程之后，接下来的工作就是由工作班子根据决策层确定的贯标目标和总体方案，制定建立质量体系工作计划。此计划应按实施的先后顺序，列出导入培训、体系调查、方针目标制定、职能分配、文件编制、内部审核、管理评审、接受认证等方面的具体工作活动，规定每项活动的责任分工和完成期限，确保全部贯标和认证活动的有序进行。

（5）进行宣传教育和导入培训。为实现组织全体人员的配合，在前期准备阶段需要把决策层的贯标意图传达下去，并且在组织内营造气氛和声势。这一时期的宣传内容主要是阐述贯标的目的、意义以及对本组织的重要性等。除了宣传教育之外，这一阶段的另一工作内容就是根据体系计划对组织的领导层和管理层进行导入培训，培训的重点是标准的由来、质量管理原则和基本概念、标准简介以及本组织贯标的目标和初步打算等。

2. 调查分析阶段

对组织现状进行充分的调查分析，是确保建立一个具有组织特色、有效性强和高效的质量体系的重要基础保证。本过程也是按ISO 9000族标准对质量体系进行初始设计的阶段，其内容主要包括相关法规资料的收集、现有文件和执行情况的调查、质量管理现状调查和产品实现过程的调查分析等。

(1) 相关法规资料的收集。为了借鉴国内外的成功经验并符合有关法律法规和相关标准，应尽可能多地收集有关资料，这些资料主要包括以下两类：一是国际组织、国家政府和其他第三方机构发布的有关法律、法令、规则、规定和标准；二是国内外各机构和上级主管部门发布的与本行业有关的质量体系标准或指导性文件。

(2) 现有文件和执行情况的调查。为使制定的体系既符合标准规定，又对原有的质量管理具有连续性，应对本组织现有的相关规章制度进行收集，逐个调查其执行情况和适合性，以便去伪存真，把既符合体系标准又适合组织操作和习惯的部分纳入质量体系文件。

(3) 质量管理现状的调查。组织的质量管理现状是建立质量体系的基础和起点。组织只有了解自己现在所处的位置，才能判断距离目标还有多远，才能做出切合实际的体系规划和安排。在这一过程中，需要调查的内容主要包括产品（服务）的模式、组织结构、组织资源、体系环境、存在的主要问题等。

(4) 产品（服务）实现过程的调查分析。为了贯彻 2015 版标准提出的“过程方法”这一质量管理原则，应调查分析组织的每一类产品（服务）的实现全过程。此项调查分析的正确性和系统性将是所建立的质量体系是否适合组织实际情况，是否科学合理，是否有效和高效的决定性因素。

3. 体系策划阶段

体系策划阶段的任务主要包括以下内容：

(1) 确定质量方针和质量目标。质量方针是指由最高管理者正式发布的与质量有关的组织总的意图和方向。指标目标是指与质量有关的、所追求的或作为目的的事物。质量方针和质量目标是良好的质量哲理和信念的体现，不仅反映了产品或服务质量方面的问题和尽量满足顾客的需要，而且表明了领导层对质量责任的承诺和授权，具有使全体员工理解和接受，进而自觉执行的内在动力和要求。因此，建立组织的质量方针和质量目标并非仅为满足质量标准要求，它对组织的质量体系建立具有为全体员工指明方向、统一意志的重要作用。只有围绕正确的质量方针和目标，有组织、有计划地发动各部门用适宜的方法做正确的事情，才能确保组织保持满足顾客和法律法规要求，从而不断提升市场竞争力。

(2) 分析和确定体系结构。组织的规模、产品种类、组织结构的不同，其质量体系的结构也会有所不同。中小型规模、产品品种单一的企业，一般采用单一的体系结构，各主要职能成为其子体系，实行集中管理；大型和多类产品的企业往往采用多元的体系结构，实行分散管理。体系结构的选择，必须根据组织的规模、产品种类和组织结构的不同来确立。例如，在集团公司领导下的各个子公司，都需要各自建立一个质量体系；在一个多种经营的企业里，往往也需要按不同的产品种类分别建立质量体系。

(3) 分配（或再分配）质量职能。质量职能分配是指为实现产品（服务）质量所必需的全部功能，分解落实到相关部门（岗位），成为该部门（岗位）的质量职责。多数组织内部都有一定职责分工，但为了贯彻体系标准，有必要在原有分工的基础上，在最高管理者的支持下，将体系标准的各款所规定的各项活动（合理删减的条款除外）逐一分配到各管理者和职能部门。

（4）评审策划结果。对体系的调查分析和确定过程也就是体系的初步设计过程。为了集思广益，可将以上调查分析的结果在文件编制之前组织一次评审。评审的主要内容是评价体系的适合性，包括体系的整体性和可行性、过程网络的完整性、过程结构的合理性和接口相容性、责任分配的正确性等。

4. 体系文件化阶段

质量体系文件化是指将体系分析和策划的结果用书面形式确定下来，形成一套用于规范体系活动的文件。这是对质量体系的具体设计阶段，也是质量管理的立法过程。这个过程的主要内容包括如下几个方面。

（1）制定文件编制计划。根据体系分析策划的结果，列出质量体系文件目录，识别各文件内容所涉及体系标准的相关条款号，区别各文件编制方式，如对原有文件进行修改、对原有文件重写和新编文件。确定每个文件的起草人、审核和批准的责任者，规定各文件的初稿、修改稿和报批稿的完成期限，以及全套体系文件最迟发布日期。

（2）规定文件规范和标识方法。质量体系文件在组织内应有统一的规范和格式，除了沿用组织原有的标准化格式之外，通常程序文件应包括目的、范围、定义、职责、工作程序、质量记录、相关文件和附录等内容。文件的章节编排和字体变化可参照国家标准的格式。

此外，质量体系文件应有系统的标识方法，确保文件易于整理、检索和识别。文件的标识通常由文件类型的代号、不重复的编号和文件名称三部分组成。具体的做法可由组织自定。

（3）实施体系文件编制。编写成套的质量体系文件是一项系统工程，应按计划认真组织实施。在文件编制过程中，各相关文件的起草人应相互沟通，尽可能把文件与文件之间的矛盾消除在编写过程中。管理者代表和各相关部门的领导应积极参与对编写人员的指导和协调工作。

（4）执行文件审批程序。在文件编写完毕和发布之前，应对文件组织一次较严密的评审协调工作，确保文件的适合性、系统性、可行性和可操作性。评审的方法可视文件的复杂程度采用传阅会签或会议评审方式进行。评审中应特别注意各过程之间的接口及部门之间的接口问题。

5. 体系建立阶段

在质量体系文件被批准之后，到质量体系全面投入运行之前的阶段，可称为体系建立阶段。该阶段的下列工作如能做得充分，将有助于体系运行的顺利启动。

（1）工作计划的完善。在质量体系投入运行之前，应根据质量策划的结果，视需要完善某些与质量有关的计划。如当年的质量目标计划、产品质量计划、新产品的设计开发计划、制造质量控制计划、采购计划、培训计划、检验计划和质量改进计划等。

（2）资源配备。根据当时生产（服务）任务，配备足以满足组织目标和顾客需求的各种资源，包括人力资源、资金资源、物资资源、生产（服务）设备设施和工作场所等。

（3）工作指导文件的完善。按本组织确保指导体系运作和控制的需要，修改、补充适应过程复杂程度和人员能力的作业指导文件，以及相关技术规程、图样和准则，并正式发布。

（4）记录表格和识别标签的制备。运行过程所需的印章、表卡、标签（牌）、单据、凭证等应在运行之前制作备用。

（5）体系文件的培训。在规定的实施日期之前，发布和发放全部文件和表格到使用地点。由各实施部门对相关文件进行宣传，组织培训或其他措施，重申全体员工必须按体系文件的规定执行并做好规定记录。

（6）质量体系文件的发布。以上工作全部完成后，便是正式对质量管理体系文件进行发布并开始试运行。

二、质量体系的实施与运行

质量体系的实施与运行是执行质量体系文件，实现质量方针和质量目标，保持质量体系持续有效和不断优化的过程。要使所建立的体系真正发挥上述实际效能，关键在于要充分做好质量体系实施教育和培训、质量体系试运行的分析和改进、实施证据的记录和保存、实施有效性的验证、有效运行机制的建立和持续改进等工作。

1. 质量体系实施教育和培训

人力资源是质量体系结构中的首要因素。在质量体系实施与运行阶段，首先必须在员工中进行质量体系的实施教育。

质量体系实施教育是指按质量体系文件要求对员工进行培训。由于各类专业人员、操作人员、各级领导的职责、任务、权限不同，对他们进行质量体系实施教育的内容和要求也不尽相同，即质量体系实施教育必须针对不同层次的人员，按照不同的需要，安排不同的内容，并采取不同的方式来进行。对于工长和操作人员而言，要着重强调方法和技能的全面培训；对于技术人员和管理人员，应加强专业知识和质量管理知识的培训，使他们在各自的岗位上认真实施质量体系所规定的活动；对于组织各级领导，由于他们担负质量体系组织与运行的责任，因此培训重点在于让他们了解和掌握质量体系的原理和原则、作用和内容、管理方法和技术以及质量体系有效性的准则，其中对于高层领导还需加强质量管理八项原则和管理职责等内容的培训，使其能够根据质量体系的要求和企业的具体情况，提出目标、落实职能、提供资源，并能开展和协调实施，检查绩效和组织改进。

2. 质量体系试运行的分析和改进

质量体系建立健全后，在全面实施运行前一般要先试运行，以对试运行中出现的问题进行分析和改进，并在相应的程序文件或质量手册上加以规定。不过必须指出的是，质量体系试运行通过后并不说明今后不会再出现问题。这是因为质量体系的运行是动态的，而且还涉及组织各个部门的各项活动。这些活动的内容和程序只有在目标、分工、时间和联系方面协调一致，才能保证质量体系持续有效地运行。

3. 实施证据的记录和保存

质量体系的实施要留下证据。因此在体系实施过程中要通过记录或其他形式将相关证据保留下来，以为体系运行的信息管理和有效性验证提供数据基础。在确定证据时，要考虑适用、有效、方便使用和可验证等原则。

4. 实施有效性的验证

建立质量体系的目的是使产品更好地满足要求。因此，在实施中必须考虑实施的有效性问题。有效性的验证通常可以和内审（测量各管理过程的有效性）、顾客满意度调查（测量体系总体业绩的有效性）、产品与过程的测量（测量产品及产品实现过程的有效性）相结合。

5. 有效运行机制的建立和持续改进

为了确保质量体系能够持续适应体系环境条件的各种变化，始终处于受控状态，做到有序运行，组织建立有效的运行机制和持续改进十分重要。质量体系的运行机制和持续改进一般包括组织协调机制、质量监控体系、信息管理系统以及质量体系审核和评审等内容。

其中，组织协调就是根据组织的方针、目标、相关法律法规、体系程序和计划等参照，对体系运行过程中的活动内容、分工、时间、顺序、目标和接口关系等问题进行处理和控制，组织协调体系相当于体系运行的动力和润滑系统。质量监控是指在体系运行过程中，对各项活动及其结果状况进行监控的活动行为，质量监控体系是确保质量体系正常运行的必要手段。根据监控实施主体的不同，质量监控可以分为由第二方或第三方进行的外部监控和由组织自身进行的内部监控两种类型。其中，第二方监控仅在合同环境下进行。质量信息管理系统是质量运行控制和实施改进的重要基础，其作用相当于质量体系的神经系统。质量体系审核和评审是质量体系自我控制和自我完善的重要手段。在体系审核中对体系的有效性进行评价，对运行中出现的问题采取纠正或预防措施，可以有效保持体系的符合性、完整性和有效性。在管理评审中，对体系的适宜性、充分性和有效性进行综合评价，可以进一步寻求和发现体系改进的机会和变更的需要，从而促进体系的完善和改进。

三、质量体系建立和运行中应注意的问题

（1）每个企业客观上都存在一个质量体系，但应明确这个体系还存在许多问题，需要不断加以改进和完善。

（2）质量体系建立和运行涉及企业的所有人员和所有过程，必须得到各级领导的高度重视和每一位员工的积极参与，以及各个部门的通力协作。

（3）必须根据企业实际制定质量方针和质量目标，并层层分解到部门，落实到个人，使之得到贯彻和落实。

（4）体系文件必须上下协调，接口清晰，可操作性强。文件应该是实际工作成功经验的体现，各项工作都应严格遵照有关文件执行。

（5）确定一名熟悉质量管理、了解企业实际、具有较强组织协调能力的管理者代表，设立一个业务能力强、具有较高权威性的工作机构对能否顺利建立和运行质量体系十分重要。

（6）必须制定较严密的工作计划，使一切工作都按部就班地进行，达到预期目标。

（7）一旦质量体系文件发布，必须严格实施，照章办事。如果执行中发现属于文件的问题，应该按规定对文件进行修改，使体系文件更加完善。

第 3 节　质量审核

企业质量管理活动成绩的好坏，必须根据顾客在购买和使用该企业产品后的满意程度加以客观评价。但是这种信息反馈的时间往往较长，等到顾客投诉不断反馈回来时，工厂已经生产和销售了许多这类有缺陷的产品，造成了一定损失。为了及时发现企业自身的质量活动所存在的问题及质量管理活动效果如何，产生了质量审核。

ISO 19011：2011《质量体系审核指南》为有关审核方开展质量和环境审核工作提供了科学依据，企业可以此为依据开展质量审核工作。

一、质量审核的概念

ISO 9000：2015《质量管理体系——基础和术语》对质量审核（quality audit）的定义如下：为获得审核证据并对其进行客观的评价，以确定满足审核准则的程度所进行的系统的、独立的并形成文件的过程。

根据这一定义，可从以下几个方面进一步理解质量审核的含义：第一，审核是一个系统的、独立的并形成文件的过程。第二，强调审核证据的必要性，应确定获取审核证据的方法。审核证据是指与审核准则有关并可验证的记录、事实陈述或其他信息。第三，应依据审核准则的要求，确定审核对象满足审核准则的程度，即确

定审核结论。质量审核的对象包括质量体系审核、过程质量审核和产品质量审核三项内容。质量审核的结果可作为管理评审的依据，根据质量审核的结果还可确定是否有必要采取改进措施或纠正措施。

二、质量审核的目的

质量审核的目的主要表现为以下几个方面：

（1）确定质量体系相关过程（或产品质量）是否遵守已制定的质量体系文件的规定，是否满足法规（或合同）的要求，并验证文件的适用性。

（2）确定现行的质量体系实现规定质量目标的有效性。

（3）揭露过程中存在的质量问题，为受审核方提供质量改进机会。

（4）使组织树立信心，相信组织领导对质量体系十分关心，相信质量体系能有效地达到质量方针和质量目标的要求。

（5）使受审核方的质量体系或产品能得到认可（或注册），并向外部提供质量体系有效性的证据。

三、质量审核的基本原则

质量审核的基本原则可分为客观性、独立性、系统性、一致性。

1. 客观性

审核只能使用客观证据，即那些支持事物存在或其真实性的数据可通过观察、测量、试验和其他手段获得。

2. 独立性

质量审核是一种独立于某一实体而进行的审计稽查活动。质量审核人员应保持高度的公正性和独立性，只对委托方负责，而不受被审核方以及任何利益部门或人员左右。审核机构应是专职机构或某一兼职机构，审核人员承担的审核任务应与本人工作岗位无直接关系。

3. 系统性

质量审核是一个系统的、独立的并形成文件的过程。它包括从查找开展质量活动的依据开始到核对质量形成过程的质量活动是否达到预定目标而进行的所有调查和全面审查并做出客观评价的活动过程。为了实现审核的目的，需要应用系统方法，识别、理解和管理活动的相互关联的过程。

4. 一致性

审核的一致性是指由彼此独立的审核组对同一对象的审核，应得出相类似的结论。为了保证审核实施的一致性和有效性以及审核结论的可信性，审核机构应对审核方案进行策划和管理。

四、质量审核的类型

根据审核方的不同，质量审核可分为第一方审核、第二方审核和第三方审核三种。第一方审核用于内部目的，是由组织自己或以组织的名义进行的审核，可作为组织声明自身合格的基础，通常也称为内部审核。第二方审核是由组织的顾客或其他人以顾客的名义进行的审核，注重双方签订的合同要求，审核的结果通常作为顾客决定是否购买的因素。第三方审核是指在组织自愿申请的前提下，以质量认证、注册、授证或克服技术壁垒等为目的的，由经认可的外部独立的审核服务机构或部门依据 ISO 9001 或经商定的其他标准对组织质量体系进行的审核。三种审核类型的区别见表 7－3。

表 7－3　三种审核类型的区别

比较项目	内部审核	外部审核	
	第一方审核	第二方审核	第三方审核
审核目的	推动内部改进	选择、评定或控制供方	质量认证、注册、授证、克服技术壁垒
审核范围	企业所有部门、过程和产品或者部分具体制定部门、过程和产品	限于顾客关心的标准及要求	注册认证或复审换证为全面审核，监督审核、跟踪审核为部分审核
审核依据	适用的法律法规、ISO 9000 族标准、顾客指定的标准、组织的质量体系文件、顾客投诉内容	适用的法律法规、顾客指定的产品标准和质量体系标准	适用的法律法规、ISO 9000 族标准、组织的质量体系文件、顾客投诉内容
执行者	组织内部或聘请外部审核人员	顾客或委托外部审核人员（代表顾客立场）	第三方认证机构派出的国家注册审核员
审核时间	按计划的时间间隔和组织决定	双方商定	按计划执行
纠正措施	要提出	双方商定	不提出

通常也可根据审核对象的不同，质量审核可以分为产品质量审核、工序质量审核和质量体系审核三个类别。

产品质量审核又称产品审核，是指从顾客的观点出发，由已经加工完毕并通过检查和试验、等待发运的产品中，抽取少量样品并对其质量进行检查和评价，以确定可能达到的顾客满意度。产品质量审核的对象是组织的产品或服务，其作用是为了能及时地掌握产品质量水平和质量动态，研究并预计其发展趋势，并对审核中暴露出来的有关设计、工艺、标准和检验等诸方面问题，及时反馈信息，以便采取有效措施，改进和提高产品质量。

工序质量审核又称过程质量审核，是指为了研究和改善工序质量控制状态，独立地、系统地、有计划地对工序控制计划的质量、实施效果检查和评价的活动。工序质量审核的对象是组织中处于质量控制计划中并且正在运行的、处于统计控制状态的工序，其目的是研究和改善工序质量控制的现状，提高工序质量控制的有效性。

质量体系审核简称体系审核，是指企业本身或外部对企业实施质量体系能否有效地达到规定的质量目标和顾客的要求，所进行的有计划的、独立的、定期的检查和评价活动。质量体系审核的对象是组织的整个质量体系，它包括产品和过程及其他所有体系要素，其目的是审核、评价质量体系的运行情况和实施质量体系诸要素的有效性，为组织提供改进质量体系的机会。

五、质量管理体系审核的组织实施

质量管理体系审核的组织与实施主要包括以下阶段。

1. 审核的提出

通常内审的质量管理体系审核由组织按年度计划自行安排，第二方审核由顾客向组织提出，第三方审核由委托方向认证机构提出。

2. 审核的启动

内审启动由组织最高管理者或其委派的代表确定审核的目的，指定审核组长，成立审核组。审核的范围和准则由审核组长和组织最高管理者或其委派的代表根据审核目的确定。第二方审核由顾客确定审核目的，审核范围和准则由顾客与组织协商确定。第三方审核的审核目的由审核委托方来确定，审核组长由受委托的认证机构指定，审核范围和准则由审核委托方与审核组长确定。

审核组长应具备领导、管理审核所必需的知识和技能，其主要职责是：与审核委托方确定审核的范围和准则，组成审核组，负责文件初审，制定审核计划，分配审核任务，主持审核工作，控制审核过程，协调解决审核中遇到的异常问题，组织审核组讨论确定不符合项和审核结论，编写并提交审核报告，组织跟踪验证等。

审核组的构成和规模取决于受审核方的过程和产品的复杂程度、受审核方的组织结构和规模等。审核组中应有相关专业审核资格的成员或技术专家。组成情况应在审核前得到审核委托方和受审核方的认可，如有改变成员的合理要求，则应妥善解决。

3. 审核的策划和计划

审核策划是审核的前奏，通过对审核活动的策划来确定审核计划，在审核策划中首先要考虑的是采用按部门审核或按过程审核，还是按标准的条款来审核。通常采用按部门审核或按过程审核。按部门审核先确定部门职能所管理的主要过程和相关过程，再按过程方法审核，最好编制一个质量管理体系过程职责分配表。按过程审核先识别过程的输入、输出、资源、活动等，然后进行综合评价。对于关键性的质量过程和管理部门的审核要安排较充分的时间，对产品实现过程和测量分析过程的审核应安排专业审核员来进行。

审核计划是实施审核的指导性文件，是审核组与受审核方、审核委托方之间在审核范围、准则、日程和审核路线等方面达成一致的文件。其内容至少应包括：审核的目的、审核的准则（ISO 9000 族标准、质量管理体系文件、产品标准、检验规范、与产品有关的法律和法规及合同）、审核范围（受审核组织的职能单元、产品、活动、场所）、审核组成员名单和向导要求、审核日程（主要审核活动的时间、涉及部门或过程安排，包括会议安排）、公正和保密承诺。

4. 文件初审

文件初审必须收集与查阅的文件是质量手册、六个必需的程序文件（文件控制程序、记录控制程序、内部审核程序、不合格的控制程序、纠正措施程序、预防措施程序）和一份其他文件的清单。

文件初审着重检查质量管理体系文件与认证标准的符合性和充分性，质量管理体系文件的适宜性和可操作性在现场审核中检查。文件初审时特别要注意质量管理体系文件中是否确定了质量方针和质量目标；质量方针是否有满足顾客要求、法律法规要求和质量管理体系有效性的承诺；质量目标是否贯彻质量方针，体现产品要求，质量目标是否展开、分解并可测量；质量手册是否有关于质量管理体系范围及删减理由的合理陈述，是否有过程顺序和相互作用的清晰说明以及对外包过程的说明；质量管理体系文件是否覆盖了标准的全部要求。

5. 现场审核前的准备

现场审核前，审核组长必须将审核计划发给受审核方和审核组，并与组员协商，根据审核资源、审核活动的要求和审核员的能力，分配好每个组员的具体任务，包括审核过程、职能、活动和场所。审核组成员在接受任务以后，要准备好必要的工作文件，以备现场审核参考和记录，如审核作业指导书、审核抽样计划和检查表等。审核组长负责协调审核活动的接口，避免审核总体内容的遗漏和重复。

6. 审核检查表的编制

检查表是现场审核中审核员使用的重要工作文件，主要解决查什么和怎样查的问题。事先考虑周全的检查表能够在现场审核中帮助提示审核的路径、方向、重点，减轻审核员现场的压力，避免审核的随意性，保证审核的连续性与完整性，同时检查表也是审核实施的记录。

设计检查表既要依据审核准则考虑查什么，又要策划审核的思路、方便有效的检查方法和合理取样。对每个过程或活动的基本审核思路是：过程是否已识别并适当规定？相关职责是否已分配并明确规定？程序和规定是否得到实施和保持？实施结果是否满足预期要求？过程是否有效？

检查表的内容和形式没有硬性规定，通常同一次审核、同一审核组的检查表应该一致，检查表可以根据具体情况和要求选择按标准条款、按部门或按过程方法来进行编制。审核检查表三种编制方法的比较如表7-4所示。

表7-4 审核检查表的三种编制方法的比较

编制方法	方法内涵	优点	缺点
按标准条款编制	根据标准的系统、每项条款的要求，逐项、逐条思考审核过程与检查方法，写出检查提纲	能使审核比较系统、全面，避免遗漏	由于对同一个要求的审核往往涉及多个部门，造成一个部门需要接受多次调查，审核操作重复较多；每个审核员对每次审核考虑的具体检查方法、抽样方案都会因事因人而千差万别，不可能完全相同
按部门编制	根据受审核组织所设立的部门，按部门在质量管理体系中的位置、作用、职责、活动和实施结果以及与其他部门的关联，逐个思考审核过程与检查方法，写出检查提纲	能使审核比较集中，一个部门只需审核一次	由于一个完整的过程常需由几个部门共同合作来完成，因此如果疏忽了接口关系，可能使审核出现纰漏或不完全
按过程编制	在识别质量管理体系过程的基础上，依照“目标—策划—实施—监视与测量—改进”过程方法，针对每个过程，按照顺向或逆向，逐个思考审核过程与检查方法，写出检查提纲	能对每一个过程进行完整的审核，有利于对组织的质量管理体系做出正确的评价	由于一个部门常涉及几个过程，审核上工作重复较多，但如果能将按过程编制的检查表用适当的方法按部门集中，就能提高审核效率

7. 首次会议

首次会议是现场审核的序幕，是由审核组长主持召开的审核组与受审核方的中高层管理人员正式接触和介绍审核过程的会议。参加者包括：审核组全体成员、高层管理者（必要时）、受审核部门领导或过程管理人员、陪同人员、有关专家。会议要求精简明确，能获得受审方的理解和支持，时间通常控制在半小时左右，应做好会议记录，与会人员都要签名。首次会议的程序和内容如下：

（1）审核组与受审核方分别介绍人员及职责（内审时，双方比较熟悉，可简略些）。

（2）确认审核的目的、准则、范围和审核计划。如确有需要，通过双方协商可以适当变更审核计划。

（3）介绍审核采用的方法和程序。强调审核所遵循的客观公正原则，同时着重说明审核是抽样调查过程，审核证据基于随机抽取的样本，审核结果有一定的风险和局限性。

（4）关于审核结论的说明。审核组长应就不符合项和审核结论的有关须知做出解释，包括有异议时的申诉方法和渠道，认证审核应说明审核结论中提供的审核组对认证/注册的建议是推荐性的，最后的正式结果须由认证机构决定和发布。

（5）确定审核用语。确定联络、陪同人员，确定审核组办公条件，建立审核组与受审核部门的正式沟通渠道。

（6）承诺有关保密事项。即审批组承诺保守受审核方在技术、管理、商业信息等方面的秘密。

（7）明确现场审核的限制条件、安全事项，如专利技术、机密信息、危险区域等。

（8）澄清疑问。如有疑问应在会上澄清。

8. 现场审核实施注意事项

（1）审核组长必须控制好审核的全过程。首先审核组长要掌握审核计划的实施，督促成员按计划控制审核进度，协调成员间的工作，必要时适度调整，保证审核计划顺利执行。审核中，充分利用检查表是掌握审核方向、提高审核效率的有效方法。在审核过程中，审核组长应积极支持成员间互相交流沟通，发现问题及时探讨、集思广益，确保审核正确、客观、公正、有序地进行。

（2）以客观证据为准。审核必须以事实为基础，所有判断都要有支持性证据，摒弃缺乏证据的主观臆断，特别要慎重对待没有文件的不符合判定。审核所要验证的是客观证据，并不是非找到不合格不可。同时，任何事实、任何客观证据都应及时取得受审核部门的共同确认。

（3）合理选择样本。样本对于审核至关重要，抽样必须是随机抽样。一要注意抽样数量适当，一般为 2～12 个；二要注意均衡、有代表性，特别是对产品质量有重要影响的环节应有样本；三是样本应由审核员亲自在现场随机抽取。

（4）深入调查。审核中对于问题，一要多方求证，从问题的各种表现形式中寻找客观证据，最好有两个以上的证据；二要注意过程间的关联性，深入追踪；三要找出问题的原因，将问题分析到一定深度；四要注重关键环节和体系运行的主要问题，把握审核方向。

（5）营造并保持良好的审核气氛。审核过程中，审核员必须始终保持客观、公正、耐心、礼貌的工作态度，与受审核方进行友好、有益的沟通，营造并保持良好的审核气氛。

（6）控制审核结果。评价和结论必须以共同确认的事实为依据，要有明确的针对性，审核组内部必须意见一致，没有搞清的问题绝对不下结论。

9. 不符合项的判定与报告编写

（1）不符合的定义及分类。ISO 9000 族标准中对不符合的定义是：未满足明示的、通常隐含的或必须履行的需求和期望。在审核中，“明示的”可以理解为文件规定或顾客明确提出的要求；“通常隐含的”是指组织、顾客和其他相关方的惯例或一般做法，所考虑的需求或期望是不言而喻的；“必须履行的”是指法律、法规的要求以及强制性标准的要求。

根据不符合产生的不同情况，不符合可以分成三类：

1）文件性不符合。这有两种情况：一是质量管理体系文件与质量管理体系标准、有关法规、合同要求不符，属于体系性不符合；二是质量管理体系文件之间相互不协调或不可操作。

2）实施性不符合。质量管理体系实际执行现状与质量管理体系有关文件的规定不符。

3）效果性不符合。质量管理体系运行结果不符合预期的效果/目标。

（2）不符合程度的判定。在第二方审核、第三方审核时，为了对受审核的质量管理体系做出评定，以便决定是否通过认可、是否给予认证/注册，需要对不符合项的不符合程度做出区分，一般分为严重不符合与一般不符合两种。

1）严重不符合。严重不符合通常是指已引起或将导致质量管理体系失效的不符合。实际审核中，如发现下列情况之一的，即应判断为严重不符合。

- 与审核准则要求严重不符，如缺少标准规定的不可删减的要求，过程的关键部分没有受到控制等。
- 质量管理体系出现系统缺陷或失效，如存在反复失效而又无有效纠正措施的过程。
- 产品/服务质量不能完全保证，可能造成严重后果，如家用电器绝缘质量不稳定可能造成人身伤害事故。
- 一般不符合项数量过多，导致系统性失效。

2）一般不符合。通常认为出现下列情况之一，即应判断为一般不符合。

- 与审核准则要求轻微不符。
- 属于个别的、偶然的、轻微的与质量管理体系要求不符的事件。
- 影响不大、无严重后果的不符合情况。

另外应注意，有一类问题虽然未构成不符合项，但有发展成为不符合项的趋势，或者可以进一步提高，这类问题通常作为“观察项”口头向受审核方提出，不纳入书面报告，只是审核组应有观察项记录。

（3）不符合项报告的主要内容。审核中发现的经审核组讨论决定的不符合项，由审核员负责编写不符合项报告，报告格式无统一规定，主要内容如下：

1）不符合事实的描述。这是不符合项报告的关键部分，应着重写清发现不符合项的区域场合、不符合事实发生的时间、不符合的事情与结果、说事的人或做事的人是谁。

2）做出不符合判定所依据的审核准则及条款。

3）不符合项的不符合程度。

4）审核员、审核组长签字。

5）受审核方代表确认并签字。

此外，为了便于紧接着对不符合项的纠正和验证，常常将不符合项原因分析、纠正措施、对纠正措施的评审及效果验证等项依次列入不符合项报告。

（4）不符合项报告的编写要求。

1）语言表达要确切、真实，应使用规范术语，切忌使用“如果……”“认为……”“可能……”等含义不确定或有主观成分的语句。

2）所举事实确凿，有可追溯性，追溯途径具体无遗漏，便于重复查证。

3）报告应简单明了，写明不符合理由和相应的标准条款，便于受审核方理解和采取纠正措施。

4）涉及具体人员时，只注明岗位，不写姓名，更不能有责备。

10. 审核结论

根据 ISO 9000 族标准，审核结论是审核组考虑了审核目标和所有审核发现后得出的最终审核结果，是审核组对受审核方质量管理体系的总体评价。在现场审核后，审核组长应及时召开内部审核结论讨论会，汇总审核结果，共同评审审核发现，确定审核结论。

审核结论一般包括：质量管理体系文件审核结论；质量管理体系运行与标准的符合性；不符合项对体系有效性的影响程度；是否有严重缺失和系统性问题；顾客满意信息；质量管理体系总体运行是否有效等。

认证审核的审核结论还应包括审核组对认证/注册的建议，建议应根据认证机构审核方案的有关规定做出。例如，无不符合项，可做出推荐注册的建议；如有两项以上的严重不符合项，可做出不推荐注册的建议；对其他情况，可做出有条件推荐注册的建议，条件是受审核方纠正措施的有效性经审核组成员验证确认。

11. 末次会议

末次会议是在现场审核后，审核组向受审核方报告审核发现和审核结论的会议，由审核组长主持召开。参加者与首次会议基本相同，特别是审核结果涉及的重要人员应该到会，以利于实施纠正措施。会议要求精简明确，能获得受审方的理解和支持，时间通常控制在 1 小时左右，应做好会议记录，与会人员都要签名。末次会议的程序和内容主要有：

（1）审核组感谢受审核方在审核过程中对审核工作的配合与支持。

（2）重申审核的目的、准则、范围，说明审核计划完成情况。

（3）重申审核是抽样调查过程，审核证据基于随机抽取的样本，审核结果有限和具有局限性。

（4）报告审核中发现的受审核方质量管理体系运行中的优点和成功之处。

（5）报告不符合项及其不符合程度、不符合项数量及分布。

（6）澄清疑问。对于不符合项，受审核方如有质疑、意见，应在会上给予澄清、解释；如有分歧，应尽可能讨论解决，未能解决的，应将分歧记录在案。

（7）报告审核结论，主要是对受审核方质量管理体系的总体评价，认证审核还应包括审核组对认证/注册的推荐性建议。

（8）请受审核方确认审核结果和结论。由受审核方代表在不符合项报告和审核报告上签字。

（9）商定对纠正措施效果的跟踪验证安排。

（10）认证审核时，应告知受审核方认证机构的有关注册管理规定，包括认证后监督审核要求，正确认识、使用认证书和标志的要求等。

（11）受审核方领导讲话。

12. 审核报告的编写

审核报告是审核的总结，是在对审核发现的统计分析基础上提供的对受审核方质量管理体系有效性的总体评价的正式文件，其编制和内容由审核组长负责。审核报告经批准后向有关方发放，一般内部审核由最高管理者批准，认证审核的审核报告由审核组长提交认证/注册机构按规定进行评审和批准。审核报告的主要内容有：

（1）受审核组织名称、地址，认证审核需要有认证/注册机构名称和合同编号。

（2）审核目的、范围和审核日期。

（3）审核准则。

（4）审核组成员和受审核方主要领导。

（5）审核过程、审核发现概述。

（6）审核结论，主要是对受审核方质量管理体系运行有效性的评价，认证审核需有推荐认证/注册的建议。

（7）附件，包括不符合项报告、审核计划、首次和末次会议记录、其他认为必需的见证资料。

13. 纠正措施与跟踪验证

审核组在审核中发现不符合项并获得责任部门确认后，应向受审核方提出采取纠正措施的要求。针对每一不符合项，受审核方责任部门应及时分析原因，制定纠正措施，并在商定的时间内完成实施。审核组负责对纠正措施的实施情况与效果进行验证，主要验证对不符合项的原因分析是否正确、纠正措施是否适宜、实施是否有效、能否防止类似问题再次发生、能否提供实施结果的有效证据等。

第4节 质量体系认证

一、质量认证的产生与发展

1. 质量认证的产生

认证活动起源于商品经济发展初期，随着现代工业的发展作为一种外部质量保证的手段逐渐发展起来。在认证制度产生之前，供方（第一方）为了推销其产品，通常采用“产品合格声明”的方式，以博取顾客（第二方）的信任。这种活动相互之间没有联系，在产品规格的形成和确认程序方面也不规范，因而买主对产品符合规格的信心相当有限。这种方式，在当时产品简单，不需要专门的检测手段就可以直观判别优劣的情况下是可行的。但是，随着科学技术的发展，产品品种日益增多，产品的结构和性能日趋复杂，仅凭买方的知识和经验很难判断产品是否符合要求；加之卖方的“产品合格声明”并不总是可信的，这种方式的信誉和作用就逐渐下降。可是，不少顾客虽然不信任供方的自我合格声明，却又缺少必要的检验手段和技术经验，无法进行第二方合格评定。作为供方又苦于接待大量的第二方评定，这种多次重复的接待工作要花费大量的人力、物力和时间。

19 世纪中叶，一些工业化国家为了保护人身安全，开始制定法律和技术法规，规定像锅炉等对安全性要求比较高的工业产品必须通过确认符合政府颁布的规格的程序，这就是法规性认证或强制性认证的开始。关于计量的技术法规的某些规定，实际上就是一种强制性认证。因此，认证来源于市场经济贸易活动和政府法规的要求。随着市场经济的成熟以及标准化水平的提高，现代认证已经发展成为市场经济体制的一个有机组成部分、一个复杂的技术经济体系，认证本身已经形成一个新的产业。而且，商业性认证和法规性认证，除了后者是强制性以外，在规范和管理上有合二为一的趋势，不少国家已经合一。

产品质量认证始于英国。1903 年，英国创立了世界上第一个认证标志，即使用 BS 字母组成的“风筝标志”，标示在钢轨上，表明钢轨符合质量标准。1922 年，该标志按英国商标法注册，成为受法律保护的认证标志，至今仍在使用。之后，认证制度发展很快，到了 20 世纪 50 年代，工业发达国家基本得到普及。

2. 质量认证的发展

随着时间的推移，质量认证制度本身也有了较大的发展。起初，各认证机构仅对产品本身进行检验和试验，认证只能证明供方的产品设计符合规范的要求，并不能担保供方以后继续遵守技术规范。之后，认证机构增加了对供方质量管理体系（QMS）的检查和评定以及获证后的定期监督，从而证明供方生产的产品持续符合标准。20 世纪 70 年代，质量认证制度有了新的发展，出现了单独对供方的 QMS 进行评定的认证形式。这种质量体系认证，在很大程度上使需方相信供方已建立能始终保证按需方提出的要求进行生产的质量体系。为了协调和推动认证工作，国际标准化组织（ISO）于 1970 年正式成立了认证委员会，其目的在于寻求鉴定产品质量的最佳方法，研究认证制度等并制定、颁布指导文件和标准。由于国际认证制度的发展，在扩大认证委员会业务范围的同时，ISO 于 1985 年决定把认证委员会改名为合格评定委员会（CASCO），大力促进各个国家和地区的合格评定工作。1995 年初，由 ISOCASCO 组织制定、ISO/IEC（国际电工委员会）联合发布的有关认证的国际指南已达 21 个，其中包括完全针对质量体系认证的 ISO/IEC 指南 48《供方质量体系的第三方评定与注册指南》。此外，另有多项国际指南即将正式发布或正在制定，其中包括：ISO/IEC 指南 61《认证注册机构评定和认可制度的基本要求》和ISO/IEC指南62《质量体系评定和认证/注册机构的基本要求》，以及有关质量认证互认协议签订和保持的国际指南等。1981年4月，我国成立了第一个认证机构——中国电子元器件质量认证委员会。

在国际贸易日益发展的今天，认证已经成为商品进入工业化国家市场的一个主要的技术要求，日益受到各国政府和工商界的高度重视并获得迅猛的发展。这种突飞猛进的势头是由以下几个强大的推动力造成的。

首先是以ISO 9000族标准为基础的质量管理体系认证活动的兴起。最早的体系认证不是在经济领域，而是在教育领域，各国高等学府为了取得硕士学位或博士学位授予权，必须通过政府授权机构的评估或同行评估，这实质上是一种体系认证，而且是一种可以称为人才认证的质量认证。质量体系认证不仅开辟了认证的新领域，而且成为推动ISO 9000族标准实施最有力的机制。体系认证对于产品认证和认证机构的认可都有着重要的影响。

其次，世界贸易组织所达成的协议对国际标准化和认证是一个有力的推动。贸易技术壁垒协议确认了国际标准和合格评定系统能够为提高生产效率和推进国际贸易做出重大贡献，并且期望鼓励制定此类国际标准和合格评定系统。为了避免合格评定程序的制定、采用和实施成为国际贸易中的技术壁垒，贸易技术壁垒协议做出了一系列相当详尽的规定，协议缔约方承担了相应的义务。在这种情形下，任何一个希望发展其对外贸易的国家，都必将尽快建立自己的认证体系或进一步完善其认证体系，否则将在国际贸易中处于极其不利甚至是不平等的地位，并可能因此丧失利用合格评定保护合法利益的权利，在进口时只能依靠出口国的合格评定来建立信心，在出口时难以监督进口国的合格评定程序是否违反贸易技术壁垒协议，并且将全部丧失本国的合格评定市场。

最后，国际标准化机构和国际合格评定机构内部双边、多边的围绕合格评定的活动日益频繁，建立全球性认证制度的趋势逐渐明朗。国际标准化组织（ISO）和国际电工委员会（IEC）在1994年举行的会议上，原则上赞同“质量体系评估确认”（QSAR）工作组提出的主要目标：当一个供应商由参加ISO/IEC体系的认证机构注册时，该认证应被其客户确认为有效，不论该认证机构、供应商及其客户位于哪个国家或地区。认证机构的认可机构将通过QSAR体系组织专家评审确认资格。这些将促使各国加快建立和调整认证、认可体系和程序以便适应未来的国际确认制度并获取一个有利的地位。

二、质量认证的定义和内涵

1. 质量认证的定义

质量认证（quality certification）也称合格性认证（conformity certification），国际标准化组织（ISO）将其定义为：第三方依据程序对产品、过程或服务符合规定的要求给予书面保证（颁发合格证书并给予注册登记）。其具体包括产品质量认证和质量体系认证两个方面的内容。产品质量认证是指经权威机构确认并发放合格证书或合格标志，以证明某一产品或服务符合相应标准和技术规范的活动。质量体系认证是指对供方（对产品或服务负责，并能确保质量保证实施的一方）的质量体系进行的第三方评定和注册，并颁发证书以证明企业质量保证能力符合相应要求的活动。习惯上，把产品质量认证和质量体系认证统称为“质量认证”。

2. 质量认证的内涵

为了正确理解质量认证的内涵，可以从对象、依据、主体、方式和作用五个方面进行阐述。

（1）对象。质量认证的对象是产品、过程或服务，也可以是质量体系。具体可以分为有形产品和无形产品两大类。有形产品包括原料、零部件、元器件、整机等硬件产品，包括计算机程序、工作程序、信息、数据等软件产品，还包括电镀、焊接、热处理、检测等工艺性作业和建设工程。无形产品是指服务，它是满足顾客的需要，在同顾客接触中，供方的活动和供方内部活动所产生的结果，如修理维护、食宿招待、交通运输、医疗卫生、公用事业、金融贸易、咨询委托等。当只对产品进行安全性认证时，认证对象特指产品的安全特性。

（2）依据。产品质量认证的依据是经过标准化机构正式发布的、由认证机构所认可的产品标准和技术规范，质量体系认证的依据是 ISO 9000 族标准及其支持性文件。

（3）主体。这里讲的主体是指质量认证的执行机构或人员。根据定义，质量认证是由独立于第一方（厂家、卖方、供方）和第二方（顾客、买方、需方）的经国家主管部门认可的第三方认证机构进行的。其目的是保证认证的客观性、公正性和权威性。

（4）方式。对一般产品和民用企业，质量认证一般由企业自愿申请，但进行安全认证的产品应符合标准法中有关强制性标准要求，实行强制性认证。对军工企业和军工产品，在由上级主管部门确定的情况下，一般也应实行强制性认证。

（5）作用。对被认证的企业而言，其进行质量认证的作用表现在通过取得合格证书或合格标志向顾客证实自己的产品水平或企业的质量保证能力，从而提高企业信誉度和美誉度，增强市场竞争力。对于顾客而言，可以通过识别合格标志，在市场上选购满足自己需求的产品，从而起到“导购”作用。此外，由于质量认证实施的是统一标准、统一程序，并由认证机构进行统一管理，因此质量认证的另一作用就是可以做到相互认可，从而减少重复性检查。

3. 质量体系认证与产品质量认证的异同

（1）质量体系认证与产品质量认证的联系。质量体系认证与产品质量认证同属质量认证的范畴，都具有质量认证的特征：两种认证类型都有具体的认证对象；质量体系认证与产品质量认证都是以特定的标准作为认证的基础；两种认证类型都是第三方所从事的活动。

质量体系认证与产品质量认证除具有以上几个相似点外，两者间的联系还在于：质量体系认证与产品质量认证都要求企业建立质量体系，都要求对企业质量体系进行检查评定，产品质量认证进行质量体系审核时应充分利用质量体系认证的审核结果，质量体系认证进行质量体系审核时也应充分利用产品质量认证的质量体系审核结果，这不仅体现了认证工作的科学性，也保证了认证工作的质量。

从理论上讲，产品质量认证之所以要检查评定企业的质量体系，“目的是评定工厂是否具有持续符合技术规范的产品的能力，评定的主要因素是工厂的质量管理体系”（ISO出版的《质量认证的原则与实践》）。

从实践的角度分析，仅仅依据产品技术标准对产品进行抽样检验，做出认证合格的结论是不全面的、不科学的，具有较大的风险性，这是由于：

1）质量的形成与完善是和产品形成全过程密不可分的。从市场调研、设计控制到产品的生产、交付发运，每一过程的输入和输出都影响产品质量。

2）质量的形成和与质量有关的管理人员的素质和行为有关，人员素质的高低、行为的失误与否都会影响到产品质量的优劣。

3）由于标准本身的局限性、滞后性，不可能把所有影响产品质量的因素都反映在标准内。而以标准为依据的检验试验又受到抽样方法等多方面随机性的制约，即使按标准检验试验，也未必能反映全部产品的质量状况。

4）第三方认证最重要的目的在于使购买者购买的产品的质量真正可靠，这就需要解决证明产品质量持续符合标准要求的方法，方法之一就是检查评定企业的质量体系。

（2）质量体系认证与产品质量认证的区别。

1）认证对象不同。产品质量认证的对象是批量生产的定型产品。质量体系认证的对象是企业的质量体系，确切地说，是企业质量体系中影响持续按需方的要求提供产品或服务的能力和某些要素，即质量保证体系。

2）证明方式不同。产品质量认证的证明方式是产品认证证书及产品认证标志，证书和标志证明产品质量符合产品标准，质量体系认证的证明方式是质量体系认证证书和体系认证标记，证书和标记只证明该企业的质量体系符合某一质量保证标准，不证明该企业生产的任何产品符合产品标准。

3）证明使用不同。产品质量认证证书不能用于产品，标志可用于获准认证的产品上，质量体系认证证书和标记都不能在产品上使用。

4）实施质量体系审核的依据不同。产品质量认证一般按GB/T 19002 - ISO 9002检查体系；质量体系认证依据审核企业要求，可能是GB/T 19001 - ISO 9001, GB/T 19002 - ISO 9002, GB/T 19003 - ISO 9003其中之一。如果企业具有产品设计/开发功能，同时又希望对外承揽设计任务，可申请GB/T 19001 - ISO 9001的体系认证，如果企业虽然具备设计/开发功能，但不对外承揽设计任务，或者没有设计功能，但产品的制造比较复杂，可申请GB/T 19002 - ISO 9002的体系认证，如果企业生产的产品十分简单，则申请GB/T 19003 - ISO 9003的体系认证。

4）申请企业的类型不同。要求申请产品质量认证的企业是生产特定产品的产品型企业，申请质量体系认证的企业可以是生产、安装型企业，可以是设计/开发、制造、安装服务型企业，也可以是出厂检查和检验型企业。

质量体系认证和产品质量认证的比较可简单地用表 7-5 表示。

表 7-5　质量体系认证和产品质量认证的比较

项目	质量体系认证	产品质量认证
对象	组织的质量管理体系	特定产品
获准认证条件	质量管理体系满足质量管理体系要求和必要的补充要求	(1) 产品质量符合指定标准要求 (2) 质量管理体系满足质量管理体系要求及特定产品的补充要求
证明方式	质量管理体系认证（注册）证书、认证标志	产品认证证书、认证标志
证明使用	证书和标志都不能在产品上使用	证书不能用于产品，标志可用于获准认证的产品
性质	自愿性	自愿性，强制性
目的	质量管理体系认证	产品认证
两者关系	获得质量体系认证资格的组织可以再申请特定产品的认证，但免除对质量管理体系通用要求的检查	获得产品认证资格的组织一般无须再申请质量管理体系认证（除非申请的质量管理体系范围不同），但没有规定可以发两张证书

综上所述，质量体系认证与产品质量认证既有区别，又相互联系。企业只有清楚了解两类认证的区别和相互关系，才能确定是应该实施产品认证，还是应该实施质量体系认证。

三、质量认证的主要类型和作用

1. 质量认证的主要类型

ISO 出版的《质量认证的原则与实践》一书，将国际上通用的型式认证归纳为以下八种：

第一种：型式试验。按照规定的试验方法对产品样品进行试验，来检验样品是否符合标准或技术规范。这种认证只发证书，不允许使用合格标志；只能证明现在的产品符合标准，不能保证今后的产品符合标准。

第二种：型式检验加认证后监督——市场抽样检验。这是一种带监督措施的型式检验。监督的办法是从市场上购买样品或从批发商、零售商的仓库中抽样进行检验，以证明认证产品的质量持续符合标准或技术规范的要求。

第三种：型式检验加认证后监督——工厂抽样检验。与第二种型式认证的区别在于，以工厂样品随机检验或成品库抽样检验代替市场样品的核查试验。

第四种：型式检验加认证后监督——市场和工厂抽样检验。这种认证制是第二、三两种认证制的综合。从产品样品核查试验来看，样品来自市场和工厂两个方面，因而要求更加严格。

第五种：型式检验加工厂质量体系评定加认证后监督——质量体系复查加工厂和市场抽样检验。这一型式认证，既对产品作型式试验，又对与产品有关的供方质量体系进行评定。评定内容包括供方的质量体系对其生产设备、材料采购、检验方法等能否进行恰当的控制，能否使产品始终符合技术规范。第五种型式试验的认证通过后，可证实申请使用认证标志的供方，确实能控制其生产活动，确实能在标上合格标志前明确鉴别出不合格产品，将它们从合格产品中分离出来并加以纠正。

第六种：评定供方的质量体系。这一型式认证已逐渐被各国接受。ISO/IEC 指南 48《供方质量体系的第三方评定和注册指南》规定，对供方质量体系做评定的依据是 ISO 9000 族标准，但对供方质量体系的评定不能代替对产品的认证，因此通过质量体系评定的企业的产品不能使用合格标志，认证机构只给予与该产品有关的供方质量体系注册登记，发给注册号和注册证书，表明该体系是根据 ISO 9000 族标准中某个质量保证模式做过评定，取得注册的权利。

第七种：批量试验。这是依据统计抽样试验的方法对某批产品进行抽样试验的认证。其目的在于帮助买方判断该批产品是否符合技术规范。这一型式认证，只有在供需双方协商一致后方能有效执行。一般说来，这种型式认证较少采用。

第八种：全数试验。对认证产品作百分之百的试验后发给认证证书，允许产品使用合格标志。在某些国家只有极少数与人的身体健康密切相关的产品进行全数试验。

以上八种型式认证中，第六种是质量体系认证，第五种型式认证是最复杂、最全面的产品型式认证。这两种是各国普遍采用的，也是 ISO 向各国推荐的认证制，ISO 和 IEC 联合发布的所有有关认证工作的国际指南都是以这两种认证制为基础的。但是，上述八种类型的质量认证制度所提供的信任程度都是相对的，即使是比较完善的质量认证制度也会受到客观条件的限制。例如很难做到对全部出厂的产品由认证机构逐个检验其是否符合标准。然而，一个比较完善又普遍可行的认证制度可以保证产品是在最佳条件下生产出来的，使买主买到不合格品的风险降到最低限度。

2. 质量认证的作用

通过质量认证对产品（服务）质量和质量管理体系做出公正、客观的评价，为人们提供了完全可信的质量保证信息，这对于顾客、组织和社会都有着极其重要的意义。综合起来，质量认证的主要作用有以下几方面。

（1）提供顾客选择供方的质量依据。由于科学技术的高度发展，现代产品的技术含量越来越高、越来越专业，仅有有限知识和选择条件的顾客很难判断产品质量是不是自己所满意的。实行质量认证制度后，顾客可以在有认证标志的产品（服务）中或从认证注册的组织中找到质量有保证的供方，满足顾客选择供方的要求，使顾客的利益得到保护。

（2）提高组织的质量竞争能力。一个组织要在市场竞争中胜出，必须提高质量竞争能力，使人们相信这个组织具有质量控制和保证的能力。而实现质量认证/注册是一个重要途径，经过认证/注册把自己的产品（服务）与没有认证/注册的产品（服务）拉开距离，从而取得竞争优势。

（3）促进组织不断改善质量管理体系。组织通过质量认证/注册，就是要把自己纳入认证审核与监督的连续过程中，这促使通过认证的组织不断改善质量管理体系，不断提高产品（服务）品质。

（4）有利于组织拓展国际市场。质量认证制度已被全球越来越多的国家和地区所接受，国与国之间常常通过签订双边或多边的认证合作、互认的协议，承认并接受协议成员的认证证书或同意换取另一方成员的认证证书。这使获得国际权威认证机构认证的产品质量信誉能在成员间获得普遍承认，并按协定享受一定的优惠待遇，如免检、开放市场等。因此，质量认证的国际性增强了产品在国际市场上的竞争能力，有利于组织拓展国际市场。

（5）避免重复验证和审核。一个供方往往有多种产品，一种产品也往往涉及许多用户，如果每次交易都要更新验证和审核，这对于人力和物力是一个巨大的浪费。实行质量认证可避免重复验证和审核，根据国外资料，大约可减少 80%的重复检查工作量，从而降低交易成本。

（6）有利于社会发展。质量认证制度的实施提高了社会对质量的认可和诚信水平，提高了人们改进质量、提升生活水平的志趣，提高了交易效率，社会的方方面面都将获益，这显然有利于社会发展。

四、质量认证的组织实施

按照认证的对象不同，质量认证主要可以分为产品质量认证和质量体系认证。产品质量认证的目的是证明某产品已建立了一个有效的质量体系，能够稳定地提供符合某特定技术标准或规范的产品。质量体系认证的目的在于通过评定和事后监督来证明供方质量体系符合并满足需方对该体系规定的要求，对供方的质量管理能力予以独立的证实。由于目的和内容不同，在组织实施方面也存在一定的差异。

1. 产品质量认证的组织实施

产品质量认证的组织实施主要包括以下四个过程。

（1）由质量认证需求企业按照规定要求向有关认证委员会提出书面申请。对于中国企业而言，只需按照规定要求向有关认证委员会提出书面质量认证申请即可；对于外国企业或者其他申请人，则需向国务院标准化行政主管部门或者向其指定的认证委员会提出书面申请及其认证所需的有关资料。

（2）认证委员会对申请认证企业进行质量考察。认证委员会受理认证申请后，需对企业的质量体系进行检查。国家注册检查应按照规定的要求签署检查报告，并将检查报告送交认证委员会，同时对企业申请认证的产品进行现场抽样和封样检查，并送交指定检验机构进行检验。

（3）检验机构对产品进行质量检验。检验机构接到认证委员会送交的检验样品后，应严格按照要求对样品进行检验；各项指标和检验完成后，检验机构按照规定格式填写检验报告，经授权人审核签字后，将检验报告报送认证委员会。

（4）认证委员会对检验报告和检查报告进行审查并批示审查结果。认证委员会在对检验报告和检查报告进行审查后，对于合格者，批准认证并颁发认证证书，进行注册管理，并准许使用认证标志；对不批准认证的发给书面通知，并说明原因和申请者应采取的行动。

2. 质量体系认证的组织实施

质量体系认证的组织实施主要包括以下六个阶段。

（1）认证申请。在这一阶段，首先是要求进行质量体系认证审核的企事业或委托方（以下简称“申请方”）同体系认证机构联系，根据需要索取质量体系认证审核申请表和企业概况调查表，按其要求认真填写，并在规定的时间内向体系认证机构报送申请表、企业概况调查表、质量手册、法人营业执照复印件、申请认证审核涉及的产品（服务）简介以及简要流程图等有关资料，同时按规定标准交纳质量体系认证审核申请费。

体系认证机构在收到申请后，应对申请方的申请表等有关资料进行审议，填写质量手册初审检查清单，并根据申请方的具体情况，在半个月内做出受理、不受理或申请方改进后再受理的决定，同时说明理由。其中，对于决定受理的，体系机构应对决定受理申请的单位及时立卷编号，并与受审核方或委托方签订认证审核合同书，双方承担合同责任。

如果有必要，认证机构可以派员去申请单位进行非正式初访，其目的在于了解申请方的规模、产品和生产特点、认证准备情况、是否需要聘请专家等问题。

（2）审核准备。在这一阶段，主要包括组织成立审核小组和编制审核计划两项工作。

1）组织成立审核小组。审核小组一般由1～4人组成，必要时可邀请熟悉申请方特点的技术专家协助审核。如果申请方认为审核组有成员可能与本单位存在利害关系，可要求认证机构进行成员更换。

2）编制审核计划。审核计划是对审核活动的具体安排，由审核组长负责编制，审核机构批准确认，一般在审核前10～30天通知受审核方，使其有充分时间按照计划要求做好安排。编制审核计划的内容包括：确定审核的目的和范围、所涉及的有关部门及人员、审核组成员人数及名单、审核的时间及路线设计、检查清单、准备工作文件等。

（3）实施审核。实施审核阶段包括以下过程和内容：

1）首次会议。首次会议是审核组全体成员与受审核方的联席会议，主要商定双方认为需要配合的有关事宜，包括重申审核的目的和范围、介绍审核的程序和方法、明确双方的联络人、确认所需资源和设施、确定各次会议的时间、澄清审核计划中不明确的内容等。

2）现场审核。现场审核的目的是验证受审核单位质量体系的有效性。审核组成员应按检查清单调查事实、获取证据。对发现的不符合的事实，应征得受审核方授权代表的确认，并填写不符合通知单，经受审核方授权代表签字确认。

3）审核情况分析和不符合项报告的编写。在对现场进行审核后，应对现场审核情况及其证据进行分析和整理，以确定哪些是严重不符合项，哪些是有待进一步证实或舍弃项，哪些是偶然、孤立的不符合项，哪些是审核过程中已经纠正的不符合项等。同时，根据审核情况分析结果编写不符合项报告。

4）召开审核组会议。审核分析和不符合项报告编写完成后，由审核组组长召开审核组成员会议，审核不符合项报告，判定质量体系的有效性，提出审核检查的结论性意见，为末次会议做准备。

5）召开末次会议。在审核报告编写之前，审核组应与受审核方领导一起会谈召开末次会议。会议由审核组组长主持，主要内容包括：报告不符合项，报告审核组对质量体系审核的结论，阐述编写审核报告的原则和思路，征求对审核组的意见，等等。

(4) 编写审核报告。审核报告的编写由审核组组长负责，内容包括：审核检查概况，审核依据、目的和范围，不符合项汇总情况，审核检查的总体归纳，审核检查结论、附件等。

(5) 审核报告的提交和审议。审核报告应在审核组离开后一周内，由项目审核组组长负责提交体系认证机构技术委员会进行审议、批准。经审批后的审核报告书的正本送受审核方（或委托方），副本及有关资料送交体系认证机构办公室存档备查。

(6) 颁证和公布。对于批准通过认证的受审核主体，认证机构应给受审核方颁发国家质量体系认证主管部门统一颁发的印有体系认证机构认证标志的质量体系认证证书，并予以注册。同时，体系认证机构应以公报形式予以公布，上报备案。此外，须对公布的质量体系认证证书持有者注册名录，并至少每年修订一次。

企业通过质量体系认证只表明其在推行全面质量管理方面达到了一定的标准和奠定了一定的基础。按照《质量体系认证实施程序规则》的要求，认证机构对获准认证的组织在体系认证证书有效期内还要实施监督管理，内容包括换证、质量体系更改报告、监督管理、认证注销、认证撤销、认证有效期的复评等。

3. 质量管理体系认证的认识要点

如今，质量体系认证已受到企业的广泛关注，但在认识和理解上却存在诸多误区，出现了所谓“国际认证”、出口产品企业才需要质量认证等观念。因此，在质量管理体系认证过程中，以下问题需引起注意。

(1) 质量管理体系认证并非“国际质量认证”。到目前为止，世界上还没有一家为各国广泛承认的国际质量认证机构。各国质量认证机构所进行的认证，仅仅是个体行为。国际标准化组织所属的合格评定委员会（CASCO）并不承担对任何国家认证机构的认可任务，任何国外机构的认证都不能称为“国际认证”。此外，也不能把国际互认理解为国际认证，国际互认是指签署协议（IAF/MLA）的成员相互承认，而非国际认证。所谓“国际承认”，实质上是国与国之间的“相互认可”，而最终还得用户认可。因而，质量体系认证不存在国际认证。有些组织把质量体系符合国际标准 ISO 9000 族标准的要求，经认证机构审核通过认证，说成是通过国际认证，这种说法显然是不正确的，另一种认为国外认证机构的认证是国际认证的说法也是错误的。

中国质量体系认证机构国家认可委员会（CNACR）1998 年 1 月 22 日首批（共 17 个国家）签署国际认可论坛多边承认协议（IAF/MLA），成为 IAF/MLA 集团的创始成员。也就是说，由 CNACR 认可的质量体系认证机构出具的认证证书达到了国际水平，具有国际等效性和互认性，这对于我国企业实现一证多用、避免多头重复申请国外机构认证具有重要作用。

（2）并非出口产品企业才需要质量认证。不可否认，企业通过质量认证对提高产品信誉，消除国际贸易技术壁垒，便于进入国际市场，具有较为重要的作用，但这不是质量认证的唯一目的。质量认证更重要的作用在于提高企业质量管理水平，提高产品质量，增强市场竞争能力。如果企业仅仅是为拿到一张证书而进行质量认证，那是枉费心机。我国加入世界贸易组织，意味着国内市场与国际市场将融为一体，国内市场的竞争与国外市场的竞争同样激烈。产品市场的竞争归根到底是质量的竞争，企业要在竞争中立于不败之地，无疑要增加质量筹码，必须在自身管理上下功夫。通过质量认证并坚持其有效性，毫无疑问是企业增强素质，提高竞争力的一个重要手段。

顺便指出，我国的质量认证做法与国际上的做法相一致。世界各国都把产品质量认证分为自愿性和强制性两种（我国也一样）。世界上没有任何国家对质量体系实行强制认证的规定，那种认为不取得质量体系认证资格，产品就不能进入国际市场的说法是错误的。

（3）企业通过认证不可一劳永逸。个别企业出于某种需要，被动开展质量认证工作，为取得证书而开展质量认证。在认证通过以前贯标认证态度积极，认证通过以后则工作消极，把已经建立起来并开始运行的质量体系搁置一边，以为通过认证后企业贯标认证的所有工作已经完成。这种一劳永逸的做法是非常错误的。

企业通过了质量认证仅仅表明企业已按 ISO 9000 族标准建立并初步实施了比较规范的质量体系，对于企业质量体系的完善和提高，只是迈出了万里长征的第一步，企业应按已建立起来的质量体系运行下去，并且不断改进和提高，推动企业持续发展。事实证明，企业通过质量认证以后，同样要面对提高质量管理水平和开拓产品市场等问题，如果经营不善，同样会面临倒闭的威胁。企业认证后产品质量严重滑坡，企业的认证资格同样会被取消。产品质量不稳定，即使通过质量认证，用户也随时会对企业投不信任票。中国国家认证认可监督管理委员会建立了质量认证稽查制度，对通过认证的企业进行随机抽查，一旦发现企业未建立并坚持运行质量体系的，不但企业将受到严肃处理，其认证机构也要承担责任。所以那种一劳永逸的做法不但不能给企业带来经济效益，还可能使企业陷入更加困难的境地。

（4）通过质量体系认证不能说明企业的产品等级达到了世界先进水平。ISO

9001 作为通用的质量管理体系标准，仅规定各质量体系要素的要求，没规定达到这些要求的途径，更没规定实施的具体方法。生产不同质量等级产品的企业会有不同控制程度的具体方法，质量管理体系标准不能确定顾客采购产品的技术要求和产品质量等级水平，它仅为供方满足规定的产品要求的能力给出一个评价标准，并由此而为顾客或潜在顾客提供信任。“质量体系认证企业的产品等级达到世界先进水平”的说法，是对质量管理体系标准与产品质量标准的不同概念的混淆，是对消费者的误导。

第 5 节 卓越绩效模式

卓越绩效模式（performance excellence model）是 20 世纪 80 年代后期美国创建的一种世界级企业成功的管理模式。其应用主要是通过国家质量奖的形式来推动实施，各组织通过对照卓越绩效标准来对自身的绩效进行自我评估，以实现持续改进和卓越绩效。经过 30 多年的发展，卓越绩效模式现已成为国际上广泛认同的一种组织综合绩效管理的有效方法/工具，是现阶段 TQM 的最高表现形式。我国的《卓越绩效评价准则》国家标准（GB/T 19580－2004）于 2004 年 8 月 30 日正式发布，它标志着我国质量管理进入了一个新的发展阶段，对我国广大企业的质量管理工作提出了不断发展、追求卓越的新要求。

一、卓越绩效模式概述

1. 卓越绩效模式定义

根据 GB/T 19580－2012 的定义，卓越绩效是指通过综合的组织绩效管理方法，为顾客、员工和其他相关方不断创造价值，提高组织整体的绩效和能力，促进组织获得持续发展和成功。因此，卓越绩效模式可以认为是一种通过综合的组织绩效管理方法，为顾客、员工和其他相关方不断创造价值，提高组织整体的绩效和能力，促进组织获得持续发展和成功的经营管理模式，其核心是强化组织的顾客满意意识和创新活动，追求卓越的经营绩效。

2. 卓越绩效模式核心价值观

卓越绩效模式建立在一组相互关联的核心价值观和原则的基础上。这些核心价值观贯穿卓越绩效模式整个标准的各项要求之中，是卓越绩效模式标准的基石，也是理解标准的基础。它们反映了国际上最先进的经营管理理念和方法，是许多世界级成功企业的经验总结，应成为全体员工尤其是企业高层管理人员的理念和行为准则。卓越绩效模式核心价值观主要包括：

（1）具有远见卓识的领导。领导是一个组织成功的关键。高层领导应以前瞻性的视野、敏锐的洞察力，确立组织的使命、愿景和价值观，带领全体员工实现组织的发展战略和目标；应通过治理机构对组织的道德行为、绩效和所有利益相关方负责，并以自己的道德行为、领导力、进取精神发挥模范带头和表率作用。

（2）战略导向。组织的一切经营管理活动都必须在统一的战略指导下进行。因此，组织应以战略统领组织的管理活动，获得持续发展和成功。即组织应在战略导向下，确定组织的发展方向，并在保持战略导向的整体一致性、可协调性前提下，形成组织发展合力，帮助组织创造持续发展和成功的竞争优势。

（3）顾客驱动。组织依存于顾客，组织质量和绩效是由顾客来评价和决定的。顾客驱动的卓越是战略性概念，其目的在于赢得顾客的满意度和忠诚度。因此，组织要树立以顾客为导向的理念，将顾客当前和未来的需求、期望和偏好作为改进产品和服务质量，提高管理水平及不断创新的动力，以提高顾客的满意度和忠诚度。

（4）社会责任。作为社会的组成部分，组织应为组织的决策和经营活动对社会的影响承担责任，促进社会的全面协调可持续发展。在组织的经营管理、提供产品和服务的周期内，不仅要恪守商业道德，保护公共健康、安全和环境，以确保组织达到国家和地方法律法规的要求，还要在组织资源许可条件下，履行对美化环境、保护资源、支持教育和保健、服务社会等公民义务。

（5）以人为本。员工是组织之本，组织的成功取决于全体员工不断增长的知识、技能、创造力和工作动力。因此，一切管理活动都应以激发和调动员工积极性、主动性为中心，促进员工的发展、保障员工的权益、提高员工的满意度，从而增强组织的市场应变能力和绩效优势，促进组织的持续成功。

（6）合作共赢。组织要更好地实现其总体目标，就必须与外部的顾客、供应商、分销商及社会其他群体、政府、协会等所有相关方之间建立战略性的合作伙伴关系，互为对方创造价值，实现共同发展。建立良好的外部合作关系，应着眼于共同的长远目标，加强沟通，形成优势互补，以增强组织与合作伙伴各自具有的核心竞争力和市场领先能力。

（7）重视过程与关注结果。组织的绩效源于过程而体现于结果，因此，要重视过程，更要关注结果，要通过有效的过程管理实现卓越的结果。组织的绩效评价应体现结果导向，关注顾客满意度、产品和服务、财务和市场、人力资源、组织效率、社会责任等关键结果，以为组织的关键利益相关方及社会创造价值并实现利益冲突的平衡，进而推动组织绩效的增长。

（8）学习、改进与创新。培育学习型组织和个人是组织追求卓越的基础，传承、改进和创新是组织持续发展的关键。在激烈的市场竞争中，只有创新才能形成组织的竞争优势。组织不仅要对创新进行引导，使之融入组织的各项工作中，而且应在高层领导者的积极推动和参与下，通过制度的建立对其进行有效管理，使创新活动能持续、有效地开展。

（9）系统管理。任何系统都不可能在忽略某个部分的情况下达到卓越的绩效水平。因此，卓越绩效模式强调以系统的思维来管理整个组织，即将组织视为一个整体，以科学有效的方法来管理整个组织及过程，实现组织经营管理的统筹规划和协调一致，从而提高组织管理的有效性和效率。

3. 卓越绩效模式特点

卓越绩效模式作为国际上广泛认同的一种组织综合绩效管理的有效方法/工具，具有以下特点：

（1）反映了现代质量经营的"大质量"观。标准命名为"卓越绩效评价准则"，表明质量和绩效、质量管理和质量经营的系统整合，旨在引导组织追求卓越绩效，即更加强调质量对组织绩效的增值和贡献。这一结果反映了质量概念的最新变化，即质量已经成为追求卓越的经营质量的代名词，是一种涵盖系统运营全过程的全面质量，不再只是狭义的产品和服务的质量。

（2）强调以顾客为关注点的理念。经济全球化要求当今企业必须以顾客和市场为中心并把其作为组织管理第一原则。卓越绩效模式把顾客满意度和忠诚度作为其关注点，充分体现了对这一原则的重视。

（3）关注经营结果。卓越绩效评价准则的一个重要特点就是关注或重视组织的整体绩效，或称经营结果。通过对经营结果的关注，不仅可以及时了解组织绩效的成果，还可以观察各项战略完成的均衡性、有效性及薄弱环节，可以有效防止发生错误、决策失当等问题。

（4）内容是非规定性的。卓越绩效评价准则与 ISO 9000 国际标准最突出的差别之一，就是准则的条款要求采用非规定性的要求，目的在于促进组织渐进的、重大的、可突破性的改进和创新以及根本性的变革。

（5）强调系统思考和系统整合。卓越绩效模式强调以系统的观点来管理整个组织及其关键过程，从而实现组织的卓越绩效。卓越绩效模式各个方面的要求，构成了一个系统的框架和协调机制，强调了组织的整体性、一致性和协调性。

4. 卓越绩效管理体系与六西格玛管理和 ISO 9000 质量管理体系的关系

无论是卓越绩效管理体系还是六西格玛管理和 ISO 9000 质量管理体系，它们都是质量管理的框架。虽然这些框架都关注过程、以数据为基础、以管理为导向，但在帮助组织改进绩效和提升顾客满意度方面各有侧重。一般而言，卓越绩效管理体系聚焦于整个组织在整体管理框架内的卓越绩效，识别并跟踪重要的组织结果；六西格玛管理聚焦于测量产品质量，并驱动整个组织的过程改进和成本节约；ISO 9000 质量管理体系聚焦于产品和服务的符合性以保障市场公平，并关注解决质量体系问题和产品与服务的不符合问题。美国质量学会主席格里高利在《质量：全球经济发展的决定性方法》一书中，构建了卓越绩效管理体系与六西格玛管理和 ISO 9000 质量管理体系的运作关系模型（见图 7-5），形象地描述了三者在运作过程中科学有序的衔接关系。

由图 7-5 可知，组织在实施卓越绩效管理模式时，往往是通过卓越绩效的自我评价发现各项经营管理中的优势，以及需要改进的领域；然后，利用六西格玛方法对存在的问题实施有效的系统改进；为了巩固改进成果，将改进成果纳入 ISO 9001 的文件化管理体系的相关程序文件中。这三种管理方法通过这样的有机结合

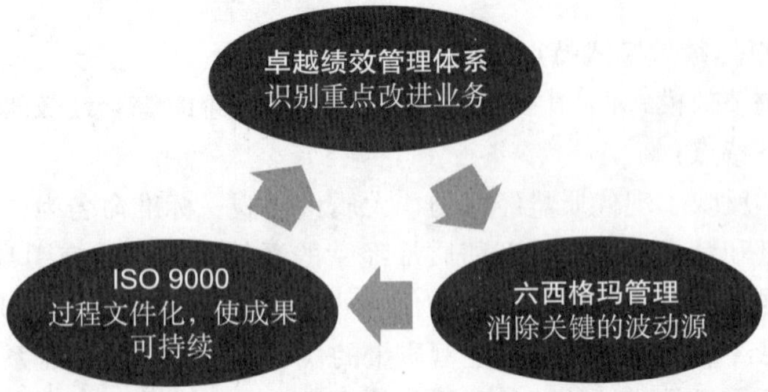

图7-5 卓越绩效管理体系与六西格玛管理和ISO 9000质量管理体系的运作关系模型

不断循环，将不断提升组织的管理水平，从而创造出卓越绩效。

二、卓越绩效评价准则

卓越绩效评价准则由一套层次清晰的类目、条款所构成。下面主要对卓越绩效评价准则的七大类目内容及其关系框架进行简单介绍。

1. 卓越绩效评价准则的主要内容

卓越绩效评价准则包括七大类目内容，分别为：领导，战略，顾客与市场，资源，过程管理，测量、分析与改进，结果。

（1）领导。卓越绩效模式要求领导具有卓越的领导力，这就要求领导应具有创建和提升优秀的组织价值理念体系及卓越的组织文化、规范组织流程形成战略执行力、构建有利于组织均衡发展的绩效管理体系等能力。卓越绩效模式对领导的评价内容主要包括高层领导作用、组织治理和社会责任三个方面，其目的是综合考察组织高层领导在价值观、发展方向、目标、对顾客及其他相关方的关注、激励员工创新和学习等方面的作为，以及组织的治理和履行社会责任的情况。

（2）战略。战略是组织为适应未来环境变化，对组织的生产经营和持续稳定发展中的全局性、长远性以及纲领性目标的谋划和决策。卓越绩效模式对战略的评价内容主要包括战略制定和战略部署两个方面。对于前者，主要是评审组织如何识别其核心竞争力、战略挑战和战略优势并确定组织战略及战略目标，目的是强化组织整体绩效和竞争力，从而使组织能够获得持续发展和成功；对于后者，主要是评审组织如何将战略目标转化为行动计划并对行动计划进展进行科学评价，目的是确保战略能够成功开展以实现目标。

（3）顾客与市场。顾客是指交换物资的主体，市场是指物资交换的场所，顾客和市场对组织生产经营和生产与发展具有决定性的制约或引导作用。卓越绩效模式对顾客与市场的评价内容主要包括对顾客和市场的了解、顾客关系与顾客满意两个方面。对于前者，主要是评审组织如何确定顾客和市场的需求、期望和偏好以及如何拓展新的市场，目的是利用有用信息以期超越顾客需求，并识别创新机会；对于后者，主要是评审组织如何建立、维护加强顾客关系，以及如何确定赢得和保持顾客并使顾客满意、忠诚的关键因素的方法，目的是建立更加关注顾客的文化，增强顾客忠诚，以保持并提高市场份额。

(4) 资源。资源是指组织为了生产经营、创造价值，在组织运营的全过程所有投入要素的总和。卓越绩效模式对资源的评价内容主要包括人力资源、财务资源、信息和知识资源、技术资源、基础设施、相关方关系六个方面。

对人力资源主要是评审组织如何根据组织的使命、愿景、价值观和所确定的战略，建立以人为本的人力资源管理体系，促进员工的学习和发展，提高员工的满意度。

对财务资源主要是评审组织如何确定资金需求以保证资金供给；如何实施资金预算管理、成本管理和财务风险管理，将资金的实际使用情况与计划相比较，及时采取必要措施，适时调整；如何加快资金周转，提高资产利用率，以实现财务资源的最优配置，提高资金的使用效率和安全。

对信息和知识资源主要是评审组织如何识别和开发信息源，确保获得和提供所需的数据和信息，并使员工、供方和合作伙伴及顾客易于获取相关数据和信息；如何配备获取、传递、分析和发布数据和信息的设备设施，建立和运行信息系统，确保信息系统硬件和软件的可靠性、安全性和易用性；如何使信息系统适应组织的发展方向及业务需要；如何有效地管理组织的知识资产，收集和传递来自员工、顾客、供方和合作伙伴等方面的相关知识，识别、确认、分享和应用最佳实践；如何确保数据、信息和知识的准确性、完整性、可靠性、及时性、安全性和保密性。

对技术资源主要是评审组织如何对其拥有的技术进行评估，并与同行先进水平进行比较分析，为制定战略和增强核心竞争力提供充分依据；如何以国际先进技术为目标，积极开发、引进、消化、吸收适用的先进技术和先进标准，提高组织的技术创新能力；如何形成和使用组织的技术诀窍和专利技术；如何制定技术开发与改造的目标和计划，论证方案，落实增强技术先进性、实用性所采取的措施。

对基础设施主要是评审组织在考虑自身和相关方需求和期望的同时，如何确定和提供所必需的基础设施。包括：根据战略实施计划和过程管理要求提供基础设施；制定并实施基础设施的预防性和故障性维护保养制度；制定和实施更新改造计划，不断提高基础设施的技术水平；预测和处置因基础设施而引起的环境、职业健康安全和资源利用问题。

对相关方关系主要是评审组织如何建立与其战略实施相适应的相关方关系，尤其是与关键方和合作伙伴的良好合作关系，促进双向交流，共同提高过程的有效性和效率。

(5) 过程管理。过程管理是指对组织中不同层级的过程进行重新设计来提高组织绩效的过程。卓越绩效模式对过程管理的评价内容主要包括过程的识别与设计、过程的实施与改进两个方面。对过程的识别与设计主要评审组织如何识别、确定和设计关键过程。对过程的实施与改进主要评审组织如何实施关键过程，以持续满足过程设计要求，并确保过程的有效性和效率；如何使用关键绩效指标监控过程的实施，如何在过程的实施中利用来自顾客和其他相关方的信息，如何优化关键过程的整体成本；如何评价关键过程实施的有效性和效率，改进关键过程，减少过程波动与非增值性活动，使关键过程与发展方向和业务需要保持一致，并在各部门和各过程分享改进成果和经验教训，以促进组织的学习和创新。

（6）测量、分析与改进。在GB/T 19580－2012中，测量、分析与改进条款是组织卓越绩效管理系统的基础，是连接“领导作用三角”和“过程结果三角”以推动组织改进和创新的链条。卓越绩效模式对测量、分析与改进的评价内容主要包括测量、分析和评价及改进与创新两个方面。

测量、分析和评价主要评审组织如何建立绩效测量系统；如何有效应用相关数据和信息，监测日常运作及组织整体绩效，支持组织决策、改进和创新；如何有效应用关键对比数据和信息，支持组织决策、改进和创新；如何确保绩效测量系统适应发展方向及业务需要，并确保对组织内外部的快速变化保持敏感性；如何分析、评价组织绩效；如何根据绩效评价结果，确定改进的优先次序，并识别创新机会；如何将这些优先次序和创新机会及其举措在组织中展开，适当时展开到关键供方和合作伙伴，以达到协调一致。

对改进与创新主要评审组织如何进行改进和创新的管理，如何应用改进和创新的方法，以促进组织绩效的提高。

（7）结果。结果是组织追求卓越绩效的出发点和最终归属。卓越绩效模式对结果的评价内容主要包括产品和服务结果、顾客与市场结果、财务结果、资源结果、过程有效性结果、领导方面的结果六个方面。其目的是评价组织在主要经营方面的绩效和改进，体现了为顾客、股东、员工、供方及合作伙伴与社会创造的价值，并为评价和改进产品、服务和经营质量提供信息。

2. 卓越绩效评价准则框架

卓越绩效评价准则框架从系统的角度，对组织运行的评价准则内容整体关系进行了描述。GB/Z 19579－2012给出了我国的卓越绩效评价准则框架，如图7－6所示。

由图7－6可知，准则的七大类目内容构成了一个整合的管理系统。顶部的组织概述表明，组织必须理解其竞争环境、组织关系和战略形势，以作为制定和实施行动计划等所有关键决策的基础；由领导、战略、顾客与市场为中心构成的领导作用三角，强调高层领导在组织所处的特定环境中，通过制定以顾客和市场为中心的战略为组织谋划长远未来，关注的是组织如何做正确的事；而由资源、过程管理和结果组成的过程结果三角，则强调如何在充分调动组织中人的积极性和创造性的基础上，在各业务流程中通过人的作用发挥和管理规范高效地实现组织所追求的经营结果，关注的是组织如何正确做事，解决的是效率和效果业绩的问题；测量、分析

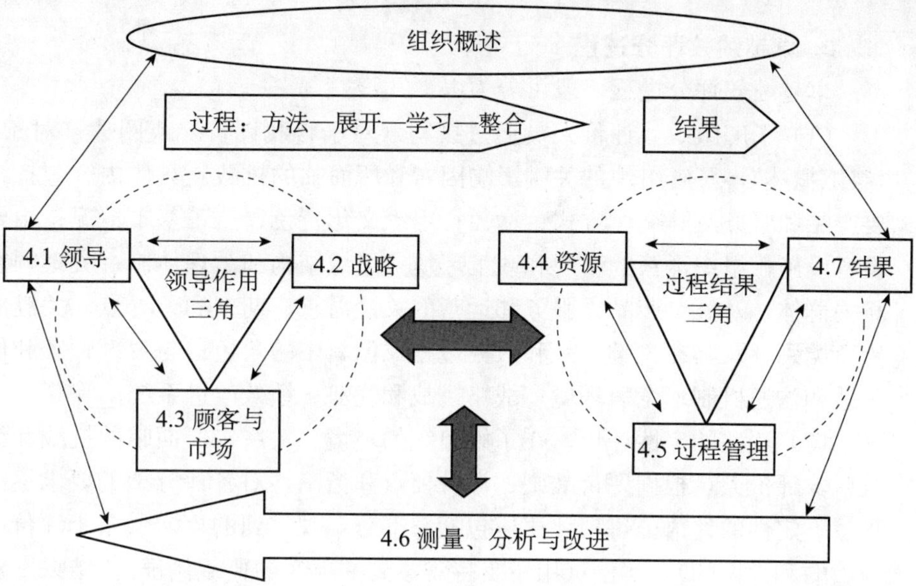

图 7－6　卓越绩效评价准则框架

与改进作为组织运作的基础，构成了两个三角的链条，其通过以事实为依据的分析与改进以及 PDCA 工作循环，不断推动组织朝卓越方向发展。

三、卓越绩效评价与评分

卓越绩效评价是一种诊断式的评价，既包括对组织的优势和改进机会的定性评价部分，又包括总分为 1 000 分的定量评价部分，以全方位、平衡地诊断评价组织经营管理的成熟度。这两部分的评价相互关联，定性评价是定量评价的基础和依据，而定量评价是对定性评价的度量。除了初期自我评价可能会仅使用定性评价外，在大多数实际评价中两者是联合使用的。

1. 卓越绩效评价的分类

从评价的主体角色看，卓越绩效评价可分为第一方评价（组织自我评价）、第二方评价（组织的顾客对组织所进行的评价）和第三方评价（质量奖评价）。

从评价的个体特征看，卓越绩效评价可分为资料性评价和现场评价。资料性评价是指评价人员或评审人员只对反映组织概述、组织过程和组织结果的书面资料进行评价；现场评价是指评价人员深入组织的运营现场进行评价，包括资料性评价的全部内容。

从评价人员的组织形态看，卓越绩效评价又可分为独立评价与合议评价。独立评价是指评价组独立开展对组织的各项评价活动，并提出评价报告；合议评价是指参加对组织评审的人员，以团队的方式进行分析讨论，做出综合一致的团队评价结论。

2. 卓越绩效评分过程

卓越绩效评分过程一般可分为以下几步：

（1）了解组织。评价人员通过撰写（对于自我评价）或阅读（对于外部评价）“组织概述”，了解组织的关键影响因素和所面临的挑战。具体内容包括：组织的主要产品和服务及其交付方式、途径；组织文化特色；员工基本情况；主要的技术和设备设施；组织运营的法规和政策环境；组织结构和治理体制；关键顾客群及其他相关群体，及其对产品、服务和运营的关键需求、期望和差异点；关键的供方和经销商类别，及其在关键产品和服务过程及创新中的角色；与关键顾客和供方的伙伴关系和沟通机制；竞争环境；战略挑战和优势；绩效改进系统；等等。

（2）逐项的定性评价。在了解组织的环境、关系、所面临的挑战和绩效改进系统后，评价人员根据评价准则、评价要点和指南，对各评分项的要求逐项评价，逐项写下定性的评语。每项评语应包括三部分：观察到的事实（基于评价准则，组织所做的和没做的），实例（用于支持观察到的事实的典型例证），结果（对照关键因素、评价准则进行推论）。

（3）逐项的定量评价。在定性评价基础上，针对评价准则内容逐项对组织的实际情况进行定量评价。在 GB/Z 19579－2012《卓越绩效评价准则实施指南》附录 A 的 A.2 中列出了标准各评分条款的分值分配，其相对于 2004 版的分值变化及与美国马尔科姆·鲍德里奇国家质量奖评分分值的比较如表 7－6 所示。

表 7－6 GB/Z 19579 评分分值变化及其与马尔科姆·鲍德里奇国家质量奖的比较

序号	评价项目	GB/Z 19579			马尔科姆·鲍德里奇国家质量奖
		2012 版	2004 版	2012 版相较于 2004 版的分值变化	
1	领导作用	110 分	100 分	+10 分	120 分
2	战略	90 分	80 分	+10 分	85 分
3	以顾客和市场为中心	90 分	90 分	0 分	85 分
4	资源（以人为本）	130 分	120 分	+10 分	85 分
5	过程（运营）管理	100 分	110 分	−10 分	85 分
6	测量、分析与改进（和知识管理）	80 分	100 分	−20 分	90 分
7	结果	400 分	400 分	0 分	450 分
总分		1 000 分	1 000 分	0 分	1 000 分

在进行逐项评分时，应遵循以下原则：

1）应评审评分项中的所有各方面，特别是对组织具有重要性的方面。

2）在确定分数的过程中，应当特别重视识别过程和结果对关键因素（关键顾客要求、关键战略目标、关键过程）的重要性。

3）给一个评分项评分时，首先判定哪个分数范围总体上最适合组织在本评分项上达到的水平。

4）组织达到的水平是依据对方法、展开、学习、整合四个过程要素和顾客与市场结果、财务结果、过程有效性结果、资源结果四个结果要素进行整体综合评价的结果，并不是专门针对某一要素进行评价或对某一要素评价后进行平均的结果。

5）在适合的范围内，实际分数根据组织的水平与评分要求相近的程度来判定。

6）“过程”评分条款中，50％的分数档次，表示方法满足该评分条款的总体要求。

7）“结果”评分条款中，50％的分数档次，表示具有良好的绩效水平。

8）当由若干评价人员进行合议评价时，按照如下原则进行合议：评分极差≤15％时，使用中间分；评分极差≥30％时，必须讨论决定；评分极差介于两者之间时，通过讨论决定或使用中间分。

（4）综合评价。依据逐条评语，归纳编写综合评价报告，包括最重要的优势或出色的实践与结果，以及最显著的改进机会、威胁、劣势或差距。

评分项的得分百分比与该评分项的分值相乘，即为该评分项得分；将所有评分项得分相加，即得出被评价组织的经营管理成熟度总分。在满分 1 000 分的定量评分系统中，500 分是一个基本成熟的等级。

□ 基本概念

质量体系　quality system

质量审核　quality audit

质量认证　quality certification

质量手册　quality manual

质量方针　quality policy

卓越绩效模式　performance excellence model

□ 思考题

1. 试分析 ISO 9000 族标准的产生背景和原因。

2. 试分析为什么在世界范围内越来越多的企业通过并推行 ISO 9000 族标准的认证。

3. 2000 版 ISO 9000 族标准的核心标准有哪些？它们相互间有什么关系？

4. 质量体系建立的基本过程包括哪几个主要阶段？各阶段的主要内容是什么？

5. 质量管理的八项原则是什么？

6. 质量审核的类型有哪些？第一方审核、第二方审核、第三方审核三种审核类型的主要区别是什么？

7. 简述产品质量认证和质量体系认证的组织实施的步骤和内容。

8. 简述产品质量认证和质量体系认证的区别与联系。

9. 质量管理体系认证的认识误区主要有哪些？

案例分析

卓越绩效评价准则在亚太兰特医护中心的应用

位于美国新泽西州的医疗保健服务提供商亚太兰特医护中心是2009年美国马尔科姆·鲍德里奇国家质量奖获奖组织之一。尽管该组织直到21世纪才实施卓越绩效评价准则，但它的文化很早之前便根植于质量之中。20世纪90年代，该组织围绕一切以患者为中心的观念建立了运营体系，运用全面质量管理思想并辅以PDCA循环和必要的工具在顾客服务方面创造可持续改进。然后，组织于2000年开始实施卓越绩效准则以将组织绩效推到一个崭新的高度。

2006年，亚太兰特医护中心精心编写了第一份马尔科姆·鲍德里奇国家质量奖申请报告，但没能进入现场评审。第二年，组织进入现场评审，得到了鼓励，但如预料的那样没有获奖。中心总裁大卫说："你不知道你有多少工作要做，但第一次进入现场评审后我们知道，要想得奖我们还需要做得更好。"2008年又一次进入现场评审进一步表明组织正在取得进步，而2009年的成功获奖证明了这一事实。

在入职培训时，新员工需要参加关于亚太兰特医护中心的改进方法和卓越绩效框架的短期课程。卓越绩效框架在组织内称为5B，旨在使组织在质量、顾客服务、人员和工作环境、增长以及财务绩效五个方面达到最佳。由于员工可以提升组织排名，改进重点便由此产生。中心要求管理层参加一个如何运用卓越绩效框架来提高组织绩效和促进创新的简要培训项目。这给组织管理者提供了在被组织形容为"紧—松—紧"过程的领导环境中进行管理所需要的工具。组织战略指出了低于最高管理者的管理层应具备的自治和权力水平。通过放开约束，组织给每个业务单元的员工授权，使其可以量身定制实现高水平目标的途径，进而打造更具灵活性的组织。

在设定目标时，每个业务单元同时确定年度行动计划，并识别关键的测量指标来帮助他们判断何时实现目标。每个业务部门确定的行动计划都与识别出的对组织成功至关重要的九大战略挑战相关联。这九大战略具体可以归纳为四类，分别为：

医疗保健服务交付类（3个）：让医生参与新的合作与伙伴关系模型，在主要服务区域外创造可持续的增长，对医疗保健服务的投资和发展机会进行识别和排序。

医疗保健服务参与类（2个）：开发新业务和新护理模式来支撑并提升基本护理，识别并改进社区医疗和健康的关键成功要素。

医疗保健服务信息类（2个）：通过临床交流和透明度来提升护理质量，运用技术提升患者安全和临床质量。

运营类（2个）：招聘、培训并留住高技能的员工，在报销和资本获取途径减少、无保险人群上升的环境中取得成功。

在克服上述挑战的另一努力中，组织将多个倾听顾客之声的活动融入计划过程。通过搜集网络用户数据、分析呼叫中心趋势、实施焦点小组研究等，分析并改进顾客访问。这一关注的好处最明显的例子是设立访问中心。焦点小组研究发现，客户群在接触通常很复杂的医疗保健体系时常感到沮丧，于是在 2006 年设立了访问中心。免费的医师电话和事件调度线可以跟踪顾客的要求和需要。这些努力提高了顾客满意度，增加了市场份额，并提升了收入。

基于质量结果、质量改进和财务绩效，亚太兰特医护中心在 8 222 家美国组织中排名前 100，其在行为健康方面的治疗有效性超越美国标杆心理健康集团，2009 年高于后者 16%。

讨论：

1. 卓越绩效评价准则的不同类目是如何与亚太兰特医护中心面临的战略挑战相关联的？针对准则中问题的有效方法将如何帮助应对这些挑战？

2. 其他组织可以从亚太兰特医护中心的经验中汲取哪些教训？

资料来源：埃文斯，林赛．质量管理与卓越绩效．北京：中国人民大学出版社，2016.

第 8 章 Chapter 8 质量经济性分析

学习目标

◎ 掌握质量经济性的概念、质量经济效益的构成
◎ 掌握质量成本的概念、构成及分类
◎ 掌握质量成本分析的几种方法
◎ 掌握质量经济性分析的内涵
◎ 掌握设计、采购、生产及售后服务过程的质量经济性分析

引例

关注质量成本控制

“要质量还是要利润，这是个问题”，这句话就像是莎士比亚的“生存还是毁灭”一样，一直困扰着企业的管理层。要利润就不得不牺牲质量，要质量就不得不放弃利润。但真的是这样吗？其实不尽然。质量和利润并不是对立矛盾的，有效地实施质量经济性管理就能够帮助企业获得源源不断、取之不尽的利润。

在某些公司里，经常出现这样的场景：

项目会议上，项目管理人员、设计人员及质量人员在讨论一款已经成熟量产机型的成本削减问题，大家将设计从头到尾反复研究了几轮，决定去掉一个电容和一个电阻。该电容和电阻的成本总和为 1 角。会议后下物料清单（BOM），产品排计划投入生产。可是，两个星期后，发现主板上还有一个完全不起作用的电阻在审评时漏删了，老板勃然大怒，把相关人员、直属总监叫到办公室一顿狂批：“这款机型下了 100 000 台的订单，你们知道公司损失了多少钱吗！”

该电阻每个成本 5 分钱，损失成本总额为 100 000×0.05=5 000 元。

很多企业为了降低成本，很重视 BOM 成本控制，总在原材料上寻找可削减成本的机会，可是它们却从未注意到企业管理中有一座金矿——质量成本管理。我们在制造产品的

同时，也在制造不良品，人们对待在线不良品通常是采取报废或者返工的方式，这些都需要花费额外的成本，如果流入市场，则需要支付更高昂的维修费用。比如，某知名企业2007 年光异步电机的质量损失成本就高达 333 万元，而某公司的 D 平台售后返修成本高达 350 万元。如果我们能对这些不良品在生产阶段加以严格控制，减少在线不良品，那么这为企业带来的利润不是远远大于 BOM 中减少一个电阻所减少的成本吗？

由此可以看出，质量成本控制方面需要做到全方位，包括各个环节的控制，特别是设计阶段和生产阶段的控制，切勿一味追求低价原材料。

第 1 节 质量经济性概述

一、质量经济性的基本概念

质量经济性主要是通过对产品质量与投入、产出之间关系的分析，对质量管理进行经济性分析和经济效益评价，以实现在满足顾客需求的同时为企业创造最佳的经济效益，即从经济性角度出发，应用成本收益分析方法，对不同的质量水平和不同的质量管理改进措施进行分析和评价，从中挑选出既满足顾客需求又花费较低成本的质量管理方案。可见，改善质量经济性就是力求做到经济地改善和提高质量，即将产品质量保持在满足质量要求的水平上，而不是片面地追求不切实际、偏离顾客要求的所谓“高质量水平”。按照质量经济性研究的观点，任何过高或过低的质量水平都是不经济的，都会导致成本增加、经济效益下降。

二、质量经济效益的构成

质量经济效益可以保证和提高产品质量，它是质量活动总收益与质量活动总支出之比，即

$$质量经济效益=\frac{质量活动总收益}{质量活动总支出}$$

提高产品质量所获得的经济效益表现在各个方面，既有生产过程中的收益，也有使用过程中的收益；既有消耗降低获得的收益，也有销售价格提高获得的收益；既有减少不良品损失获得的收益，也有销售量增加获得的收益；既有减少退货、索赔、质量异议获得的收益，也有质量投资效益提高获得的收益；等等，这些收益都是质量经济效益的有机构成部分。如果对上述各种各样的收益进行适当的概括和归类，基本上可以分为三个方面，即产品质量分别给生产者、消费者和社会带来不同的效益。按照质量经济效益的定义，产品质量给生产者带来的收益就是企业质量经济效益，产品质量给消费者和社会带来的收益就是社会质量经济效益。以下为质量

经济效益的构成成分。

1. 企业质量经济效益

企业质量经济效益主要包括以下几个方面的内容：

（1）提高产品质量，使产品市场扩大、产品销售量增加为企业带来的经济效益。

（2）提高产品质量，使废品、次品、返修品损失减少为企业带来的经济效益。

（3）提高产品质量，使用户退货、索赔、调换、销价及质量异议的申诉、处理等损失减少为企业带来的经济效益。

（4）提高产品质量，使优质品率上升，因优质优价为企业带来的经济效益。

（5）通过研究质量成本，使企业总成本或单位产品成本降低为企业带来的经济效益。

（6）通过研究不合格品率的经济性为企业带来的经济效益。

（7）通过研究返修的经济性为企业带来的经济效益。

（8）通过研究生产速度的经济性为企业带来的经济效益。

（9）通过研究质量投资的经济性为企业带来的经济效益。

（10）通过研究产品质量设计的经济性为企业带来的经济效益。

（11）通过研究工序能力指数的经济性为企业带来的经济效益。

（12）提高产品质量为企业带来的各种间接的经济效益。

（13）通过研究与产品质量经济性有关的其他问题为企业带来的经济效益。

上述各项经济效益之和，便是企业质量经济效益的主要部分。

2. 社会质量经济效益

社会质量经济效益大体上包括以下内容：

（1）产品使用价值的增加，比如产品使用寿命延长，产品性能、利用率、可靠性提高等，从而为用户、社会带来经济效益。

（2）产品使用成本下降，如能源消耗、物化劳动和活劳动占用减少，维护费用和修理费用降低，故障率下降等，从而为用户、社会带来经济效益。

（3）在相同质量情况下，产品价格比国外同类产品价格低廉，从而为用户、社会带来经济效益。

（4）提供良好、方便的售后服务，从而为用户、社会带来经济效益。

（5）提高产品质量为用户、社会带来的多重间接经济效益。

（6）提高产品质量为用户、社会带来的其他经济效益。

上述各项经济效益之和构成社会质量经济效益的主要内容。

由质量经济效益的构成可以看出，质量经济效益贯穿整个经济活动，从产品设计、制造、销售，到使用、服务全过程，都能体现各自的质量经济效益，只不过有些是直接的，有些是间接的，有些是短期看得到的，有些则需要较长的时间才能体现，有些体现在个别企业中，有些则体现为整个社会的。研究质量经济效益，就是要研究通过质量管理，提高产品质量，如何确保为社会提供最大经济效益的同时力争为企业创造更大的经济效益。

三、寿命周期经济性

一件产品的寿命周期经济性既包括产品各阶段的投入成本，又包括在同一阶段中可获得的收益。通常，产品的寿命周期可划分为三个阶段：产品在制造企业的生产阶段，产品在用户手中的使用阶段，产品报废处理阶段。

制造企业从事质量经济性分析的目的是以最小的投入生产出满足用户质量要求的产品，因为企业为了用高质量的产品占领市场，就必须加强质量管理和质量控制，而从事质量管理和控制活动就必然会发生相应的费用。用户从事质量经济性分析的目的是寻找既能满足使用要求，又可使购置费用和使用消耗费用最小的产品，因为用户在支付产品的购买费用之余，还必须在使用过程中支付各种消耗费用，消耗费用的多少随质量水平而变化。对于社会而言，从事质量经济性分析的目的是使产品给社会带来最大的效益，同时使各种损失最小化，因为产品在生产、使用和报废处理的寿命周期全过程中要消耗各种资源，也会给社会带来诸如环境污染、资源枯竭和灾难性事故等损失。

因此，在进行质量经济性分析时，既要从生产者、使用者和社会三个角度进行分析，又要综合三个方面整体上考虑问题。

第 2 节　质量成本的基本概念

随着质量要求日益提高，企业的生产经营活动更加讲求经济效益。开展质量成本的测定、报告、分析和研究，促进产品质量和经济效益的提高，成为企业全面质量管理工作的一个重要组成部分。

一、质量成本的概念及构成

20 世纪 50 年代初，美国通用电气公司质量管理专家费根堡姆首先明确提出质量成本的概念。费根堡姆最早把质量成本概念运用于实践，他主张把质量预防费用和检验费用与产品不合要求所造成的厂内损失和厂外损失一起考虑，得到了西方国家的普遍重视。20 世纪 80 年代，费根堡姆进一步发展了质量成本的内涵。

美国质量管理专家 J. M. 朱兰博士“矿中黄金”理论的提出，使质量成本理论更趋完善。此时，质量管理进入了一个全新阶段，即由统计质量管理进入全面质量管理阶段。进而把产品质量同企业的经济效益联系起来，这对深化质量管理的理论、方法和改变企业经营观念都有着重要意义。我国 20 世纪 80 年代初期引进并在企业中推行质量成本管理。

1. 质量成本的含义

质量成本又称质量费用，根据 GB/T 1900 - ISO 9000 标准，质量成本的定义是：将产品质量保持在规定的质量水平上所需的相关费用，它是企业生产总成本的一个组成部分。而在 ISO/CD - 8402 - 1 委员会草案中将质量成本定义为总成本的一部分，它包括确保满意质量所发生的费用以及未达到满意质量的有形与无形损失。上述两个定义在表述上不同，但本质上基本相同。总的来说，质量成本就是指企业为了保证和提高产品质量而支出的一切费用，以及因未达到产品质量标准，不能满足用户和消费者需要而产生的一切损失。

2. 质量成本的构成

根据国际标准化组织的规定，质量成本由两部分构成，即运行质量成本和外部质量保证成本。运行质量成本又由预防成本、鉴定成本、内部故障成本、外部故障成本、外部质量保证书成本等组成。具体内容为：

（1）预防成本。预防成本是为了防止产生不合格品与质量故障而发生的各项费用，主要包括质量工作费用、产品评审费用、质量培训费用、质量奖励费用、质量改进措施费用和质量管理专职人员工资及福利费用。

（2）鉴定成本。鉴定成本是指评定产品是否满足规定质量要求所需的费用，是鉴定、试验、检查和验证方面的成本，一般包括进货检验费、工序检查费、成品检查费、检测试验设备校准维护费、试验材料及劳务费、检测试验设备折旧费、办公费（检测、试验发生）、工资及附加费（指专职检验、计量人员）等。

（3）内部故障成本。内部故障成本是指交货前产品或服务未满足规定质量要求所发生的费用，一般包括废品损失、返工或返修损失、因质量问题发生的停工损失、质量事故处理费、质量降等降级损失等。

（4）外部故障成本。外部故障成本是指交货后产品或服务未满足规定质量要求所发生的费用，包括索赔损失、退货或退换损失、保修费用、诉讼损失费、降价损失等。

（5）外部质量保证成本。外部质量保证成本是指为提供用户要求的客观证据所支付的费用，包括特殊的和附加的质量保证措施费用、产品质量验证费用、质量评定费用。外部质量保证成本只有在企业借助第三方进行评估、验证等情况下才会发生，这部分成本一般不在分析范围之内。

此外，对于低质量所发生的机会成本，如由于低质量而导致的销售下降，低价、降价而放弃的收益等，通常并不在会计系统中进行计量，因此，又称隐含成本。但是，机会成本有可能是很大的，并且是重要的成本动因，因此在分析时应加以考虑。

质量成本就其发生的性质可划分为三类：第一类是企业为确保产品质量而发生的预防成本、鉴定成本和外部质量保证成本；第二类是由产品质量和生产工作质量造成企业实际支付的内部故障成本和外部故障成本；第三类是由产品质量和工作质量造成企业不必支付而应计算的内部故障成本（如因质量事故而发生的减产损失、停工损失等）和外部故障成本（如因不良质量而失去了销售和市场份额等），即机会成本。

3. 质量成本的分类

质量成本项目种类甚多，为了进行合理的管理和有效的控制，对其进行科学的分类是十分必要的。质量成本的分类可有不同的标准，通常可按下列方法进行分类：

（1）控制成本和故障成本（或损失成本）。质量成本按其作用可分为控制成本与故障成本（损失成本）。

控制成本是指预防成本加鉴定成本，是对产品质量进行控制、管理和监督所花的费用。这些费用具有投资的性质，以达到保证质量的目的，同时其投资的大小也是预先可以计划和控制的，故称控制成本，亦可称为投资性成本。

故障成本（或损失成本）亦称控制失效成本，是指内部故障成本与外部故障成本之和，这两部分成本都是由于控制不力而导致不合格品（或故障）的出现而发生的损失，故也常称为损失成本。

控制成本与故障成本是密切相关的，在一定范围内，增加控制成本可以减少故障成本，从而提高企业的经济效益。但是，如果不适当地增加控制成本，反而可能使质量总成本增加，从而降低企业经济效益。所以质量成本管理的一个重要任务就是要合理掌握控制成本的大小，即找到控制成本在质量总成本中的合适比例，使质量总成本达到最小值。

（2）显见成本和隐含成本。质量成本按其存在的形式可分为显见成本与隐含成本。

显见成本是指实际发生的质量费用，是现行成本核算中需要计算的部分，质量成本中大部分属于此类。

隐含成本不是实际发生和支出的，但又确实使企业效益减少的费用。这部分减少的收入不直接反映在成本核算中。如产品由于质量问题而发生的降级降价损失，由于质量原因而发生的停工损失等均属此类费用。

区分显见成本与隐含成本，对于开展质量成本管理非常重要，因为这两类成本的核算方法不同，显见成本是属于成本正式开支范围的费用，可以通过会计成本系统，根据原始记录、报表或有关凭证进行核算；而隐含成本不属于成本正式开支费用范围，不直接计入成本。但从质量角度，隐含成本同企业的销售收入和效益有着密切的关系，必须予以考虑。因此，它需要根据实际情况进行补充计算。具体地说，显见成本可以采用会计核算办法，而隐含成本一般采用统计核算方法进行。

（3）直接成本和间接成本。质量成本按其与产品的联系可分为直接成本与间接成本。

直接成本是指生产、销售某种产品而直接产生的费用，这类费用可直接计入该种产品成本中，如故障成本等。间接成本是指生产、销售几种产品而共同发生的费用，这种费用需要采用某种适当的方法，分摊到各种产品中去。因此，正确区分直接成本与间接成本，对于准确地计算产品质量成本有着重要的意义。一般来说，预防成本和部分鉴定成本多属于间接成本，而内部故障成本和外部故障成本多属于直接成本。

（4）阶段成本。质量成本按其形成过程可分为设计、采购、制造和销售等各个不同阶段的成本类型。这种质量成本分类有利于实行质量成本控制。在不同的形成阶段制定质量成本计划，落实质量成本目标，加强质量成本监督，以便最后达到整个过程质量成本优化的目标。

此外，质量成本还可按其发生地点或责任单位进行分类，以便明确单位（如车间、科室）和个人的质量责任，把质量成本计划目标和措施层层分解和落实，严格进行控制和核算。只有这样，才能使质量成本管理真正取得效果。

前面说明了有关质量成本的构成和费用的分类，这些都是质量成本核算的基础。为了有效地进行质量成本的核算，还必须严格划清如下五方面的费用界限：

（1）质量成本中应计入和不应计入产品成本的费用界限。

（2）各种产品质量成本之间的费用界限。

（3）不同时期（如各月份）之间的费用界限。

（4）成品与在制品之间的费用界限。

（5）质量成本中显见成本与隐含成本的费用界限。

二、质量成本项目的设置与分类

在理解质量成本的概念及构成的基础上，正确合理地设置质量成本项目，有利于对质量成本的核算与分析。

正确设置质量成本项目的原则主要有：

（1）根据企业的具体情况设置质量成本项目，包括行业类型、生产规模、质量成本费用的特点等。

（2）根据现行会计制度的有关规定设置质量成本项目，包括会计科目的设置及其他有关规定等。

国际ISO组织和各级管理协会都已经制定了非常详细的质量成本设置和分类，不同国家的全面质量管理在质量成本项目的设置与分类方面大体上是相同的。但是，对于不同的行业、不同产品的成本，其质量成本项目的设置是不一样的。表8-1中列出了费根堡姆和其他质量管理专家所做的对质量成本项目的设置与分类。

表8-1　质量成本项目设置对比表

	预防成本	鉴定成本	内部故障成本	外部故障成本
美国（费根堡姆）	质量计划工作费用、新产品的审查评定费用、培训费用、工序控制费用、收集和分析质量数据的费用、质量报告费	进货检验费、零件检验与实验费、成品检验与实验费、测试手段维护保养费、检验材料消耗或劳务费、检测设备的保管费	废品损失、返工损失、复检损失、停工损失、降低产量损失	处理用户申诉费、退货损失、保修费、折价损失、违反产品责任法所造成的损失

续前表

	预防成本	鉴定成本	内部故障成本	外部故障成本
美国（丹尼尔）	质量计划工作费用、新产品评审费用、工序控制费用、收集和分析质量数据的费用	来料检验、检测与实验费用，保证试验设备精确性的费用，耗用材料与劳务费，存货估价费用	废品损失、返工损失、复试损失、停工损失、产量损失、处理费用	申诉管理费、退货损失、保修费用、折价损失
瑞典（兰纳特）	质量方面的行政管理费、新产品评审费、质量管理培训费、工序控制费、数据收集分析费、推进质量管理费、供应商评价费	来料检验、工序检验、检测手段维护标准费，成品检验费，质量审核费，特殊检验费	废品损失、返工损失、复检损失、降级损失、减产损失、处理费用、废品分析费用	受理客户申诉费、退货、保修费用、折价损失

三、质量成本管理的意义

在企业质量管理活动中，必然会发生各种费用，这部分费用会占到企业销售收入的很大比例。根据有关调查资料，我国企业每年仅不良品造成的损失就要占到销售收入的10%，还不包括质量成本的其他费用。因此朱兰把废次品损失比作企业的一座未被发掘的金矿，对它进行开采利用的价值极大，如果措施得当，开发利用它的投入产出比是极高的。通过对质量成本数据的收集、计算和分析，对质量成本计划进行控制，促进质量改进的实施，力求降低成本，提高产品和服务质量，使构成各种质量活动的费用合理化，企业可以获得巨大的效益。概括起来，开展质量成本管理的意义如下：

（1）有利于质量管理的进一步深化。

（2）通过质量成本分析，可以明确降低生产成本的方向。

（3）通过对一段时期质量成本的管理，可以找到本企业质量成本构成的最佳比例，进而确定满足顾客要求的最佳质量水平，提高企业的经济效益。

（4）通过质量成本分析，可以评价企业质量职能的有效性和所开展的质量活动的效果。

（5）开展质量成本管理可以使管理人员了解质量，使工程技术人员增强经济观念，有利于提高企业的管理水平，增强企业竞争力。

通常情况下，质量成本占销售额的15%～20%，包括返工成本、废品成本、重复维修成本、检验成本、试验成本、保修费以及其他与质量有关的成本。表 8－2 是某企业的质量成本分析明细表，该表显示出不同类型质量成本的大小和比例。从表中我们可以发现，预防成本是最重要的影响因素。只要发生一个故障，必然引起一系列成本费用增加。内部故障成本约占总质量成本的33.3%，包括报废、返修、返工、停工导致的成本或损失。外部故障成本约占总质量成本的24.9%，也就是说，故障将引起额外的外部成本增加，包括顾客投诉损失、运输损失等。

表8-2　质量成本分析明细表

	目前每月成本（美元）	在总成本中所占比例（%）
1. 预防成本		
质量培训	2 000	1.3
可靠性诊断	10 000	6.5
指导生产运作	5 000	3.3
系统开发	8 000	5.2
预防成本总计	25 000	16.3
2. 鉴定成本		
物料检测	6 000	3.9
供应商检测	3 000	2.0
可靠性检测	5 000	3.3
实验室检测	25 000	16.3
鉴定成本总计	39 000	25.5
3. 内部故障成本		
报废	15 000	9.8
返修	18 000	11.8
返工	12 000	7.8
停工	6 000	3.9
内部故障成本总计	51 000	33.3
4. 外部故障成本		
保修成本	14 000	9.2
保修期外的修理和置换	6 000	3.9
顾客投诉	3 000	2.0
产品责任	10 000	6.5
运输损失	5 000	3.3
外部故障成本总计	38 000	24.9
总质量成本	153 000	100.0

第3节　质量成本分析

质量成本分析的目的是找出影响产品质量的主要缺陷和质量管理的薄弱环节，为降低生产成本、调整质量成本的构成比例、寻求最佳质量水平提供依据。

一、趋势分析法

将一段时间内的质量成本数据画在坐标图上，可看出质量成本的变化趋势，即质量成本分析可用于报警，也可用来研究质量成本不佳的原因。质量成本趋势图如图8-1所示。

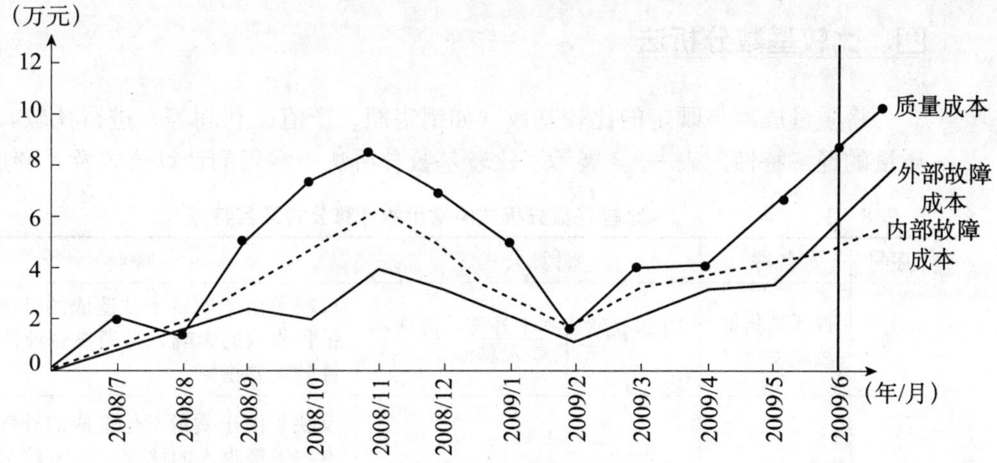

图 8－1　质量成本趋势图

二、构成比分析法

内部故障成本、外部故障成本、鉴定成本和预防成本这四个组成部分占总质量成本的比例为：内部故障成本约占 25%～40%；外部故障成本约占 20%～40%；鉴定成本约占 10%～50%；预防成本约占 0.5%～10%。通常，当质量成本各组成部分之间的比例关系发生较大变化时，必须采取相应的措施使质量成本各部分之间的比例恢复到正常状态。当内外部故障成本占的比例超过 60%，且预防成本远远低于 10%时，质量工作的重点应放在加强质量预防控制和提高质量措施的研究上；当内外部故障成本大约为 50%，预防成本大致为 10%时，质量工作的重点应放在维持现有质量水平上；当内外部故障成本占质量总成本的比例小于 40%，但鉴定成本大于 50%时，质量工作的重点应放在降低鉴定成本上。

可以设想，在确定的条件下，产品不检验或少检验，则鉴定成本下降，内部故障成本下降；但外部故障成本必然会增加，使总质量成本上升；相反，如果加强检验工作，则鉴定成本和内部故障成本上升，但外部故障成本则会减少；如果增加预防成本，则其他三项质量成本均可下降，总质量成本一般情况下也会下降。在正常情况下，运行质量成本的四个组成部分与总质量成本存在某种适宜的比例关系，研究这种比例关系的变化，就可找出提高质量、降低成本的方法。

三、总额分析法

首先求出某一时间区间内的质量成本总额，再将该数据与前期数据进行对比，可以发现问题，找出原因。在对总额数据进行对比时，还应同时考虑质量改进状况。

四、比较基数分析法

将质量成本与既定的比较基数（如销售额、产值、利润等）进行比较，可掌握质量的经济特性。表8－3展示了比较基数分析法中常用的计算公式及其特点。

表8－3　比较基数分析法中常用的计算公式及其特点

序号	名称	计算公式	特点
1	百元销售额故障率	$\frac{\text{内部故障成本}+\text{外部故障成本}}{\text{销售收入总额}}$	反映了由于质量不佳造成的经济损失对销售收入的影响，是考核企业质量经济性的重要指标。
2	百元销售额外部故障率	$\frac{\text{外部故障成本}}{\text{销售收入总额}}$	反映了由于质量不佳造成的外部故障成本占销售收入的比重，可考核对用户和社会造成的损失，是体现社会经济效益的重要考核指标，也是考核企业质量经济性的重要指标。
3	百元销售额质量成本率	$\frac{\text{质量成本总额}}{\text{销售收入总额}}$	反映了销售收入中质量成本所占的比例。
4	百元产值损失率	$\frac{\text{内部故障成本}+\text{外部故障成本}}{\text{总产值}}$	反映了每百元产值因故障造成的成本损失，可作为企业内部制订质量成本计划的重要指标。
5	百元产值内部故障率	$\frac{\text{内部故障成本}}{\text{总产值}}$	反映了由于企业内部质量管理不善造成的经济损失，是考核企业内部质量效益的主要指标。
6	百元产值质量成本率	$\frac{\text{质量成本总额}}{\text{总产值}}$	反映了质量成本占总产值的比例。
7	百元利润质量成本率	$\frac{\text{质量成本总额}}{\text{总利润}}$	反映了质量成本对企业经济效益的影响，可以考核质量成本的增加或减少对企业总收益的影响。
8	百元利润故障率	$\frac{\text{内部故障成本}+\text{外部故障成本}}{\text{总利润}}$	反映了由于质量不佳造成的经济损失对企业利润的影响。

五、最佳质量成本

根据前面的分析可知，质量成本各组成部分之间具有相关性，当预防成本和鉴定成本增加时，内外部故障成本就会下降，因此，质量总成本曲线就呈U形，如图8－2所示。由图8－2可以看出，内外部故障成本随质量的提高（不合格品率降低），由高向低以较快的速度下降；当预防和鉴定成本从质量较差的水平提高到与故障成本相当时（两条曲线相交处），质量水平提高较快，而预防和鉴定成本提高的幅度却不大；但当质量水平进一步提高时，则预防和鉴定成本增加的速度很快。

这时要提高质量，必须增加预防和鉴定成本，特别是增加预防成本，将两条曲线相加，得到“碗”状的质量总成本曲线。曲线的最低点 A 所对应的合格品率 P^* 就是质量管理和控制应追求的最佳质量水平。P^* 所对应的质量成本就是最佳质量成本。

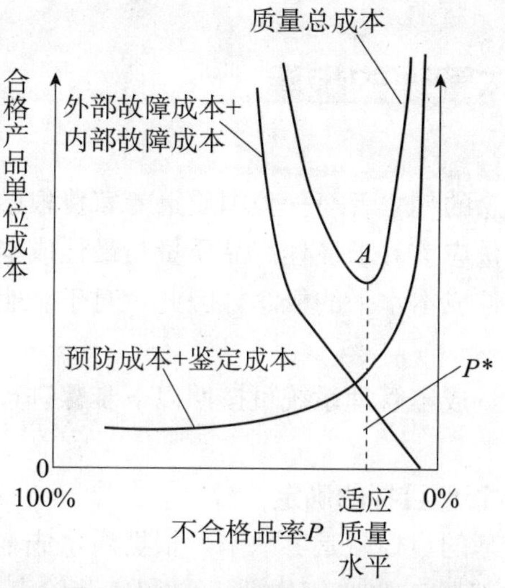

图 8－2　质量成本曲线和最佳质量成本

为了便于分析，将质量总成本曲线在最低点局部放大，如图 8－3 所示。

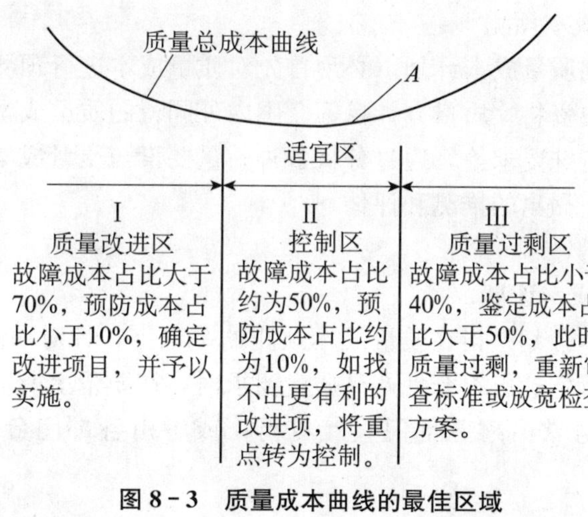

图 8－3　质量成本曲线的最佳区域

最佳区域可分为三个区域：

Ⅰ区是故障成本最大的区域，所以质量管理工作的重点在于减少故障成本。改进是影响质量成本的主导因素，所以，质量管理应采取预防措施，提高质量水平。Ⅰ区称为质量改进区。

Ⅱ区表示在一定的组织技术条件下，总的质量成本处于理想状态，质量工作的重点是维持现有的质量水平。Ⅱ区称为控制区。

Ⅲ区表示鉴定成本过高，它成为影响质量总成本的主要因素。此时，质量工作的重点是适当放宽质量标准和检验标准，简化检验程序，减少校验工作量，提高检验效率。Ⅲ区称为质量过剩区。

应当指出，Ⅰ区、Ⅱ区和Ⅲ区所给定的各项费用的比例关系不是一成不变的，应根据企业的具体情况，通过对数据的积累、统计和分析后确定。

第4节 质量成本管理的步骤

质量成本概念的创立者——美国质量专家费根堡姆认为，质量过高或过低都会造成浪费，高质量应该寻求最佳产品质量与最佳成本水平的结合点，质量成本就是帮助企业寻找最佳成本水平的概念，因此，对于企业来说，建立质量成本管理系统十分必要。

企业建立质量成本管理系统可按照以下步骤进行。

1. 质量成本管理目标的确定

质量成本管理的目标就是零缺陷。根据质量成本观点，内部和外部故障作业及其相关联的成本都属于非增值作业，应彻底消除。预防作业为增值作业可予以保留。部分检验作业是检定作业所必需的，应视为增值对象。

2. 质量成本预测

为了编制质量成本计划，必须首先对质量成本进行预测。质量成本预测是指根据企业的历史资料、质量方针目标、国内外同行的质量成本水平以及产品的质量要求和用户的特殊要求等，通过分析各种质量要素与质量成本的变动关系，对计划期的质量成本所做出的推测和评估。

3. 质量成本计划

质量成本计划是指在质量成本预测的基础上，针对质量与成本间的依存关系，用货币形式确定达成符合性产品质量要求时，在质量上所需的费用计划。质量成本计划的编制通常由财务部门直接进行；或者由各部门分别编制，交由财务部门会审。

4. 质量成本控制

质量成本控制是以质量成本计划所制定的目标要求为依据，采用各种手段，把影响质量总成本的各个成本项目控制在计划范围内的一种管理活动。质量成本控制是完成质量成本计划、优化质量目标、加强质量管理的重要手段。质量成本控制贯穿质量形成的全过程，一般包括事前控制、事中控制、事后控制。

5. 质量成本核算

质量成本核算是以货币形式综合反映企业质量经营活动的状况和成效，是企业质量成本管理的重要内容。企业质量成本的核算属于管理会计的范畴，应该依据以会计核算为主、以统计核算为辅的原则进行。

6. 质量成本分析

质量成本分析通过质量成本的构成比例找出影响质量成本的关键因素，主要是为质量改进提供信息，指出改进方向，降低产品成本。

7. 质量成本优化

质量成本优化是指在保证产品质量满足用户的前提下，使质量成本总额最小。质量成本优化就是确定质量成本各项主要费用的合理比例，以使质量总成本最低。

8. 质量成本报告

质量成本报告是指根据质量成本分析的结果，向领导及有关部门汇报时所做的书面陈述，它可以作为制定质量方针目标、评价质量管理体系的有效性和进行质量改进的依据。

企业通过建立质量成本管理系统，能够合理分配企业质量成本支出、最大化企业效益，提升企业质量预防能力，把因质量故障造成的损失有效地加以控制，并使其降到最低。

第 5 节　质量经济性分析

企业开展质量经济性分析的目的就是要确定产品在设计、制造、销售和售后服务等各个环节、各道工序中的最具经济性的质量水平，然后分别按照这些质量水平来组织生产，从而保证企业在产品设计、制造、销售及售后服务全过程取得最好的经济效益。

一、质量经济性分析的内涵

产品的质量经济性，就是追求产品在整个生命周期内，给生产者、消费者（或用户）以及整个社会带来的总损失最小。质量经济性强调产品不仅要满足适用性要求，还应该讲求经济性，要研究产品质量同成本变化的关系。质量与费用的最佳选择受到许多内部和外部因素的影响，一方面要保证产品的质量好，使用户满意；另一方面要保证支付的费用尽可能低。这就是质量与经济的协调，是质量经济性的表现。

从经济学角度来分析，质量经济性可从利益和成本两个方面考虑。在利益方面，对顾客而言，必须考虑减少费用、改进适用性、提高满意度和忠诚度；对企业而言，必须考虑安全性、购置费、运行费、保养费、等待损失和修理费以及可能的处置费用。在成本方面，对顾客而言，必须考虑安全性、购置费、运行费、保养费、停机损失和修理费以及可能的处置费用；对企业而言，必须考虑由识别顾客需要和设计中的缺陷，包括不满意的产品返工、返修、更换、重新加工、生产损失、担保和现场修理等发生的费用，以及承担产品责任和索赔风险等。

一般可以把质量经济性的概念分为两种：狭义的质量经济性和广义的质量经济性，前者是指质量在形成过程中所耗费的资源的价值量，主要是产品的设计成本和制造成本及应该分摊的期间费用；后者是指用户获得质量所支出的全部费用，包括质量在形成过程中资源耗费的价值量和在使用过程中耗费的价值量。我们可以用单位产品成本和分摊的期间费用之和，来反映企业某种产品的狭义的质量经济性，而用价值工程中的（单位产品）寿命周期成本，来反映广义的质量经济性。

质量经济性分析是从经济效益的角度出发，应用经济分析的方法，对不同的质量水平和不同的质量管理措施进行分析和评价，从中挑选出能使质量和经济效益达到最佳结合的质量管理方案。

二、质量经济性分析的程序

1. 确定质量目标要求

这是产品实现策划的内容。产品实现策划首先是确定产品的质量目标。产品的质量目标至少包括和体现三个方面的内容：（1）顾客的要求（明示的、隐含的、法律法规要求的、任何附加的）；（2）具体的、有针对性的产品特性（可靠性、维修性、保障性、安全性、测试性、环境适应性）指标；（3）与组织质量方针和质量目标相适应的指标。四川空分集团的方针是：一切为了用户，一切为了发展。如果产品的指标仅仅是国内同行业最基本的水平，这肯定不能体现“一切为了用户，一切为了发展”的方针的内涵。

2. 收集质量成本数据

质量成本有四个大的科目：鉴定成本、预防成本、内部故障成本、外部故障成本。需要说明的是，质量成本的科目不是财务要求的科目，但可以成为财务科目的子科目，比如在营业成本中下设子科目。每个大科目下还可细分若干小科目、子科目。比如内部故障，可以下分报废、返工、返修，报废子科目下，又细分为原材料、设计、设备、工艺、人为因素等，总之，科目越细越好，越细越有用。事实上，一个企业的成本核算是否科学、是否准确，与其科目设置得够不够细密切相关。比如返工损失，管理粗犷的企业是不把返工损失列入成本的，只是在财务体系外想办法，比如放大工时或者是调整工时。

3. 收集财务数据

财务数据是财务管理体系的数据，是会计法、统计法约束下得到的比较准确的数据，如果是经过了审计批准，这样的数据更有意义。对质量经济性分析有用的财务数据如销售收入、总资产、净资产、成本、利润、应收款等，因为分析的时候要用到销售利润率、成本利润率、总资产报酬率、净资产利润率这些财务数据。同时，应收款中，因质量问题造成的总量、比重数据都是分析时会用到的。

4. 分析

（1）质量成本分析。包括鉴定成本、预防成本、内部故障成本、外部故障成本各分类与总量的比值，以及近三年的增减关系。

（2）质量损失分析。质量损失是指内外部损失的总和，当然，质量损失的存在也正是质量改进的意义或者说是质量改进的机会所在。所谓分析，就是需要评估质量损失占总成本的比例、趋势和影响。

（3）质量投资分析。ISO 9000 族标准提出的质量经济性分析按要求包括“质量投资分析”，但据了解，国内还没有多少单位有效地开展质量投资分析。目前国外很多学者提出了基于质量净收益的质量投资效益评价。他们认为从财务学角度来看，成本并不是评价某项事物效益的唯一指标，只是重要指标之一。评价某项事物的效益，除了看其成本，同时还应看与其相关的收入，用收入减去成本得到的利润才是评价该事物经济性的主要指标。同样，质量成本也不能作为我们评价质量经济性的唯一指标。他们运用质量净收益法对质量的投资效益进行分析。根据财务学原理，质量收入是指给企业带来的与质量水平相关的收入，它是在一定时期内通过实现产品销售而取得的质量改进成本耗费的补偿和增值，是质量得到保证或较原有水平提高后企业和社会所得到的或将能得到的更多价值或使用价值。

三、质量经济性分析的内容

质量经济性分析的内容包括从产品设计、制造到销售和售后服务的全过程，对质量和质量管理进行全面系统的经济分析，具体包括以下几个方面。

1. 产品设计过程的质量经济性分析

产品设计是整个产品质量形成的关键环节，设计过程的质量经济性分析，就是要做到使设计出来的产品既能满足规定的质量要求，又能使产品的寿命周期成本最小。它应该包括质量等级水平的经济性分析、产品质量的三次设计（系统设计、参数设计和容差设计）、质量改进的经济性分析、工序能力的经济性分析和可靠性的经济性分析。

2. 产品制造过程的质量经济性分析

产品制造过程的质量经济性分析就是力求以最小的生产费用，生产出符合设计质量要求的产品。在生产过程中出现高于或低于设计要求的产品，都是不经济的。高于设计要求，就会增加设计成本；低于设计要求，会使产品的不合格品率上升，废次品、返修品多，损失大。所以要确定出适合设计水平的最佳制造水平，使生产出来的产品质量水平既能满足设计要求，又能使制造成本最低。其主要分析内容包括不合格品率的经济性分析、返修的经济性分析、质量检验的经济性分析以及工序诊断调节的经济性分析和生产速度的经济性分析等。

3. 产品销售及售后服务的质量经济性分析

这里主要是研究产品质量与产品销售数量和售后服务费用之间的关系。其中主要包括产品质量与市场占有率和销售利润的综合分析、产品质量与产品销售及售后服务费用的关系、最佳保修期和最佳保修费用分析、交货期的经济性分析、广告费用与提高质量的对比分析等。

4. 质量成本分析

质量成本分析涉及的面较广，以上所谈到的三个方面都涉及质量成本。所以质量成本分析是一个全面的综合性的质量经济性分析问题，它往往是作为一个专门的问题加以讨论研究。

四、质量经济性分析的关键

质量的经济性不应局限于质量成本，还应包括由于质量水平提高或降低带来的收益或损失和由高质量或低质量带来的商誉的提高或降低，这些都属于质量的经济性范畴。总的来说，质量经济性分析大体可分为：质量成本分析，质量损失分析，质量投资分析，基于产品设计、制造到产品的销售和售货服务的全过程和寿命周期的成本分析。这些理论主要是围绕质量成本、质量损失、质量效益以及产品实现各阶段质量参数的最优化，都是从经济角度考虑质量问题，以货币语言引起企业管理者对质量问题的重视，从而为质量决策提供更加有力的支持。

1. 产品的质量经济性设计

为增强顾客满意度，必须提高产品的质量，而产品的质量首先取决于产品的设计。由于质量、成本和效益的80%是在设计阶段确定的，除非在设计阶段就充分考虑到产品的质量与成本的要求，否则仅仅在制造阶段抓质量与成本是难以奏效的。

设计过程的质量经济性管理，关键在于质量设计。质量设计是指在产品设计中，对一个产品提出质量要求，即确定其质量水平（或质量等级），这是产品设计中带有战略性或全局性的一环；无论是老产品的改进还是新产品的研制，都要经过质量设计这个过程。质量设计的首要任务是其适用性。产品适用性表现在不同的质量特性上，为此，必须了解顾客的观点和要求，着重点在于系统地调查顾客对哪些质量特性感兴趣，要求满足的程度怎样，顾客对产品关键质量特性的评价如何，使用中会受到哪些客观因素或环境的影响，本企业的生产能力如何，在技术上的优势或劣势在哪里等，只有真正了解顾客的需要，摸清企业的条件，从实际出发，才能达到质量设计的适用性。如果设计不好，达不到顾客的要求，就谈不上经济效益。

质量设计的另一个任务是讲求产品的经济性，也就是讲求产品的功能、成本和效益，就是要研究质量设计同成本变化的关系，计算产品的成本和投资费用，同时不能忽略产品的使用成本，即从满足顾客的需要出发，用最少的社会劳动消耗取得最好的社会经济效果。如果企业只考虑产品的制造成本，而忽视整个产品寿命周期内的使用成本，无论从顾客还是整个社会来看，都是不经济的。

为提高设计质量的经济性，企业应做好几个方面的工作。一是市场需求预测。质量设计的经济性要从产品的整个寿命周期考虑。由于产品的质量水平与市场需求有密切的关系，对产品在市场上的需求量及变化规律要有科学的预测，每一种产品从进入市场到最后退出市场，都有一个发展过程，可以分为试销、旺销、饱和及衰退四个阶段。一般根据市场的调查和以往的经验，确定前三个阶段的时间，以预测销售量。二是考虑产品的技术经济指标，即对总体方案进行可行性分析，做到设计上先进、经济上合理、生产上可行，综合地考虑质量的社会经济效益。可以运用可靠性工程、价值工程、正交试验设计等先进技术，实现产品各组件质量特征参数指标的优化设计。三是在质量经济性设计中注意质价匹配。质量和价格有时是矛盾的，要提高产品质量往往会增加质量成本，成本增加又会引起价格的提高。质量成本的不恰当增加，导致价格过高，将超过社会一般的购买力，则产品就会滞销；反之，产品质量低劣，价格即使降低，也没有市场，这里面有一个合理的质价关系，即产品的质价匹配关系。可见产品设计中质价匹配是一个相当重要的问题，不能盲目地追求先进性，而忽视经济性，否则，设计出来的产品只能成为样品、展品，而不能成为商品。四是在产品的设计中对功能匹配应给予足够的重视。理想的功能匹配是指产品的使用寿命和零部件的使用寿命一样长，假定要设计一辆使用期为 15 年的汽车，从经济上看最好所有的零部件的使用期都为 15 年，而在实际的设计中要做到这一点并不容易，但这应是设计的要求和需要达到的目标。许多产品由于没有考虑到功能匹配问题，致使部分零部件的功能已经失效，而有的部分功能仍完好，这种功能不匹配的质量设计给顾客和社会造成很大的经济损失。企业的效益一般取决于产品的价格与产品成本的差额，而成本和价格通常又取决于产品的功能质量水平。根据成本与价格同功能质量水平的变化关系，就可以找到利润最高时的质量水平，即最佳质量水平，而不是产品的最高质量水平。最佳质量水平的概念有助于企业规划产品的等级。如经济型产品或豪华型产品。

2. 进货材料的质量保证与成本降低

欲在进货材料方面实施质量经济性管理，首先要了解采购成本的组成。购入材料的采购成本由买价、税金、运输费、装卸费、保险费、仓储费、检验费等几部分组成。为降低原材料的买价和税金，采购实行“三比”之后确定采购价格及供货单位，是行之有效的方法。所谓“三比”即同样产品比质量、同样质量比价格、同样价格比信誉。此外，还应建立价格公开制度，鼓励相关人员提供价格信息，对原材料的价格进行管理，采购执行最低价格。由于财务管理上直接将买价、税金计入材料的采购成本，而运输费、装卸费、保险费、仓储费等采购费用一般按材料的重量或买价等比例分摊计入各种材料的采购成本，使得采购人员只注重材料的买价，而忽视其他采购费用在采购成本中的比例，因此，在购入原材料时，应明确谈及运输费、装卸费等采购费用的所属，并尽量降低。购入的原材料必须是合格品。以供货协议的形式明确规定关键件、重要件的各指标要求以及因原材料质量问题给企业造成损失时，供方应承担的责任等，是降低检验成本和保证原材料质量的必要依据。检验工作的有效性直接关系到原材料的质量保证。材料的入库检验费用亦属于采购成本，因此如何降低检验费用是间接降低采购成本的一个方面。由于一般的企业都没有单独计算进货物资的检验费用，是被企业遗忘的降低成本和保证质量的一个角落。切实降低检验费用和有效地保证原材料质量的措施，一般有采购前对供方的生产和检验能力的认定，如外购紫铜水管，供方应具有检验水管是否漏水的检验设备；为确保检验的真实性和准确性，对进货检验实行“封闭”检测，技术部门、物资部门以及其他部门不干预检验工作，即是“封闭”检测管理的一个方面；检验人员严格按照原材料的关键件、重要件和一般件的要求实施检验，保证不符合质量要求的原材料不投产，以免影响产品质量等。检验合格的原材料进入库房管理，看似万事大吉，其实不然，如不严格按照库房管理要求去做，极易造成原材料还未进入生产线，就质量下滑，导致成本上升。原材料最高库存管理的目的有两个：从财务上讲是为防止企业在原材料上占压大量资金，从质量上讲有些原材料在储存过程中会氧化、锈蚀，造成原材料用则影响成品质量，不用则增加成品成本；最低库存管理的目的是有效地保证库存原材料满足生产需要。原料入库后，应有明确的批次管理，以便做到先入库的原材料先出库，即发料的先入先出原则，这与最高库存管理在质量方面的目的是相同的。在库房管理中还有一点很重要，也是库房容易忽视的方面，即满足原材料的储存条件，许多库房在仓储原材料时忽视其储存条件和要求，如卷板没有按外包装上的标识要求立放储存，无法保证通风沥水，造成卷板局部锈蚀，导致其品质下降，这不仅与原材料的质量密切相关，也与其成本密切相关。

3. 生产过程的质量控制与成本管理

一般的企业都非常重视产品生产过程的质量控制与成本管理，以期望达到产品质量经济性管理的目的。企业在生产过程中要有效地控制产品的质量和降低产品的成本，首先要考虑如何提高现有的过程能力，其次要考虑生产流程是否需要再造，以及如何提高设备、原材料等资源利用率，减少浪费。过程能力是指生产质量方面的能力，与人、机、料、法、环诸多因素有关。对于生产过程而言，应从提高人员素质、改进设备性能、采用新材料、改进生产工艺方法和改进环境条件等方面出发提高过程能力，从而提高产品的合格率，降低质量损失。同时还应考虑到产品的质量特性重要性的程度，给出不同重要度的产品质量特性在生产过程中的过程能力，充分利用现有资源，保证生产质量和节约成本。芝加哥大学经济学博士戈泽宁的统计资料表明，当一个企业生产能力为三西格玛水平时，与质量问题有关的成本，即质量成本要占其销售收入的10%～15%，当达到五西格玛水平时，质量成本占其销售收入的5%～10%，而一个六西格玛水平的企业的质量成本仅占其整个销售额的1%。可见，质量最好的产品也是成本最低的产品。流程再造，即对现有的生产过程重新进行设计。在很多企业中，现有流程往往不能满足顾客的要求，如企业的生产过程没有系统化，出现生产场地、生产流程、物流等不合理的情况，甚至很多流程早应废弃。重新审视企业现有的生产流程的合理性，衡量、分析以及重新思考，及时采用新的生产工艺流程和方法，设计全新的生产过程，合理布置生产场地，优化生产流程，减少物流带来的质量影响，从而保证产品质量，降低生产过程的损失。企业流程再造的目的是提高业绩和效率，因此，再造本身不是目的，更不是目标，关键是能否降低成本和提高产品的质量与企业的效益。提高设备、原材料等资源利用率是保证产品质量稳定，降低单位产品成本，达到产品生产过程质量经济性管理目的的有效方法。采取有效措施提高设备利用率，一般可从提高设备时间利用率和设备单位时间生产能力利用率两个方面实现，如减少设备不运转的时间和改进生产工艺提高设备单位时间的生产能力等。通过材料用量差异分析，逐步减少原材料的消耗，是一般企业常用的提高原材料利用率的控制方法。所谓原材料的利用率是指投入生产的原材料消耗重量和实际利用重量之间的比例关系，该比例值越小，说明生产过程的材料利用越充分，其利用率就越高，但许多企业对生产中原材料用量的差异置若罔闻，导致原材料的废料损失数量惊人，其中还未包括人员费用、设备损耗费用等。

4. 提高顾客满意度，控制产品营销成本

顾客满意是指顾客对其要求已被满足程度的感受，顾客满意度则是对顾客满意程度的量化描述。实现顾客满意的前提是产品或服务满足顾客的要求。追求顾客的重复购买，设法留住老顾客，应是企业提高满意度，控制产品营销成本的首要问题。

顾客满意度由消极因素和积极因素两部分组成。消极因素指价格贵、质量差、供货不及时等；积极因素指价格便宜、质量优于其他厂家、供货及时、技术服务配套等。在市场尚未扩大的情况下，引起顾客不满的索赔诉求和产品可信度低之类的问题的确会给企业带来不可挽回的损失，所以，企业在保证产品基本质量和服务的前提下，要充分考虑到顾客满意度的积极因素。也就是说，产品的质量、价格和供货及时等因素决定了顾客的满意度，并直接影响产品的销售额和利润。为持续提高顾客满意度，企业应建立顾客关系管理系统。顾客关系管理是企业从长期战略的角度出发，为了建立与顾客的良好关系，赢得顾客的高度满意，保留有价值顾客，挖掘潜在顾客，赢得顾客忠诚，并最终获得顾客长期价值而实施的一种管理，是企业在市场导向理念指导下采取的一种长期的经营手段。实施顾客关系管理即识别顾客、认知顾客和保留顾客，以及对顾客的信息反馈进行管理。有效地识别顾客和认知顾客将有助于提高企业产品的品牌特征显著度和顾客化感知质量，从而对顾客满意度的提高产生积极的影响。保留顾客，以及对顾客信息反馈进行管理是提高企业顾客满意度的必要手段。据美国汽车业调查，一个满意的顾客会引发8笔潜在的生意，其中至少有一笔会成交；一个不满意的顾客会影响25个人的购买意愿，争取一位新顾客所花的成本是保住一位老顾客的6倍。提高顾客满意度，要区分顾客的“一般满意”和“高度满意”两种截然不同的需求。企业仅仅听取顾客的不满诉求，是无法提高顾客满意度的，其结果只能是一味地提高产品的成本，因为顾客更多是对产品或服务的不满，即表达着对“高度满意”的需求。企业开展质量经济性管理应考虑直接影响顾客满意度的质量与成本，也就是说，产品的质量与竞争对手相比应具有与众不同和积极因素的质量，这直接关系到顾客的满意度。

五、质量经济性分析的作用

质量经济性分析以用户和社会需求的质量为出发点，从经济性的角度分析质量问题，围绕产品的适用性和经济性，寻求质、本、利的最佳组合，以提高企业经济效益。其作用主要体现在以下几个方面：

（1）促进企业贴近市场与顾客，挖掘和发挥内部的积极因素与作用。质量经济性分析可以促使企业更加贴近市场与顾客，使企业能更好地根据市场、顾客和社会的需求来组织生产，确定产品档次、价格和质量水平，提高经济效益。

（2）有利于企业保持质量与效益、质量与经济的相对平衡、稳定和发展。质量经济性分析通过评价企业经营运作的各个环节质量、过程质量、总体结果质量和经济效果，促使企业正确处理质量与市场竞争、质量与效益、质量供给与需求、质量与生产成本等之间的关系，科学地选择质量水平和投入费用的最佳方案与决策。

（3）有利于企业资源的整合与利用。质量经济性分析追求的是以低的投入、低的成本获取满意的质量和尽可能大的利润。

质量经济性分析几乎渗透到质量经营管理的各个环节和层面，本书阐述的只是其中部分重要内容。同时，在质量成本管理过程中，还必须充分运用质量会计分析所取得的成果，指导具体的质量成本管理活动。只有减少与质量有关的损失，用经济的手段生产用户满意的产品，重视使用中的适宜性，同时满足企业的需要和利益，企业效益才能得到充分体现和增加。为此，应把企业效益和社会效益统一起来，在整个质量活动中坚持质量与经济性的统一，这就是质量经济性分析的任务。

□ 基本概念

质量经济性　economics of quality
质量成本　costs of quality
预防成本　prevention costs
鉴定成本　appraisal costs
内部故障成本　internal failure costs
外部故障成本　external failure costs

□ 思考题

1. 怎样理解国际标准中对质量成本的定义？
2. 什么是质量成本特性曲线？
3. 质量经济性分析有何意义？
4. 适当的质量水平包括什么？
5. 从经济的角度来看，产品的不合格品率是否越低越好？

案例分析

用准确的质量成本信息指导质量管理

广钢股份分别在 1997 年和 2001 年通过了中国船级社的 ISO 9002 质量管理体系（1994 版）和 ISO 9001 质量管理体系（2000 版）的认证。它不仅明确了广钢质量管理是以顾客关注为目的，而且为公司的质量管理提供了一个强有力的国际模式。通过几年的体系运行，广钢股份在质量管理方面取得了明显的效果。

应该看到，在实施 ISO 9000 体系过程中，公司还存在一些严重问题：由于受财务会计标准的影响，财务部门并没有准确和全面地进行四项质量成本（质量预防成本、质量鉴定成本、内部故障成本、外部故障成本）的统计和核算，形成了公司在深入推进质量管理道路上的盲点。这些盲点不仅影响了日常的质量策划工作，而且导致公司管理层不能对 ISO 9000 质量管理体系的实施效果进行正确的评估。而扫除这些盲点的关键是对质量成本有深刻的认识，在此基础上对财务会计标准的缺陷进行调整和改进，目的是用准确的质量成本信息指导质量管理。应该看到，广钢股份的这些盲点，在其他企业中也是存在的。因此，对它们的研究具有普遍意义。

严格来讲，质量管理是过程，目的是成本控制。只有在准确的质量成本核算的基础上，企业才能够进行有效的成本控制。本案例从财务会计和 ISO 9000 的角度出发，对质量成本这一无形成本对象从定性和定量方面做出本质性剖析，并指出了财务会计标准的不足之处。从更广泛的实际意义上提出：企业不仅要对其有形的经营成果（产品、环保、资金等）进行核算，而且要对其无形的经营成果（质量、效率、人力资源、市场销售网络等）进行核算。

1. 财务会计标准的缺陷

（1）财务会计标准是以满足外部使用者（税务、股市等）为目的设计的，而不是为企业内部管理者设计的。因此质量管理费用隐藏在生产制造成本和期间费用里，企业内部管理者不能从财务报表中清楚地看到各项质量管理费用的组成和相互间的变化关系。

（2）在传统的成本会计核算中，产品成本被作为唯一的有形成本对象进行核算，并没有对其他的成本对象进行核算，包括质量成本。

（3）生产制造成本里的质量费用被分配到产品上去。一方面，把属于质量成本的费用张冠李戴地分配给产品成本。另一方面，把质量成本这个属于企业管理不善的成本加到产品上去并最终转嫁到顾客身上。这违背了企业管理是以顾客满意为目的的宗旨。

2. ISO 9000质量管理体系对传统的成本会计核算的影响

在1994版GB/T 19000－ISO 9000族标准中，“资源”和“资源管理”仅在分散的条文中描述，并没有更多更细致的要求。2000版GB/T 19000－ISO 9000族标准的重大修改之一，就是将“资源管理”与“管理职责”、“产品实现”和“测量、分析和改进”并列为四大基本过程结构。这不仅是对质量管理体系理论的改进和发展，而且对企业建立或修改质量管理体系提出了实践要求。

“资源管理”的核心是财务资源管理，即通过适当增加质量预防成本的投入，使质量鉴定成本、内部故障成本和外部故障成本降到较低的水平。从成本效益的角度出发，就是以较少的质量成本投入，来获取企业整体成本下降的最大管理效益。而要做到这一点，必须有准确的质量成本核算。但是，在实际质量成本核算中，由于财务会计标准存在的传统缺陷，质量成本不能得到准确的核算，从而影响了企业的质量成本控制和质量管理决策。

ISO 9000质量管理体系在“资源管理”部分提出了对质量成本核算的要求。也就是说，对质量成本这一无形成本对象进行核算。应该看到，ISO 9000质量管理体系的产生是在财务会计标准产生之后，而且，ISO 9000质量管理体系是满足内部管理者的要求，而财务会计标准不是满足内部管理者的要求。因此，使用传统的成本会计核算来满足ISO 9000质量管理体系对质量成本核算的要求是有局限性的。

3. 实际操作中存在的问题

由于财务会计标准并不支持质量成本的核算，质量成本数据的收集并没有统一的标准，因此在实际操作中，哪些项目或数据应当列入，哪些项目或数据不应当列入，企业都是根据各自的主观认识予以确定。例如，企业常常把质量成本看作硬质量支出或损失（如报废、赔偿等）而忽略了软质量支出或损失（如处理质量问题人员的工资、管理不合格品仓储的所有支出等）。这样，就会导致质量成本项目或数据的界定不完善，以及企业之间质量成本往往不具有可比性，只能进行纵向的历史比较。

广钢在以往的质量成本核算中常常出现以下情况：(1) 对质量预防的核算并没有真正建立起来，包括质量体系认证、质量培训、质量规划、设备工艺设计、对供应商或货运商的技术监督和支持等发生的成本；(2) 质量鉴定成本没有包括对供应商事前鉴定的差旅费；(3) 把废品的费用核算到质量内部故障成本中，而没有把产生废品的工人的工时工资、废品的搬运费和废品仓的管理人员工资等费用也核算在质量内部故障成本中；(4) 没有建立质量外部故障成本的统计和核算，包括处理客户投诉、退货、保修、更换产品、产品责任保险等成本和客户消失机会成本。

第 9 章 Chapter 9 可靠性工程基础

学习目标

- ◎ 熟悉可靠性工程的特点、任务和基本内容
- ◎ 掌握可靠性的相关概念和指标
- ◎ 掌握系统可靠性模型
- ◎ 了解 FTA、FMECA 理论和方法
- ◎ 了解可靠性设计、预计与分配理论和方法
- ◎ 掌握可靠性管理的主要内容
- ◎ 掌握可靠性的数据管理、过程管理和标准化

引例

“7.26”荆州电梯事故

2015 年 7 月 26 日上午，湖北省荆州市安良百货公司电动扶梯发生事故，一名 30 岁女子因踩到了松动的扶梯踏板，被卷入扶梯内不幸遇难。

针对“事发时商场在做扶梯检修，工作人员检修完后只铺了铺板，忘了上连接螺丝”的传言，荆州市安监局局长陈观鑫表示，事发时扶梯并没有处于维修状态。最终，事件的调查报告认定，事故的直接原因为扶梯前沿板和盖板之间的连接出现了松动；间接原因是工作人员在事发前 5 分钟发现故障之后的应急处置措施不合理，未能及时将电动扶梯停止。

导致事件发生的原因找到了，现在的问题是：

(1) 针对连接松动问题，应如何从可靠性设计和维修保养等方面进行改进，以杜绝类似问题的发生？

(2) 事后，北京市电梯商会专家委员会主任彭金声表示，遇难者的掉落位置是机房盖，此处是维修人员进入机房工作所用，打开时不会触发紧急装置，但如果有人在该女子

掉落时紧急按下停止按钮，扶梯会马上“刹车”，那么该女子也会少受到一些伤害。而国家电梯质量监督检验中心副主任马培忠接受采访时表示：“紧急按钮很醒目，操作很简单，说明商场对于员工的培训不到位。”针对应急处置措施不合理问题，应如何从可靠性管理角度加强员工和群众的培训工作，以确保相关人员在发现故障时能正确采取应急处置措施？

（3）针对电动扶梯超载的隐患，能否像厢式电梯那样可以在超载时不运行，给电动扶梯添加类似的装置作为防错设计，从根本上解决超载造成的系列故障问题？

第1节　可靠性工程概述

一、可靠性工程的发展及其重要意义

1. 可靠性工程的发展

人们对“可靠性”（reliability）的重视由来已久，但作为可靠性科学或可靠性的定量指标的研究是第二次世界大战期间迅速发展起来的。美国是可靠性技术的发源地，可靠性研究始于20世纪40年代美国对电子真空管失效的分析。可靠性工程的发展主要分为以下四个阶段。

（1）萌芽阶段（20世纪40年代）。第二次世界大战期间，美国的军用电子设备在储存期就有50%失效，机载电子管寿命不到20小时，这迫使美国国防部开始探讨可靠性问题，并于1943年成立了真空管研究委员会，专门研究电子管的可靠性问题，这标志着可靠性研究的起步。

（2）创建阶段（20世纪50年代）。朝鲜战争期间，美军的武器系统因雷达常出故障，有效工作时间仅有16%，舰船设备只有33%能有效工作，这促使军内外开始了系统的可靠性研究。美国于1950年成立电子设备可靠性专门委员会，1952年美国国防部成立电子设备可靠性咨询组（Advisory Group on Reliability of Electronic Equipment，AGREE）。1957年，AGREE发布了《军用电子设备可靠性报告》，明确产品的可靠性是可定量的、可分配的、可验证的，从而建立了可靠性框架，奠定了可靠性基础。苏联在20世纪40年代后期，日本、联邦德国在50年代后期也开始了可靠性研究。此时，我国也已开展对可靠性的研究，并建立了专门的温热带环境暴露试验机构。

（3）全面发展阶段（20世纪60年代）。美国在该阶段迅速发展了可靠性设计和试验方法，并取得了重要成果。其中，1965年颁布的军用标准MIL-STD-785是最显著的成果。其间，世界各国普遍成立了可靠性机构，推广可靠性教育，建立可靠性管理制度，制定可靠性标准。如英国1961年成立了可靠性与质量全国委员会；

法国 1962 年成立了可靠性中心；1958 年，日本科学技术联盟成立了可靠性研究委员会，专门对可靠性问题进行研究。

（4）深入发展阶段（20 世纪 70 年代至今）。一方面，由于军事装备的使用观念发生了战略性转变，从单纯重视性能到重视效能，从单纯要求高可靠性到要求可靠性、维修性等综合指标，并将可靠性、维修性作为减少全寿命周期费用的工具，可靠性分析、综合环境、可靠性增长及可靠性管理均得到进一步发展。如美国海军提出了“设计以可靠性第一，最大工作效能第二”的原则；我国国防科工委于 1978 年提出《电子产品可靠性“七专”质量控制与反馈科学实验》计划，并组织实施，1985 年颁布了 GJB299－87《电子设备可靠性预计手册》。另一方面，自 20 世纪 70 年代，随着各种各样的电子设备系统广泛应用于各科学技术领域、工业生产部门以及人们的日常生活中，可靠性工程理论在机械电子、石油化工、核能工程和其他民用产品领域得到了长足发展。

综上所述，可靠性工程的诞生和发展是社会的需要，与科学技术的发展，尤其是与电子技术的发展密不可分。虽然可靠性工程起源于军事领域，但从它的推广应用和给企业与社会带来的巨大经济效益的事实中，人们愈加认识到提高产品可靠性的重要性。世界各国纷纷投入大量人力、物力进行研究，并在更大的领域里推广应用。

2. 可靠性工程的重要意义

根据其在企业和社会中所起的作用，可靠性工程的重要意义主要可归纳为以下几方面：

（1）保证和提高产品的可靠性水平。随着科学技术和生产的不断发展，人们对可靠性的要求日益提高。可靠性要求发生变化的原因主要有以下五个方面。一是产品和系统规模日益增大，组成产品和系统的元件个数急剧增加，产品的复杂性不断加强，可靠性问题日益突出。例如波音 747 喷气客机有约 450 万个元件。而根据可靠性理论，产品复杂性的增加对系统可靠性具有显著影响，随着系统复杂性的增加，其可靠性将迅速下降。表 9－1 是串联系统产品复杂性的增加对系统可靠性的影响。由表 9－1 可知，对于由 100 000 个元件组成的系统，在单个元件的可靠性为 99.999％时，系统的可靠性将只有 36.79％。因此，在现代产品系统组成复杂且复杂性日益增加的情况下，提高元件可靠性就非常迫切。二是在现代制造环境下，现代生产过程的自动化水平日益提高，工艺过程所用的装备的作用日益凸显，要求设备的可靠性也越来越高。例如，在生产线中只要有一台设备发生故障，就会导致整个生产线停产。三是产品寿命周期费用的增长，要求提高产品可靠性。现在的产品，特别是军工产品，因其复杂化，维修费用提高，导致全寿命周期费用大幅增长，高额的、难以预见的维修费是用户的沉重负担。四是现代武器装备、通信卫星、宇宙飞船等高科技产品，对产品可靠性提出了更高的要求。五是安全生产的需求需要不断提高产品和设备的可靠性，尤其是核电、化工等涉及安全性的领域，要求设备必须具备高可靠性水平，这样才能满足其安全生产的需要。因为在这些领域，设备一旦发生故障，就可能给整个地区和社会带来长期且严重的安全危害。

表 9-1　　串联系统产品复杂性的增加与系统可靠性的影响关系

组成系统的元件个数	单个元件可靠性（%）			
	99.999	99.99	99.90	99.00
	系统可靠性（%）			
10	99.99	99.90	99.00	90.44
100	99.90	99.01	90.48	36.60
250	99.75	97.53	77.87	8.11
500	99.50	95.12	60.64	0.66
1 000	99.01	90.48	36.77	<0.10
10 000	90.48	36.79	<0.10	<0.10
100 000	36.79	<0.10	<0.10	<0.10
1 000 000	<0.10	<0.10	<0.10	<0.10

资料来源：施国洪．质量控制与可靠性工程基础．北京：化学工业出版社，2005.

针对上述可靠性水平要求的变化，可靠性工程作为一门以提升产品可靠性水平为目标的学科，对保证和提高产品的可靠性水平，满足人们对可靠性的日益增长的需求具有重要作用。

（2）提高企业和社会经济效益。产品或设备的故障都会影响生产并造成一定经济损失，尤其是在现代制造环境下，随着工业设备的容量、参数的日益提高，事故或故障引起的损失也随之增大。因此，可靠性工程作为一门以提升产品可靠性水平为目标的学科，其研究应用在提高产品可靠性水平的同时可以减少设备的故障发生。一方面可以减少停机损失，另一方面在一定程度上还可以有效降低维修费用，从而大大提高企业和社会经济效益。

（3）提高产品市场竞争力。在现代市场环境下，作为市场竞争力具体表现的产品质量不仅包含产品的技术性能，还包括可靠性、经济性和安全性等指标内容要求。其中，技术性能是产品的技术指标，是出厂时产品应具有的质量指标要求；可靠性是产品在出厂后基于时间所表现的技术性能维持特性，它与时间联系紧密，是产品性能在时间维度的延伸和扩展；经济性是在确定的性能和可靠性水平下的产品总成本；安全性是产品在流通和使用过程中保证安全的程度，它通过风险值或可接受的危险概率来定量描述。在这些质量指标中，可靠性作为一种衡量产品全寿命质量特性的动态质量指标起着主导核心作用。可靠性高的产品在使用中不仅能保证其性能可以很好地实现，而且故障也不易发生，维修费用还可以下降，因故障所造成的损失也减少了，安全性相应更高。因此，可靠性工程作为一门以提升产品可靠性水平为目标的学科，对提高产品的市场竞争力具有重要作用。

二、可靠性工程的研究对象、任务和基本内容

1. 可靠性工程的研究对象和任务

从发展和内容来看，可靠性工程是为适应产品的高可靠性要求而发展起来的新

兴学科，是一门综合众多学科的成果以解决可靠性为出发点的边缘学科。它研究的对象是产品的故障发生原因及其消除和预防措施。其主要任务是保证产品的可靠性、可用性和维修性，延长产品使用寿命，降低维修费用，以提高产品使用效益。

2. 可靠性工程的基本内容

可靠性工程是一门为了保证产品在设计、生产和使用过程达到预定的可靠性指标，对产品（元件、零件、组件、部件、系统等）的失效现象和发生的概率进行统计分析、预测、试验、评估、控制的新兴学科。它同概率论与数理统计、运筹学、系统工程、价值工程、人机工程、计算机技术、机械学、电子学、工程材料学、失效物理等学科密切相关，是一门具有技术和管理双重性的综合学科。它的涉及面非常广，基本内容如表 9－2 所示。

表 9－2 可靠性工程的基本内容

1	可靠性基本理论	可靠性数学与故障物理学 集合论与逻辑代数 概率论与数理统计 系统工程与人因工程学 环境工程学与环境应力分析 试验及分析基础理论	6	元器件可靠性	元器件可靠性水平的确定 元器件失效分析与可靠性评价 元器件及原材料的合理选择 元器件的老化筛选 元器件现场使用情况调查和反馈
			7	系统可靠性	可靠性预计与分配 失效模式效应与危害度分析 事件树分析法（ETA） 故障树分析法（FTA） 可靠性综合评估
2	可靠性设计	储备设计和余度设计 降额设计和构建概率设计 热设计、抗机械力设计 防潮、腐蚀、烟雾、防尘设计 兼容设计和抗辐射设计 维修性设计和适用性设计 质量、体积、重量和经济指标综合设计	8	制造可靠性	生产过程质量控制手段和方法
3	可靠性试验	环境试验 寿命试验 筛选试验	9	可靠性教育	举办可靠性学习班、讲座与专业会议 进行企业内外的可靠性培训和考察 出版可靠性刊物、可靠性教材
4	可靠性使用保证	使用和维护规程制定 操作和维修人员培训 安全性设计 人-机匹配设计和环境设计	10	可靠性管理	建立可靠性管理机构和研究机构 制定可靠性管理纲要和管理规范 建立质量反馈机制 开展产品可靠性评审
5	可靠性信息	现场数据收集、分析、整理和反馈 试验数据处理和反馈 元器件失效率汇集和交换 各种可靠性信息收集和交流 用户调查和反馈	11	可靠性标准化	基础标准 试验方法标准 管理、认证标准 设计标准 产品标准

三、可靠性工程的特点

可靠性工程作为一门学科，与传统的技术概念有很大不同，主要有以下三个特点。

1. 管理和技术高度结合

可靠性工程是一门既包含固有技术又有管理科学的综合性交叉学科。日本把可靠性技术比喻为病疫学和病理学密切结合的技术。病疫学是指分析和追踪故障的起因、产生的环节，从而将信息反馈给有关单位，以指导设计、制造环节的改进，这是可靠性管理的任务。病理学则是研究具体故障的消除和预防技术。因此，管理和技术结合，通过管理指导技术合理利用，这就是可靠性技术的基本思想。

2. 众多学科的综合

产品的可靠性不是孤立存在的，它受到许多环节、因素的影响。因此，可靠性工程技术和很多领域的技术密切相关，需要得到如系统工程、人机工程、生产工程、材料工程、环境工程、数理统计等学科的支持，并综合运用这些领域的技术成果解决产品的可靠性问题。

3. 反馈和循环

一个产品的可靠性首先要靠设计，然后通过制造来实现设计目标。为了把可靠性设计到产品中去，必须在设计阶段能预测和预防一切可能发生的故障，而预测、预防的依据要靠使用信息的反馈。反馈是可靠性工程技术的基本特点，没有反馈就没有可靠性。通过反馈，使得设计、试验、制造和使用过程形成一个可靠性保证和改进的循环技术体系。

第 2 节　可靠性及相关基本概念

一、可靠性的定义

可靠性的经典定义是指产品在规定的条件下和规定的时间内完成规定功能而不出现失效的能力。

根据上述定义可知，可靠性内容包含以下五个要素。

1. 对象

可靠性问题的研究对象是产品。在这里，产品是一个泛指的概念，可以是元件、组件、零件、部件、机器、设备，甚至整个系统。如果研究对象是一个系统，则不仅包括硬件，而且包括软件和人的判断与操作等因素在内，需要从人-机系统的观点去观察和分析问题。

2. 规定条件

研究对象的使用条件包括运输条件、储存条件、使用时的环境条件（如温度、压力、湿度、载荷等）、使用方法等，这些使用条件和环境条件不同，其可靠性水平会有很大差异。

3. 规定时间

可靠性是一个有时间性的定义，对于同一种产品对象，在不同的使用时间范围，其可靠性水平是不同的。这是因为在产品使用过程中，随着时间的推移，产品不断磨损和老化，必然带来产品可靠性的变化。这里的时间是一个广义的概念，可以是统计的小时数，也可以是工作循环次数、作业班次或行驶里程等，应根据具体产品特性而定。规定时间是可靠性区别于产品其他质量属性的重要特征。

4. 规定功能

对于同一产品，如果规定的产品功能判据不同，即功能要求不一样，其可靠性也不同。因此，研究可靠性要明确产品的规定功能的内容。一般来说，完成规定功能是指在规定的使用条件下能维持所规定正常工作而不失效（不发生故障），即研究对象（产品）能在规定的功能参数下正常运行。

5. 能力

能力是指产品完成其规定功能的可能性大小。衡量可能性大小仅靠定性描述是不够的，还必须有定量描述，通常用概率来度量。概念性的可靠性可用具体的数学形式，即概率来表示，这是可靠性技术发展的出发点。只有在用概率来定义可靠度后，对元件、组件、零件、部件、机器、设备、系统等产品的可靠程度的测定、比较、评价、选择等采用了共同的基础，对产品可靠性方面的质量管理才有了保证。

因此，在讨论和评估产品的可靠性问题时，必须明确对象、使用条件、使用期限、规定功能等条件因素，否则，就失去了可比性。

二、相关基本概念

上述传统的可靠性定义，强调的是完成规定功能（完成任务）的能力，反映的是可靠性的一种综合概念内涵，在实际应用中尚存在一定的局限性。因此，为了进一步理解可靠性的本质内涵，有必要对与可靠性有关的一些基本概念进行阐述。

1. 固有可靠性和使用可靠性

按产品可靠性的形成过程不同，可靠性可分为固有可靠性和使用可靠性。

（1）固有可靠性（inherent reliability）。固有可靠性是通过设计、制造赋予产品的，即在生产过程中已经确立了的可靠性。它与产品的材料、设计与制造工艺及检验精度等有关。

（2）使用可靠性（use reliability）。使用可靠性是产品在具体使用条件下表现出来的。使用可靠性与产品的使用条件密切相关，它既受设计、制造影响，又受使用条件影响，尤其是使用者的素质对使用可靠性的影响很大。一般情况下，使用可靠性总低于固有可靠性。

2. 基本可靠性和任务可靠性

按照具体用途的不同，可靠性可分为基本可靠性和任务可靠性。

（1）基本可靠性。基本可靠性是指产品在规定条件下，无故障的持续时间或概率。它包括了全寿命周期的全部故障，能反映产品维修人力和后勤保障等要求。它与规定的条件有关，即与产品所处的环境条件、应力条件和寿命周期等因素有关。

（2）任务可靠性。任务可靠性是指产品在规定的任务剖面完成规定功能的能力。它反映了产品在执行任务时成功的概率，它只统计危及任务成功的致命故障。

3. 失效

在具体实践中，可靠性是相对于失效或故障而言的。因此，明确失效的内涵对研究可靠性具有重要意义。对于可维修的产品，失效通常称为故障，指产品丧失规定的功能。在此，规定功能的丧失不仅指规定功能的完全丧失，也包括规定功能的降低等。

第3节　可靠性指标和常用失效分布函数

可靠性指标是用来描述产品总体可靠性高低的一系列可靠性特征量的总称。可靠性指标是衡量和描绘可靠性特征的评判尺度与参数，只有具备了统一的可靠性指标，才能对产品的可靠性进行设计、预测、考核和评定。可靠性指标是对产品可靠性做出定量描述和分析的理论基础。

在可靠性研究中，产品的许多可靠性数量特征量及其统计推断方法都与该产品的失效分布函数（寿命分布函数）有密切关系。如果已知失效分布函数，则失效密度函数、失效率函数以及各种寿命特征值均可求得。即使具体的分布函数不清楚，但只要已知失效分布的类型，即可通过参数估计求得这些分布的参数估计值或数字特征的估计值，从而掌握分布函数或各种可靠性特征量。虽然产品千变万化，失效分布的类型很多，但一般情况下可用几种类型的分布模型来近似地反映。

本节将对在可靠性理论中常用的一些指标和失效分布模型及抽样分布模型进行介绍。

一、可靠性指标

在可靠性工程领域，常用的可靠性指标主要有：可靠度、失效概率密度函数、失效概率分布函数、失效率、平均寿命、可靠寿命、中位寿命、特征寿命、维修度、平均维修时间、修复率、有效度、系统有效性、重要度和复杂度等。其中，失效概率密度函数、失效概率分布函数、失效率统称为失效特征量；平均寿命、可靠寿命、中位寿命、特征寿命统称为寿命特征量；维修度、平均维修时间、修复率统称为维修性特征量；有效度和系统有效性统称为有效性特征量。

1. 可靠度

(1) 可靠度定义。可靠度（reliability）是可靠性的直接定量量度描述特征量，其定义为：产品在规定的条件下和规定的时间内完成规定功能的概率，通常以 R 表示。考虑到它是时间的函数，因此经常表示为 $R=R(t)$，称为可靠度函数。就概率分布而言，它又叫可靠度分布函数，且是累积分布函数，表示在规定的使用条件下和规定的时间内无故障地发挥规定功能而工作的产品占全部工作产品（累积起来）的百分率。

假设 $P(A)$ 为“产品在规定的条件下和规定的时间内完成规定功能”这一事件 A 发生的概率，t 为规定的工作时间，T 为产品故障前的时间，则可靠度作为描述“产品无故障发挥规定功能的时间（即产品寿命）”这一随机变量 T 的概率分布可用下式表示：

$$R(t) = P(T > t), \quad 0 \leqslant t < \infty \tag{9.1}$$

用频率解释，假如 $t=0$ 时刻有 N_0 件产品投入使用，到任意 t 时刻，未失效的产品有 $N_s(t)$ 个，失效的有 $N_f(t)$ 个，则 t 时刻的可靠度函数值的估计值为：

$$R(t) = \frac{N_0 - N_f(t)}{N_0} = \frac{N_f(t)}{N_0} = \frac{N_s(t)}{N_s(t) + N_f(t)} \tag{9.2}$$

在实际应用中，有时需要确定某一具体使用时期的可靠度。即在这一使用时期之前产品已工作了一段时间 t_0，需确定其继续工作时间长度为 t 的可靠度 $R(t+t_0 \mid t_0)$。根据条件概率公式，某一具体使用时期的可靠度 $R(t+t_0 \mid t_0)$ 可以表示为：

$$\begin{aligned} R(t+t_0 \mid t_0) &= P\{T > t+t_0 \mid T > t_0\} \\ &= \frac{P\{T > t+t_0, T > t_0\}}{P\{T > t_0\}} = \frac{R(t+t_0)}{R(t_0)} \end{aligned} \tag{9.3}$$

即产品正常工作了时间 t_0 后再继续工作 t 时间的可靠度等于产品在 $t+t_0$ 时刻的可靠度与产品在 t_0 时刻可靠度之比。

(2) 可靠度性质。由可靠度的定义，$R(t)$ 有下面两个性质：

性质 1：$R(t)$ 为时间的递减函数。

性质 2：$0 \leqslant R(t) \leqslant 1$。

(3) 可靠度特点。作为可靠性的直接定量量度描述特征量，可靠度具有时间性、统计性和综合性的特点。因此，在研究可靠度时，首先要认识到可靠度所具有的时间特性。产品的可靠度与时间有密切关系，是一个关于时间的函数，若所指的时间不同，则同一产品的可靠度也就不同。所以，在评价一种产品的可靠度时，必须指明是产品在某一时刻的可靠度，离开时间谈可靠度是毫无意义的。其次，要认识到可靠度所具有的统计特性，树立起概率统计的观点。可靠度指标是根据批量产品的整体参数计算获得的，是针对批量产品而言的，将可靠度指标应用到某一台设备上是不恰当的。最后，要认识到可靠度具有综合性的特点。产品的可靠度不是从一个侧面来衡量产品的优劣，而是从整体上看产品能否完成预期的功能。

2. 失效特征量

可靠性问题总是与产品失效相关，因此有必要对产品失效及其特征量进行讨论。描述产品失效的特征量主要有失效概率密度函数、失效概率分布函数（寿命分布函数）和失效率等。

（1）失效概率密度函数 $f(t)$。失效概率密度函数（故障概率密度函数）指的是产品在单位时间间隔内发生失效或故障的比例或频率，它反映的是产品在所有可能工作时间范围内的失效情况。如果以 N_0 表示试验产品总数或投入使用产品总数，$\Delta N_f(t)$ 表示时刻 $t \to t+\Delta t$ 时间间隔内产生的失效（故障）产品数，则 $\Delta N_f(t)/(N_0\Delta \mathrm{t})$ 称为 $t \to t+\Delta t$ 时间间隔内的平均失效（故障）密度，表示这段时间内平均单位时间的故障频率，若 $N_0 \to \infty$，$\Delta t \to 0$，则频率可近似认为是概率值。如此，可得失效概率密度函数：

$$f(t) = \lim_{N_0 \to \infty} \frac{1}{N_0} \frac{\mathrm{d}N_f(t)}{\mathrm{d}t} \tag{9.4}$$

（2）失效概率分布函数 $F(t)$。失效概率是指产品在规定条件下和规定时间内丧失规定功能（即发生故障）的概率，它表达了产品失效的累积效应。考虑到它是时间的函数，因此通常又称为失效概率函数。就概率分布而言，它又叫失效概率分布函数，记为 $F(t)$。如果仍假定 t 为规定的工作时间，T 为产品故障前的时间或寿命，则 $F(t)$ 可用下式表示：

$$F(t) = P(T < t), \quad 0 \leqslant t \leqslant \infty \tag{9.5}$$

它表示在规定条件下，产品的寿命（或无故障工作时间）T 不超过 t 的概率，也就是产品在 t 时刻之前发生故障或失效的概率，因此 $F(t)$ 也称为不可靠度。显然，它与可靠度呈互补关系，即

$$R(t) + F(t) = 1 \tag{9.6}$$

用频率解释，如果以 N_0 表示试验产品总数或投入使用产品总数，到 t 时刻未失效的产品有 $N_s(t)$ 个，失效的有 $N_f(t)$ 个，则 t 时刻失效的概率估计值，即不可靠度为：

$$F(t) = \frac{N_f(t)}{N_s(t) + N_f(t)} = \frac{N_f(t)}{N_0} = \frac{N_0 - N_s(t)}{N_0} \tag{9.7}$$

由此据式（9.4），可得 $F(t)$ 与 $f(t)$ 存在如下关系：

$$F(t) = \frac{N_f(t)}{N_0} = \int_0^t \frac{1}{N_0}\mathrm{d}N_f(t) = \int_0^t \frac{1}{N_0} \frac{\mathrm{d}N_f(t)}{\mathrm{d}t}\mathrm{d}t = \int_0^t f(t)\mathrm{d}t \tag{9.8}$$

(3) 失效率 $\lambda(t)$。失效（故障）率又叫瞬时失效率或失效强度，它是衡量可靠性的一个重要指标，一般记为 λ 或 $\lambda(t)$，其含义是指工作到 t 时刻尚未失效的产品在随后的单位时间内发生失效的概率。用频率解释，失效率为产品工作 t 时刻后，在单位时间内发生故障的产品数与在 t 时刻仍在正常工作的产品数之比，即

$$\lambda(t)=\frac{1}{N_s(t)}\frac{\mathrm{d}N_f(t)}{\mathrm{d}t} \tag{9.9}$$

式中，$\mathrm{d}N_f(t)$ 为 $\mathrm{d}t$ 时间内的故障产品数。当 $N_0\to\infty$ 时，有

$$\lambda(t)=\frac{1}{N_0-N_f(t)}\frac{\mathrm{d}N_f(t)}{\mathrm{d}t}=\frac{\mathrm{d}N_f(t)}{N_0(1-N_f(t)/N_0)\mathrm{d}t}=\frac{f(t)}{R(t)} \tag{9.10}$$

这就是失效率、失效概率密度与可靠度之间的关系。另外，根据 $R(t)$，$F(t)$，$f(t)$，$\lambda(t)$ 的定义，可以推导出

$$R(t)=\exp(-\int_0^t\lambda(t)\mathrm{d}t) \tag{9.11}$$

$$F(t)=1-\exp(-\int_0^t\lambda(t)\mathrm{d}t) \tag{9.12}$$

上述 $R(t)$，$F(t)$，$f(t)$，$\lambda(t)$ 是可靠性的四个基本描述指标，它们之间的相互关系见表9-3，只要知道其中一个特征量的值，便可求得其余三个特征量。

表9-3　可靠性特征量中四个基本指标之间的函数关系

基本函数	$R(t)$	$F(t)$	$f(t)$	$\lambda(t)$
$R(t)$	—	$1-F(t)$	$\int_t^\infty f(t)\mathrm{d}t$	$\exp(-\int_0^t\lambda(t)\mathrm{d}t)$
$F(t)$	$1-R(t)$	—	$\int_0^t f(t)\mathrm{d}t$	$1-\exp(-\int_0^t\lambda(t)\mathrm{d}t)$
$f(t)$	$-\frac{\mathrm{d}R(t)}{\mathrm{d}t}$	$\frac{\mathrm{d}F(t)}{\mathrm{d}t}$	—	$\lambda(t)\exp(-\int_0^t\lambda(t)\mathrm{d}t)$
$\lambda(t)$	$-\frac{\mathrm{d}\ln R(t)}{\mathrm{d}t}$	$\frac{1}{1-F(t)}\frac{\mathrm{d}F(t)}{\mathrm{d}t}$	$\frac{f(t)}{\int_t^\infty f(t)\mathrm{d}t}$	—

通常，失效（故障）率函数一般有三种类型，分别为随时间的增加而增长型、随时间的增加而下降型、与时间无关型。对应于上述三种失效函数的形态，失效率曲线一般可分为以下三种曲线，即递减型失效率（decreasing failure rate，DFR）曲线、恒定型失效率（constant failure rate，CFR）曲线和递增型失效率（increasing failure rate，IFR）曲线。通过对设备故障进行研究，可以发现大部分机械设备故障率曲线并非简单遵循以上某一种类型，而是由这三种曲线共同复合构成，如图9-1所示。由于其形状很像浴盆，故通常称为“浴盆曲线”。按照这种故障曲线，设备故障率随时间的变化大致分早期失效期、偶发失效期和耗损失效期三个阶段，基本上概括了产品使用寿命的三个不同阶段和时期。

第一，早期失效期。早期失效期对于机械产品又叫磨合期。在此期间，开始时的故障率很高，但随着时间的推移，故障率迅速下降，逐渐进入稳定阶段。此期间发生的故障主要是设计、制造、加工、装配等环节存在的缺陷所致，这种故障可用

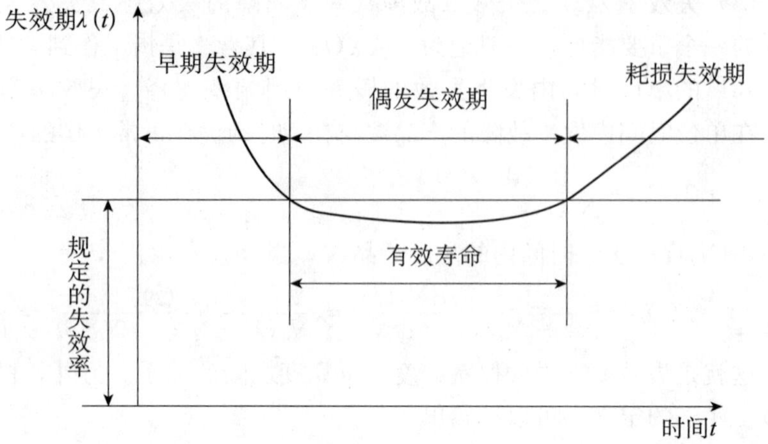

图9-1　浴盆曲线

厂内试验的办法来消除。

第二，偶发失效期。进入偶发失效期，设备故障率大致处于稳定状态。在此期间，故障发生是随机的，故障率低且稳定，是设备的正常工作期或最佳状态期，因此这个阶段又叫正常工作期。在此期间发生的故障多是过载、碰撞等使用不当及维修不力等行为所致，这种失效很难预测什么时候发生，不过可以通过提高设计质量、改进管理和维护保养使故障率降低。

第三，耗损失效期。在设备使用后期，由于设备零部件的磨损、疲劳、老化、腐蚀等，故障率再度上升。如能预知损耗开始的时间，通过加强维修，在此时间开始之前就及时进行大修，将陈旧损坏的零件更换下来，可经济有效地降低故障率，从而延长可维修的设备与系统的有效寿命。

3. 寿命特征量

寿命是指产品能够正常履行规定功能的时间长度。其基本含义与人的寿命类似，当产品不能工作了就称其为失效。产品在工作过程中出现失效的时刻是随机的，因而产品寿命是一个随机变量。在不同场合，寿命分别可用平均寿命、可靠寿命、中位寿命和特征寿命等不同特征量来进行表征。

（1）平均寿命。在寿命特征量中，最常用的是平均寿命。对不可维修产品和可维修产品，平均寿命的含义是不同的。对不可维修产品，寿命是指它失效前的工作时间。因此，平均寿命是指一批同类产品从开始使用直到失效前的工作时间的平均值，也称为平均失效（故障）前时间或首次故障前平均时间，常用MTTF（mean time to failure）表示。而对可维修产品而言，则是指产品两次相邻故障之间的工作时间平均值，即平均故障间隔时间或称为平均无故障工作时间，而不是指整个产品报废的时间，一般常用MTBF（mean time between failure）表示。

根据数学期望的定义，若已知产品的失效概率密度函数 $f(t)$，对于不可维修产品，其平均寿命可写为：

$$MTTF=\int_0^\infty tf(t)\mathrm{d}t \tag{9.13}$$

引用 $f(t)=-\frac{\mathrm{d}R(t)}{\mathrm{d}t}$，上式可化为：

$$MTTF=-\int_0^\infty t\mathrm{d}R(t)$$

$$=-tR(t)\Big|_0^\infty+\int_0^\infty R(t)\mathrm{d}t \tag{9.14}$$

引用时间条件：当 $t=0$ 时，$R(0)=1$；当 $t\to\infty$ 时，$R(\infty)=0$，且 $\lim\limits_{t\to\infty}tR(t)=0$，由此，式（9.14）可化为：

$$MTTF=\int_0^\infty R(t)\mathrm{d}t \tag{9.15}$$

当 $\lambda(t)$ 为常数，$\lambda(t)=\lambda$ 时，$R(t)=\exp\left(-\int_0^t\lambda(t)\mathrm{d}t\right)=\mathrm{e}^{-\lambda t}$，则式（9.15）可化为：

$$MTTF=\int_0^\infty R(t)\mathrm{d}t=\int_0^\infty \mathrm{e}^{-\lambda t}\mathrm{d}t=\frac{1}{\lambda} \tag{9.16}$$

对于可维修产品，其平均寿命 $MTBF$ 的数学表达和 $MTTF$ 相同，即

$$MTBF=\int_0^\infty R(t)\mathrm{d}t \tag{9.17}$$

当 $\lambda(t)$ 为常数时，有

$$MTBF=\frac{1}{\lambda} \tag{9.18}$$

用频率表示，在数据完整情况下，对于不可维修产品，$MTTF$ 也可用产品失效前总工作时间与产品总数之比来近似表示，即

$$MTTF=\frac{\sum\limits_{i=1}^{N_0}t_i}{N_0} \tag{9.19}$$

式中，t_i 为第 i 个产品的失效前工作时间；N_0 为参加试验或投入使用的产品总数。

（2）可靠寿命。产品的可靠度是时间的关系函数。当已知可靠度函数后，可以求得任意时间内可靠度的值；反之，若给定了可靠度值，也可以求得相应的工作时间。可靠寿命就是指可靠度为给定值 R 时产品对应的工作寿命，一般以 T_R 表示。

（3）中位寿命。中位寿命是指可靠度 $R=50\%$ 时的产品可靠寿命，又称寿命中位数，用 $T_{0.5}$ 表示。当产品工作到中位寿命时，产品中将有半数失效，即可靠度与累积失效概率均等于 0.5。

（4）特征寿命。特征寿命是指可靠度 $R=\mathrm{e}^{-1}\approx 0.368$ 时的产品可靠寿命，用 $T_{\mathrm{e}^{-1}}$ 表示。

4. 维修性特征量

对于可维修产品，只考虑其发生失效（故障）的概率显然是不合适的，还应考

虑产品的维修性。维修性是指对于可维修产品在规定条件下和规定时间内完成修复的可能性。维修性特征量一般包括维修度、平均维修时间和修复率三个指标。

（1）维修度。维修度（maintain ability）是衡量产品修复可能性的指标，其定义为对可维修产品在发生失效（故障）后，其在规定条件下进行修理时，于规定时间内完成修复的概率，一般记为 $M(t)$ 。维修度是用概率表征产品的维修难易程度。完成维修的概率是与时间俱增的，是对时间累积的概率。因此，维修度也是时间的函数，故又称为维修度函数，它表示当 $t=0$ 时，处于失效（故障）状态的全部产品在 t 时刻前经维修后有百分之多少恢复到正常功能的累积概率。

在维修性工程中，还有维修密度函数 $m(t)$ 、修复（维修）率 $\mu(t)$ ，其相互关系为：

$$M(t)=1-e^{-\int_0^t \mu(t)dt} \tag{9.20}$$

$$m(t)=\mu(t)e^{-\int_0^t \mu(t)dt} \tag{9.21}$$

（2）平均维修时间。平均维修时间（mean time to repair，MTTR）是指可维修产品的平均修理时间。根据数学期望定义，有

$$MTTR=\int_0^{\infty}(1-M(t))dt \tag{9.22}$$

当维修率 $\mu(t)$ 为常数，$\mu(t)=\mu$ 时，有

$$MTTR=\frac{1}{\mu} \tag{9.23}$$

（3）修复率。修复率 $\mu(t)$ 是指维修时间已达到某一时刻但尚未维修的产品在该时刻后的单位时间内完成维修的概率，由式（9.20）和式（9.21）可得

$$\mu(t)=\frac{m(t)}{1-M(t)} \tag{9.24}$$

若 $M(t)$ 服从指数分布，则修复率 $\mu(t)$ 是平均维修时间 $MTTR$ 的倒数，即

$$\mu(t)=\frac{1}{MTTR} \tag{9.25}$$

5. 有效性特征量

有效性也称可用性，是表示可维修产品在规定的条件下（包括产品的工作条件和维修条件）使用时具有维持规定功能的能力。它是综合反映可靠性和维修性的一个重要概念，反映了可维修产品的使用效率。对许多产品尤其是军工产品来说，有效性是至关重要的。有效性特征量一般包括有效度、系统有效性等指标。

（1）有效度。有效度（availability）又称可利用度或可利用率（利用率），由可靠性和维修性两部分综合组成，是指可维修产品在规定的条件下使用时，在某时刻 t 具有（或维持）其功能的概率。对于可修复产品，当发生故障时，只要在允许的时间内修复后又能正常工作，则其有效度与单一可靠度相比，增加了正常工作的概率。对于不可修复产品，有效度仅决定于且等于可靠度。

有效度是关于时间的函数，因此又称有效函数，一般记为 $A(t)$ 。根据内容的不同，它主要可分为以下多种形式。

1）瞬时有效度。瞬时有效度（instantaneous availability）是指在某一特定瞬间时刻，可维修产品保持正常工作使用状态或功能的概率，又称瞬时利用率，记为 $A(t)$。它只反映在 t 时刻产品的有效度，而与 t 时刻以前是否失效无关。瞬时有效度常用于理论分析，不便于在工程实践中应用。

2）平均有效度。平均有效度（mean availability）是指可维修产品在时间区间 $[0, t]$ 内的平均有效度，是瞬时有效度 $A(t)$ 在区间 $[0, t]$ 的平均值，记为 $\overline{A}(t)$。

$$\overline{A}(t) = \frac{1}{t}\int_0^t A(t)\mathrm{d}t \tag{9.26}$$

产品在执行任务期间 $[t_1, t_2]$ 内的平均有效度，又称任务有效度，即

$$\overline{A}(t_1, t_2) = \frac{1}{t_2 - t_1}\int_{t_1}^{t_2} A(t)\mathrm{d}t \tag{9.27}$$

它表示产品在任务期间 $[t_1, t_2]$ 内可以使用的时间在时间区间 $[t_1, t_2]$ 中所占的比例。

3）稳态有效度。稳态有效度（steady availability）又称时间有效度（time availability）或工作时间比（up time ratio，UTR），记为 $A(\infty)$ 或 A。它是指时间趋向于无穷时的瞬时有效度 $A(t)$ 的极限值，即

$$A = \lim_{t\to\infty} A(t) \tag{9.28}$$

由于稳态有效度是人们最关心的产品在长时间使用的有效度，因此它也可用下式表示：

$$A = \frac{\text{可工作时间}}{\text{可工作时间}+\text{不能工作时间}} = \frac{U}{U+D} \tag{9.29}$$

式中，U 为可维修的系统、机器、设备或部件等产品平均能正常工作的时间；D 为产品平均不能工作的时间。

此外，它也可用下式表达：

$$A = \frac{MTBF}{MTBF + MTTR} \tag{9.30}$$

式中，$MTBF$ 为产品平均无故障工作时间；$MTTR$ 为产品平均修理时间。

当可靠度 $R(t)$ 与维修度 $M(t)$ 均为指数分布，且 $MTBF = 1/\lambda$，$MTTR = 1/\mu$ 时，有

$$A = \frac{MTBF}{MTBF + MTTR} = \frac{\mu}{\mu + \lambda} \tag{9.31}$$

由式（9.31）可知，增大有效度的途径是增大 $MTBF$ 并减小 $MTTR$。

对于稳态有效度，从内容上又可进一步划分为固有有效度、工作有效度和使用有效度三种形式。

4）固有有效度。对于事后维修，固有有效度可表示为：

$$A = \frac{MTBF}{MTBF + MADT} \tag{9.32}$$

式中，$MTBF$ 为产品平均无故障工作时间；$MADT$ 为产品平均实际不能工作时间。

对于预防维修，即产品或系统故障发生之前进行的维修（如检查、更换、修理、调整等），在产品进入损耗期之前进行定期的更换、维修，或者采用状态监测、故障诊断，根据故障的预兆采取的预防措施，则其固有有效度表示应将上式中的 $MADT$ 替换为平均维修时间（mean time to maintenance，MTTM），即

$$A=\frac{MTBF}{MTBF+MTTM} \tag{9.33}$$

此外，固有有效度也可表示为：

$$A(t_1,t_2)=\frac{MTBM}{MTBM+MTTM} \tag{9.34}$$

式中，$MTBM$ 为两次维修间平均时间。

5）工作有效度。当我们考虑到产品的使用和维修管理水平、后勤保障、服务质量时，就会在时间序列中出现平均等待时间（mean wait time，MWT），即除故障维修外的设备（产品）停机时间。这时从实际出发，可用工作有效度（operational availability）来对稳态有效度进行度量。此时，工作有效度可用下式表示：

$$A_0=\frac{\text{工作时间}}{\text{工作时间}+\text{总不能工作时间}}=\frac{MTBF}{MTBF+MTTM+MWT} \tag{9.35}$$

6）使用有效度。使用有效度（use availability）可表示为：

$$A_u=\frac{\text{工作时间}+\text{平均等待时间}}{\text{工作时间}+\text{总不能工作时间}}=\frac{MTBF+MWT}{MTBF+MTTM+MWT} \tag{9.36}$$

对于上述各种有效度，不宜统称为有效度，而应具体说明是何种形式的有效度，并根据系统、机器、设备等产品的不同情况来选用。

（2）系统有效性。系统有效性（system effectiveness）是综合了有效度 A、可靠度 R、完成功能概率 P（performance）（或能力 C 或设计适用性 D）等的一个综合尺度，是系统开始使用时的有效度、使用期间的可靠度和功能的乘积。有效性 E 可表示为：

$$E=ARP \tag{9.37}$$

如果还考虑费用，则可用费用有效度来表示。若采用“费用/E”“费用/$MTBF$”作为费用有效性的尺度，则希望达到最小；而采用“E/费用”作为费用有效性的尺度时，则希望达到最大。

6. 重要度和复杂度

（1）重要度。若干个部件组成的系统中，每个部件并非同等重要，在可靠性分析中，一般将各部件在系统中的重要程度进行定量描述。重要度一般用 ω_j 表示，指的是系统中某设备发生故障而引起的系统故障次数占整个系统故障次数的比率，即

$$\omega_j=\frac{\text{第 } j \text{ 个部件故障而引起系统故障的次数}}{\text{整个系统所有部件发生故障的总次数}} \tag{9.38}$$

显然，$0\leqslant\omega_j\leqslant1$。这个重要度是从系统的结构来看的重要程度，因此它是结构重要度。由于该指标能从故障的性质侧面来衡量可靠性，因此可作为产品或系统设计的指标。

(2) 复杂度。复杂度 c_i 可以简单地用分系统的基本构件数占整个系统的构件数的比率来表示，即

$$c_i = \frac{n_i}{N} = \frac{n_i}{\sum_{i=1}^{k} n_i} \tag{9.39}$$

式中，n_i 为第 i 个分系统的构件数；N 为系统的构件总数；k 为分系统数。

二、可靠性中常用的失效分布函数

在可靠性研究中，产品的失效分布（寿命分布）是许多可靠性特征量及其统计推断方法的基础。若已知失效分布函数，则相应的可靠度函数、失效概率分布函数、失效率函数以及各种寿命特征值均可求得。即使具体的分布函数不清楚，但只要已知失效分布的类型，即可通过参数估计求得这些分布参数的估计值或数字特征值的估计值，从而掌握分布函数或各种可靠性特征量。分布的类型很多，离散型的有 0－1 分布、二项分布、泊松分布、几何分布和超几何分布等，连续型的有正态分布、指数分布、威布尔分布、伽马分布等。下面主要介绍三种常见分布：正态分布、指数分布、威布尔分布。

1. 正态分布

正态分布（normal distribution）又称高斯分布（Gaussian distribution）。在可靠性工程中是一种应用很广的双参数分布，经常用于材料强度、磨损寿命、疲劳强度以及难以判断其分布的场合。若某产品失效（故障）概率密度函数 $f(t)$ 为：

$$f(t) = \frac{1}{\sigma\sqrt{2\pi}} e^{-\frac{(t-\mu)^2}{2\sigma^2}}, \quad t \geqslant 0, \mu \geqslant 0, \sigma \geqslant 0 \tag{9.40}$$

则称该产品寿命 t 服从正态分布。

失效概率分布函数（不可靠度）$F(t)$、可靠度函数 $R(t)$、失效（故障）率函数 $\lambda(t)$ 分别为：

$$F(t) = \int_0^t \frac{1}{\sigma\sqrt{2\pi}} e^{-\frac{(t-\mu)^2}{2\sigma^2}} dt \tag{9.41}$$

$$R(t) = 1 - \int_0^t \frac{1}{\sigma\sqrt{2\pi}} e^{-\frac{(t-\mu)^2}{2\sigma^2}} dt \tag{9.42}$$

$$\lambda(t) = \frac{f(t)}{R(t)} \tag{9.43}$$

由于正态分布计算的标准化，可以用数学代换把上式变换成标准正态分布，最后计算时只需查表做简单计算就可得出各参数值。

2. 指数分布

指数分布在可靠性研究中应用最多，大多数电子设备及元器件的寿命分布基本都符合指数分布。若产品的失效（故障）概率密度函数 $f(t)$ 为：

$$f(t)=\lambda e^{-\lambda t},\quad 0\leqslant t,0\leqslant\lambda \tag{9.44}$$

则称该产品寿命 t 服从指数分布。

失效概率分布函数（不可靠度）$F(t)$、可靠度函数 $R(t)$、失效（故障）率函数 $\lambda(t)$ 分别为：

$$F(t)=1-e^{-\lambda t} \tag{9.45}$$

$$R(t)=e^{-\lambda t} \tag{9.46}$$

$$\lambda(t)=\lambda \tag{9.47}$$

指数分布的一个重要性质是无记忆性，又称无后效性。它的含义是，如果某产品的寿命服从指数分布，那么在它经过一段时间 t_0 的工作之后如果仍然正常，则它依然和新的一样，即 t_0 以后的剩余寿命仍然服从原来的指数分布，而与 t 无关（进一步研究说明其具有马尔科夫性）。这个性质说明，寿命分布为指数分布的产品，无论过去工作了多久，其对现在和将来的寿命分布均不会产生影响。其实际意义是，如果产品在 t_0 时刻正常工作，产品寿命分布服从指数分布，则不管该产品以前工作了多久都是不必更换的，也就是说，对于这类产品采用定期拆卸维修是无意义的。在“浴盆曲线”中，它是属于偶发期这一时段的。

3. 威布尔分布

威布尔分布是可靠性理论中的基本分布之一，也是一种比较复杂的分布形式，常用来描述材料疲劳失效、轴承失效等寿命分布。其概率密度函数为：

$$f(t)=\alpha\beta(t-\gamma)^{\beta-1}e^{-\alpha(t-\gamma)^{\beta}},\quad t\geqslant\gamma,\alpha>0,\beta>0 \tag{9.48}$$

则有

不可靠度 $F(t)=1-e^{-\alpha(t-\gamma)^{\beta}}$

可靠度 $R(t)=e^{-\alpha(t-\gamma)^{\beta}}$

故障率 $\lambda(t)=\alpha\beta(t-\gamma)^{\beta-1}$

不同于指数分布只有一个描述参数（$\lambda(t)$，即失效率）、正态分布有两个描述参数（均值 μ，标准差 σ），威布尔分布是用三个参数来描述的，这三个参数分别是尺度参数 α、形状参数 β、位置参数 γ。

（1）尺度参数 α。当形状参数 β 和位置参数 γ 固定时，概率密度曲线的形状基本相同，α 不同时曲线将沿横轴压缩或伸长，相当于横坐标的尺度不同，这就是称它为尺度参数的原因。

若令 $\alpha=1/\eta^{\beta}$，即 $\eta=(1/\alpha)^{1/\beta}$，则 η 为威布尔分布的真尺度参数。将 η 代入密度函数式，并取 $\gamma=0$，可得

$$f(t)=\frac{\beta}{\eta}\left(\frac{t}{\eta}\right)^{\beta-1}e^{-\left(\frac{t}{\eta}\right)^{\beta}},\quad t\geqslant 0,\eta>0,\beta>0 \tag{9.49}$$

$$R(t)=e^{-\left(\frac{t}{\eta}\right)^{\beta}},\quad t\geqslant 0,\eta>0,\beta>0 \tag{9.50}$$

$$F(t)=1-e^{-\left(\frac{t}{\eta}\right)^{\beta}},\quad t\geqslant 0,\eta>0,\beta>0 \tag{9.51}$$

$$\lambda(t)=\frac{\beta}{\eta}\left(\frac{t}{\eta}\right)^{\beta-1},\quad t\geqslant 0,\eta>0,\beta>0 \tag{9.52}$$

显然，当 $\beta=1$ 时，$\lambda(t)=1/\eta$，$\lambda(t)$ 为常数，表明分布变成了指数分布的

形式。

当 $t=\eta$ 时，有 $F(t)=1-e^{-1}=0.632$，这时分布函数 $F(t)$ 变成与 α，β 无关的常数，所以称 $t=\eta$ 为特征寿命。

(2) 形状参数 β。β 是威布尔分布的本质性参数，决定着分布曲线的形状。当 $\beta=1$ 时，威布尔分布是指数分布，所以指数分布是威布尔分布的特例，一般用来描述恒定随机失效阶段的寿命分布；当 $\beta<1$ 时，密度函数曲线随着时间的增加单调下降，常用来描述产品的早期失效阶段的寿命分布；当 $\beta>1$ 时，密度函数曲线有一峰值，常用来描述产品磨损失效阶段的寿命分布。

(3) 位置参数 γ。γ 是曲线起点的位置。一般 $\gamma=0$ 表示产品从 0 时刻开始就有失效的可能；$\gamma>0$ 表示产品经过一段时间后才有失效的可能；$\gamma<0$ 表示产品开始工作就可能已经坏了。在可靠性分析中，γ 具有极限值（例如疲劳极限、强度极限等）的含义，表示产品在 $t=\gamma$ 以前不会失效，在其后才会以一定的概率失效，因此 γ 也称为最小保证寿命。在威布尔分布中 γ 还表示最弱环节的强度。

第 4 节　系统可靠性分析与设计

系统可靠性分析与设计是可靠性研究中的核心内容，其功能在于保证、确定和提高产品系统的可靠性。本节主要介绍系统可靠性模型、FMECA（故障模式、影响与危害性分析）、FTA（故障树分析）等可靠性分析理论以及可靠性设计理论。

一、系统可靠性模型

系统是由许多工作单元组合成的能完成特定功能的有机整体。无论是产品还是设备，都可以描述为系统。在分析、研究系统的可靠性时，系统可靠度的计算取决于系统内各单元的可靠性以及它们之间的相互关系。为了对系统可靠性进行分析、计算，可以用一种框图来表示系统内各单元之间的可靠性逻辑关系，这种逻辑框图及其数学模型即为可靠性模型。

需要指出的是，用来描述系统可靠性模型的系统可靠性逻辑框图与系统原理图是完全不同的概念。原理图表示系统中各部分之间的物理关系，但系统可靠性逻辑框图并不表示系统中各个单元的实际连接关系，而是可靠性之间的逻辑关系，即系统中各部分之间的功能关系。例如，为了获得足够的电容量，常将三个电容器并联。假定选定失效模式是电容短路，则其中任何一个电容短路都可使系统失效。因此，该系统的原理图是并联，而可靠性逻辑框图则应是串联的。

下面主要介绍几种典型的系统可靠性逻辑框图及其可靠性特征量计算方法。为简化问题，先做如下两点假设：

假设 1：认为系统及其组成的各个单元均可能也只能处于两种状态——正常和失效，这种系统或者单元称为双态系统或单元，工程实践中绝大多数研究对象都是这种双态系统，如果没有特别指明，默认是双态。

假设2：各个单元所处的状态是相互独立的，即任意一个单元的状态与其他单元的状态没有关系。

1. 串联模型

组成系统的所有单元中任一单元的故障都将会导致整个系统故障的系统称为串联系统，其所组成的可靠性逻辑框图便称为串联模型，如图9-2所示。在功能特征上，其属于非储备可靠性模型。

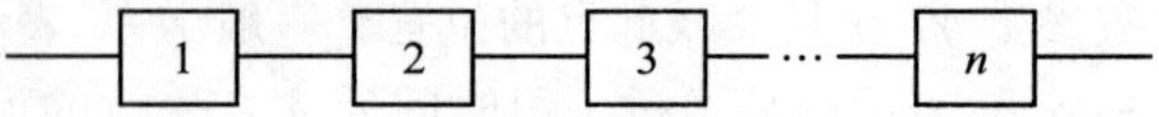

图9-2　串联模型

设第 i 个单元的寿命为 X_i，则其 t 时刻的可靠度为 $R_i(t)=P(X_i>t)$ $(i=1, 2, \cdots, n)$。假设各单元相互独立，则由串联系统定义及其可靠性框图可知，系统寿命 X 等于各单元寿命 X_i 中的最小者，即有

$$\begin{aligned} R_s(t) &= P(X>t)=P(\min(X_1,X_2,\cdots,X_n)>t) \\ &= P(X_1>t,X_2>t,\cdots,X_n>t) \\ &= \prod_{i=1}^{n} P(X_i>t)=\prod_{i=1}^{n} R_i(t) \end{aligned} \tag{9.53}$$

式中，$R_s(t)$ 为系统的可靠度；$R_i(t)$ 为第 i 个单元的可靠度。上式说明，对于串联系统，其构成的单元越多，系统的可靠性就越低。若各单元的寿命分布均为指数分布，即

$$R_i(t)=e^{-\lambda_s(t)}$$

则有

$$R_s(t)=\prod_{i=1}^{n} e^{-\lambda_i(t)}=e^{-(\sum_{i=1}^{n}\lambda_i)t}=e^{-\lambda_s t} \tag{9.54}$$

式中，λ_s 为系统的故障率；λ_i 为第 i 个单元的故障率；$\lambda_s=\sum_{i=1}^{n}\lambda_i$。

2. 并联模型

当构成系统的所有单元都失效时系统才会失效的系统称为并联系统。在功能特征上，它属于工作储备可靠性模型。其可靠性逻辑框图如图9-3所示。

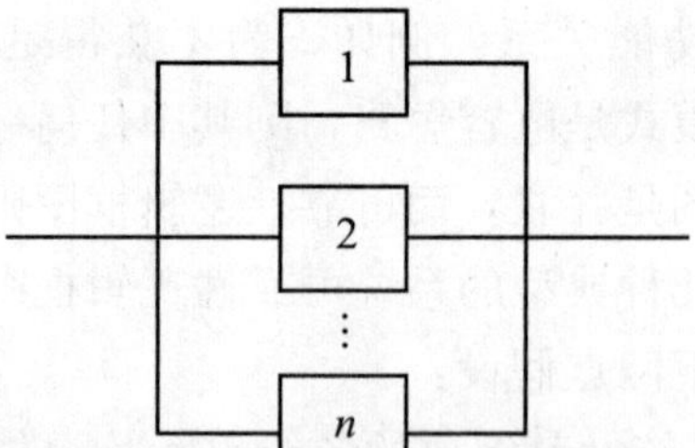

图9-3　并联模型

设第 i 个单元的寿命为 X_i，则其 t 时刻的可靠度为 $R_i(t)=P(X_i>t)(i=1,2,\cdots,n)$。假设各单元相互独立，则由并联系统定义及其可靠性框图可知，系统寿命 X 等于各单元寿命 X_i 中的最大者，即有

$$\begin{aligned}R_p(t)&=P(X>t)=P(\max(X_1,X_2,\cdots,X_n)>t)\\&=1-P(\max(X_1,X_2,\cdots,X_n)\leqslant t)\\&=1-P(X_1\leqslant t,X_2\leqslant t,\cdots,X_n\leqslant t)\\&=1-\prod_{i=1}^{n}(1-R_i(t))\end{aligned}\tag{9.55}$$

式中，$R_p(t)$ 为并联系统的可靠度；$R_i(t)$ 为第 i 个单元的可靠度。

根据可靠度与不可靠度的互补关系，有

$$F_p(t)=1-R_p(t)=1-\{1-\prod_{i=1}^{n}(1-R_i(t))\}=\prod_{i=1}^{n}F_i(t)\tag{9.56}$$

式中，$F_p(t)$ 为并联系统的不可靠度；$F_i(t)$ 为第 i 个单元的不可靠度。

式 (9.56) 说明，系统并联单元越多，其可靠度就越大。读者可以自己考虑各单元的寿命分布均为指数分布情况下的系统可靠度与寿命情况。

3. 串-并混联模型

串-并混联系统是指由串联和并联混合组成的系统，其可靠性逻辑框图如图 9-4 所示。对于这种混联系统，可以用串联和并联原理将混联系统中的串联和并联部分简化成等效单元，如图 9-5 所示。

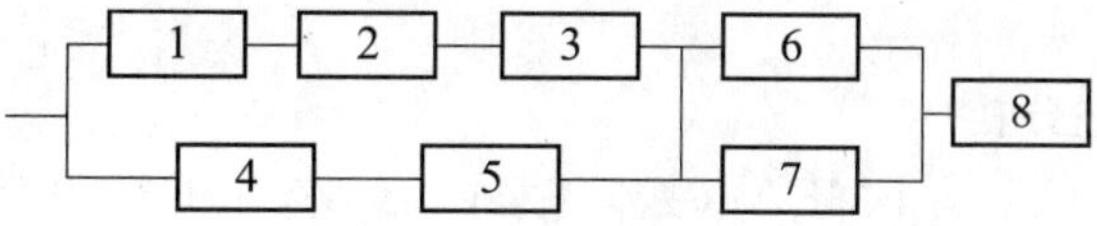

图 9-4　串-并混联模型

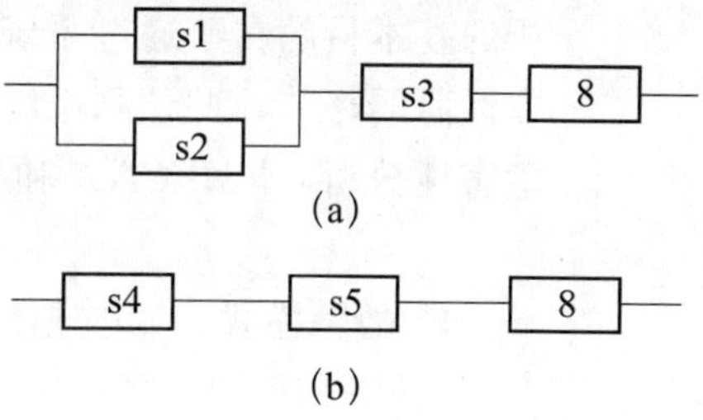

图 9-5　串-并混联等效模型

计算时，先利用串联和并联系统可靠性特征量计算公式求出子系统的可靠性特征量；然后，把每一个子系统作为一个等效单元，得到一个与混联系统等效的串联或并联系统，即可求得全系统的可靠性特征量。

4. 表决模型

组成系统的 n 个单元中，至少有 r 个单元正常工作系统才能正常工作，大于 $n-r$ 个单元失效，系统就失效，这样的系统称为 n 中取 r 表决系统，记为 $r/n(G)$。$r/n(G)$ 系统属于工作储备系统，在工程领域经常遇到。例如，电网电力系统由多台发电机组组成，只要有若干台机组工作，便可保证电网正常供电。

$r/n(G)$ 系统的可靠性就是系统有多于 r 个可靠单元的概率，即少于 $n-r$ 个失效单元的概率。因此，可以把系统中有 0 个失效单元，1 个失效单元，一直到 $n-r$

个失效单元的概率加在一起而得到系统的可靠性。设组成系统的每个单元是同种类型，则系统的可靠度可按二项展开式计算得到：

$$
\begin{aligned}
R_s(t) &= \sum_{i=0}^{n-r}(C_n^i R^{n-i}(t) \times (1-R(r))^i) \\
&= R^n(t) + C_n^1 R^{n-1}(t) \times (1-R(t)) + C_n^2 R^{n-2}(t) \times (1-R(t))^2 \\
&\quad + \cdots + C_n^{n-r} R^r(t) \times (1-R(t))^{n-r}
\end{aligned} \tag{9.57}
$$

式中，n 为系统的单元数；r 为系统正常工作所必需的最少单元数。从上式可以看出，当 $r=1$ 时即为并联模型，当 $r=n$ 时即为串联模型。

5. 复杂系统模型

实际问题中，系统往往是比较复杂的。系统可靠性框图不能分解成上述几种模型的系统，称为复杂系统。

复杂系统可靠度的求解方法主要有布尔真值表法、部件状态图示法、全概率分解法、最小路集法、最小割集法等。其中，前三种仅适用于小型复杂系统，后两种方法则对大型复杂系统十分有效。对于这些方法，读者可参阅有关书籍，在此不做详细介绍。

二、可靠性分析方法

为保证产品的可靠性，设计时应对产品设计方案做可靠性分析。产品可靠性分析的基本目的在于通过系统故障的分析，评估产品可靠性的实际水平和确定产品可靠性薄弱环节，并预测系统的可靠性。常用的可靠性分析方法有故障模式、影响与危害性分析（FMECA）和故障树分析（FTA）。

1. 故障模式、影响与危害性分析

（1）FMECA 的任务。FMECA 是 FMEA（故障模式、影响分析）和 CA（危害性分析）的统称。其中，FMEA 是 CA 的基础，因此对具体产品进行分析时，根据有效数据资源和要求，可以只进行 FMEA 而不再做 CA，但做 CA 工作，必须先做 FMEA。

FMECA 的目的在于查明一切潜在的失效模式，尤其是一切灾难性和后果严重的失效模式，以便通过修改设计或采取某种补救措施，尽早消除或减轻其后果的严重性，从而提高系统的可靠性。因此，其任务主要包括：

1）弄清楚系统的可靠性逻辑关系，并列出全部部件的故障模式和产生原因。

2）分析各故障模式对系统功能造成的影响和后果。

3）判断每种故障模式对系统各功能级别造成的危害度大小，估计危害性发生的概率。

4）提出相应对策和建议，进行更改设计、冗余设计，把潜在的、危害性大的故障消灭在设计阶段。

（2）失效模式。要进行 FMECA 分析，首先必须了解和掌握失效模式。常用的失效模式分类有：

1）基本失效模式。包括提前启动、在规定时刻停机失效、在规定时刻启动失效、运行中失效等。

2）可能发生的失效模式。包括结构失效（破损）、机械卡住（死）、震颤、不能开（关）、误开（关）、内（外）漏、超出允许上（下）限、间断性工作不稳定、漂移性工作不稳定、意外运行、错误指示、流动不畅、错误动作、不能开（关）机、提前（滞后）运行、输出量过大（小）、无输入（出）、电路开（断）、电短路、电泄漏和其他。

（3）FMECA 的分析内容和实施流程。在拟定设计准则、任务要求和初步设计阶段就应进行初步的 FMECA，以便对设计方案进行评定，并对多个设计方案的优缺点进行比较。FMECA 可以迅速暴露比较明显的故障模式并确定单个故障，其中有些故障略加设计更改便可以消除。随着设计工作的进展，应重复进行 FMECA。当系统设计更改用于消除或减少已确定的故障模式的影响时，必须对设计更改的部分重新进行 FMECA，以保证能充分考虑到设计更改部分的所有潜在故障模式。

FMECA 应按系统、分系统、子系统的构成模式分级进行。分析内容一般包括：各种失效模式，失效原因，失效对失效发生体本身的直接影响，失效对产品或系统的影响，消除失效的方法，改进对策，预计修理时间，失效损失的估计，严重程度评价及分级等。基于上述分析内容，FMECA 的实施一般可归纳为系统定义、FMEA、CA 三个不同阶段，具体实施流程如图 9-6 所示。

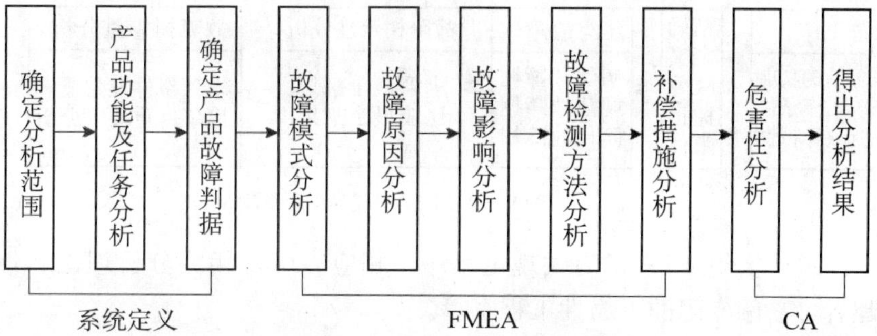

图 9-6　FMECA 一般实施流程

关于实施 FMECA 的有关规定程序、相应表格及相关过程参数计算方法，有兴趣者可参阅专门的可靠性工程书籍。

（4）FMECA 实施注意事项。

1）应强调“谁设计，谁分析”原则，即产品设计人员应负责完成该产品的 FMECA 工作，可靠性专业人员提供分析必需的技术支持。

2）应保证 FMECA 工作的协同性、规范性、充分性、有效性，即 FMECA 工作与设计工作应同步进行，将 FMECA 结果及时反馈给设计过程；分析工作应严格执行 FMECA 计划、有关标准/文件的要求；对被分析对象，应尽力找出所有可能的功能或工艺故障模式、原因和影响等；对分析提出的改进、补偿措施的实现予以跟踪和分析，以验证其有效性。这种过程也是积累 FMECA 工程经验的过程。

3）应注意对 FMECA 的剪裁和评审，即应用主体在实施过程中不能教条化，而应根据具体的产品特点和任务对 FMECA 的分析步骤、内容进行补充、剪裁，并在相应文件中予以明确。

2. 故障树分析

故障树分析（FTA）方法由贝尔电话研究所的沃森（H. A. Watson）于 1961 年提出，指的是从事故开始，按照事件因果关系逆时序分析，最后找出事故起因的一种图形演绎方法，又称为事故的逻辑框图分析法。FTA 是一种具有较强综合性的系统可靠性分析方法，能将硬件、软件、环境和人因等各种与产品功能发挥有关的因素都纳入分析范畴，广泛应用于航空、核能、电子、机械、化工、武器、船舶和采矿等领域。

（1）FTA 的任务。揭示事故起因和发生的各种潜在因素，实现对事故发生的系统预测和控制。在设计阶段，这可以帮助判明潜在故障，进而发现设计薄弱环节，以改进设计；在使用维修阶段，其可以指导故障诊断，以便改进使用和维修方案，或提供优化设计方案。

（2）FTA 的分析内容和实施流程。FTA 的分析内容主要包括故障树的构建、最小割集的求解、顶事件发生概率的求解、基本事件重要度分析、提出改进措施等。基于上述分析内容，FTA 的实施一般可归纳为系统分析、故障树构建、故障树分析三个不同阶段，具体实施流程如图 9－7 所示。

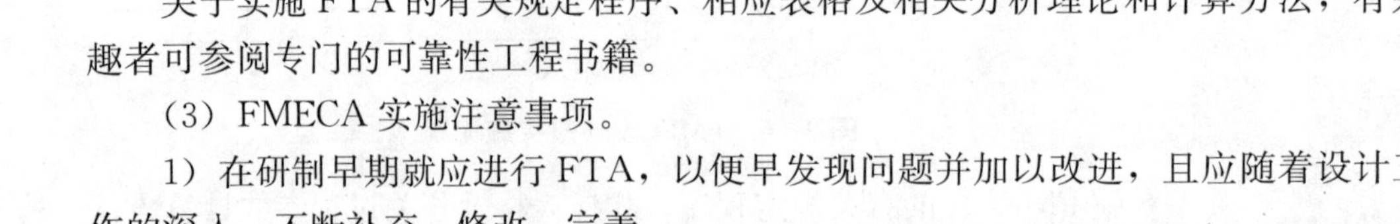

图 9－7　FTA 一般实施流程

关于实施 FTA 的有关规定程序、相应表格及相关分析理论和计算方法，有兴趣者可参阅专门的可靠性工程书籍。

（3）FMECA 实施注意事项。

1）在研制早期就应进行 FTA，以便早发现问题并加以改进，且应随着设计工作的深入，不断补充、修改、完善。

2）谁设计，谁分析。故障树应由设计人员在 FMEA 基础上建立。可靠性专业人员进行协助、指导，并由有关人员审查，以保证故障树逻辑关系的正确性。

3）应与 FMEA 工作相结合。需通过 FMEA 找出影响安全及任务成功的关键故障模式（即Ⅰ、Ⅱ类严酷度的故障模式）作为顶事件，建立故障树进行多因素分析，找出各种故障模式组合，为改进设计提供依据。

三、可靠性设计

产品的可靠性是设计出来的，生产出来的，管理出来的。实践证明，产品的可靠性首先是设计出来的。可靠性设计的优劣对产品的固有可靠性具有重大影响，设计一旦完成，产品的固有可靠性就基本确定下来了。可靠性设计质量不佳，必然导致产品可靠性的"先天不足"，在后续的制造和使用阶段，无论采用何种措施，都无法提高产品的可靠性。因此，可靠性设计决定了产品的"优生"，是可靠性工程的最重要阶段。

1. 可靠性设计的内涵

（1）可靠性设计的概念。可靠性设计是指在遵循系统工程规范的基础上，通过一系列分析与设计等可靠性专门技术和措施的采用，以在产品性能、可靠性、费用等方面要求之间取得最优效益的设计过程。因此，我们不能把可靠性设计简单地理解为只是提高产品的可靠性，而应当理解为要在产品的性能、可靠性、费用等各方面要求之间进行综合权衡，从而得到最优设计的一个综合活动过程。

（2）可靠性设计的目的和任务。

1）可靠性设计的目的是在综合考虑产品的性能、可靠性、费用和时间等因素的基础上，通过采用相应的可靠性技术，使产品在寿命周期内符合所规定的可靠性要求。

2）可靠性设计的基本任务是在可靠性物理学研究的基础上，结合可靠性试验及可靠性数据的统计与分析，提出可供实际设计计算的数学物理模型和方法，以便在产品设计阶段就能规定其可靠性指标，或估计、预测产品及其主要零部件在规定的工作条件下的工作能力状态或寿命，保证所设计的产品具有所需要的可靠度。也就是说，可靠性设计的主要任务就是通过设计，有效预防和消除产品潜在隐患和薄弱环节，基本确定和实现产品的固有可靠性。说"基本实现"，是因为在以后的生产制造过程中还会影响产品的固有可靠性。该固有可靠性是系统所能达到的可靠性上限，所有其他因素（如维修性设计等）只能保证系统的实际可靠性尽可能地接近固有可靠性。可靠性设计一般包含两种情况：一种是按照给定的目标要求进行设计，通常用于新产品的研制和开发；另一种是对现有定型产品的薄弱环节，应用可靠性的设计方法加以改进、提高，达到可靠性增加的目的。

（3）可靠性设计的主要内容。可靠性设计是为了在设计过程挖掘和确定隐患及薄弱环节，并采取设计预防和设计改进措施，以有效地消除和控制隐患及薄弱环节。其主要内容概括起来包括以下几个方面：

1）建立可靠性模型，进行可靠性指标的预计和分配。可靠性预计和分配是可靠性设计的重要环节。为了选择方案，预测产品的可靠性水平、找出薄弱环节，以及逐步合理地将可靠性指标分配到产品的各个层次上去，就必须在产品的设计阶段，反复多次进行可靠性指标的预计和分配。

2）进行各种可靠性分析。为了发现和确定产品薄弱环节，必须对产品进行可靠性分析。可靠性分析的内容和方法主要包括FMEA、FMECA、FTA（故障树分析）、热分析、容差分析等。

3）采取各种有效的可靠性设计方法，并将各种可靠性设计方法同产品的性能设计工作结合起来，以在满足产品的可靠性要求基础上实现综合效益的最大化。

2. 可靠性设计方法

现代产品的结构异常复杂，往往包括成千上万个零部件。其中有些零部件发生故障后会带来严重后果，但有些零部件的故障只会带来轻微的影响；有些零部件发生故障后会直接影响产品的使用功能，有些零部件发生故障后并不影响产品的使用功能。因此，在进行可靠性设计时，应根据产品及其组成部分对故障的敏感度采取不同的设计方法。

（1）预防故障设计法。预防故障设计法是由经验积累产生的可靠性设计方法。它一般按下列原则进行：有效利用过去的经验与实验数据，如采用过去行之有效的结构设计、优化参数等；尽量简化结构，减少产品组成环节，因为产品的结构越复杂，零部件越多，越容易引发故障；多采用经过时间考验的标准化、通用化零件；在设计中应力求使产品检修、调整、更换等作业方便易行，应能防止误操作；应力求高度优化所用材料与关键零部件的可靠性；充分运用失效分析获得的可靠性数据，并及早反馈给有关部门，为可靠性设计和可靠性管理提供改进方向。

（2）冗余设计。冗余设计是以功能的重复结构确保局部发生故障时产品系统不丧失功能的设计方法。也就是说，在产品结构中，并联具有相同功能的备用部分，当主工作部分发生失效时，用备用部分来替换以继续维持产品系统的功能发挥。冗余设计可以提高产品的可靠性，但也会带来消极影响，因为冗余措施会使产品的重量、体积和成本增加。

（3）减荷设计。减荷设计是指为了改进可靠性，减轻产品内部应力的设计方法。具体方法是：在通过加速寿命试验掌握了载荷极限之后，以此极限值为界限，将使用应力分成若干级进行减荷，以确保产品或系统的可靠性要求。采用减荷设计时，应注意以下几点：要从体积、重量等方面找到最适宜的负荷减少量或最佳减荷系数；要考虑冲击载荷的影响；不要把负荷减少到零部件的最低负荷下；一般的负荷减轻量宜取额定负荷的20%～30%。

（4）耐环境设计法。为保证产品规定的可靠性要求，应调查产品在寿命周期内的使用环境条件，从而做出对环境有充分耐力的设计，以免产品在未曾考虑的环境条件下工作时发生失效，这也是可靠性设计的重要内容之一。影响产品可靠性的环境条件是广泛的，下面主要以温度、湿度、振动三种环境条件说明耐环境设计的基本方法。

1）耐温设计。温度变化是使产品可靠度下降的主要原因之一，耐温设计的基本要求是保证产品的内部温度分布均匀并且不超过正常工作的环境温度。可以采取的具体方法有：对温度敏感的零件配以温度调控装置；采用散热性好的结构和热稳定性好的零部件；采用热流路径短的结构；等等。

2）耐湿设计。湿度过大往往使机械产品氧化生锈，降低机械产品的工作精度，对电子产品则往往会破坏元器件的绝缘性能，造成失效。因此，为保证产品或系统的可靠性，应对产品进行耐湿设计。一般情况下，可采用的措施有：采用表面经耐湿处理的材料；采用防锈、防腐材料；采用防蚀处理；等等。

3）耐振设计。振动可以改变和破坏零部件之间的原有结合情况，是使产品发生失效的主要原因之一。进行耐振设计可以考虑以下措施：放置产品的场所必须进行振动性评价；使用隔振结构；零件的布置要考虑耐振性；防止采用会出现共振的结构；采用人因工程设计法；等等。

（5）人因工程设计法。产品一般要由人来操纵，如果产品的结构和布局容易使人疲劳，产生判断失误，就会使产品的可靠性降低。因此，要在可靠性设计中考虑人的因素，处理好人机之间的关系，此即一般所说的人因工程设计。在人因工程设计中，要尽量符合人体工程学，使人不发生判断和操作失误，包括开辟行动所必需的空间，考虑照明、颜色、光亮的配合，注意温度、湿度、通风、灰尘等环境条件，保证能准确操作的结构，产品的大小、形状、高度要适宜等。

（6）安全设计法。安全设计法是提高产品固有可靠性和固有安全性的设计方法。安全性设计的种类很多，常用的有异常警报装置设计、安全装置设计、故障检（监）测装置设计等。异常警报装置设计是一种附加异常显示装置的设计方法，在发生故障时会自动发出警报；安全装置设计是指当产品及其组成部分发生故障时，由附加的安全装置执行安全作业，以阻止事故发生的设计方法；故障检（监）测装置设计是指在产品结构中附加检（监）测系统装置以检查出显在故障或潜在故障的设计方式。

3. 可靠性预计和分配

可靠性预计和分配是可靠性设计中的两个重要内容，它在系统设计的各阶段（如方案论证、初步设计及详细设计阶段）要反复进行多次，如图 9－8 所示。其中，可靠性预计是根据产品最基本的元器件或零部件的可靠性数据及相互结构关系来推测产品可达到的可靠性水平的活动过程，是一个自下而上的综合过程；可靠性分配则是产品要求的可靠性指标，将其分配到每一个元器件或零部件的活动过程，是一个自上而下的综合过程。

（1）可靠性预计。可靠性预计具体可分为单元可靠性预计和系统可靠性预计，下面主要对系统可靠性预计的一般步骤和常用方法进行简要介绍。

1）系统可靠性预计的一般步骤。

第一步：熟悉系统工艺流程，分析元器件之间的物理关系和功能。

第二步：根据系统和子系统、子系统和元器件的功能关系，画出逻辑框图。

第三部：确定元器件的失效率或者不可靠度。

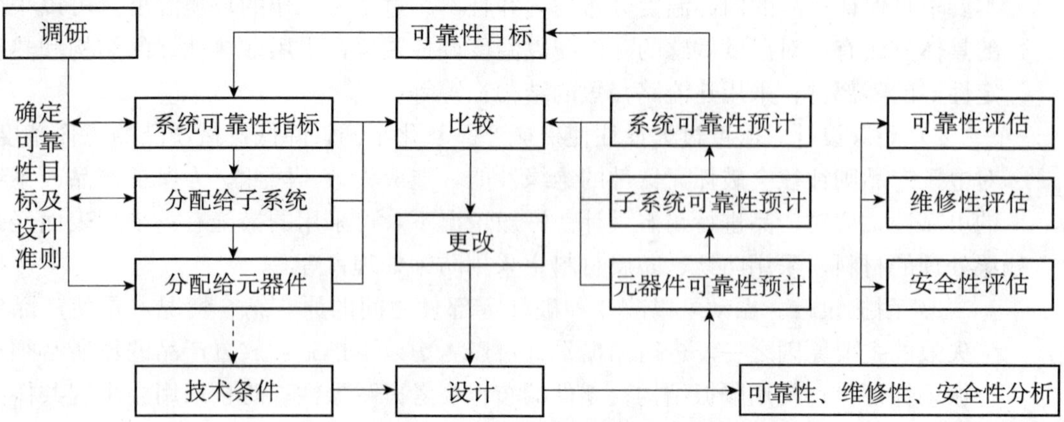

图9-8 可靠性预计和分配流程

第四步：建立数学模型。

第五步：按元器件、子系统、系统顺序进行可靠性预计。

第六步：列出可靠性预计的参考数据。

第七步：得出预计结论。

2）系统可靠性预计常用方法。为了达到预计的及时性，在设计的不同阶段及系统的不同级别，采用的预计方法往往不同。常用的系统可靠性预计方法主要包括元件计数法、上下限法（边值法）、数学模型法、应力分析法等。关于各种可靠性预计的具体数学模型，有兴趣者可参阅专业的可靠性工程书籍。

（2）可靠性分配。可靠性分配的目的就是使各级设计人员明确产品可靠性设计的要求，将产品的可靠性定量要求分配到规定的层次中去，使整体和部分的可靠性定量要求协调一致，并把设计指标落实到产品相应层次的设计人员身上，以保证可靠性指标的实现。

1）可靠性分配的一般步骤。

第一步：明确系统可靠性参数指标要求。

第二步：分析系统特点。

第三步：选取可靠性分配方法。

第四步：进行可靠性分配。

第五步：验算可靠性指标要求，调整优化。

2）可靠性分配常用方法。在进行可靠性分配时，一般遵循以下原则：对复杂度高的组成单元，应分配较低可靠性指标；对技术上不成熟单元，应分配较低可靠性指标；对处于恶劣环境的工作单元，应分配较低可靠性指标；对需长时间工作单元，应分配较低可靠性指标；对重要度高单元，应分配较高可靠性指标。常用的分配方法有等分配法、再分配法、综合评分分配法、阿林斯分配法、代数法（AGREE法）、成本最小分配法等。关于各种可靠性分配方法的具体数学模型，有兴趣者可参阅专业的可靠性工程书籍。

第5节 可靠性管理

可靠性工作包括可靠性技术与可靠性管理两个方面。要使产品在设计、制造、使用、维护过程中体现并维持规定的可靠性指标，最大限度地发挥投入可靠性工作中的资源的效益，就必须依靠可靠性管理去规划、组织、协调、控制与监督。也就是说，可靠性技术必须要通过可靠性管理的实施，这样才能达到提高产品可靠性水平的目的。可靠性管理是质量管理的一项重要内容，在所有可靠性活动中处于领导地位。

一、可靠性管理与质量管理的关系

产品的质量指标是一个综合指标，它包含了可靠性指标，可靠性是产品质量的一个重要特性。但是在管理层面，可靠性管理和质量管理是两个不同的概念。

传统意义上，质量管理可以认为是对产品在 $t=0$ 时的质量进行的管理，即按照设计进行制造，通过质量管理完善其制造质量。而可靠性管理则是对产品在 $t\geqslant 0$ 时的可靠性质量进行的管理，是以改进产品设计包括其准备工作的可靠性而进行的管理。另外，产品质量管理是以产品的生产过程为中心，控制和保证产品的性能以满足产品图纸设计的要求，并以产品出厂的合格品率等质量指标进行评定；而可靠性管理则是通过产品试验和现场使用取得的信息，以可靠性设计、可靠性试验等手段来预防故障的发生，从而保证可靠性目标的实现。

不过，随着质量管理理论的发展，现代质量管理可以认为是传统质量管理与可靠性管理二者的结合，它包含以下三个过程内容：在研究和设计阶段，运用固有技术和可靠性技术，奠定产品的固有可靠性；在生产阶段，运用质量管理手段与技术，使制造质量接近或达到设计水平；在使用阶段，则把维修、维护与质量反馈活动有机地结合起来。

二、可靠性管理的内容

可靠性管理的内容很多，在宏观管理层面（即国家级管理层面）包括可靠性管理机构的建立、检查监督机构的建立、可靠性标准化机构的建立、可靠性研究机构的建立等；在微观管理层面（即企业级管理层面）包括可靠性目标方针的确立、可靠性规划、可靠性教育等，如表 9-4 所示。

表 9-4　可靠性管理的内容

序号	国家级可靠性管理	企业级可靠性管理
1	建立可靠性管理机构；制定可靠性方针政策；制定可靠性管理规划；明确可靠性管理任务和要求等。	建立可靠性管理机构；企业领导及管理机构制定可靠性方针目标、管理规范等。

续前表

序号	国家级可靠性管理	企业级可靠性管理
2	建立产品质量与可靠性认证机构；对企业的管理及产品质量与可靠性水平进行确认等。	建立试验站；制定各种试验的规范和要求；可靠性试验、筛选试验、例行试验、质量及可靠性检验等过程的管理。
3	建立检查监督机构与试验机构；评审产品可靠性；承接可靠性试验业务等。	可靠性研究与设计的管理；相关规范的制定；各种可靠性技术的实施；可靠性成果的评定和技术交流等。
4	建立可靠性数据交换机构；收集可靠性数据与信息资料；发布可靠性数据；出版质量与可靠性信息资料。	生产制造过程中可靠性保证的管理。
5	可靠性标准化机构的建立；可靠性设计、试验、管理以及数学方法等方面的国家基础标准和国家军用标准的制定。	元器件采购清单和审批程序的制定；元器件采购的要求和规定制定；技术协议的签订和管理等。
6	可靠性研究机构的建立；可靠性数学、失效物理学、可靠性管理、可靠性技术的研究和管理。	企业可靠性设计、试验、管理等方面标准、规范及文件的拟制与执行。
7	参加国际会议、技术考察、学术交流；技术引进。	可靠性普及教育；可靠性技术交流活动等。
8	各种学术委员会、学会、协会的学术交流活动；可靠性相关刊物及标准的编写、出版和发行；可靠性管理普及教育。	市场调查；产品现场使用可靠性的调查；产品维修；产品可靠性数据的收集整理、分析及处理等。

三、可靠性数据管理

可靠性数据是可靠性分析与设计的主要依据。研究产品可靠性水平、制定可靠性目标、预计与计算可靠性的特征值以及进行可靠性改进设计等都必须有相应的可靠性数据支持，否则就无法定量地进行可靠性研究和管理工作。

1. 可靠性数据的来源

企业内部的可靠性数据主要来源于企业的各个部门，凡是与产品可靠性有关的部门，如开发设计、工艺、质量、生产、销售、试验等部门都有责任和义务收集并提供相关的可靠性数据。这些数据可以从现场的记录得到，如进厂原料的检验数据、质量检查记录等；有的则要通过可靠性试验专门收集。企业内部的数据大多是属于早期故障的，主要是模拟试验的结果。但是还有很多可靠性数据往往无法从企业内部取得，只能从企业外部来收集。

从企业外部或市场用户收集数据是可靠性数据收集的一大特点。企业生产的产品大量在市场上流通，在用户现场使用。用户现场是产品的实际运行工况和使用条件的基地，许多产品只有在长期运行过程中才能产生大量的可靠性数据，因而由用户提供的可靠性数据最真实、详尽，最能反映实际问题，可以较为真实地反映产品的可靠性水平。

2. 可靠性数据的特点

可靠性数据多数情况下用时间表示，但可靠性数据与其他时间数据相比要复杂得多，主要具有以下两个特点：

（1）可靠性数据是一种特殊类型的数据（特别是抽样数据），需要在一定的理论指导下，采用一定的数学手段才能获得。

（2）可靠性数据是一种高代价数据，因为故障时间类的数据只有在产品发生故障后才能取得，有时还需要通过一批产品的试验才能获得具有代表性的数据。可靠性试验时间越长，耗费就越大，取得数据的代价就越大。

由于以上特点，可靠性数据收集工作开始之前，一定要制定严密的计划，考虑周到，避免遗漏和浪费。

3. 可靠性数据的分类

可靠性数据的分类没有固定的模式，总的原则是数据要齐全、准确。一般可将其分成七类：产品可靠性分析原始数据、产品可靠性分析基础数据、环境条件数据、使用条件数据、质量数据、产品故障数据和可靠性信息数据。

4. 可靠性数据的管理和交换

由于可靠性数据来源广泛，内容丰富，因此，可靠性数据的有效性管理和利用可以有效降低产品成本，缩短产品研制周期，提高系统可靠性，对产品的可靠性工程具有重大意义。

可靠性数据的有效管理和交换，是目前世界各工业发达国家密切关注的工作。现在的可靠性数据管理和交换工作主要是基于计算机网络和公用数据库进行的。通过计算机网络，能最大限度地利用现有技术知识和经验数据，减少或避免企业或社会的人力、财力和时间消耗，还可以不断地自动交换可靠性数据和更新数据。

四、可靠性过程管理

要使规定的产品可靠性指标在产品设计、生产和使用过程中充分体现出来并维持下去，就必须进行全过程的可靠性管理。可靠性管理活动通常是按产品寿命周期阶段划分的，主要有开发设计、生产、销售、使用、维修等阶段。

1. 开发设计阶段的可靠性管理

开发设计阶段可靠性管理的首要问题是明确产品的可靠性要求。在提出一种新的产品方案时，要全面分析用户的需求，从用户出发，提出产品的基本性能、主要特点、主要技术指标以及应得到的可靠性指标，并进行可靠性论证；在论证的基础上，提出正式的产品技术要求。

可靠性设计目标的实现，离不开可靠性设计过程的组织与管理保证。可靠性技术部门的主要任务是负责制定可靠性方针、计划和工作程序，并完成产品的可靠性技术设计工作，如定量的可靠性分析、评定产品的可靠性水平等；可靠性管理部门主要是拟定可靠性目标，制定与实施可靠性控制计划，审查与评审设计方案的可靠性，从管理上保证产品的可靠性；可靠性设计部门的主要任务是在可靠性技术部门的支持下，具体负责产品的设计。

2. 生产阶段的可靠性管理

在生产阶段，影响产品可靠性的因素主要有操作者、原材料、设备、操作方法和环境条件等。这些因素对产品可靠性发生综合作用的过程也就是产品可靠性退化或增长的过程。生产阶段可靠性管理的任务就是建立保证生产出符合设计要求的可靠性产品的管理体系。生产阶段可靠性管理的主要内容有：加强对人员的培训和管理，严格控制人的因素的影响；对设备要建立定期的维修制度，以保证设备的正常运行；对材料供应和流转必须严格选点、严格检验以及合理存放；对影响产品可靠性的关键工艺环节应严格工艺纪律、遵守工艺操作规程；严格控制生产现场的环境条件；对工序质量进行严格控制；加强检验，排除制造缺陷，防止可靠性退化；通过试验筛选出可能发生故障的材料、零件，排除可能导致故障的原因。

3. 销售和服务阶段的可靠性管理

销售和服务是直接面对用户的窗口，在生产和使用之间起桥梁作用，主要的可靠性管理工作为：了解用户对产品的质量要求、不满、故障等情报，并向有关部门反馈；掌握产品的可靠性状况，使用户了解产品正确的选择和使用方法。

为了使用户易于理解，要从用户的立场考虑问题。操作使用说明书应详尽，规定的使用条件和环境要明确，对发生故障的责任范围以及如何处理等都要详细写明。

售后服务的责任是在产品故障发生之前对产品的状态经常进行检查，发生故障后能迅速处理。服务和销售是一体的，能直接收集到有关产品可靠性和维修性的第一手资料，在可靠性管理中占有重要的地位。

4. 使用、维修阶段的可靠性管理

如果说设计阶段奠定了可靠性基础，生产阶段保证了可靠性实现，那么使用、维修阶段则维持了可靠性水平，这是产品寿命周期可靠性工程的重要特点。

受各种因素的影响，在运输、使用、维修过程中会使设计和生产赋予产品的可靠性发生退化，使产品的使用可靠性下降，因此，必须进行严格的管理，防止或减弱这种退化。

产品使用阶段的可靠性与维修性和人机工程等多种因素有关，要保证产品使用的可靠性，应特别重视操作管理、维修管理以及使用可靠性数据的收集和反馈等工作。

五、可靠性标准化

可靠性标准是通过总结可靠性工程与管理的实践经验而制定的，并且要随着理论研究水平的提高、工程技术的发展以及经验的积累而不断地予以修正、补充和完善。它是可靠性工程与管理的基础之一，是指导开展各项可靠性工作使其规范化、最优化的依据和保证。严格按照可靠性标准进行工作，可以提高可靠性管理的科学性，减少盲目性，并能以最少的人力、物力和时间实现既定的可靠性目标。因此，不论是管理者还是工程技术人员，都应认真学习和贯彻可靠性标准。

可靠性标准体系分为三个层次：可靠性基础标准、专业可靠性基础标准、有可靠性要求的产品标准。其中，可靠性基础标准是对可靠性工程与管理具有广泛指导意义的基础标准；专业可靠性基础标准则是指某大类产品公用的可靠性标准；有可靠性要求的产品标准是指各种有可靠性指标要求的具体产品标准。

各种可靠性标准从级别上可分为国家可靠性标准（GB）、国家军用可靠性标准（GJB）和行业可靠性标准；从内容上可分为管理、采购、研制、生产、试验、分析、安装、储运、使用、维修等各个方面的标准；从形式上则有规范、标准、手册等方式表达的可靠性标准。

□ 基本概念

可靠性　reliability
可靠性管理　reliability management
可靠性工程　reliability engineering
故障模式、影响与危害性分析　failure mode effects and criticality analysis，FMECA
故障树分析　failure tree analysis，FTA

□ 思考题

1. 某元件寿命服从指数分布，其平均寿命为 2 000 小时，求故障率 λ 以及可靠度 $R(100)$ 和 $R(1\,000)$。

2. 设产品的失效率函数为 $\lambda(t)=Ct\,(t>0)$。其中，C 是常数。求其失效密度函数 $f(t)$ 和可靠度函数 $R(t)$。

3. 有一寿命服从指数分布的产品，当工作时间等于其 $MTTF$ 时，能够正常工作的产品的概率是多少？当工作时间等于其 $MTTF$ 的 1/10 时，产品的可靠度是多少？

4. 如果要求系统的可靠度为99%，设每个单元的可靠度为60%，需要多少个单元并联工作才能满足要求？

5. 试比较下列三个系统的可靠度，设各单元的可靠度相同，$R_i=0.95$。

（1）四个单元构成的串联系统。

（2）四个单元构成的并联系统。

（3）四中取三的储备系统。

6. 试述可靠性管理与质量管理的关系和区别。

案例分析

熔炉的可靠度

1. 背景介绍

某石油公司生产的某种产品在制造过程中需要的氢气由5个氢气车间供给。生产效率和供给的氢气数量成正比，也就是说，氢气越多产量越高，直至达到车间的生产极限。所以，保证氢气供给车间不受干扰和设备正常运行非常重要。

每个氢气制造车间都会运行甲烷改造熔炉。每个熔炉都有上百根充满催化剂的管子。甲烷和蒸汽在高温下经过这些管子就能产生氢气。这些管子由离心铸造的合金钢焊接组成，其寿命依赖于运行环境温度和压力。因此，虽然提高氢气的含量可以增加产品的产量，但同时也会降低管子的寿命，增加工作炉管失效的风险。

炉管的价格在1 000万～2 000万美元之间，在熔炉总费用中占比较大。因此，应精确估计炉管的可靠性，以免过早被更换造成浪费。

2. 问题描述

一个熔炉由10组炉管串联构成，每组炉管有15根管子。一旦每组的15根炉管中有5根失效，熔炉就不能正常工作。已知炉管的寿命服从指数分布，设计运行温度为1 710华氏度，此温度下炉管的故障率$\lambda=9.53\times10^{-6}/\text{h}$。问：熔炉的可靠度是多少？

3. 问题求解

每组炉管的可靠度为：

$$R_g(t)=\sum_{r=11}^{15}\binom{15}{r}(e^{-\lambda t})^r(1-e^{-\lambda t})^{15-r}$$

即

$$\begin{aligned}R_g(t)=&1\,365e^{-10.483\times10^{-5}t}-5\,005e^{-11.436\times10^{-5}t}+6\,930e^{-12.389\times10^{-5}t}\\&-4\,290e^{-13.342\times10^{-5}t}+1\,001e^{-14.295\times10^{-5}t}\end{aligned}$$

一个熔炉由10组炉管串联构成，所以，熔炉的可靠度为：

$$R_s(t)=\prod_{i=1}^{10}R_g(t)$$

资料来源：Elsayed A. Elsayed. 可靠性工程. 北京：电子工业出版社，2017.

第 10 章 Chapter 10 服务质量管理

学习目标

◎ 掌握服务质量的概念及特征

◎ 理解服务质量差距分析模型

◎ 了解服务承诺与补救的相关知识

引例

航班预订电话的服务困惑

（詹姆斯·哈里顿是著名的质量管理顾问，他在《质量文摘》上讲述了这样一个故事。）

一个小时前我打电话预订航班。拨出电话约 10 秒后，电话被接听，是录音留言：“感谢您致电 ABC 旅行社”，“为了确保您获得优质的服务，您的来电将被录音以备今后分析”。然后我被告知从以下三项提示中做出选择：“公务旅行，请按 1；私人旅行，请按 2；团体旅行，请按 3。”我按了 1 键。

接着，我被要求从以下四项提示中做出选择：“美国国内旅行，请按 1；国际旅行，请按 2；已预定的培训，请按 3；参加会议，请按 4。”因为我要去加拿大，我选择了 2 键。

这时，我的电话已经打了 2 分钟，我被提示可以使用顾客识别卡。过了几秒钟，传来一个甜美的声音：“国际航线服务人员繁忙，请不要挂断电话，因为您是一位重要顾客。”然后，音乐接替了这一声音。2 分钟后，又响起录音留言：“接线员依旧繁忙，请不要挂断电话，我们将为您接通第一位空闲的接线员。”又是音乐，随后是另一个声音：“接线员依旧繁忙，请不要挂断电话，您的业务对我们非常重要。”又是令人难以忍受的音乐。最后，一个甜美的声音响起：“为了节省时间，请输入 19 位顾客服务代码。”我疯狂地寻找着服务卡，希望能在电话挂断前找到它。非常幸运，我找到了并迅速输入了代码。同样甜美的声音回答我：“确认你的顾客服务代码，请输入您的社会保障号码的最后 4 位。”我在键盘上敲进了4位数字。声音响起："谢谢！很快就会有一位接线员与您通话。如果你的电话非常紧急，请拨打1-800-CAL-HELP，或者按下电话机上的任一键。否则，请不要挂断，因为您是一位非常重要的顾客。"这一次，响起的不是音乐，我听到了该公司提供的一段服务广告。

最后，一个真人接通了我的电话，说："我可以为您做点什么？"我回答："是的，是的。"他说："请告诉我您的19位顾客服务代码以及您的社会保障号码的最后4位，以便我确认。"如果我没记错的话，我已经在他们声称要节省我的时间而要求我提供这些信息时，近似慌乱地提供了这些数字。为什么还要让我手忙脚乱？

我立刻确信，他会叫我5523-3675-0714-040先生。但出乎我的意料，他说："好的，哈里顿先生。您想在什么时间去哪里？"我告诉他我将在下周一去蒙特利尔。他说："我只负责国内预订业务。我们的国际业务有一个新的电话号码，是1-800-1WE-GOTU。我将为您转接过去。"几声"嗒嗒"之后，传来一个声音："我们所有的国际业务接线员都占线。请不要挂断电话，您的电话将按顺序接通。不要挂断或者重拨，否则会延误您的接通时间。请您稍候，因为您的业务对我们十分重要。"

讨论

1. 总结本案例中所出现的服务问题。
2. 这家旅行社应该怎样做才能确保哈里顿得到优质服务？

资料来源：埃文斯．全方位质量管理．北京：机械工业出版社，2004.

第1节　服务质量的内涵

凯瑟琳·德夫拉伊在《服务制胜》中说：质量不是一个条例，而是一种态度。

产品质量、服务质量和工程质量是市场竞争力的基础，是消费者合法权益的保障，是一个国家综合国力的象征，也是社会可持续发展的关键因素。服务企业要适应不断变化的市场环境和变幻莫测的顾客需求，就必须把服务质量管理作为企业管理的核心和重点。制造企业经过长期的发展和实践，通过控制生产流程和标准化作业，结合国际标准和制造企业的特点，可以较好地控制产品质量。但由于服务和服务质量的一些特殊性，服务质量管理的控制相对要困难得多。本节主要讨论服务及服务质量的概念和基本理论，以及服务企业如何通过建立完善的服务质量体系并控制服务的市场开发过程、设计过程和服务提供过程来保证服务质量。

一、服务及服务质量概念

1. 服务的概念

有关服务的概念最初源于经济学领域。20世纪70年代初期，服务业的发展促进了学术界对服务业的研究。典型的服务业包括修理、娱乐、餐饮、饭店、旅游、医院、会计服务、法律服务、咨询、教育、房地产、批发零售、物流、金融、保险、租赁等多种行业。许多学者和机构均对服务给出了自己的定义。但由于服务的范围非常广，很难精确界定，迄今也未形成权威的、普遍接受的定义。

以下列举几种影响较广泛的服务定义：

（1）美国市场营销协会（AMA）于 1960 年将服务定义为“用于出售或者与销售产品有关的活动、利益或满意”。这一定义并没有充分区分服务与有形产品的差异。

（2）美国学者斯坦顿（Stanton）1974 年将服务定义为“可独立识别的不可感知的活动，为消费者或工业用户提供满足感，但并非一定要与某种产品或服务连在一起出售”。

（3）美国学者菲利普·科特勒 1983 年将服务定义为“一方能向另一方提供的，基本上属于无形的，并不产生任何影响所有权的一种活动或好处。服务的生产可能和物质的生产相关，也可能不相关”。

（4）芬兰学者格朗鲁斯 1990 年把服务概括为“或多或少具有无形特征的一种或一系列活动，通常但并非一定发生在顾客同服务提供者及其有形的资源、商品或系统相互作用的过程中，以便解决消费者的有关问题”。

（5）英国学者佩恩将服务定义为“一种涉及某些无形性因素的活动，它包括与顾客或他们拥有的财产的相互活动，它不会造成所有权的转移。条件可能发生变化，服务可以但不一定与物质产品紧密相连”。

（6）在 ISO 9000：2000 标准中，对服务的定义如下：“服务通常是无形的，并且是在供方和顾客接触面上至少需要完成一项活动的结果。”

服务所涉及的领域包括：

（1）在顾客提供的有形产品（如需维修的汽车）上所完成的活动。

（2）在顾客提供的无形产品（如为准备税款申报书所需的收益表）上所完成的活动。

（3）无形产品的交付（如知识传授方面的信息提供）。

（4）为顾客创造氛围（如在宾馆和饭店）。

服务的基本特征包括以下几个方面：

（1）无形性。无形性是服务的最主要特征。首先，服务不像有形产品那样，看得见、摸得着，服务及组成服务的要素多具有无形的性质。其次，服务不仅本身是无形的，甚至消费服务获得的利益也可能很难察觉到或仅能抽象地表达。因此，在服务被购买以前，消费者很难去品尝、感觉、触摸到“服务”，购买服务必须参考许多意见与态度等方面的信息。例如，家用电器发生故障，使用者将其送到维修公司修理，修理完成以后，使用者仅从外观上往往难以准确地判断维修服务的质量。

（2）生产与消费不可分离性。有形产品从设计、生产到流通、消费的过程，需要经过一系列的中间环节，生产和消费过程具有非常明显的时间间隔。而服务与之相比则有较大的不同，服务的生产和消费具有不可分离的特征，即服务的生产和服务的消费是同时进行的，服务人员在提供服务给顾客的同时，也是顾客消费服务的过程，二者在时间上具有不可分割性。服务的这个特征，决定了服务的生产者（提供者）与服务的消费者如果不在同一场所同时相遇，则服务的生产和消费就很难成立。例如，教育服务中的教师和学生，医疗服务中的医生和病人，只有两者相遇，服务才有可能成立。

日本学者江见康一（1983）将服务的这一特征导致的社会组织现象概括为服务的供给和时间的调节。他认为，服务的生产和消费的不可分离性，导致调节服务供求一致的工具只能是时间，这一点与一般有形产品的供求关系不一致，后者的供求可以通过库存品的数量变化来调节，以适应顾客的需求。服务与商品不一样，它无法储存，因为服务的供给与需求普遍需要同时产生。作为社会化的组织方式，这些靠时间调节来达到服务供求一致的方法，在医疗部门即为预约系统。又如学校授课时间表、音乐会开演时间表、列车时刻表等全都规定了服务的时间。无论是服务的提供者还是服务的消费者，都必须在特定的时间内共同行动。但是，在同一时间内若服务的供给或需求的任何一方过于集中，就会产生供过于求或供不应求的现象，这也是公共汽车在高峰时会拥挤和铁路运输在春运时压力过大的原因。

（3）服务是一系列的活动或过程。服务质量管理不是有形产品，即不是实物，服务是服务企业通过一系列的活动或过程将服务提供给服务的买方，也是服务企业生产和服务买方消费的一系列活动或过程。服务质量管理的企业不能按传统的方式来控制服务的质量。当然，服务的种类繁多，个性千差万别，不能一概而论，但一般而言，服务的生产过程的大部分是不可见的，顾客可见的生产过程只是整个服务生产过程的一小部分。因此，顾客必须十分注意自己看得见的那部分服务的生产过程，对所看见的活动和过程进行仔细的体验和评估。

（4）差异性。服务的构成及其质量水平经常变化，很难统一界定。服务业是以人为中心的产业，由于人的个性的存在，包括服务决策者、管理者、提供者和消费者都有自己的个性，使得对于服务质量的检验较难采用统一的标准。一方面，由于服务提供人员自身因素的影响，即使由同一服务人员在不同时间提供的服务也很可能有不同的质量水平，而在同样的环境下，不同服务人员提供的同一种服务的服务质量也有一定差别；另一方面，由于顾客直接参与服务的生产和消费过程，不同顾客在学识、素养、经验、兴趣、爱好等方面的差异客观存在，直接影响到服务的质量和效果，同一顾客在不同时间消费相同质量的服务也会有不同的消费感受。

顾客在不同时间的消费可能对服务企业的服务质量管理有不一致的评价，且同样的顾客到服务企业如连锁商店、旅行社、酒店或餐馆不同的门店消费，感受到的服务的质量也可能有较大的差别，这就要求服务企业对质量的可靠性有较高的要求，否则容易使顾客认为服务企业的服务质量管理混乱，损害服务企业的形象和声誉。

（5）不可储存性。服务的无形性，以及服务的生产和消费的同时性，使得服务不可能像有形产品那样被储存起来，以备未来销售；或者顾客能够一次购买较多数量的服务回去，以备未来需要时消费。当飞机离开跑道时，从该航班获得的收入已经确定，即使该飞机上还有部分空座位，也不可能再从该航班上获得任何收入。同样，宾馆里的空床位，只要过了该夜，也不可能再利用，从该项生产能力获利的机会就完全消失。

由于服务具有不可储存性，因此服务能力的设定就非常重要。如服务能力不足，一些顾客将得不到服务，会失去应有的盈利机会；而服务能力过剩，会白白支出固定成本。尽管服务没有及时消费，如影剧院内的座位、游轮上的舱位、电信部门的通信容量等，并不一定增加服务企业的总成本，仅仅表现为服务能力的闲置，但实际上这种闲置对服务企业的盈利影响非常大，因为单个顾客的消费成本将增加，而顾客的消费价格则一般不会由于顾客数量的减少相应提高，最终可能会导致服务的价格低于服务的成本。

服务的不可储存性还意味着对服务的需求服务质量管理至关重要。服务企业必须研究如何充分利用现有资源包括人员、设备等，提高使用效率，解决服务企业供需矛盾。如在公共交通中上下班高峰期乘客数量远远超过其他时段，旅游区淡季游客数量很少而节假日则过于拥挤，这就要求服务企业尽量增加服务供给的弹性，以适应变化的服务需求。

服务的目的是满足顾客的需要，并且需要一次就把事情做好，没有调整的余地。顾客的需要通常包括在服务的技术标准或服务的规范中，有时也指顾客的具体需要。顾客的需要包括在组织内的有关规定中，也包括在服务提供过程中。服务的条件是必须与顾客接触。这种组织与顾客之间的接触，可以是人员的，也可以是货物的。服务的内容是发生在组织和顾客接触面上的一系列活动。服务产生于人、机器、设备与顾客或顾客的设备、货物之间互动关系的有机联系，并由此形成一定的活动过程。

2. 服务质量的概念

20 世纪 80 年代，国外对服务质量开始了广泛的研究。格朗鲁斯（1982）根据认知心理学的基本理论，提出顾客感知服务质量的概念，认为顾客感知服务质量是顾客对服务期望（expectation）与体验到的服务质量（perceived performance）之间的比较。体验到的服务质量大于服务期望，则顾客感知服务质量是良好的，反之则是差的。此研究是服务质量理论及结构模型的开创性与基础性研究。

莱特南等人（Lehtinen et al.，1985）假设了服务质量的三个构面，即实体的质量、交互关系的质量和全体的质量。

帕拉苏拉曼、泽斯梅尔和贝利（PZB，1988）认为服务质量是在传递过程中服务提供者与客户间互动过程所产生的服务水平优劣程度，提出了差距模型，发展和完善了格朗鲁斯的顾客感知服务质量。

国内对服务质量的关注始于 20 世纪 90 年代，服务质量的理论研究和企业实践成为当时的一股热潮。

服务质量是服务的一组固有特性满足顾客要求的程度。角度的不同决定了对服务质量理解的差异。从服务提供者的角度出发，服务质量意味着组织对服务特征的规定与要求的符合程度。从顾客角度出发，服务质量意味着服务达到或超过顾客期望的程度。服务质量是一个主观范畴，它取决于顾客对服务质量的预期，也就是预期质量同其实际感知的服务水平即体验质量的对比。

服务质量由服务的技术质量、职能质量、形象质量、真实瞬间以及感知质量与预期质量的差距所体现。

（1）技术质量是指服务过程的产出，即顾客从服务过程中所得到的东西，而职能质量是指顾客是如何得到这些东西的。应采取“服务工业化”措施，精心设计服务体系，提高技术质量。同时，重视服务人员与顾客之间的接触，加强服务过程的质量管理，采取优质服务策略，提高职能质量。

（2）形象质量是服务企业在社会公众心目中形成的总体形象，企业的形象影响到顾客对服务质量的认知和体验。如果企业在顾客心目中的形象良好，企业的个别失误就可能得到顾客的谅解；如果失误经常发生，则必然会破坏企业形象；如果企业形象不佳，那么很小的失误也会给顾客造成很坏的印象。

（3）真实瞬间则是服务过程中顾客与企业进行服务接触的过程。这个过程是一个特定的时间和地点，这是企业向顾客展示自己服务质量的时机。真实瞬间是服务质量展示的有限时机。一旦时机过去，服务交易结束，企业也就无法改变顾客对服务质量的感知；如果在这一瞬间服务质量出了问题也无法补救。真实瞬间是服务质量构成的特殊因素，这是有形产品质量所不包含的因素。服务生产和传送过程应计划周密、执行有序，防止棘手的真实瞬间出现。如果出现失控状况并任其发展，出现质量问题的危险性就会大大增加。一旦真实瞬间失控，服务质量就会退回到原始状态。服务过程的职能质量更是深受其害，并会进一步恶化质量。

（4）感知质量与预期质量的差距体现在：顾客对服务的期望与企业对这些期望的认识之间的差距、管理者对顾客期望的认识与服务质量规范之间的差距、服务规范同服务生产之间的差距以及服务推广过程与外部沟通之间的差距。

3. 服务质量的特征

（1）服务质量是一种主观质量。顾客评价一个服务机构的服务质量是好是坏，一般是根据自己的期望和实际感知的服务做比较进行判断。在一定的环境和道德前提下，消费者根据自身的需要或期望，说服务质量是什么就是什么。

（2）服务质量是一种互动质量。服务具有生产与消费的同时性，服务质量是在服务提供者与顾客互动的过程中形成的。如果没有顾客的紧密配合、响应，或者是顾客无法清晰地表达服务要求，服务过程就将失败，服务质量会受到严重影响。

（3）过程质量在服务质量构成中占据极其重要的地位。大多数服务需要顾客参与服务过程，与员工进行面对面接触，顾客不仅关注产出质量，而且注重服务过程中的感受。所以，服务的过程质量是评价服务质量的一个重要组成部分。

（4）服务质量是一种整体质量。服务质量的形成，需要服务企业全体人员的参与和协调。不仅一线的服务生产、销售和辅助人员（直接接触人员）关系到服务质量，二线的营销策划人员、后勤人员（非直接接触人员）对一线人员的支持和有形证据也关系到服务质量。服务质量是服务企业整体的质量。

二、服务质量管理构架

1. 服务质量环

朱兰在 1999 年指出，服务质量管理由质量策划、质量控制和质量改进三个过程组成，基于朱兰三部曲，构建如图 10-1 所示的服务质量环，对服务质量形成流程和规律加以描述。服务质量环是从识别需求到评价这些需求是否得到满足的各个阶段中，影响服务质量的相互作用的活动的概念模式。该模式也是全面质量管理的原理和基础，涵盖了服务质量体系的基本过程和辅助过程，是设计和建立服务质量体系的基础。只有对本企业的服务质量环分析清楚，准确恰当地确认质量环，才能有针对性地选择服务质量控制因素，保证本企业的服务质量达标。

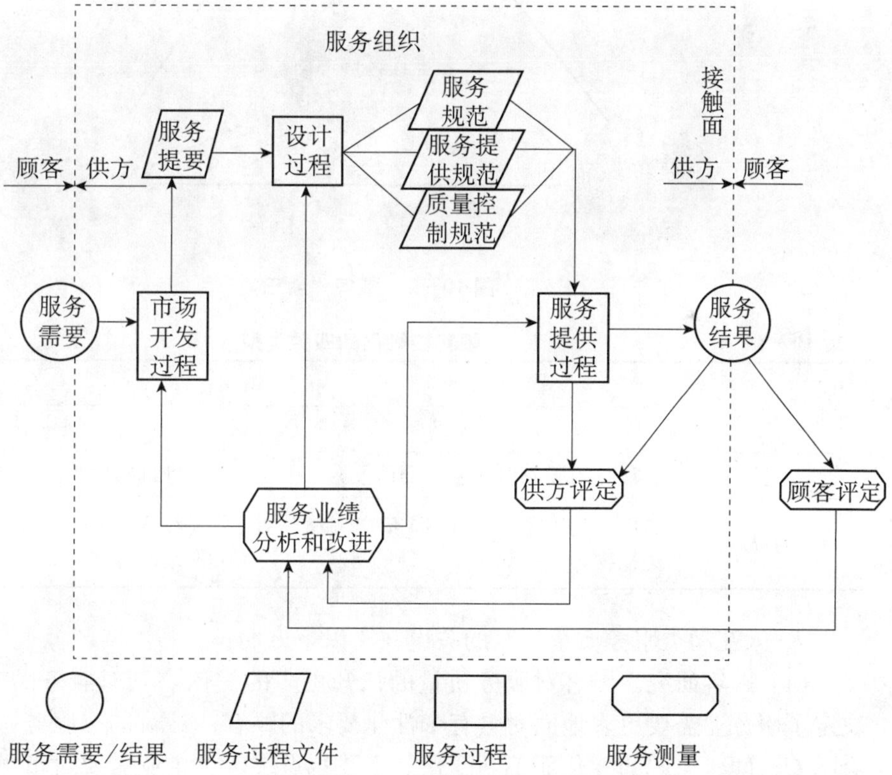

图 10-1　服务质量环

2. 服务“金三角”

服务产品或有形产品的服务成分比较复杂，很难标准化，服务质量也很难被精确控制和衡量，即使同一项服务，由于服务消费环境、氛围的不同以及消费者经验、文化、期望等的差异，消费者对服务质量的认知也可能不同。因此，企业在进行服务质量管理时，应当以顾客为中心，采用各种措施，激发服务人员的主动性和创造性，来满足或超常满足新老顾客的要求和愿望，建立顾客忠诚，这也是服务质量管理的目标。

以顾客为中心的服务质量管理架构如图 10－2 所示。从图中可以看出，模式中的每个部分都相互关联，相互作用。管理职责、人员和设备资源及管理架构是基于顾客中心的互动关系，三者之间的作用最终都会在顾客接触面（见表 10－1）上发挥。

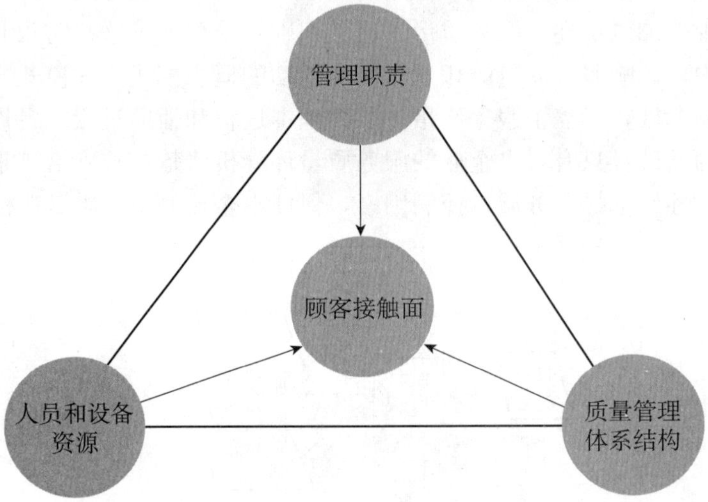

图 10－2　服务“金三角”

表 10－1　顾客接触面的四种类型

顾客	组织	
	人员	物资
人员	最常见的服务形式，如拜访顾客	如处理报废板材、修理仪器等
物资	如提供客户标准、协助客户测试样品、送礼物等	无线通信服务、有线电视服务、网络服务

人-人互动类服务质量控制的关键在于以下方面：

（1）顾客研究。顾客对服务质量的认知更多的是依靠其对服务的感觉和体验，决定了服务业需要更多地面对具有个性化要求的顾客；针对同一服务，顾客的感觉会随着时间、空间的变化而不断变化。上述特点决定了企业需要对市场进行详细分析，需要对服务进行分类、分级。

（2）以人为本的管理。在与顾客接触面上，服务人员往往是独立的，直接面对各种不同类型的顾客，其服务技能和方式直接决定了顾客对服务质量的感受；这种感受可能在同样的背景下，产生完全不同的结论；顾客的感受直接决定服务的成败；服务的所有无形成分往往是由人来决定的。

(3) 运用最终检验来影响和控制与顾客接触过程中的服务质量通常是不可能的。服务流程的策划必须考虑到服务过程中所有可能发生的意外事件和应对措施。在服务过程中服务的补救措施需要及时地提供，这决定了服务流程的策划还应考虑到可能出现的不合格，并策划相应的补救措施。服务流程是否满足要求需要确认和再确认；服务前的准备成为服务质量控制的重点。

(4) 有些服务项目的质量受到顾客参与程度的影响。特定的服务项目（如按摩、美容、娱乐、医疗、培训、咨询等）需要顾客的参与和配合；应确定顾客的职责、责任和应遵循的规则（如学生守则、患者须知等）；为了保证服务的质量，必要时可能需要对顾客的行为施加影响（如学校对学生的管理、对顾客吃西餐的指导等）。

(5) 组织的人员通过和顾客的物品接触为顾客提供服务，该类服务经常会表现为提供维修、代存、看护等服务项目；该类服务需要通过最终检验影响和控制服务质量；服务提供前对顾客提供物品的品名、规格型号、数量、质量状况（应注意识别目前存在的问题）等进行确认并和顾客达成一致；在服务的全过程应采取措施保护顾客的物品，对于任何问题均应及时与顾客沟通。

物-人互动类服务质量控制的关键在于以下方面：

组织通过提供的设施、工具与顾客互动并提供服务，该类服务一般体现为需要顾客自助的服务，如自动取款服务、客人利用提供的设施享受洗浴服务等；设施及工具的性能、安全性、可靠性、适用性、易操作性等是保证服务的关键要素；应规定顾客的相关职责、责任和应遵循的基本原则，并通过适当的方式与顾客沟通（如提供顾客须知、设施安全操作说明等）。

在服务质量管理中必须注意以下难点：

(1) 服务具有不可储存性（服务提供结束时也是服务消失时）的特点，服务质量不能够“维修”和“更换”。差错发生后，即使采取补救措施，企业服务质量的声誉也会受到一定损害。

(2) 与顾客接触时间越长，令顾客不满意的可能性越大。

(3) 服务提供者和顾客共同参与服务过程，影响服务质量，因此顾客管理和辅导也是关键问题。

三、服务质量与顾客满意、顾客忠诚的关系

1. 顾客满意和顾客忠诚的概念

质量管理形成了一个闭环系统，从顾客开始到顾客结束，所有质量工作的目标就是让顾客满意，顾客处于质量管理的中心地位。重视和保持现有顾客是企业生存和发展的关键。重视顾客的根本体现是重视顾客的需求，保持顾客首先必须让顾客满意。

ISO 9000：2000 标准关于“顾客满意”的定义：顾客对其要求已被满足的程度的感受。定义有两个注解，即顾客抱怨是一种满意程度低的最常见的表达方式，但

没有抱怨并不一定表明顾客很满意；即使规定的顾客要求符合顾客的愿望并得到满足，也不一定确保顾客很满意。“顾客满意度”作为顾客的一种心理感受，具有以下特性：(1) 社会客观性；(2) 个体主观性；(3) 动态可变性。

顾客忠诚是从顾客满意概念中引申出的概念，是指顾客满意后从而产生的对某种产品品牌或公司的信赖、维护和希望重复购买的一种心理倾向。顾客忠诚实际上是一种顾客行为的持续性。不同的顾客所具有的顾客忠诚差别较大，不同行业的顾客忠诚也各不相同。能为顾客提供高水平服务的公司往往拥有较高的顾客忠诚度。

2. 服务质量→顾客满意度→顾客忠诚度

服务质量和顾客满意度是两个相似的概念，二者均为顾客感知服务水平与期望服务水平之间差距的函数。服务质量与顾客满意度之间的差异主要在于：服务质量只着重于服务因素，而满意度所涉及的范围比服务质量广，它受产品质量、价格、情境因素、个人因素及服务质量等因素的影响，因此服务质量是影响顾客满意度的重要因素之一。

PZB多次指出，服务质量与顾客忠诚间关系密切，服务质量决定顾客最终行为，若企业能提供卓越服务，将导致顾客产生正向的行为意向，从而形成对企业的忠诚感。国内学者白长虹和刘炽指出，服务质量对顾客忠诚的影响按以下过程发生：开始时，改善服务会提高过程和特性上的顾客满意水平，而过程和特性方面的满意度增加又会导致总体顾客满意度或总体服务质量的提高，继而使顾客购买倾向提高，最终导致忠诚行为。

赫斯科特等人（Heskett et al., 1994）提出的服务利润链认为，企业的利润和成长主要来自顾客的忠诚度，而顾客的忠诚度主要受到顾客满意度的直接影响。经由这一模式的建立，可以了解到员工满意度、员工生产力、客户满意度、顾客忠诚度和企业获利率呈正向关系（如图10-3所示）。

研究表明，服务质量决定顾客满意度高低；顾客满意度又决定顾客忠诚度；而顾客忠诚度直接或间接带来利润增长。由此不难推知这样的逻辑关系：服务质量→顾客满意度→顾客忠诚度。

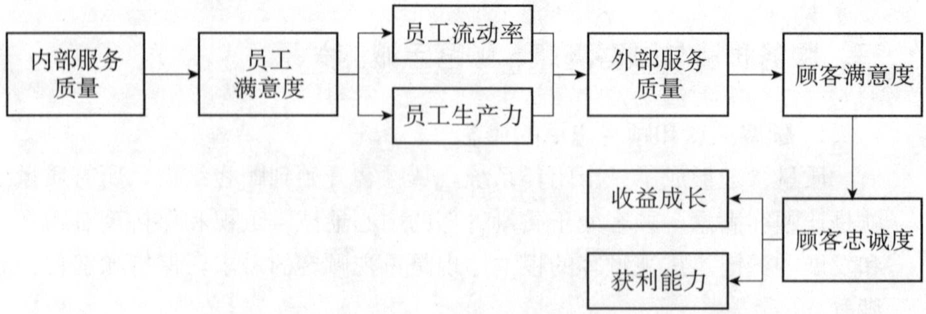

图10-3 服务利润链

第 2 节　服务质量的分析模型

一、格朗鲁斯顾客感知服务质量模型

1. 模型的提出

1982 年，著名服务市场营销学专家格朗鲁斯提出顾客感知服务质量模型，认为顾客对服务质量的评价过程实际上就是将其在接受服务过程中的实际感觉与其接受服务之前的心理预期进行比较的结果：如果实际感受满足了顾客期望，那么顾客感知质量就是上乘的，如果顾客期望未能实现，即使实际质量以客观的标准衡量是不错的，顾客可感知质量仍然是不好的，如图 10－4 所示。

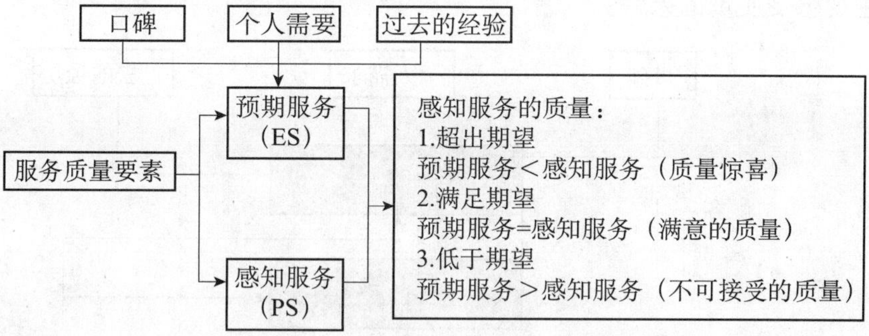

图 10－4　顾客感知服务质量模型

2. 顾客感知服务质量模型的要素

（1）技术/结果质量与功能/过程质量。技术质量表示顾客得到的是什么（what），便于顾客客观地评估；功能质量则表明顾客是如何得到这些服务结果的（how），颇具主观色彩，一般很难客观地评定。

（2）期望质量与经验质量。期望质量是顾客在头脑中所想象的或期待的服务质量水平。顾客以往接受相同或类似服务的经历，作为质量标杆，对顾客的期望产生影响；提供服务的企业形象越好，顾客对其服务的期望值就越高；其他顾客接受类似服务后所做的评价也会影响某个顾客的服务评价；顾客对服务的需求越强烈紧迫，对服务质量的期望值就越低。经验质量是指顾客在接受服务的过程中，通过对服务的技术质量和功能质量的体验和评价而得到的印象。

3. 顾客感知服务质量模型的核心

格朗鲁斯的顾客感知服务质量模型的核心是"质量是由顾客来评价的"，顺应了"以客户为中心"的现代市场营销潮流。

追求过高的服务质量在经济上是不划算的，而太低的感知质量又会导致顾客不

满意，因此，服务质量管理的主要目标就是追求最佳（即性能/价格比最高）的顾客感知质量。

格朗鲁斯创建的感知服务质量评价方法与差异结构（disconfirmation construct，用来衡量顾客服务经历和服务结果与期望吻合程度的方法）至今仍然是服务质量管理研究中最为重要的理论基础。

二、PZB服务质量差距分析模型

1. 服务质量差距分析模型介绍

20世纪80年代中期到90年代初，美国营销学家帕拉苏拉曼、泽斯梅尔和贝利（合称PZB）提出了服务质量差距模型（service quality model），即5GAP模型，专门用来分析质量问题的根源，如图10－5所示。所谓服务质量差距是指顾客期望的服务与对企业所提供的服务感受之间的差距，也可理解为服务的客观现实与顾客的主观感受质量的差距。

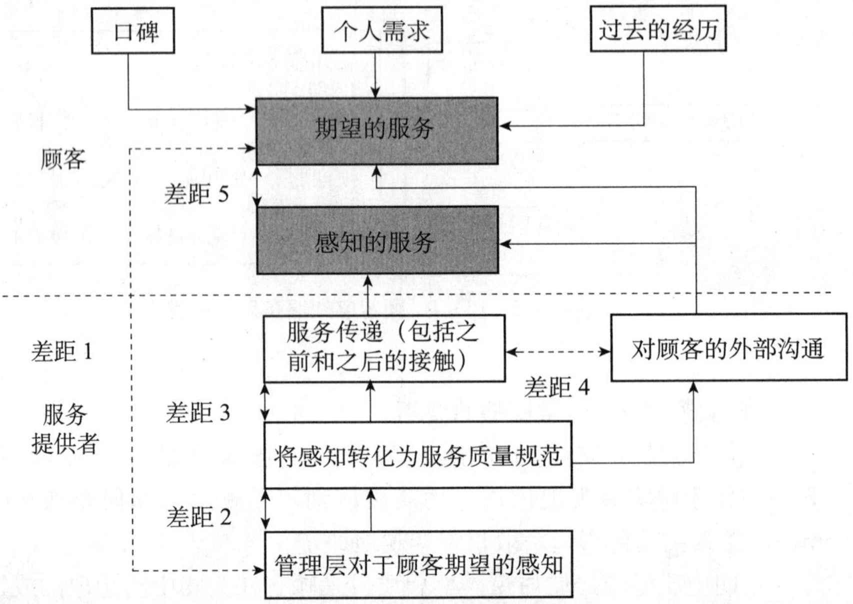

图10－5 服务质量差距模型

顾客差距（差距5）即顾客期望的服务与顾客感知的服务之间的差距，是差距模型的核心。要弥合这一差距，就要对以下四个差距进行弥合：差距1——不了解顾客的期望；差距2——未选择正确的服务设计和标准；差距3——未按标准提供服务；差距4——服务传递与对外承诺不相匹配。

首先，模型说明了服务质量是如何形成的。模型的上半部分涉及与顾客有关的现象。期望的服务是顾客的实际经历、个人需求以及口碑沟通的函数。另外，也受到企业营销沟通活动的影响。

实际经历的服务，在模型中称为感知的服务，它是一系列内部决策和内部活动的结果。在服务交易发生时，管理者对顾客期望的认识，对确定组织所遵循的服务质量标准起到指导作用。当然，顾客亲身经历的服务交易和生产过程是作为一个与服务生产过程有关的质量因素，生产过程实施的技术措施是一个与服务生产的产出有关的质量因素。

分析和设计服务质量时，这个基本框架说明了必须考虑哪些步骤，然后查出问题的根源。要素之间有五种差异，也就是所谓的质量差距。质量差距是由质量管理前后不一致造成的。最主要的差距是期望服务和感知（实际经历）服务差距（差距 5）。

2. 服务质量的差距分析

（1）期望理解差距。期望理解差距（差距 1）是指服务机构所了解的顾客期望与实际的顾客期望之间的差距，它的存在主要是因为服务机构没有充分地了解或低估了顾客对服务的期望。

这种差距主要由下列因素引起：

1）管理层从市场调查和需求分析中得到的信息不准确；

2）管理层对从市场调查和需求中得到的信息做了不准确的理解；

3）服务企业未对顾客的需求进行分析；

4）一线员工向管理层反馈的顾客信息不准确或不充分、不及时；

5）臃肿的组织层次阻滞或歪曲了直接提供服务给顾客的一线员工向管理层的信息传递。

以上五种因素可以综合为市场调查、向上沟通和管理层次三个方面。服务企业要减少期望理解差距，就需要重视市场研究，改进市场调查方法，将市场研究集中在提高服务质量上，合理应用市场研究结论。例如，企业可以定期聘请专业的市场调研公司针对企业产品和服务搜集客户需求及反馈意见，这些信息有助于企业针对性地提供客户所需的产品和服务，后期也可为产品和服务的改进提供依据。企业管理者也需要充分利用各渠道优势收集客户意见，及时修改对客户期望服务的认知水平。管理层还必须克服客观限制，增加与顾客的沟通途径，采取必要的措施，改进和完善管理层和一线员工之间的信息沟通渠道，减少纵向管理层次。对于横向沟通要把重点放在落实信息传递职责，可由各部门的管理层出面牵头设置部门间的沟通流程，并确保部门间接口工作的有效衔接，可以采用设置专人专岗，定期向各部门管理层汇总等方式。

（2）质量标准差距。质量标准差距（差距 2）是指服务企业制定的服务质量标准未能准确反映管理层对顾客期望的理解。

这一差距产生的原因如下：

1）企业对服务质量规划不善或规划过程不完善；

2）组织无明确目标；

3）最高管理层对服务质量规划缺乏支持力度；

4）企业对员工承担的任务的标准化不够；

5）对顾客期望的可行性认识不足。

质量标准差距是由管理层认识差距决定的，质量没有被赋予最高优先级。管理层的认识差距越大，按这种认识对服务质量进行规划的偏差也就越大。在服务竞争激烈的今天，顾客感知的服务质量是成功的关键因素，因此在管理清单上把质量排在前列是非常必要的。一方面，企业应重视建立起科学可量化的服务质量考核标准来管理员工和规范服务过程，且该标准要能反映客户期望和需求，而不是从服务成本出发。另一方面，企业管理者自身对服务体验是否充分会直接关系到其对企业服务的认知，因此管理者应多参与产品体验，多组织员工参加服务体验活动，以弥补对客户期望可行性认知的不足。总之，服务生产者和管理者对服务质量达成共识，缩小质量标准差距，远比任何严格的目标和计划过程重要得多。

（3）服务执行差距。服务执行差距（差距3）是指服务机构执行服务时与制定的服务标准之间的差距。

造成这种差距的主要有如下因素：

1）标准太复杂或太苛刻；

2）员工对标准有不同意见，例如一流服务质量可以有不同的行为；

3）标准与现有的企业文化发生冲突；

4）服务生产管理混乱；

5）内部营销不充分或根本不开展内部营销；

6）技术和系统没有按照标准为工作提供便利。

综合以上各种因素大致可以归纳为三类：管理与监督的失误；技术和营运系统缺乏支持；服务人员与管理人员对规范或标准、顾客的期望与需求的认识不一致。

在管理和监督方面的问题可能很多。例如，管理者的方法不能鼓励优质服务行为，或者企业的监督机制与重视服务质量的活动发生冲突，甚至与服务规范自相矛盾。企业的控制和奖惩机制体现了企业文化，表明了企业管理层的态度。当质量标准对服务的要求与现有的控制和奖惩机制发生冲突时，一线员工作为服务的提供者，当顾客提出合情合理的要求，服务人员也有能力予以满足时，却由于违背了企业制定的服务质量规范或标准而使员工感到非常为难。如果这种情况发生频繁，而服务企业又不能及时修正服务质量标准或规范，则不仅会失去顾客，还会影响企业员工为顾客提供良好服务的积极性。要解决这方面的问题，既要改变营运系统，使其与质量规范或标准一致；又要加强员工培训，使员工认识到他们的权限，即在企业允许的范围内独立思考、自主判断，提供顾客服务的最大灵活性。

引起服务执行差距的也可能是服务企业的技术设备和经营体制不支持企业提供优质服务。企业的技术设备不支持企业提供优质服务，是指企业的硬件设施达不到服务质量规范或标准的要求；而经营体制则是指企业的软件环境，即企业的内部机构设置、职责及职能的分工、规章制度等。企业的经营体制不能支持企业提供优质服务，可能是企业内部分工不明或各职能部门缺乏有效的衔接，导致质量规范或标准难以执行。解决这类问题，需要在技术上进行更新和对营运体系进行适当变革，支持质量标准的正确执行；或者加强对员工的培训和内部营销管理，达到缩小服务执行差距的目的。

造成服务执行差距的还可能是由于员工无法胜任。一方面，可能是企业把不具备提供优质服务所必需的专业技能和工作态度的员工安排到服务企业的第一线。这需要改革现有的人事制度，并对现有人员进行适当调整。另一方面，可能是员工没有正确对待服务工作，不把解决顾客的实际问题作为自己的工作职责。要解决这方面的问题，就要制定严格的操作规程和服务项目内容细则，加强对员工的培训，尽可能提高企业内部运作效率，使顾客得到满意的服务。

（4）市场信息传播差距。市场信息传播差距（差距 4）是指企业在市场传播中关于服务质量的信息与企业实际提供的服务质量不一致。

产生的原因是：

1）企业的市场营销规划与营运系统之间未能有效地协调；

2）企业向市场和顾客传播信息与实际提供的服务活动之间缺乏协调；

3）企业向市场和顾客传播了自己的质量标准，但在实际提供服务时企业未能按标准进行；

4）企业在宣传时夸大了服务质量，或做出了过多的承诺，顾客实际体验到的服务与宣传的质量有一定的距离。

为了解决上述问题，需要在服务企业内部建立一套有效的机制，加强服务企业内部的水平沟通，使部门之间、人员之间相互协作，实现企业的既定目标。只有企业内部的水平沟通顺畅，才能提供顾客需要的服务质量，也利于顾客形成合理的质量预期。另外，应对市场信息传播进行计划管理和实施严格监督，选择思维稳健的人来管理广告策划，不盲目向市场和顾客承诺。同时，企业的管理层要负责监督信息传播，发现不适当的信息传播要及时纠正，减少负面影响。此外，由于顾客感知实际上是对服务体验的主观评价，而顾客感知是与服务体验相比较的绩效的参考点。大多数消费者的顾客期望主要来自广告和个人需要，所以企业在打造品牌效应时应该更注重品质方面，追求实际，不过分夸大或者虚夸，产品信息透明化，让顾客正确了解产品或服务质量。

（5）顾客期望与感知差距。顾客期望与感知差距（差距 5）是指顾客体验和感觉到的服务质量未能符合其对服务质量的预期，这是由上述四个差距引起的，这种差距的大小取决于其他四个差距。可以用一个公式来表示它们之间的关系：差距 5＝差距 1＋差距 2＋差距 3＋差距 4。

通常顾客体验和感觉到的服务质量要较预期的服务质量差，这时，服务质量感知差距会导致以下结果：

1）消极的质量评价（劣质）和质量问题；

2）口碑不佳；

3）对公司形象的消极影响；

4）丧失业务。

差距 5 也有可能产生积极的结果，它可能导致相符的质量或过高的质量。顾客期望与感知差距产生的原因可能是本部分讨论的众多原因中的一个或者是多个的组合。当然，也有可能是缘于其他未被提到的因素。

3. 服务质量差距模型的修正

在 PZB 模型基础上，一些学者提出了新的观点。洛夫洛克（Lovelock）对 PZB 服务质量差距模型进行修正，把差距 4 分成服务承诺和顾客对承诺信息的理解，由此产生了差距 6，即顾客对企业市场宣传信息的理解偏差，且增加了差距 7，即顾客感知、顾客对市场沟通的理解两者与服务经历的比较。李亚德尔（Liljander）等人把顾客对服务质量的感知分成情节感知和关系感知，提出关系质量模型，指出在关系层面上同样存在容忍区间。这些观点对 PZB 的五个差距及容忍区间模型做出有益的补充，有助于理解服务质量的内涵。

利用服务质量差距分析模型可以将引起服务质量问题的根源和症结找出来，从而根据导致服务质量问题的原因对症下药，制定正确的发展战略，并通过合适的处理措施来缩小差距，提高顾客的满意度和服务质量。

三、L-S 关系质量模型

1. L-S 关系质量模型简介

关系质量是顾客对服务质量长期的动态的感知。最具代表性的是李亚德尔和斯特兰德维克（T. Strandvik）提出的“Liljander-Strandvik（L-S）关系模型”（L-S Relationship Model），从关系层面上度量顾客感知服务质量。对顾客感知服务质量、顾客感知价值、顾客满意、顾客忠诚和企业竞争力这些要素之间的关系提出了许多极具价值的观点。

如图 10－6 所示，L-S 关系质量模型首先将感知质量区分为情节层次和关系层次，通过情节绩效与标准的比较，形成情节质量，而关系绩效与标准的比较，形成关系质量。L-S 关系质量模型从多个角度探讨了感知服务质量及其关系的形成过程，描述了顾客在不同阶段的服务体验，阐释了顾客如何感知与服务提供者的关系，对关系质量的形成机制进行了较为科学的说明。

2. L-S 关系质量相关模型

赫尼格-图劳等人（Henig-Thurau et al.，1997）提出了关系质量概念模型。他们指出，顾客满意是质量的前提，顾客满意会导致顾客的全面质量感知，进而影响信任、承诺等关系质量构件，而信任对承诺也有积极影响（见图 10－7）。玛丽亚·霍尔姆伦德（Maria Holmlund，2001）运用互动分析理论，提出了关系质量动态模型（见图 10－8）。该理论将服务互动分为四个层次：活动（act）、情节（episode）、片段（sequence）、关系（relationship）。霍尔姆伦德认为，顾客对服务质量的感知在四个不同的互动层次上都存在，而且会逐渐累积。低层次的感知质量与高层次的感知质量是一种相互影响的关系，最终片段层次上感知质量的不断累积，映射到关系层次上就形成了感知关系质量。

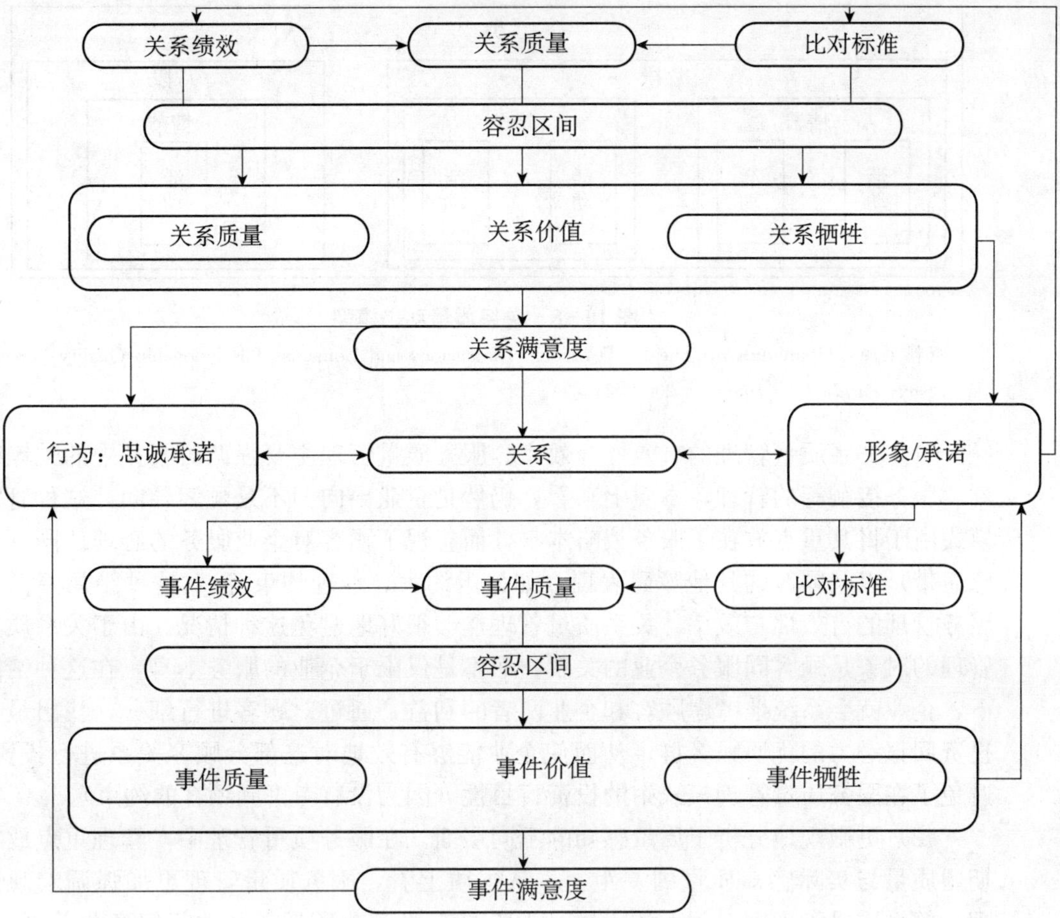

图 10-6 L-S 关系质量模型

资料来源：Liljander V，Strandvik T. Emotions in Service Satisfaction. *International Journal of Service Industry Management*，1997，8 (2)：148-169.

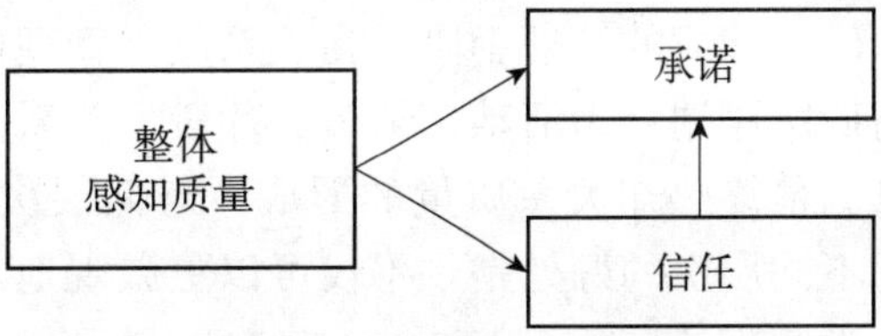

图 10-7 关系质量模型

资料来源：Thorsten Hennig-Thurau，and Klee Alexander. The Impact of Customer Satisfaction and Relationship Quality on Customer Retention：A Critical Reassessment and Model Development. Psychology & Marketing，1997，14 (8)：737-765.

3. 关系质量管理的特点

关系质量管理不仅强调顾客对服务的感知，更为重要的是，它通过强调顾客对关系的感知，引导管理人员从微观和动态层面出发，以更系统、更深入的观点来理解顾客同服务提供者之间的关系，从而更有效地管理服务企业的顾客。

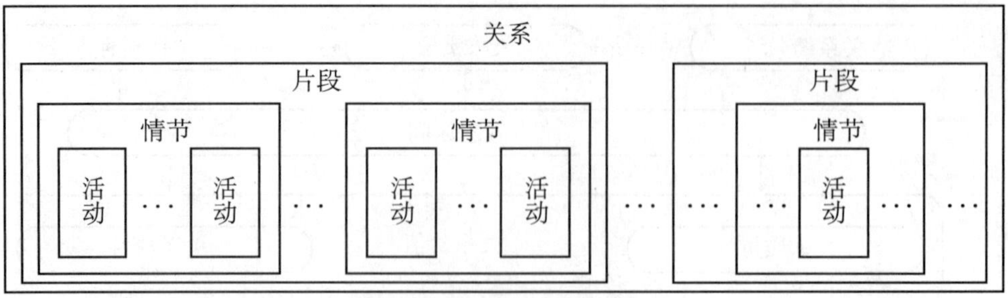

图 10-8　关系质量动态模型

资料来源：Holmlund M. The D&D Model—Dimensions and Domains of Relationship Quality Perceptions. *Service Industries Journal*, 2001, 21 (3): 13-36.

（1）关系质量管理的有效性与效率。服务质量管理主要强调对服务中的关键时刻、服务接触等的管理，本质上来看，仍然是企业导向而不是顾客导向。这种管理模式由于将其重点放在了服务战略本身，而忽视了顾客对企业服务的心理认同（情感纽带）以及顾客的其他障碍表现（如技术约束、地理约束等），这种结局降低了服务管理的有效性与效率。关系质量管理能够很好地避免这种情况。由于关系质量管理的对象是顾客同服务企业的关系，而不是仅限于企业的服务本身，在这种情况下，企业就会系统地考虑顾客和企业两者的利益，通过对顾客进行细分，找出最有投资回报潜力的优质顾客群，从而使企业能够有效地对这部分顾客关系进行投资，避免了在服务质量管理模式中的投资盲目性（因为没有考虑到顾客的约束）。

（2）更微观地分析了质量感知的不同层面。在服务质量管理中，管理重点放在期望质量与实际感知质量的差距上。从本质上看，服务质量管理更加强调宏观管理。关系质量管理则有很大的不同。无论是在服务业还是在其他任何商业关系中，对于关系双方来说，互动都是一个关键概念。互动是质量和价值创造过程中的基本要素，对关系质量的感知是在互动过程中形成的。因此，关系质量管理的实质就是互动管理。这种管理模式决定了服务提供者必须对互动过程的层次及其本质进行更微观的分析，进而确定相应的管理手段。在关系质量管理中，它将顾客同服务企业的互动过程依照高低次序划分为活动、情节、片段、关系四个层次，并且区分为四种不同的感知质量。最终感知关系质量的形成，与低层次的质量感知有很大关系。将质量感知细分为不同层次的好处是，不仅可以更微观地对其进行管理，而且有利于对服务业进行分类管理。

（3）运用动态分析方法对感知质量进行了拓展。传统的服务质量管理模型描述了在情节层次（服务接触层次）上质量是如何被感知的，其方法是静态的。根据霍尔姆伦德的关系质量动态模型，关系质量是在顾客感知质量的动态演化中逐渐形成的。在服务互动过程中，顾客低层次的互动感知质量会映射到下一个较高层次，形成较高层次的感知质量。最后片段质量映射到关系层次，经过不断累积形成关系质量。如顾客入住酒店过程中，对不同活动的质量感知，如电话预订、迎客、登记、领客、入住等会映射到顾客从预订到入住酒店这一情节的感知质量，从而形成情节感知质量；在一天时间内，顾客会经历入住、就餐、客房等不同情节，经过累积形成片段质量（时间片段）；客人在酒店经历不同的片段（一次或多次），会映射到客人同酒店的关系，最终形成关系感知质量。

第 3 节　服务质量的评价模型

一、SERVQUAL 模型

1. 模型简介

SERVQUAL 为英文“service quality”（服务质量）的缩写，由 PZB 在 1988 年提出，是目前最流行的服务质量评价模型之一。

SERVQUAL 模型衡量服务质量的五个维度分别是有形性、可靠性、响应性、保证性和移情性。根据上述五个维度，依据全面质量管理（total quality management，TQM）理论 PZB 建立了 SERVQUAL 评估方法，该方法建立在对顾客期望服务质量和顾客接受服务后对服务质量感知基础之上，采取评分量化的方法来测量企业的服务质量，其理论核心是“服务质量差距模型”。

SERVQUAL 将评价服务质量的五个维度细分为若干个问题，通过调查问卷的方式，让用户对每个问题的期望值、实际感受值及最低可接受值进行评分，并由其确立相关的 22 个具体因素来说明它，如表 10-2 所示。然后通过问卷调查、顾客打分和综合计算得出服务质量的分数。

表 10-2　PZB 的 SERVQUAL 量表

维度		组成项目
服务质量（SQ）	有形性	1. 有现代化的服务设施（X_1）
		2. 服务设施具有吸引力（X_2）
		3. 员工有整洁的外表（X_3）
		4. 公司设施与所提供服务相匹配（X_4）
	可靠性	5. 公司向顾客承诺的事情能及时地做到（X_5）
		6. 顾客遇到困难时，能表现出关心并提供帮助（X_6）
		7. 公司是可靠的（X_7）
		8. 能准确地提供所承诺的服务（X_8）
		9. 正确记录相关的服务（X_9）
	响应性	10. 不能指望他们告诉顾客提供服务的准确时间（X_{10}）※
		11. 期望他们提供及时的服务是不现实的（X_{11}）※
		12. 员工并不总是愿意帮助顾客（X_{12}）※
		13. 员工因为太忙以至于无法立即提供服务，满足顾客需求（X_{13}）※
	保证性	14. 员工是值得信赖的（X_{14}）
		15. 在从事交易时顾客会感到放心（X_{15}）
		16. 员工是有礼貌的（X_{16}）
		17. 员工可以从公司得到适当的支持，以提供更好的服务（X_{17}）

续前表

维度		组成项目
服务质量（SQ）	移情性	18. 公司不会针对不同的顾客提供个别服务（X_{18}）※ 19. 员工不会给予顾客个别的关怀（X_{19}）※ 20. 不能期望员工了解顾客的需求（X_{20}）※ 21. 公司没有优先考虑顾客的利益（X_{21}）※ 22. 公司提供的服务时间不能符合所有顾客的需求（X_{22}）※

说明：问卷采用7分制，7表示完全同意，1表示完全不同意。中间分数表示不同的程度。问卷中的问题随机排列。

※表示反向评分，在数据分析前应转换为正向得分。

2. 对服务质量的评分量化方法

（1）开展问卷调查，由顾客打分。

（2）计算SERVQUAL分数。

$$SQ=\sum_{i=1}^{n}(P_i-E_i),\quad i=1,2,\cdots,22 \tag{10.1}$$

式中：SQ——SERVQUAL模式中总的感知服务质量；

P_i——第i个问题在顾客感受方面的分数；

E_i——第i个问题在顾客期望方面的分数。

式（10.1）表示的是单个顾客的总感知质量，将此时的分数SQ再除以22（问题数目），就得到了单个顾客的SERVQUAL分数，然后将调查中所有顾客的SERVQUAL分数加总再除以顾客数目，就得到了企业想要的平均SERVQUAL分数。

上述公式成立的一个前提条件就是认为服务质量的五大属性在决定SERVQUAL分数时是同等重要的，而在实际中，不同服务的五个属性的重要性是不同的。于是，服务企业需将服务质量的五个属性进行重要性评估，得出每个属性在某一服务质量中的权重，然后加权平均得出更为合理的SERVQUAL分数。公式为：

$$SQ=\sum_{j=1}^{5}W_j\sum_{i=1}^{R}(P_i-E_i),\quad i=1,2,\cdots,22;j=1,2,3,4,5 \tag{10.2}$$

式中：SQ——SERVQUAL模式中总的感知服务质量；

W_j——每个属性的权重；

R——每个属性的问题数目；

P_i——第i个问题在顾客感受方面的分数；

E_i——第i个问题在顾客期望方面的分数。

3. SERVQUAL模型的应用步骤

第1步：选取服务质量的评价标准；

第2步：根据各条标准在所调查的服务行业中所占的地位确定权重；

第3步：对每条标准设计4～5个具体问题；

第 4 步：制作问卷；

第 5 步：发放问卷，请顾客逐条评分；

第 6 步：对问卷进行综合统计；

第 7 步：采用顾客期望值模型分别测算出预期质量和感知质量；

第 8 步：根据上述公式，求得差距值。

SERVQUAL 分数 ＝ 实际服务感受分数－期望服务分数

SERVQUAL 在理论上具有完整的要素，包括感知的结果（服务感知）和评价的标准（服务期望），从而使其成为评价服务质量和用来决定提高服务质量行为的有效工具。

二、SERVPERF 模型

1. 模型简介

自 SERVQUAL 评价方法诞生后，对它的争议就一直没间断。有学者质疑其对不同行业的适用性并质疑其可靠性和合理性，有的认为它容易误导被访者。克罗宁和泰勒（Cronin and Taylor，1992）提出的 SERVPERF 评价方法，摒弃了 SERVQUAL所采用的差异比较法，只是利用一个变量（即服务绩效）来度量顾客感知服务质量。SERVPERF 虽然创新性不大，但比 SERVQUAL 简单实用。

2. 基本原理

服务质量的评价就是对所收集的问卷的得分进行计算。根据顾客对服务质量的实际的感知绩效，不同顾客对某一问项的打分是不同的，总体服务质量可用以下公式计算：

$$Q=\frac{1}{m}\sum_{1}^{m}P_i^* \tag{10.3}$$

式中：Q——SERVPERF 标尺中总体感知服务质量的数量指标；

P^*——顾客对第 i 个问题感知绩效平均数值；

m——SERVPERF 量表问题数目。

3. SERVPERF 与 SERVQUAL 的比较

由学者克罗宁和泰勒发展出来的 SERVPERF 评价法，实际上可以看作 SERVQUAL方法的变形。该方法放弃了 SERVQUAL 中的服务质量差距模型而直接测量感受的服务质量结果，但是继承了 5 个构面和 22 项属性的量表，并认为 SERVPERF具有比 SERVQUAL 更佳的预测能力及收敛效度（convergent validity）与判别效度（discriminant validity）。虽然 PZB 对 SERVPERF 的信度、效度及预测能力等项目加以反驳，但 PZB 承认 SERVPERF 具有较佳的预测能力。而且 SERVPERF减少了 50％测量项目，使质量评估简便易行，但是存在信息量较少，导致分析能力较差的缺陷。

与 SERVPERF 相比，SERVQUAL 有以下优势：

(1) SERVQUAL可以提供更多有价值的信息。利用SERVPERF时，无法根据服务质量的得分情况找出造成服务质量优劣的原因，不利于有针对性地改进服务质量（Sanjay K. Jain and Garima Gupta，2004）。而利用SRVQUAL来调查企业的服务质量时，我们不但可以根据服务质量的得分情况找出不同企业的服务质量水平差距，还能够从服务期望和服务感知两个方面来分析服务质量差距形成的原因。

(2) SERVQUAL能帮助企业更准确地把握顾客对其服务质量的真实看法。采用SERVPERF来调查顾客对某一企业服务的评价时，如果受访者的问卷得分高于平均分，管理者也许会认为该顾客对公司服务水平是肯定评价，但实际上顾客的期望并不一定得到满足，如果该顾客有更高的期望，他对公司服务的评价并不是肯定的，所以采用SERVPERF容易使调查结果偏离实际。

(3) 采用SERVQUAL方法可以更好地理解顾客的服务期望和服务感知。对于主要原因是顾客期望过高造成服务质量评价低的企业来说，应该从造成顾客期望高的原因着手，加强对市场沟通的控制，防止承诺过度；而对于有的企业来说，服务质量低的主要原因在于顾客感知较低，因此要从企业自身的服务着手，通过提高服务水平来加以解决。

三、其他服务质量评价方法

1. 关键事件技术

关键事件技术（critical incident technique，CIT）由美国匹兹堡大学心理学教授弗拉纳甘（Flanagan）于1954年提出。关键事件技术用于收集和分类导致客户在服务接触过程中产生非常满意或非常不满意的经验的事件。他们通过定性的访谈来获得这种关键事件。访谈中他们询问顾客，使其回忆经历过且记忆深刻的事件，以及在哪里接受的这种服务，并对事件加以详细的描述。然后，将事件分为几组，相似的主题归在一起，进行渐进的内容分析。

CIT的优点表现在以下方面：

(1) 卡伦（Callan）认为同SERVQUAL等属性研究方法相比，使用CIT能够得到更丰富和更详尽的服务过程描述数据。当分类系统确定后，不必使用大样本。

(2) 卡伦和比特纳（Bitner）等人认为使用CIT能更深刻地理解顾客需要、员工行为以及与员工行为相关的服务质量属性，比如“友好”、“有效”以及“专业”等。

(3) 比特纳等人认为CIT不仅能确定哪些类型的服务接触更重要，还能确定改善服务质量需要的知识和手段，管理者可以利用它确定一套行为方案来训练员工。

关键事件技术也有其自身的局限，例如，研究者在对收集的关键事件进行内容分析时，很容易掺杂个人的价值观、情感、心境。

(1) 卡伦（Callan，1998）认为，CIT的主要缺点是依靠研究者对事件进行解释，容易导致对被访者的误解进而导致错误的分类。

(2) 埃德沃德森和斯特兰德维克（Edvardsson & Strandvik，2000）利用CIT

技术对饭店服务质量的实证研究发现，该技术确定的关键事件对消费者行为的影响极小。

2. 服务重要性-表现程度分析法

服务重要性-表现程度分析法（importance-performance analysis，IPA），也称服务重要性-绩效分析法。IPA 技术是一种通过测量服务对顾客的重要性以及顾客对服务表现的感知来确定特定服务属性优先顺序的技术，即通过对消费者关注的某些服务因素或项目的重要性和消费者对服务的满意度进行组合评价，从而确定服务中究竟应该突出哪些服务因素，淡化哪些服务因素作为确定服务质量的客观依据。

孙静和刘希宋对经济型酒店客人的满意度分析模型主要采用重要性推导模型，通过象限分析来具体实现，横轴表示客人对服务属性或维度表现的满意程度，纵轴表示客人对服务属性或维度的重视程度（见图 10－9）。形成的四个区域分别表示优势区、改进区、机会区和维持区。

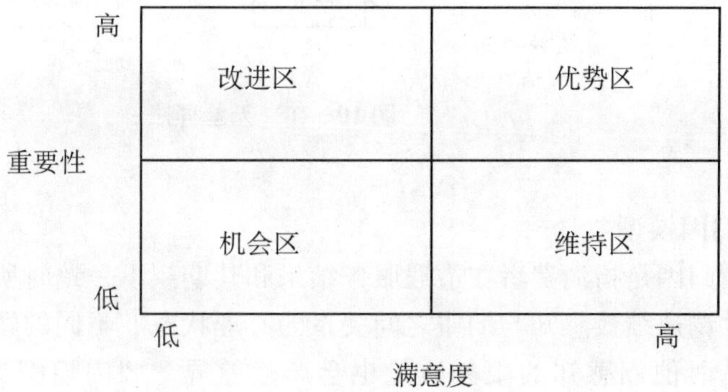

图 10－9 顾客满意度 IPA 分析模型

优势区——这些因素对决定整体客人满意度非常重要，酒店在这些方面的表现也非常好，需要保持并发展这些优点，维持客人的忠诚度，位于这一区域的因素也是酒店产品在市场绩效中最好的方面。

改进区——这些因素决定整体客人满意度非常重要，但企业在这些方面的表现比较差，需要重点修补、改进，否则就会因达不到客人要求的满意度而产生客人流失的现象，位于这一区域的因素是酒店产品在市场绩效中最差的方面。

维持区——这些因素对决定整体客人满意度重要程度低，酒店在这些方面的表现比较好，应该属于锦上添花，酒店可以在这些方面做些文章，让客人了解到这些方面，以显示酒店对客人的重视程度，增强客人的忠诚度。

机会区——这些因素对决定整体客人满意度重要程度低，酒店在这些方面的表现也比较差，客人和酒店都忽略了，酒店需要对本区域的因素进一步挖掘，以发现提高客人满意度的机会点。

3. 无差异衡量法

布朗、丘吉尔和彼得（Brown，Churchill and Peter）于 1993 年对SERVQUAL

方法提出质疑，认为这种评价方法会导致顾客把之前的服务经历带入期望，弱化差异比较法的说服力。因此，他们提出“无差异衡量法”来解决量表中存在的期望与感知两个变量会对服务质量造成交叉影响的问题，通过直接测量顾客服务期望与绩效感知间的差异来衡量服务质量。

无差异法也是在 SERVQUAL 基础上发展形成的，同样采用 SERVQUAL 量表中的 22 个问项，直接对顾客服务期望与绩效感知间的差距进行度量，将具体题项设计为“如何”的形式，如“服务人员帮助您的意愿如何?”而被试则基于个人感知分不同程度来评价服务期望与感知间的差距，如“比我期望的差很多”“比我期望的差一点”“比我期望的好很多”。相比较而言，由于其只对服务期望和绩效感知之间的差异进行度量，使用时也更为简捷，可以直接测试出服务质量差异。无差异法的测量方式如图 10－10 所示。

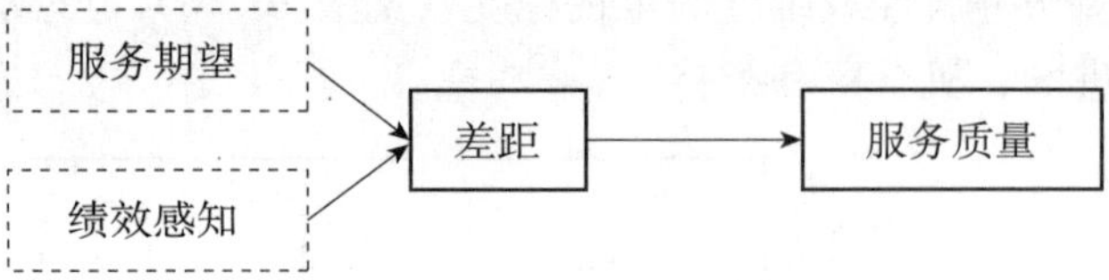

图 10－10　无差异法

4. 归因模型

所谓归因是指消费者在遭遇服务结果和其期望不一致时所进行的一种自发地探究原因并调适绩效感知与期望之间关系的心理状态。不同的顾客，其调适的方式不一样，从而他们感知的服务质量也会产生差异。归因模型首先由维纳（Weiner，1985）提出，其后比特纳（Bitner，1990）对该模型进行了实证研究，从而将归因模型正式引入服务管理领域。归因理论最大的特点是在差异比较的框架内加入更合乎逻辑和心理层面的变量，而在以往的评价方法中，只是对“期望”与“绩效”进行简单的比较，而不太关注企业在整个过程中对消费者满意与否的心理的影响程度。

第 4 节　服务过程质量管理

一、通过设计提高服务质量

服务设计是服务质量体系中预防质量问题的重要保证。一旦系统中有一个缺陷，它将被连续不断地重复。戴明认为 94%的质量问题是设计不完善导致的，而仅有 6%是由于粗心、忽视、坏脾气等原因造成的。更重要的是，设计的缺陷使服务质量的源泉——企业员工受到伤害。由设计而造成的系统缺陷不断地使员工和顾客之间、员工和员工之间处于不能融洽相处的状况。

1. 服务设计的职责、服务规范和服务设计的内容

（1）服务设计的职责应包括：策划、准备、编制、批准、保持和控制服务规范、服务提供规范和质量控制规范；为服务提供过程规定需采购的产品和服务；对服务设计的每一阶段执行设计评审；当服务提供过程完成时，确认是否满足服务提供要求；根据反馈或其他外部意见，对服务规范、服务提供规范、质量控制规范进行修正；在设计服务规范、服务提供规范以及质量控制规范时，重点是设计服务需求变化因素计划；预先采取措施防止可能的系统性和偶然性事故，以及超出企业控制范围的服务事故的影响。

（2）服务规范。

1）设计服务规范之前要确定首要的和次要的顾客需要。如去旅游是顾客的首要需要。如果选择飞机出行，就产生一些其他问题：怎样订票、怎样去机场和从机场到达目的地等，这些就是次要需要，是由不同的选择产生的。

2）服务规范中要规定核心服务和辅助服务。核心服务是满足顾客首要的需要，另外附加的支持服务要满足顾客次要需要。高质量的服务都包括相关的一系列适当的支持服务，服务质量优劣的差别主要在于支持服务的范围、程度和质量。顾客把一些支持服务认为是理所当然的、服务企业必须提供的，因而在设计服务规范时，定义和理解次要服务的潜在需求是必要的。

服务规范对提供服务的阐述要包括每一项服务特性的验收标准，如等待时间、提供时间和服务过程时间、安全性、卫生、可靠性、保密性、设施、服务容量和服务人员的数量等。

3）服务企业在设计服务提供过程中应考虑到服务企业的目标、政策和能力以及其他诸如安全、卫生、法律、环境等方面的要求。在服务提供规范中应描述服务提供过程所用方法的服务提供程序。

对服务提供过程的设计，可通过把过程再划分为若干个以程序为支柱的工作阶段来有效地实现，这些程序的描述包含了每个阶段的活动。具体包括：对直接影响服务业绩的服务提供特性的阐述；对每一项服务提供特性的验收标准；设备、设施的类型和数量的资源要求必须满足服务规范；要求的人员的数量和技能；对提供产品和服务的分供方的可依赖程度等。

4）质量控制规范应能有效地控制每一服务过程，以保证服务满足服务规范和顾客需要。质量控制的设计应包括：识别每个过程中对规定的服务有重要影响的关键活动；对关键活动进行分析，明确其质量特性，对其测量和控制将保证服务质量；对所选出的特性规定评价的方法；建立在规定界限内影响和控制特性的手段。

（3）服务设计的内容。

1）员工。服务设计应包括人员选择、培训/教育和开发，以及与激励系统相适应的工作内容和工作设计的分析。

2）顾客。应考虑到顾客在服务不同时间的作用、顾客接触的方式等。考虑潜在的顾客有利于分清服务过程中顾客的参与程度和性质。需要仔细设计以使顾客尤其是初次使用者理解。

3）组织和管理结构。组织和管理部门必须和服务体系的其他要素相配合：通过清晰定义服务概念，授权和分配责任，确保在控制和自由之间的平衡；确保组织内的非正式结构（质量团队、质量项目组）和执行不同任务的员工所在部门之间自动协调。

4）有形/技术环境。高质量的有形/技术环境对员工和顾客都是重要的，它们传递着无形服务的线索和信息，而且是服务质量体系的一部分。

2. 服务蓝图

蓝图是指在分析服务过程的不同阶段所使用的一种系统的图示方法，是一种注重质量的服务设计技术。通过图表把服务看作一个流动的过程可以更好地理解人、财、物与服务体系和其他部分之间的相互依赖，有助于确定服务潜在的缺陷。蓝图技术使在服务过程的不同阶段计算顾客能接受的时间成为可能。

在服务蓝图中，一条“视野分界线”把服务提供过程中顾客可见的部分与顾客不可见部分分离开来。这条隔离线有助于服务企业在顾客视线之外集中控制过程中最困难的部分，降低服务质量的风险。

斯科斯塔克（Skostack，1984）指出，蓝图技术能帮助服务企业在质量问题发生以前发现可能的问题隐患，她总结出以下四个步骤：绘制事件的过程；发现潜在的缺陷；建立时间框架；分析获利能力。

金曼-布兰奇（Kingman-Brandage）把蓝图发展为“服务图”（service mapping），它可以展示出服务过程的一切活动，如图10－11所示。服务图强调四个群体：顾客、接触员工（前台人员）、支持员工（后台人员）和管理层（经理人员）。实施分界线把管理层和运营系统分离开来，视野分界线把顾客与服务后台分离开来。

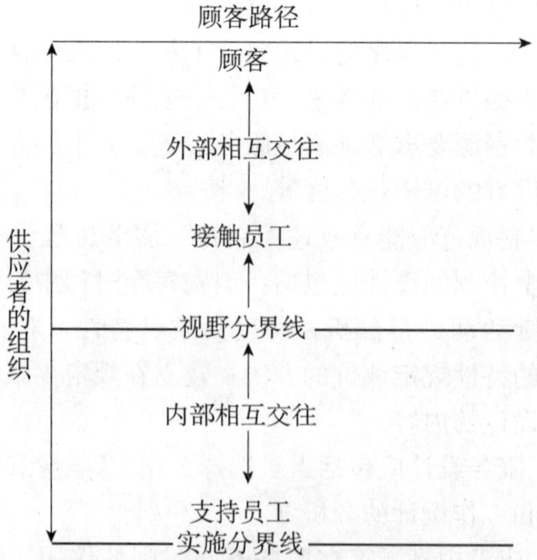

图10－11 服务图

运用蓝图技术，通过对服务过程时间的控制可以提高服务系统的服务能力弹性，使服务企业能随着需求的起伏适当调整自己的供给状态。

二、服务提供过程中的质量管理

服务提供过程是顾客参与的主要过程。其基本特征是：服务提供者与顾客之间的关系十分密切；服务生产过程和消费过程是同时的。

1. 服务提供过程模型

根据服务提供过程模型（如图 10－12 所示），服务的提供被视野分界线划分为两个部分，一部分是顾客可见的或可接触到的；另一部分是顾客看不见的，由服务企业辅助部分提供的，但又是为顾客服务不可缺少的。

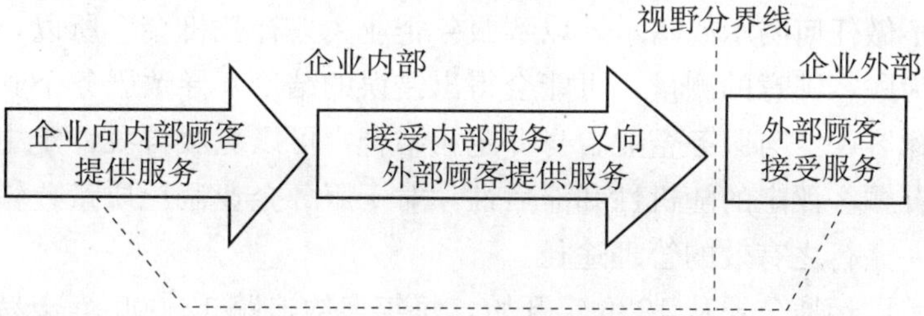

图 10－12　服务提供过程模型

（1）相互接触部分。外部顾客通过相互接触部分接受服务。在相互接触过程中，能够产生和影响服务质量的资源包括介入过程的顾客、企业的一线员工、企业的经营体制和规章制度、企业的物质资源和生产设备。

（2）后勤不可见部分。后勤不可见部分可分为两部分，一部分是直接为顾客提供服务的一线员工接受企业后勤人员的服务，另一部分是企业后勤人员作为服务企业向其他内部顾客提供后勤支持服务。

内部后勤支持服务是企业向顾客提供服务必不可少的条件，但由于视野分界线顾客不一定能了解，因而认识不到那部分服务提供过程对整个服务质量所做的贡献。顾客只关注相互接触阶段，即使内部服务相当优异，但接触过程服务质量低劣，顾客仍会认为企业的服务质量不高。其次，由于顾客没有看到企业在视野分界线之后做了多少工作，他们认为看得到的服务提供过程并不复杂，因而可能无法理解为什么服务要标那么高的价格。通常服务企业可以采取适当的宣传或扩大顾客与企业的接触范围的方式，使顾客理解服务的全部内涵，但由于扩大了相互接触部分，可能会增加服务质量控制的难度。

辅助部门在服务提供过程中起到后勤支持作用，这种支持作用表现在管理支持、有形支持和系统支持三个方面。

2. 服务企业的评定

服务企业进行过程质量测量的一个方法是绘制服务流程图，明确工作步骤和工作任务，确定关键时刻，找出服务流程中的管理人员不易控制的部分、不同部门之间的衔接等薄弱环节，分析各种影响服务质量的因素，确定预防性措施和补救性措施。

各种质量控制制度应能发掘质量缺陷并奖励质量优良者，协助改善工作，以机器代替人力，尤其是取代那些例行性服务。

在服务提供过程中建立及执行质量控制标准，通常要经历多次试验和失误。许多可以改善生产率的方法也都可以用来改善服务质量，如机器设备的使用、时间和动作研究、流程图、专门化、标准化、流水线作业等。

3. 顾客评定

顾客评定是对服务质量的基本测量，它可能是及时的，也可能是滞后的或回顾性的。很少有顾客愿意主动对服务质量进行评定，不满意的顾客在停止消费服务前往往不做任何明示或暗示，以致服务企业失去补救机会。所以，片面地依赖顾客评定作为顾客满意的测量，可能会得出错误的结论，导致服务企业决策失误。

顾客评定与服务企业自身评定相结合，可以克服自我评定中的自以为是，也可以弥补顾客评定的随机性和滞后性，对于服务企业避免质量差错、持续改进服务质量是一条行之有效的管理途径。

美国运通公司从1986年开始，每年大约追踪12 000笔交易。在顾客与公司有过某种接触之后对他们进行访谈，以了解他们对柜台作业的满意程度，以及是否会影响他们将来对信用卡的使用。运通公司有位高层主管解释说，顾客满意度的调查，能做到他们利用其他方法无法做到的事，这种调查能使他们与持卡人更加接近，更重要的是，调查报告并未被束之高阁，这些报告最后建议他们改善服务质量必须采取的具体行动，以及提出有关如何加强服务的新观念，所以这种调查是质量保证的最佳工具。

三、服务承诺与补救

1. 服务承诺

承诺是一种特别的工具。有效的服务承诺可以补充公司的服务补救策略，作为一种服务工具来帮助实现服务补救策略。服务承诺可以看作一种特殊的质量标准。例如美国联邦快递公司所承诺的24小时内将包裹送到。服务承诺可以采取多种形式，如没有达到标准向顾客退款、下次提供免费服务、提供其他一些服务作为补偿等。服务承诺由于激励顾客主动确认并投诉未达到标准的服务而促进反馈，迫使企业思考产生不合格服务的原因，并采取措施保证不再出现类似问题。

（1）服务承诺的好处。“许多服务性组织机构已经开始认识到，承诺不仅可以作为一种营销工具，同时也是在组织内对质量进行定义、培养和维护的一种方法。一个有效的服务承诺对于公司的益处数不胜数。”

1）一个好的承诺促使公司关注其顾客。要开发一个有意义的承诺，公司必须了解对其顾客来说什么是重要的——他们的期待和价值。在许多情况下，承诺使顾客“满意”是为了让承诺更有效地发挥作用，公司必须清楚了解对其顾客来说“满意”的含义是什么（比如他们认为什么是有价值和被期望的）。

2）一个有效承诺为组织设立了清晰标准。它促使公司清晰定义什么是员工的期望，并为此与他们进行沟通。承诺为员工提供以服务为导向的目标，它可以很快让员工围绕顾客策略一起行动。比如说，必胜客的承诺是：“如果您不满意您的比萨，请让我们的店铺知道，我们将改正或者退款。”它使员工确切知道当顾客抱怨时应该做什么。

3）一个好的承诺可以从顾客那里得到快速的反馈。它能够激发顾客来抱怨，因此，较之仅仅依赖于那些较少的爱讲出自己意见的顾客来收集信息的方法，有信誉的服务保证更能给公司提供有代表性的反馈信息。承诺使顾客了解到他们有权利抱怨。

4）如果服务出现失误，实施承诺时会有一个快捷的机会补救，既令顾客满意也有助于维持其忠诚。

5）通过承诺产生的信息可以被跟踪，并可以在改善行动中持续加以利用。顾客和服务提供商之间的互动关系可以通过承诺得到强化。

6）对服务承诺影响的研究表明，承诺使员工的士气和忠诚度得到加强。承诺可以使员工产生自豪感。通过实现承诺，服务得以改进，这既使客户受益，也使员工受益。

7）对于顾客来说，承诺降低了风险，并建立了对服务组织的信任。因为服务是无形的，并且通常具有高度个性化或个人牵涉性，顾客希望找到可帮助其降低不确定感的信息和暗示。实证表明，承诺可用来降低风险和增加在采购前对服务的积极评估。

（2）服务承诺的类型。

1）满意承诺和服务属性承诺。服务承诺可能是无条件的满意承诺或是服务属性承诺。例如，对任何不满意其信托服务的顾客可以退还费用；以时间属性为核心的服务承诺可以是“等待时间不超过5分钟”等。

2）外部承诺和内部承诺。令人感兴趣的是，承诺不仅仅适用于外部顾客，一些公司发现，内部服务承诺——组织内部的一部分承诺对另一部分的服务，是联结内部服务运行的有效方法。例如在Embassy Suites公司，客房用品部向其内部顾客客房服务部承诺，它可以当天提供所要求的供应品，否则，客房用品部将向客房服务部支付5美元。

3）有效承诺的特性。不管承诺的类型如何，有些确定的特性使一些承诺比其他承诺更有效。承诺应该是无条件的——没有附加条件。一些承诺看起来好像是法务部门撰写的（通常确实是法务部门写的），带有各种各样的约束、需要的证明和限制，这通常都不是有效承诺。承诺应该有意义，对那些很显然的事情进行承诺对顾客毫无意义。

（3）服务承诺的条件。在下列情况下，承诺可能行不通：

1）公司现有服务质量低劣。在建立一项承诺时，公司应该解决所有重大质量问题。当一项承诺确实引起对这些失误和严重质量问题的注意时，实现该承诺的成本会轻易超过任何收益，这些成本包括，因为严重质量问题而给顾客的金钱补偿，以及与顾客改善关系有关的其他成本。

2）承诺与公司形象不符。如果公司已经因质量高而拥有很好声誉，并且实际上无形地保证了它的服务，那么一个形式上的承诺好像就没有必要了。

3）服务质量确实无法控制。尽管这常常被用作不使用承诺的借口，但很少有质量真正失去控制的情况出现。不过，这里有两个例子可以证明这种情况的确存在。比如对一个培训组织，当成绩合格更多的是依赖于学员的个人努力时，那么承诺所有参加者在课程结束时都能通过某个特定水平的认证考试就不是一个好做法，但是，公司可以保证培训本身或培训过程中某个特定方面会令人满意。类似地，在冬季从芝加哥起飞的航班可能不会承诺准时出发，因为天气因素是不可控制的。

4）承诺的成本超过利润。对于任何质量方面的投资，公司要仔细计算预期收益（顾客忠诚、质量改善、新顾客开发、口头广告）和期望成本（对失误的赔偿和进行改善的成本），看成本是否超过利润。

5）顾客在服务中感觉不到风险。当顾客对公司或其服务质量不确定时，承诺常常是最有效的。承诺可以降低不确定性，有助于降低风险。如果顾客觉察不到风险，如服务价格相对低廉并且有大量潜在的替代者，或质量相对来说是不可变的，那么承诺对公司可能没什么效果，还不如促销的价值大。

6）顾客在比较竞争者之间的质量方面感觉不到什么差异。在某些行业，竞争者之间在质量方面可能有极大差异，在这种情况下，承诺可能非常有效，特别是对第一家提出这种承诺的公司。而在另一些行业，竞争者之间质量水平普遍较低，这一招也很有效，第一家使用承诺的公司常常能脱颖而出。但如果某个行业竞争者之间的质量相差无几，承诺就不是很有效。

2. 服务失误与补救

服务补救是组织针对服务失误采取的行动。失误可归于多种原因：服务没有如约履行，送货延期或太慢，服务不正确或执行质量低劣，员工粗暴或漠不关心。这些失误都会引起顾客的消极情绪和反应。接下来可能的情况是，顾客离开，将其经历告知其他顾客，甚至通过消费者权益组织或法律渠道投诉。

调查表明，有效解决顾客问题会对顾客满意度、忠诚度及最低绩效产生重大影响。也就是说，经历服务失误的顾客如果经公司努力补救并最终感到满意，将比那些问题未被解决的顾客更加忠诚，更可能发生再次购买行为。

有些人提出，那些不满意的顾客若经历了高水平的、出色的服务补救，最终会比那些第一次就获得满意的顾客具有更高的满意度，并更可能再次光顾。例如，一位顾客到酒店前台登记房间时发现没有他想要的房间了。作为一种补救，酒店前台人员立刻以原价格向顾客提供了更好的房间，顾客被这种补救措施所打动，对这次经历非常满意，甚至形成比以前更好的印象，并发誓今后将成为忠诚顾客。逻辑上，提出的不合理的结论是：公司应故意令顾客失望，这样它们可以利用补救服务获得更高的顾客忠诚度。这种观点被称作“补救悖论”。

确实，“补救悖论”比其表面上的意思更复杂。首先，改正失误要付出代价，并且鼓励服务失误看上去有些滑稽，毕竟，我们知道可靠性（第一次就把事情做对）是整个行业服务质量最重要的决定因素。其次，经验研究表明，只有在最高水平的顾客服务补救措施的情况下，顾客满意度和忠诚度才会提高。这表明顾客比较看重其最近的经历以决定是否再次光顾，如果这种经历是负面的，对公司的总体感觉将会下降，重复购买倾向也会显著减少。除非补救努力是绝对超水平的，否则它不足以抵消初始经历的负面影响，以及使顾客产生比一开始就享受正确服务时更好的重复消费倾向，从而使客户产生再次购买意图。“第一次就把事情做对”当然是最好的，不过，当失误确实发生时应该努力采取优质的补救服务。

在本章末的案例分析中提到的 Med-Cancun 俱乐部的例子中，顾客得到如下赔偿：在机场受到热烈的欢迎，提供食品和饮料，有专车送达旅游地，享受丰盛的宴会以及通宵聚会，这些都不是原有旅行计划的一部分。这些客户在其长期盼望的假期被耽搁的过程中遭遇了许多事，但补偿肯定是足够的。请注意在这起事件中服务失误并不是 Med-Cancun 俱乐部的过错。补救行动在飞机降落至墨西哥时就尽可能快地进行了。即使这并不是 Med-Cancun 俱乐部的失误，俱乐部还是在客人抵达后马上尽其所能给予补偿。当客人从飞机上下来后，再没发生任何争吵事件。

顾客除了要求公平赔偿、无须争吵及快速处理的补救措施外，也希望被有礼貌、细心和真诚地对待。如果顾客觉得公司及其员工态度冷漠，几乎没做什么就试图解决问题，就有可能采取其他对抗行为来寻求公平。不过，这种员工行为看起来很奇怪，为什么在服务失误情况下他们会漠不关心或者粗鲁地对待顾客？多数是因为缺乏培训和授权。一名无权补偿顾客的一线员工很容易做出漠不关心的反应，尤其是如果顾客本身就很恼怒或粗暴。

3. 服务补救策略

不合格服务在服务企业仍是不可避免的。对不合格服务的识别和报告是服务企业内每个员工的义务和责任。服务质量体系中应规定对不合格服务的纠正措施的职责和权限，并鼓励员工在顾客未受到影响之前，尽早识别潜在的不合格服务。服务企业也应像制造业那样，实施“零缺陷服务”和统计过程控制（SPC）来不断提高服务的可靠性。

当有不合格服务发生时，顾客对服务企业的信任将会发生动摇，但并不会完全丧失，除非出现以下两种情况：过去的缺陷重复出现或不合格服务的补救并未使顾客感到满意，它加重了缺陷的程度，而不是纠正了缺陷。

第一种情况意味着服务可靠性可能发生了严重问题。由于可靠性是优质服务的基础和核心，当一个企业的不合格服务连续不断地出现时，再好的服务补救措施也不能有效地弥补持续的服务不可靠对顾客造成的影响。

第二种情况是当出现不合格服务时，紧跟着一次毫无力度的服务补救，也就是服务企业让顾客失望了两次，丧失了两次关键时刻，这将极大地降低顾客对服务企业的信任。

完善的服务质量体系要求有很高的服务可靠性，以及发生偶然的不合格服务时，有完备的超出顾客期望的纠正措施。

（1）及时向顾客解释服务失误发生的原因。

服务失误发生后，顾客会对服务失误的原因进行主观推断，通常情况下顾客不会将自身原因考虑在内，而是将责任完全归咎于企业。企业应该及时对服务失误的原因进行合理的解释，使顾客考虑到外部因素或是员工个体因素，避免顾客主观地将失误原因归咎为企业整体，这样将有利于维护企业形象并降低服务补救成本。

（2）培训并授权给一线员工以及时有效地进行服务补救。

发生服务失败，无论顾客对服务失败的归因如何，考虑到服务补救的及时性将影响顾客的程序性公平感知，企业都必须在第一时间解决失败问题。因此企业应该注重培训并授权给一线员工以使他们具备进行服务补救的能力并及时解决服务失误问题，如给予折扣或免费、纠纷发生后当事人的撤换和对顾客的补偿。

（3）认真了解顾客期望，实施恰当的补偿方式。企业的补偿方式包括道歉、折扣、免费赠送优惠券等多种方式，对于在何种情况下要采取何种补偿方式并没有通用的标准，企业只有真正了解顾客的期望，使顾客参与补救决策过程并及时给其恰当的补偿，使得补偿与顾客期望水平相匹配，才能有效消除顾客的不满情绪，重新获得顾客忠诚。

（4）以真诚的态度面对顾客。在处理服务失误的过程中，顾客希望被真诚、细心和有礼貌地对待。服务人员应该对顾客表示同情和关心，对顾客的失望和愤怒表示理解，这会使顾客感到企业对他的处境十分敏感和关心，有助于顾客获得良好的互动性和公平性感知。

□ 基本概念

服务质量　service quality，SQ
感知服务质量　perceived service quality
服务质量差距　gaps in service quality
顾客满意度　customer satisfaction
SERVQUAL 模型　SERVQUAL model
SERVPERF 模型　SERVPERF model
服务重要性-表现程度分析法　importance-performance analysis，IPA
关键事件技术　critical incident technique，CIT

□ 思考题

1. 服务质量的特征有哪些？
2. 影响服务质量的因素有哪些？
3. 影响顾客感知质量的要素有哪些？
4. 服务差距有哪些类型？
5. 请选择一个服务行业或服务企业，思考如何从五个质量维度提高服务质量。
6. 试比较 SERVQUAL 模型和 SERVPERF 模型的异同，分组选择某一服务行业，分别采用两种模型设计问卷，展开调研并评价服务质量。

案例分析

一个服务英雄的故事

好的补救可以使愤怒的、感到灰心的顾客变成忠诚的顾客，实际上，它比第一次就让服务顺利完成能产生更好的声誉。来看看巴黎 Med-Cancun 俱乐部如何在一次服务噩梦中通过补救而赢得一群度假者的赞誉。

这些度假者在从纽约前往目的地墨西哥的途中就一直麻烦不断：飞机晚起飞了 6 小时，途中意外迫降两次，最后着陆前盘旋了 30 分钟。由于这些耽搁和意外，飞机比原计划晚点了 10 小时而且飞机上的食品和饮料也没有了。最后，飞机在凌晨 2 点到达目的地，由于着陆过猛，氧气面罩和行李都从头顶上掉了下来。当飞机停稳时，这些可怜的旅客由于饥饿而非常虚弱，并且确信其假期从一开始时就已经糟糕透了。其中一名身为律师的旅客甚至已经收集了所有旅客的名单和联系方式，以集体采取法律行动。

Mde-Cancun 度假村的总经理西尔维奥德・博托雷（Silviode Bortoli）是一个整个组织都知道其具有使顾客满意的能力的传奇人物，在得到这次可怕飞行经历的消息后他马上提出了补救方法。他派一半员工去机场，布置一张摆满点心、小吃和饮料的桌子和一套音响设备，播放舒缓的轻音乐。旅客登记出港时，得到了单独问候，有人帮他们搬运行李，同情地听他们诉说，并有专车将他们送往度假村。到达 Med-Cancun 度假村时，迎接他们的是地道墨西哥式并有香槟酒的丰盛宴会。另外，员工还召集一些客人迎接新客人的到来，晚会一直持续到黎明。许多客人都说，这是他们大学毕业后最开心的一次晚会。

最后，这些度假者有了一次从纽约飞往墨西哥的更令人愉快的经历。虽然公司无法具体估计那天夜里的行动为日后带来了多大的市场份额，但可以肯定这次最终赢得市场份额战斗的胜利不是通过分析人口趋势、比率和其他综合指标，而是通过一次服务补救取悦客户的行动实现的。

附录 1

不合格品率的计数标准型一次抽检表($\alpha=5\%,\beta=10\%$)

P_1(%) / P_0(%)	0.71～0.90	0.91～1.12	1.13～1.40	1.41～1.80	1.81～2.24	2.25～2.80	2.81～3.55	3.56～4.50	4.51～5.60	5.61～7.10	7.11～9.00	9.01～11.2	11.3～14.0	14.1～18.0	18.1～22.4	22.5～18.0	28.1～35.5
0.090～0.112	*	400;1	↓	←	↓	→	60;0	50;0	←	↓	↓	←	↓	↓	↓	↓	↓
0.113～0.140	*	↓	300;1	↓	←	↓	→	↑	40;0	←	↓	↓	←	↓	↓	↓	↓
0.141～0.180	*	500;2	↓	250;1	↓	←	↓	→	↑	30;0	←	↓	↓	←	↓	↓	↓
0.181～0.224	*	*	400;2	↓	200;1	↓	←	↓	→	↑	25;0	←	↓	↓	←	↓	↓
0.225～0.280	*	*	500;3	300;2	↓	150;1	↓	←	↓	→	↑	20;0	←	↓	↓	←	↓
0.281～0.355	*	*	*	400;3	250;2	↓	120;1	↓	←	↓	→	↑	15;0	←	↓	↓	←
0.356～0.450	*	*	*	500;4	300;3	200;2	↓	100;1	↓	←	↓	→	↑	15;0	←	↓	↓
0.451～0.560	*	*	*	*	400;4	250;3	150;2	↓	80;1	↓	←	↓	→	↑	10;0	←	↓
0.561～0.710	*	*	*	*	500;6	300;4	200;3	120;2	↓	60;1	↓	←	↓	→	↑	7;0	←
0.711～0.900	*	*	*	*	*	400;6	250;4	150;3	100;2	↓	50;1	↓	←	↓	→	↑	5;0
0.901～1.12		*	*	*	*	*	300;6	200;4	120;3	80;2	↓	40;1	↓	←	↓	↑	↑
1.13～1.40			*	*	*	*	500;10	250;6	150;4	100;3	60;2	↓	30;1	↓	←	↓	↑
1.41～1.80				*	*	*	*	400;10	200;6	120;4	80;3	50;2	↓	25;1	↓	←	↓
1.81～2.24					*	*	*	*	300;10	150;6	100;4	60;3	40;2	↓	20;1	↓	←
2.25～2.80						*	*	*	*	250;10	120;6	70;4	50;3	30;2	↓	15;1	↓
2.81～3.55							*	*	*	*	200;10	100;6	60;4	40;3	25;2	↓	10;1
3.56～4.50								*	*	*	*	150;10	80;6	50;4	30;3	20;2	↓
4.51～5.60									*	*	*	*	120;10	60;6	40;4	25;3	15;2
5.61～7.10										*	*	*	*	100;10	50;6	30;4	20;3
7.11～9.00											*	*	*	*	70;10	40;6	25;4
9.01～11.2												*	*	*	*	60;10	30;6
P_0(%) / P_1(%)	0.71～0.90	0.91～1.12	1.13～1.40	1.41～1.80	1.81～2.24	2.25～2.80	2.81～3.55	3.56～4.50	4.51～5.60	5.61～7.10	7.11～9.00	9.01～11.2	11.3～14.0	14.1～18.0	18.1～22.4	22.5～18.0	28.1～35.5

附录 2

放宽检查界限数(*LR*)表

最近 10 批的累计样本量	合格质量水平(*AQL*)															
	0.010	0.015	0.025	0.040	0.065	0.10	0.15	0.25	0.40	0.65	1.0	1.5	2.5	4.0	6.5	10
20～29	*	*	*	*	*	*	*	*	*	*	*	*	*	*	*	0
30～49	*	*	*	*	*	*	*	*	*	*	*	*	*	*	0	0
50～79	*	*	*	*	*	*	*	*	*	*	*	*	*	0	0	2
80～129	*	*	*	*	*	*	*	*	*	*	*	*	0	0	2	4
130～199	*	*	*	*	*	*	*	*	*	*	*	0	0	2	4	7
200～319	*	*	*	*	*	*	*	*	*	*	0	0	2	4	8	14
320～499	*	*	*	*	*	*	*	*	*	0	0	1	4	8	14	24
500～799	*	*	*	*	*	*	*	*	0	0	2	3	7	14	25	40
800～1 249	*	*	*	*	*	*	*	0	2	2	4	7	14	24	42	68
1 250～1 999	*	*	*	*	*	*	0	0	2	4	7	13	24	40	69	110
2 000～3 149	*	*	*	*	*	0	0	2	4	8	14	22	40	68	115	181
3 150～4 999	*	*	*	*	0	0	1	4	8	14	24	38	67	111	186	
5 000～7 999	*	*	*	0	0	2	3	7	14	25	40	63	110	131		
8 000～12 499	*	*	0	0	2	4	7	14	24	42	68	105	181			
12 500～19 999	*	0	0	2	4	7	13	24	40	63	110	169				

说明：* 表示对此合格质量水平，累计连续 10 个合格批的样本大小转入放宽检查是不够的，必须接着累计连续合格批的样本大小，直到表中有界限数可比较。如果接着累计时出现一批不合格，则此批以前检查的结果以后不能继续使用。

附录 3

一次正常抽检方案表

样本大小字码	样本大小	合格质量水平(AQL)																									
		0.010	0.015	0.025	0.040	0.065	0.10	0.15	0.25	0.40	0.65	1.0	1.5	2.5	4.0	6.5	10	15	25	40	65	100	150	250	400	650	1 000
		A_c R_e	A_c R_e	A_c R_e	A_c R_e	A_c R_e	A_c R_e	A_c R_e	A_c R_e	A_c R_e	A_c R_e	A_c R_e	A_c R_e	A_c R_e	A_c R_e	A_c R_e	A_c R_e	A_c R_e	A_c R_e	A_c R_e	A_c R_e	A_c R_e	A_c R_e	A_c R_e	A_c R_e	A_c R_e	A_c R_e
A	2														↓	0 1		↓	1 2	2 3	3 4	5 6	7 8	10 11	14 15	21 22	30 31
B	3													↓	0 1	↑	↓	1 2	2 3	3 4	5 6	7 8	10 11	14 15	21 22	30 31	40 45
C	5												↓	0 1	↑	↓	1 2	2 3	3 4	5 6	7 8	10 11	14 15	21 22	30 31	40 45	↑
D	8											↓	0 1	↑	↓	1 2	2 3	3 4	5 6	7 8	10 11	14 15	21 22	30 31	40 45	↑	
E	13										↓	0 1	↑	↓	1 2	2 3	3 4	5 6	7 8	10 11	14 15	21 22	30 31	40 45	↑		
F	20									↓	0 1	↑	↓	1 2	2 3	3 4	5 6	7 8	10 11	14 15	21 22	↑	↑	↑			
G	32								↓	0 1	↑	↓	1 2	2 3	3 4	5 6	7 8	10 11	14 15	21 22	↑						
H	50							↓	0 1	↑	↓	1 2	2 3	3 4	5 6	7 8	10 11	14 15	21 22	↑							
J	80						↓	0 1	↑	↓	1 2	2 3	3 4	5 6	7 8	10 11	14 15	21 22	↑								
K	125					↓	0 1	↑	↓	1 2	2 3	3 4	5 6	7 8	10 11	14 15	21 22	↑									
L	200				↓	0 1	↑	↓	1 2	2 3	3 4	5 6	7 8	10 11	14 15	21 22	↑										
M	315			↓	0 1	↑	↓	1 2	2 3	3 4	5 6	7 8	10 11	14 15	21 22	↑											
N	500		↓	0 1	↑	↓	1 2	2 3	3 4	5 6	7 8	10 11	14 15	21 22	↑												
P	800	↓	0 1	↑	↓	1 2	2 3	3 4	5 6	7 8	10 11	14 15	21 22	↑													
Q	1 250	0 1	↑	↓	1 2	2 3	3 4	5 6	7 8	10 11	14 15	21 22	↑														
R	2 000	↑		1 2	2 3	3 4	5 6	7 8	10 11	14 15	21 22	↑															

说明：(1)“↓”代表使用箭头下面的第一个抽样方案，如果样本大小大于或等于批量时，整批进行100%检验，抽样方案的判定数组仍保持不变；

(2)“↑”代表使用箭头上面的第一个抽样方案，如果样本大小大于或等于批量时，整批进行100%检验，抽样方案的判定数组仍保持不变；

(3)A_c 为合格判定数；

(4)R_e 为不合格判定数。

附录 4

一次加严抽检方案表

样本大小字码	样本大小	合格质量水平(AQL)																									
		0.010	0.015	0.025	0.040	0.065	0.10	0.15	0.25	0.40	0.65	1.0	1.5	2.5	4.0	6.5	10	15	25	40	65	100	150	250	400	650	1 000
		A_c R_e	A_c R_e	A_c R_e	A_c R_e	A_c R_e	A_c R_e	A_c R_e	A_c R_e	A_c R_e	A_c R_e	A_c R_e	A_c R_e	A_c R_e	A_c R_e	A_c R_e	A_c R_e	A_c R_e	A_c R_e	A_c R_e	A_c R_e	A_c R_e	A_c R_e	A_c R_e	A_c R_e	A_c R_e	A_c R_e
A	2															↓			↓	1 2	2 3	3 4	5 6	8 9	12 13	18 19	27 28
B	3														↓	0 1		↓	1 2	2 3	3 4	5 6	8 9	12 13	18 19	27 28	41 42
C	5													↓	0 1		↓	1 2	2 3	3 4	5 6	8 9	12 13	18 19	27 28	41 42	↑
D	8												↓	0 1		↓	1 2	2 3	3 4	5 6	8 9	12 13	18 19	27 28	41 42	↑	
E	13											↓	0 1		↓	1 2	2 3	3 4	5 6	8 9	12 13	18 19	27 28	41 42	↑		
F	20										↓	0 1		↓	1 2	2 3	3 4	5 6	8 9	12 13	18 19	↑	↑	↑			
G	32									↓	0 1		↓	1 2	2 3	3 4	5 6	8 9	12 13	18 19	↑						
H	50								↓	0 1		↓	1 2	2 3	3 4	5 6	8 9	12 13	18 19	↑							
J	80							↓	0 1		↓	1 2	2 3	3 4	5 6	8 9	12 13	18 19	↑								
K	125						↓	0 1		↓	1 2	2 3	3 4	5 6	8 9	12 13	18 19	↑									
L	200					↓	0 1		↓	1 2	2 3	3 4	5 6	8 9	12 13	18 19	↑										
M	315				↓	0 1		↓	1 2	2 3	3 4	5 6	8 9	12 13	18 19	↑											
N	500			↓	0 1		↓	1 2	2 3	3 4	5 6	8 9	12 13	18 19	↑												
P	800		↓	0 1		↓	1 2	2 3	3 4	5 6	8 9	12 13	18 19	↑													
Q	1 250	↓	0 1		↓	1 2	2 3	3 4	5 6	8 9	12 13	18 19	↑														
R	2 000	0 1	↑	↓	1 2	2 3	3 4	5 6	8 9	12 13	18 19	↑															
S	3 150			1 2																							

说明：(1)“↓”代表使用箭头下面的第一个抽样方案，如果样本大小大于或等于批量时，整批进行 100%检验，抽样方案的判定数组仍保持不变；

(2)“↑”代表使用箭头上面的第一个抽样方案，如果样本大小大于或等于批量时，整批进行 100%检验，抽样方案的判定数组仍保持不变；

(3)A_c 为合格判定数；

(4)R_e 为不合格判定数。

附录 5

一次放宽抽检方案表

样本大小字码	样本大小	合格质量水平（AQL）																									
		0.010	0.015	0.025	0.040	0.065	0.10	0.15	0.25	0.40	0.65	1.0	1.5	2.5	4.0	6.5	10	15	25	40	65	100	150	250	400	650	1 000
		$A_c\ R_e$	$A_c\ R_e$	$A_c\ R_e$	$A_c\ R_e$	$A_c\ R_e$	$A_c\ R_e$	$A_c\ R_e$	$A_c\ R_e$	$A_c\ R_e$	$A_c\ R_e$	$A_c\ R_e$	$A_c\ R_e$	$A_c\ R_e$	$A_c\ R_e$	$A_c\ R_e$	$A_c\ R_e$	$A_c\ R_e$	$A_c\ R_e$	$A_c\ R_e$	$A_c\ R_e$	$A_c\ R_e$	$A_c\ R_e$	$A_c\ R_e$	$A_c\ R_e$	$A_c\ R_e$	$A_c\ R_e$
A	2														↓	0 1		↓	1 2	2 3	3 4	5 6	7 8	10 11	14 15	21 22	30 31
B	2													↓	0 1	↑	↓	1 2	1 2	2 3	3 4	5 6	7 8	10 11	14 15	21 22	30 31
C	2												↓	0 1	↑	↓	0 1	1 2	1 2	2 3	3 4	5 6	7 8	10 11	14 15	21 22	↑
D	3											↓	0 1	↑	↓	0 1	1 2	1 2	2 3	3 4	5 6	7 8	10 11	14 15	21 22	↑	
E	5										↓	0 1	↑	↓	0 1	1 2	1 2	2 3	3 4	5 6	7 8	10 11	14 15	21 22	↑		
F	8									↓	0 1	↑	↓	0 1	1 2	1 2	2 3	3 4	5 6	7 8	10 11	↑	↑	↑			
G	13								↓	0 1	↑	↓	0 1	1 2	1 2	2 3	3 4	5 6	7 8	10 11	↑						
H	20							↓	0 1	↑	↓	0 1	1 2	1 2	2 3	3 4	5 6	7 8	10 11	↑							
J	32						↓	0 1	↑	↓	0 1	1 2	1 2	2 3	3 4	5 6	7 8	10 11	↑								
K	50					↓	0 1	↑	↓	0 1	1 2	1 2	2 3	3 4	5 6	7 8	10 11	↑									
L	80				↓	0 1	↑	↓	0 1	1 2	1 2	2 3	3 4	5 6	7 8	10 11	↑										
M	125			↓	0 1	↑	↓	0 1	1 2	1 2	2 3	3 4	5 6	7 8	10 11	↑											
N	200		↓	0 1	↑	↓	0 1	1 2	1 2	2 3	3 4	5 6	7 8	10 11	↑												
P	315	↓	0 1	↑	↓	0 1	1 2	1 2	2 3	3 4	5 6	7 8	10 11	↑													
Q	500	0 1	↑	↓	0 1	1 2	1 2	2 3	3 4	5 6	7 8	10 11	↑														
R	800	↑		0 1	1 2	1 2	2 3	3 4	5 6	7 8	10 11	↑															

说明：(1)“↓”代表使用箭头下面的第一个抽样方案，如果样本大小大于或等于批量时，整批进行100%检验，抽样方案的判定数组仍保持不变；

(2)“↑”代表使用箭头上面的第一个抽样方案，如果样本大小大于或等于批量时，整批进行100%检验，抽样方案的判定数组仍保持不变；

(3)A_c 为合格判定数；

(4)R_e 为不合格判定数。

附录 6

一次特宽抽检方案表

样本大小字码	样本大小	合格质量水平(AQL)																									
		0.010	0.015	0.025	0.040	0.065	0.10	0.15	0.25	0.40	0.65	1.0	1.5	2.5	4.0	6.5	10	15	25	40	65	100	150	250	400	650	1 000
		A_c R_e	A_c R_e	A_c R_e	A_c R_e	A_c R_e	A_c R_e	A_c R_e	A_c R_e	A_c R_e	A_c R_e	A_c R_e	A_c R_e	A_c R_e	A_c R_e	A_c R_e	A_c R_e	A_c R_e	A_c R_e	A_c R_e	A_c R_e	A_c R_e	A_c R_e	A_c R_e	A_c R_e	A_c R_e	A_c R_e
A	2														↓	0 1		↓	3 4	4 5	5 6	7 8	9 10	12 13	16 17	23 24	32 33
B	2													↓	0 1	↑	↓	2 3	3 4	4 5	5 6	7 8	9 10	12 13	16 17	23 24	32 33
C	2												↓	0 1	↑	↓	1 2	2 3	3 4	4 5	5 6	7 8	9 10	12 13	16 17	23 24	↑
D	3											↓	0 1	↑	↓	1 2	2 3	3 4	4 5	5 6	7 8	9 10	12 13	16 17	23 24	↑	
E	5										↓	0 1	↑	↓	1 2	2 3	3 4	4 5	5 6	7 8	9 10	12 13	16 17	23 24	↑		
F	8									↓	0 1	↑	↓	1 2	2 3	3 4	4 5	5 6	7 8	9 10	12 13	↑	↑	↑			
G	13								↓	0 1	↑	↓	1 2	2 3	3 4	4 5	5 6	7 8	9 10	12 13	↑						
H	20							↓	0 1	↑	↓	1 2	2 3	3 4	4 5	5 6	7 8	9 10	12 13	↑							
J	32						↓	0 1	↑	↓	1 2	2 3	3 4	4 5	5 6	7 8	9 10	12 13	↑								
K	50					↓	0 1	↑	↓	1 2	2 3	3 4	4 5	5 6	7 8	9 10	12 13	↑									
L	80				↓	0 1	↑	↓	1 2	2 3	3 4	4 5	5 6	7 8	9 10	12 13	↑										
M	125			↓	0 1	↑	↓	1 2	2 3	3 4	4 5	5 6	7 8	9 10	12 13	↑											
N	200		↓	0 1	↑	↓	1 2	2 3	3 4	4 5	5 6	7 8	9 10	12 13	↑												
P	315	↓	0 1	↑	↓	1 2	2 3	3 4	4 5	5 6	7 8	9 10	12 13	↑													
Q	500	0 1	↑	↓	1 2	2 3	3 4	4 5	5 6	7 8	9 10	12 13	↑														
R	800	↑		1 2	2 3	3 4	4 5	5 6	7 8	9 10	12 13	↑															

说明:(1)“↓”代表使用箭头下面的第一个抽样方案,如果样本大小大于或等于批量时,整批进行100%检验,抽样方案的判定数组仍保持不变;

(2)“↑”代表使用箭头上面的第一个抽样方案,如果样本大小大于或等于批量时,整批进行100%检验,抽样方案的判定数组仍保持不变;

(3)A_c 为合格判定数;

(4)R_e 为不合格判定数。

参考文献

［1］ISO. Implementing Your ISO 9001：2000 Quality Management System. www. iso. ch.

［2］Thomas B. Barker. Engineering Quality by Design. Interpreting the Taguchi Approach. Marcel Dekker，Inc.，1990.

［3］隆美尔，等．质量铄金．北京：中国大百科全书出版社，1998.

［4］张公绪，孙静．新编质量管理学．北京：高等教育出版社，2003.

［5］张公绪，孙静．质量工程师手册．北京：企业管理出版社，2002.

［6］宋明顺，等．质量管理学．北京：科学出版社，2005.

［7］伍爱．质量管理学．广州：暨南大学出版社，2006.

［8］尤建新，等．质量管理学．2 版．北京：科学出版社，2008.

［9］龚益鸣，蔡乐仪，陈森．质量管理学．上海：复旦大学出版社，2007.

［10］秦现生．质量管理学．2 版．北京：科学出版社，2008.

［11］赵选民，等．数理统计．西安：西北工业大学出版社，1999.

［12］陈立周．稳健设计．北京：机械工业出版社，2000.

［13］中国兵器工业质量管理协会．质量工程学应用手册．北京：兵器工业出版社，1993.

［14］张公绪，孙静．新编质量管理学．2 版．北京：高等教育出版社，2004.

［15］于启武．质量管理学．修订 2 版．北京：首都经济贸易大学出版社，2005.

［16］韩福荣．现代质量管理学．2 版．北京：机械工业出版社，2007.

［17］苏秦．现代质量管理学．北京：清华大学出版社，2005.

［18］质量监督人员工作手册编委会．质量监督人员工作手册．天津：天津大学出版社，2009.

［19］费根堡姆．全面质量管理．北京：机械工业出版社，1991.

［20］朱兰．质量管理：第 4 版．北京：企业管理出版社，1986.

［21］何国伟．可信性工程．北京：中国标准出版社，1997.

［22］国家质量技术监督局．常规控制图（GB/T 4091—2001）．北京：中国标准出版社，2001.

［23］张性原．设计质量工程．北京：航空工业出版社，1999.

［24］尤建新．质量观念与质量成本管理方法创新．石家庄：河北人民出版社，2001.

[25] 刘书庆，杨水利．质量管理学．北京：机械工业出版社，2003.
[26] 施国洪．质量控制与可靠性工程基础．北京：化学工业出版社，2005.
[27] 国家质量技术监督局．质量管理体系标准．北京：中国标准出版社，2001.
[28] 潘德，等．6σ 管理法：追求卓越的阶梯．北京：机械工业出版社，2001.
[29] 埃贝灵．可靠性与维修性工程概论．北京：清华大学出版社，2008.
[30] 张睿，陈洪根．产品质量工程．郑州：黄河水利出版社，2013.
[31] 陈国华，贝金兰．质量管理．北京：北京大学出版社，2010.
[32] 马林，何桢．六西格玛管理．2 版．北京：中国人民大学出版社，2007.
[33] 罗国勋．质量管理与可靠性．北京：高等教育出版社，2005.
[34] 崔利荣，赵先，刘芳宇．质量管理学．北京：中国人民大学出版社，2012.
[35] 埃文斯，等．质量管理与质量控制：第 7 版．北京：中国人民大学出版社，2010.

教师教学服务说明

中国人民大学出版社管理分社以出版经典、高品质的工商管理、统计、市场营销、人力资源管理、运营管理、物流管理、旅游管理等领域的各层次教材为宗旨。

为了更好地为一线教师服务，近年来管理分社着力建设了一批数字化、立体化的网络教学资源。教师可以通过以下方式获得免费下载教学资源的权限：

在中国人民大学出版社网站 www. crup. com. cn 进行注册，注册后进入“会员中心”，在左侧点击“我的教师认证”，填写相关信息，提交后等待审核。我们将在一个工作日内为您开通相关资源的下载权限。

如您急需教学资源或需要其他帮助，请在工作时间与我们联络：

中国人民大学出版社　管理分社

联系电话：010－82501048，62515782，62515735

电子邮箱：glcbfs@crup. com. cn

通讯地址：北京市海淀区中关村大街甲 59 号文化大厦 1501 室（100872）